中國學術思想 研究輯刊

十一編
林慶彰 主編

第 16 冊

荀子人性論及其實踐研究

陳禮彰 著

花木蘭文化出版社

國家圖書館出版品預行編目資料

荀子人性論及其實踐研究／陳禮彰 著 — 初版 — 新北市：花
木蘭文化出版社，2011〔民100〕

目 4+270 面：19×26 公分

（中國學術思想研究輯刊 十一編；第16冊）

ISBN：978-986-254-463-1（精裝）

1.（周）荀況　2.學術思想　3.人性論

030.8　　　　　　　　　　　　　　　　　100000699

ISBN-978-986-254-463-1

9 789862 544631

中國學術思想研究輯刊

十一編　第十六冊　　　　　　　ISBN：978-986-254-463-1

荀子人性論及其實踐研究

作　　者　陳禮彰
主　　編　林慶彰
總 編 輯　杜潔祥
出　　版　花木蘭文化出版社
發 行 所　花木蘭文化出版社
發 行 人　高小娟
聯絡地址　新北市永和區中正路五九五號七樓之三
　　　　　電話：02-2923-1455／傳真：02-2923-1452
網　　址　http://www.huamulan.tw 信箱 sut81518@ms59.hinet.net
印　　刷　普羅文化出版廣告事業
封面設計　劉開工作室
初　　版　2011 年 3 月
定　　價　十一編 40 冊（精裝）新台幣 62,000 元

荀子人性論及其實踐研究

陳禮彰　著

作者簡介

陳禮彰，國立中央大學中國文學系學士，國立台灣師範大學國文研究所碩士、博士，現職為國立澎湖科技大學通識教育中心副教授。除碩士論文《董仲舒天人思想研究》與博士論文《荀子人性論及其實踐研究》外，已發表的論文有〈白虎通義的人性論〉、〈試論《白虎通義》與《黃老帛書》政治思想之異同〉、〈荀子「法後王」說究辨〉，審查中的論文有〈從時間範疇省察荀子思想的義涵〉，正在進行的國科會專題研究計畫為〈荀子「兩」而能「一」的思維方式〉。

提　　要

　　要還原荀子在儒學中應有的地位，讓荀子學說獲得正確的評價，甚至指出其符合現代意義之處，從其倍受誤解的性惡說入手，或許才是斧底抽薪的最佳途徑吧！有鑑於此，本論文遂設定人性論為研究主軸。首章緒論，說明研究目的、方法、觀點與回顧前人研究成果。第二章探討其思想基礎，由「知通統類」中所涵蘊的人類社會整體觀、歷史文化連續觀、時空環境動態觀，說明荀子以成就禮義為主的人性論，是建構在具體實存的現象世界，以客觀的外王事功為出發點。第三章探討其性惡說的真實意涵，由其「生之已然」而可善可惡的材質之性，說明其揭舉性惡的原因，與去惡成善之方法途徑。第四章探討化性起偽的主體依據，由心能知道而可道、行道的特質，說明心不只具有認知功能，而且具有自為主宰的道德意涵；由心需虛壹而靜以成就大清明，說明虛壹而靜不只是認知方式而且是涵養工夫，是知行合一而必仁且智的依據。第五章探討其化性起偽道德實踐的內涵，由聖人察禮義之統而起偽的工夫在於治氣養心與致誠慎獨，凡人依循禮義而化性的工夫在於師法積學與環境習俗，以見其道德實踐的二重性。第六章探討其群居和一的政治理想，由其聖王以民為本而為民表率，以見儒家尊君是尊君之德與法家尊君之勢的差異；由其強調人君施政班治特重取相，以見其欲以賢相補救平庸君主以完成德治的務實作為；由以政裕民與以禮節用，修政壹民與用兵之道，以見其民生經濟主張能促成均富和一，其國防軍事思想能兼顧王者理想與霸者現實。第七章結論，由繼承與發展的連貫性與理想與現實的互補性，說明荀子由外王而內聖的人性論不僅充實了儒家一本而多元的面貌，而且具有會通民主政治的現代意義。

目

次

第一章　緒　論

　　理解與詮釋是學術研究的重要環節，理解是詮釋的基礎，詮釋是理解的完成。理解偏重於對研究對象做到如其所是的把握，詮釋則包含將研究對象蘊涵而未曾明確表達部分加以掘發，甚至以現代意義作出新的闡述。而理解與詮釋，往往會被研究者本身的研究目的、研究方法、研究觀點所影響，如何使其客觀正確而不致缺乏創造力，別出心裁又不流於獨斷，是研究者必須小心拿捏的。

第一節　研究目的

　　荀子是先秦諸子中後人評價較爲特殊的一位。首先，就其學派歸屬而言，荀子雖然自命爲儒家，但是有人因其兼取各家之學，而稱其爲「雜家的祖宗」〔註1〕；有人因其主張尊君，且弟子李斯、韓非皆轉入法家，而直接將其劃歸法家〔註2〕；有人雖未將其納入法家，卻因其所強調的「禮」在客觀形式上近於「法」，而視其爲「從儒家到法家的過渡人物」〔註3〕；有人雖同意將其列爲儒家，卻因其未凸顯內聖的道德主體性，而視其爲「儒學之歧途」〔註4〕。

　　其次，就其所受毀譽而言，荀子既是歷來受誤解較深的思想家，也是歷來獲得不虞之譽較多的思想家。〔註5〕其人性論中的「性惡」，本指「自然人

〔註1〕郭沫若《十批判書》（北京：東方出版社，1996 年 3 月），頁 218。
〔註2〕歷來學者對於荀子即使有再多的不滿，也鮮有將其直接劃歸法家者，視荀子爲「法家傑出代表人物」，只是七〇年代大陸特殊政治氛圍的產物。
〔註3〕張豈之《精編中國思想史（上）》（臺北：水牛出版社，1997 年 10 月），頁 184。
〔註4〕勞思光《新編中國哲學史（一）》（臺北：三民書局，1996 年 8 月），頁 330。
〔註5〕鮑國順《荀子學說析論》（臺北：華正書局，1993 年 10 月），〈自序〉頁 1。

性容易流於惡」而言，卻因其批評孟子「性善論」而被誤解爲「人性本惡」，以致長期遭受貶抑。不過，其爲凸顯人文化成而取自然義的「天論」，與其爲成就禮義名分而發展出的名理意義的「正名」，於科學與認識論方面的價值，卻意外深受近人的肯定與讚揚。

此外，就其學說的闡述發揚而言，儒家經籍於兩漢之傳授即使不盡然出自荀子；﹝註6﹞但由大、小戴《禮記》、《韓詩外傳》頗有引錄自《荀子》者﹝註7﹞，及司馬遷於《史記·孟子荀卿列傳》中敘列包括騶衍、愼到、田駢、公孫龍、墨子在內的先秦諸子十七人，獨以孟子、荀卿並舉；劉向《敘錄·孫卿書錄》又謂「董仲舒作書美荀子」，可見其學說於兩漢頗具影響力。然而，比起曾在漢文帝時列入學官，東漢即有趙岐爲之作注的《孟子》，《荀子》不僅沒有列入學官，而且直到千年之後的唐代，才有楊倞爲之注解，其運途顯然較爲坎坷。

唐代韓愈「大醇而小疵」（〈讀《荀子》〉）的評斷雖然對荀子略帶貶意，但在〈進學解〉中還是並讚孟荀二人「吐辭爲經，舉足爲法，絕類離倫，優入聖域」。然而到了宋代，由於推尊孟子，標舉「性惡」的荀子飽受壓抑，被批評得一無是處，其中程頤所說的「荀子只性惡一句，大本已失」，最具代表性。而令人疑惑不解的是，學術氣息與荀子較近，且被後人判爲「別子爲宗」的朱熹，竟然也對荀子毫無同情理解地表示，「荀子全是申韓」。《荀子》因此乏人聞問，影響所及，貫穿明代至清初，明胡居正所說「荀子只性惡一句，諸事壞了，是源頭已錯，末流無一是處」，清初熊賜履所說「荀卿病不知性爾……大本一差，無往而不見其戾」，皆是程說的遺緒。﹝註8﹞

荀子學說直到清代中葉以後才又受到重視與肯定，除了《四庫全書總目》

﹝註6﹞ 劉向〈孫卿書錄〉謂「孫卿善爲《詩》、《禮》、《易》、《春秋》」；汪中〈荀卿子通論〉以爲《毛詩》、《魯詩》、《左氏春秋》、《穀梁春秋》皆「荀卿子之傳」，《韓詩》爲「荀卿子之別子」，曲臺之《禮》爲「荀卿之支與餘裔」；胡元儀〈郇卿別傳攷異〉說法大致相同。劉、王、胡三說分見王先謙《荀子集解》（北京：中華書局，1997年10月）卷二十末與〈攷證下〉，頁557、23、21~22、46~48。而李鳳鼎〈荀子非儒家考〉則反駁汪中「六藝之傳賴以不絕者，荀卿也」的說法。李說見《古史辨》第四冊，標題爲「荀子傳經辯」（臺北：藍燈文化事業公司，1993年8月），頁136~141。

﹝註7﹞ 楊筠如《荀子研究》於第一章第二節第三小節分別將《荀子》與《禮記》、《荀子》與《韓詩外傳》相同者各作一表，可參看。

﹝註8﹞ 以上所引程、朱、胡、熊四說，俱可見熊賜履《學統》卷43（山東：友誼書社，孔子文化大全，1990年9月），頁1711~1724。

所說「卿之學源出孔門，在諸子之中最爲近正」外，謝墉於《荀子箋釋・序》中說，「荀子之學之醇正，文之博達」，錢大昕於《荀子箋釋・跋》中說，「然則荀子書豈可以小疵訾之哉」，郝懿行《荀子補注》〈與王引之伯申侍郎論孫卿書〉所說「近讀孫卿書而樂之，其學醇乎醇」，王先謙《荀子集解・序》中說，「荀子論學論治，皆以禮爲宗，反復推詳，務明其指趣，爲千古修道立教所莫能外」，皆是其例。〔註9〕，可惜著重於字詞的訓詁考據，雖然對於荀子學說的發揚不能說毫無裨益，但是對於義理闡述畢竟不夠深入。民國以來，對荀學眞義日有發掘，不過因爲以心性論爲核心的儒學研究，始終奉孟子爲正統，所以即使肯定荀子學說「向廣處轉，向外面推」，於客觀精神「則特見精采」；然而，始終判定禮義之統爲「本源不透」、「大本不立」〔註10〕，以致荀子學說仍然未能完全傳揚開來。

　　既然荀子學說「源出孔門，在諸子中最爲近正」，「爲千古修道立教所莫能外」，爲何始終未能與孔孟並列爲儒學正統？推究其原因，主要在於未能明辨性惡說的含義及其所以揭舉性惡，以彰顯善僞的用心。所以本論文即嘗試以人性論爲主軸，還原荀子學說於儒學中應有的地位與貢獻，並進而探討其於現代社會的意義與價值。

第二節　研究方法

　　熟讀原典與相關文獻是從事學術思想研究的基本工作，因爲不如此則不足以全盤了解作品的內涵，進而徹底分析其思想義蘊。所以韋政通提及他的荀子研究時，特別強調對熟讀《荀子》一書所投注的心力。這對於古之學者而言是理所當然的事，但對於今之學者卻未必然。徐復觀提及他對中國人性論的研究時表示，「一般視爲權威的說法，其根據的薄弱，使我爲之駭然」。〔註11〕徐先生如此的感慨應是來自今之學者急於尋求概念，建立體系，卻未能耐心地由字而句，由句而章，由章而篇，由篇而書，熟讀文獻，反覆推敲，只囫圇吞棗地立足於很少的材料，作過多的推演。如此不是以偏概全，曲解

〔註9〕以上諸說，俱可見王先謙《荀子集解》，〈序〉與〈考證上〉。

〔註10〕牟宗三《名家與荀子》（臺北：臺灣學生書局，1985年3月），頁199、218、210、198。

〔註11〕徐復觀《中國人性論史・先秦篇》（臺北：臺灣商務印書館，1987年3月），〈再版序〉頁1。

原意，即是以自己的想法取代了古人的思想觀點。〔註12〕

　　然而，即使文獻再熟，也只能說做好了思想研究的準備工作，可以避免斷章取義與以偏概全的弊病，要徹底呈現一思想家的思想體系，仍得經過一番分析綜合的工夫。不過這種分析綜合的工作對象，如果是把理論重心放在實踐，而非思辨的中國思想家，難度較高，因為中國思想家一來很少對其所使用的特定詞語下明確定義，以致不同思想家雖然使用同一語詞，其涵義卻不盡相同。且即使是同一思想家的論述中，對於字詞的特殊用法與一般習慣用法也未注意加以區分。二來他們很少以有系統、有組織的文章來建構他們的思想體系，所以不僅中心論點常常分散在許多篇章中；而且，同一篇章又往往關涉許多問題。對於不同思想家之間使用同一字詞但涵義不同所產生的矛盾衝突，唐君毅認為，可就「諸哲人所用名言之似同者，而知其所指之實不同；兼知其所指之同者，其所以觀之之觀點或不同，而所觀之方面亦不同；更知其所觀之方面同者，所觀入之層次，又或不同」〔註13〕，即藉分析比較諸思想家用語內涵之異同及觀點方向層次的差別等，將某些貌似衝突者加以消解。對於同一思想家未區隔一字詞的特殊用義與一般用義，及思想體系的看似雜蕪，我們除了由訓詁考據正確地了解文意章旨，更進一步要做到趙岐於〈孟子題辭〉所說的「深求其意，以解其文」。即於默識心通中歸納出若干可靠的基本概念後，反過來由全書確定一篇之意，由全篇確定一章之意，由全章確定一句之意，由全句確定一字之意〔註14〕。唯有如此，方能不以文害意，不因關鍵詞彙的一般用法而遮蔽其特殊意義；唯有如此，方能將分散各篇章的論點加以統合連貫，建立其思想體系；唯有如此，方能悟出某些看似枝蔓的歧出語句與突兀段落，其實在整個思想體系中有其重要意義，不容輕忽漠視。

　　由熟讀文獻進而建立思想體系除了依賴考據訓詁與分析綜合，更有賴於研究者與被研究者間「生命的存在呼應」〔註15〕。所謂「生命的存在呼應」

〔註12〕徐復觀《中國思想史論集》（臺北：臺灣學生書局，1993年9月），頁113～116。

〔註13〕唐君毅《中國哲學原論・原性篇》（臺北：臺灣學生書局，1991年6月），〈自序〉頁1。

〔註14〕徐復觀《中國思想史論集》（臺北：臺灣學生書局，1993年9月），頁113。

〔註15〕牟宗三在〈研究中國哲學之文獻途徑〉一文指出：思想家發出這些話，是由他個人生命中發出的一種智慧，所以你要了解這些話，那你的生命中也要有相當的感應才可以。他所發出這智慧的背境、氣氛，及脈絡，你要懂，這不

是指研究者以自己全副的生命進入研究對象中，對其發出如此智慧的時空背景與思想脈絡有感同身受的如實瞭解，進而穿透其語言文字，覺察研究對象立論的眞正用心與目的。此即徐復觀所說的「古人的思想活動，乃是有血有肉的具體地存在。此種抽象的東西，與具體地存在，總有一種距離。因此，由古人之書，以發見其抽象的思想後，更要由此抽象的思想以見到在此思想後面活生生的人；看到此人精神成長的過程，看到此人性情所得的陶養，看到此人在縱的方面所得到的傳承，看到此人在橫的方面所吸取的時代」〔註16〕。有了如此眞切的感受，我們便能找出研究對象所面對而企圖解決的問題，進而分析其如何解決此問題？其所提供的方法有何實效與意義？對我們而言，其所建立的思想體系有何意義與價值？唯有如此，方能對其思想有如實的理解與正確的詮釋。而不是將研究對象推出去，當作純客觀的對象去認知、去解析；然後以先入爲主的觀點去衡斷、去評價。如此缺乏同情心的研究，不但不能因心靈感通的躍動而產生如實的理解與正確的詮釋，而且經常囿於主觀的成見，而給出偏頗的評價。如果我們不採取荀子「不了解」孟子的立場，而嘗試從荀子是了解孟子的看法切入，也許會同意，正是由於荀子充分了解孟子後，發現從逆覺體證的內聖開出外王的進路在理論上固然高明圓融，但在客觀的社會實踐時，每每因「小體」的限制無法使「大體」達於「充實之謂美」，更遑論「大」、「聖」、「神」；而且也由俗儒、陋儒身上見到主觀唯心論的具體弊病，爲免儒學爲墨家、法家或黃老思想所取代而銷聲匿跡，於是改弦易轍，轉由外王成就內聖的進路〔註17〕，藉禮義之統的建立，以保證孔子德治仁政理想的實現。能採如此觀點，便不至於放大「性惡」的份量，而忽略「善僞」才是重點，即不至於誤將過程當作結果，以致錯失荀子眞正用心所在，而無法彰顯其眞正的意義與價值。

是純粹的訓詁便可以了解的。《鵝湖》第 11 卷第 1 期（1985 年 7 月），頁 4。
〔註16〕徐復觀《中國思想史論集》，頁 116。
〔註17〕所謂「由外王成就內聖」與「由內聖開出外王」兩種進路的目標，都在追求由政治秩序與道德秩序的統一，以促進社會國家的安定和諧。其不同處在於後者偏重「道之以德」，即先要求自我品德的完善，再由個人擴及社會群體的正理平治；前者偏重「齊之以禮」，即先從建立良好的社會規範著手，以使眾庶百姓在和諧安定的情境氛圍中，依循禮樂教化，養成良好行爲習慣，再在潛移默化中逐漸將德行內化爲德性。儘管如此，對有心成爲聖人君子以「治人」者而言，「修己」同爲首要工作，所不同者，前者以學習禮義與去除蔽塞爲積善成德的開端，後者則由求其放心而存養擴充著手。

第三節　研究觀點

在研究思想文化的過程中，我們不難體會到：思想文化的發展受制於時間、空間因素而有「連續性」與「同源性」的問題。所謂「同源性」是指在同一土壤氣候等地理環境條件所孕育出來的思想文化具有相同的根源，儘管日後各家各派因著眼的重點不同，而有各擅勝場的分殊，但若仔細探究其深層結構，彼此間實有程度不一的交集。唐君毅認為，「論中國先哲之言性，亦固未嘗不可分別諸先哲之心思之不同方向，而分別知其所知於性之義理，見其相融和而不悖，以並存於一哲學義理之世界之處」〔註18〕，不正是基於中國思想文化的「同源性」？相較於「同源性」係就同一空間不同家派的關聯而言，所謂「連續性」則是指同一家派的思想會基於適應時代潮流的需要而調整擴充，以致隨歷史的演進顯露不同的面相，儘管表相有異，其本質卻是一貫不變的。如果我們不會因玉山的晨曦和暮靄或西湖的春潮與秋波所呈現的不同景致，而懷疑他們不是同一座山或同一面湖，我們就不應切斷儒家在時代演變中呈現的不同面相，反而應在讚歎他的多采多姿之餘，深入其中，掘發他們的連續性。

「同源性」的觀點有助於不同學派間的「異中求同」，「連續性」的觀點則有助同一學派間的「正反相合」。對於孔孟荀的發展，本論文正是循連續觀的角度試圖化解其對立，重新檢討荀學是儒家「歧途」的說法，肯定儒家仁政德治「一本」下的「多元」面貌。至於荀子對於孟子思想，一般人習用「不了解」或「誤解」來批評；事實上，這樣的批評正是出自對荀子思想缺乏深究的「誤解」或堅持「一元」而不能體用相即所導致的「不了解」。本論文的觀點是，齊襄王時「最為老師」、曾三為稷下學宮「祭酒」的荀子，不可能完全不了解在此交流的學術內涵，否則無法在〈解蔽〉與〈非十二子〉中對諸子學說有精準的概括與分判；其次，強調「以仁心說、以學心聽、以公心辯」的荀子，如果連儒家各派的良窳利弊都未能充分掌握，批評「腐儒」、「賤儒」為何能如此理直氣壯？或許由於瞭解孟子思想的優劣得失，因而能就自己中心論旨的需要對思孟學派提出批評，所以這樣的批評是出自補苴罅漏的反省與修正，而非純粹對立式的攻訐謾罵。以此證明，荀子學說是儒學因應戰國末年的學術潮流與政治環境所產生的良性發展。

〔註18〕唐君毅《中國哲學原論·原性篇》，〈自序〉頁12。

　　探討先秦思想家的人性論可以略分爲孟子的「即心說性」與告子的「即生說性」兩類。首先運用此二分概念的是孟子，在〈盡心下〉對口目耳鼻等「四官」與仁義禮智等「四端」的分判，孟子即是以「命」來概括有求於外的感官欲求，以「性」來指謂自足於內的主體意識。宋明儒據此而將即心說性的四端之性稱爲「義理之性」，即生說性的四官之命稱爲「氣質之性」。如此二分的結果，義理之性因形而上的特質而倍受肯定，氣質之性則因形而下的特質而屢遭貶抑，以致產生以下兩項缺失：一是因此往往忽略研究對象的立論目的，完全由人性論評斷思想之優劣高下；二是因爲只有二分，又荀子既然批評孟子反對性善，只能劃入「即生說性」而被視爲儒學的歧出。曾昭旭有鑑於如此「分解地說性」，將荀子視爲告子的同路人沒有彰顯荀子人性論的特質及其價值，於是綜合「即心說性」與「即生說性」另立「存在地說性」一進路，銷融身心間的主客對立，即形上即形下、即用即體以探討人性。〔註19〕如此，無論採分析的方式，或綜合的方式；無論自存有的根源預設人性是先驗的，或自現象的呈顯歸納出經驗的人性；無論循內聖而開出外王，或循外王而成就內聖；無論由逆覺體證來證成人之異於禽獸的善端是根源於心，或由水之就下來說明人之同於禽獸的情欲乃是與生俱來的本能，都不必視彼此爲截然對立、互相排斥的兩端，而應代之以主客交融、體用無間的一貫。

　　仁與禮在孔子處原本是和諧交融而非緊張對立的關係，仁心善端必須依循禮義法度方能利於自我實現，所謂「克己復禮爲仁」是也；禮義法度必須涵攝仁心善端方能避免麻木僵化，所謂「仁而不仁，如禮何」是也。荀子由聖人稱情以立文而建立的禮義之統，其實是將主體仁心善端收攝於客觀的禮義法度，並非欲以禮取代仁。亦即是由具體實踐的角度，將由內聖開出外王，修正爲「內外通貫爲一」，甚至可說是由整體和諧的角度，以社會公義作爲心性修養的客觀內容，由外王來成就內聖。

第四節　文獻回顧

　　民國以來，荀子學說的研究，儘管不如孔孟老莊的興盛，然而其數量仍然甚爲可觀。海峽彼岸的大陸，先有江心力以《20世紀前期的荀子研究》

〔註19〕曾昭旭〈呈顯光明・蘊藏奧秘──中國思想中的人性論〉，收錄於黃俊傑主編《理想與現實──中國文化新論・思想篇一》（臺北：聯經出版事業公司，2005年4月），頁12。

〔註 20〕為其博士論文，評析 1950 年前於大陸出版的荀子論著；後有廖名春將 1950 年至 2005 年間大陸荀學研究初步寫成〈20 世紀後期大陸荀子文獻整理研究〉〔註 21〕一文，除了對注釋翻譯、文獻考釋研究、校勘考釋雜論三部分專著加以介紹，並附有 1950～2005 年論文、1950～2005 年專著、1991～2005 年博士學位論文、1999～2005 年碩士學位論文等四目錄。海峽此岸的我們，雖然 30 多年前，即有饒彬將民國六十年以前的荀子研究之專書論文分析著錄於〈六十年來之荀子學〉〔註 22〕；可惜民國六十年以後部分至今無人整理，幸好拜電腦網路發達之賜，我們可透過各種相關電子資源掌握國內專著、期刊、博碩士論文各方面研究成果。

　　或許既受到政治形勢對立的影響，海峽兩岸在唯心與唯物方面，各執一偏展開論述；又或許受到西方哲學研究理論的影響，我們也習慣以經驗與先驗、客觀與主觀、實然與應然的二分模式來詮釋固有文化。因此，儒家思想就在西方古典形上學的「超越實體」與近代倫理學的「道德主體性」概念下，〔註 23〕被型塑為道德形上學。相對於孟子，荀子因其性惡說被排擠於主流思想之外，視其學說完全著眼於經驗層次而立論。在新儒家的主導下，荀子思想的精義儘管亦頗有掘發，但是始終難逃「本源不透」的緊箍咒。幸好近年來，隨著兩岸學術交流的開放，以及國內學者慢慢體認東西文化本質的差異，心物二元的矛盾對立已逐漸轉變為身心一如的相輔相成。不僅其他學者對由內聖開出外王的進路有所質疑，部分新儒家亦對以道德形上學來詮釋孔孟思想展開反省，荀子學說的研究因此亦出現轉向的跡象。

　　雖然本文的研究是以承接此一轉向為主，然而新儒家們精闢透徹的研究成果畢竟令人難以忽視。所以唐君毅的《中國哲學原論‧原道篇（卷一）》第十三、十四、十五章〈荀子之成人文統類之道〉，徐復觀的《中國人性論史‧先秦篇》第八章〈從心善向心知——荀子經驗主義的人性論〉，牟宗三的《名家與荀子》第三部分〈荀學大略〉，何淑靜的《孟荀道德實踐理論之研究》，周群振的《荀子思想研究》，蔡仁厚的《孔孟荀哲學》等，皆是筆者論文寫作

〔註 20〕已於 2005 年 2 月，由北京：中國社會科學出版社出版。
〔註 21〕發表於雲林科技大學漢學資料整理研究所《漢學研究集刊》第 3 期（2006 年 12 月）。
〔註 22〕收錄於程發軔主編《六十年來國學》（臺北：正中書局，1972 年 11 月）。
〔註 23〕袁保新《從海德格、老子、孟子到當代新儒學》（臺北：臺灣學生書局，2008 年 10 月），頁 77。

中時時翻檢的書籍。又陳大齊的《荀子學說》，韋政通的《荀子與古代哲學》，鮑國順的《荀子學說析論》，姜尚賢的《荀子思想體系》等，亦是主要參考書籍。此外，綜論《荀子》思想而值得參考的專著尚有：陳登元《荀子哲學》、楊大膺《荀子學說研究》、楊筠如《荀子研究》、劉子靜《荀子哲學綱要》、程兆熊《荀子講義》、韋日春《荀子學述》、周紹賢《荀子要義》、熊公哲《荀卿學案》、魏元珪《荀子哲學思想》、吳復生《荀子思想新探》、林麗眞《中國歷代思想家——荀子》、惠吉星《荀子與中國文化》等。分論而與本文內容相關的專書則有：董承文《荀子人性論研究》、王孺松《荀子修身研究》、劉文起《荀子成聖成治思想研究》、馬國瑤《荀子政治理論與實踐》、李哲賢《荀子之核心思想：「禮義之統」及其現代意義》、陸建華《荀子禮學研究》、吳樹勤《禮學視野中的荀子人學》、吳文璋《荀子的音樂哲學》、俞仁寰《從類字透視荀子政治思想之體系》、楊長鎭《荀子類的存有論研究》、龍宇純《荀子論集》等。

　　至於轉向部分，譚宇權在其《荀子學說評論》第一章指出，「研究荀子者，絕不可採取孟子之進路」，「以『信仰』一經的方式來讀經書，並以此經批判他經者」，只會構成研究荀學的障礙。蔡錦昌在其《拿捏分寸的思考：荀子與古代思想新論》，除了以「陰陽往復之道」的合一交融取代西方的二元對立，建構了一套詮釋中國古代思想家的思維模式，並據以對臺灣學界對荀子研究最具影響力的牟宗三、唐君毅、勞思光、韋政通、蕭公權等人展開正面的批判。唐端正在其〈荀子善僞論所展示的知識問題〉、〈荀學價值根源問題的探討〉、〈荀子言「心可以知道」釋疑〉三篇論文，一來說明荀子人性論所要證成的是「善僞」而不是「性惡」，藉以彰顯人爲努力的重要性；二來說明作爲主宰的心，不能只依從主觀的道德願望，而須就所面對的現實狀況全盤考量，以見荀學目的不只是知識的，也是道德的，是主客兼備的內外合一之道；三來說明禮義法度是人類心性中知善知惡的道德能力，好善惡惡的道德情感，與爲善去惡的道德意志，就整體社會考量而客觀化的規範，雖然出自於「聖人之僞」，但因爲是聖人「稱情立文」而制訂，所以其價值根源並未外在於人性。吳文璋於〈論荀子的宗教精神與價值根源〉文中，亦肯定荀子所謂的心是「知性的道德主體」，是善的保證，亦是價值根源。王慶光於〈論晚周「因性法治」說興起及荀子「化性爲善」說的回應〉文中，採納唐端正說法，認爲「荀子深悉道德（善）與認知（眞）的辯證關係」。周天令的〈荀子之善僞

論〉亦認同荀子思想核心不在性惡，而藉疏解「性」、「偽」字義說明荀子善偽之論。劉又銘於〈從「蘊謂」論荀子哲學潛在的性善觀〉文中，從荀子的「性」概念亦具有「發展、實現善的潛力」；與禮義法度雖被視為外在規範，卻「潛存在欲望與情感當中」；以及「心」對「道」的認知，即能「可道」、「行道」，即預設著「一種道德直覺與道德良知的作用」，由詮釋學的「蘊謂」層次證成荀子的人性論是一種異於孟子的性善觀。

　　赤塚忠〈荀子研究的若干問題〉一文，除提及思想研究宜注意歷史脈絡、語言障隔、思想陳述差異外；接著肯定荀子藉性中涵具的「可知」、「可能」的力量，由人的實踐主體性展開道德問題的論述；並指出荀子「性惡」是由否定的方式來面對自我，作為向善的跳板，以「自我重生」來說明化性起偽是主體的統一和發展。王慶光〈荀子"天君"概念發微〉〔註24〕一文，除認同赤塚忠「自我重生」的說法，以自我否定而邁向「二度和諧」說明荀子化性起偽的內聖學形態外；並由〈天論〉、〈解蔽〉二篇說明具有「知」、「能」的「天君」之心，不僅以理論理性使人獲得外部自由，且由實踐理性使人獲得內部自由；又由〈不苟〉篇的「誠」說明「天君」之心的創生動力。郝明朝〈論荀子的"知能"之性〉一文，也指出人性中本具的可以知之質與可以能之具是化性起偽的橋樑，荀子以此非善非惡的「知能」之性，不僅使複雜的人性理論變成一有機的整體，而且和孟子的先天道德論劃清了界限。馮耀明〈荀子人性論新詮：附〈榮辱〉篇23字衍之糾繆〉一文，詳細論證「性」、「偽」、「知」、「能」，由其皆涉及潛能與表現兩方面，推斷荀子的人性論中實存在致善的積極因素。鄧小虎〈《荀子》中「性」與「偽」的多重結構〉一文，先指出「性」與「偽」都各有兩重定義；再由「性偽合」所構成的三種結構，說明化性起偽乃是人通過思慮、反省的過程，以達成自我轉化和自我實現。王楷〈從「知者利仁」到「仁者安仁」——荀子道德論證的兩層結構〉一文，由荀子道德論證的社會層面與個體人格層面，澄清荀子的德行論並非功利主義倫理學，而是一種綜合了後果論的道義論。方旭東〈可以而不能——荀子論為善過程中的意志自由問題〉一文，由〈性惡〉篇「塗之人可以為禹」一節，析論「可以能」與「能」之間的潛能與實現問題，與「可能為」而「不能為」所涉及的意願問題，以探究化性起偽過程中的實踐動力。

　　就筆者所翻閱，同樣以人性論為主軸來論析荀子思想而具有啟發性的論

〔註24〕收錄於山東大學儒學研究中心所編，2008年12月出版的《儒林》第四輯。

文尚有：陳特〈荀子人性論的分析〉、劉振維〈荀子「性惡」說芻議〉、袁長瑞〈荀子性惡論的時代意義〉、韓德民〈荀子性惡論的哲學透視〉、項退結〈基於孟荀人性論之實際可行的道德觀〉、蘇新鋈〈孟荀心性思想殊異的根源〉、黃勇〈道德先驗主義與道德自然主義的抵悟與契合〉、張炳陽〈告子、孟子和荀子的人性論證平議〉等。如果荀子的「性惡」被視為「對人性尊嚴的否定」，而其「天人之分」則被看做「缺乏道德形上論」的證據，那麼，顧毓民於〈荀子天人關係學說——另一種詮釋方式的嘗試〉文中，選擇由天人關係來詮釋以政治問題為基源的荀子學說，對瞭解人的社會性與禮義統類的根源頗有助益。鄭力為〈荀子天論篇以外的「天」論〉所列舉的天的涵義，對天人關係的釐清亦有參考價值。此外，曾春海〈「荀子」的社會思想研究〉一文，直接以荀子所關注的社會角度切入其思想研究；而伍振勳〈從語言、社會面向解讀荀子的「化性起偽」說〉一文，則從社會過程與個體人格發展的關係探討荀子內聖之學的意義。至於楊儒賓於《儒家身體觀》中將荀子學說歸為禮義的身體觀，亦為身心關係的研究開創新局，伍振勳〈荀子的「身心一體」觀——從「自然的身體」到「禮義的身體」〉一文即受其啟發；林啟屏在〈荀子思想中的「身體觀」與「知行觀」〉一文，則借「外向型」的「冥契主義」說明荀子身心關係。

　　近來的博碩士論文亦大多逐漸超越由孟子學的觀點詮釋荀子，例如伍振勳的《荀子「天生人成」思想的意義新探》，田富美的《清代荀子學研究》，王靈康的《荀子哲學的反思：以人觀為核心的探討》等。而大陸學者韓德民《荀子與儒家的社會理想》，儲昭華《明分之道——從荀子看儒家文化與民主政道融通的可能性》，亦皆能逐漸跳脫心物二元對立而肯定由荀子建立新外王的可能。〔註25〕

─────────

〔註25〕以上所列各專書、論文出版相關資料請參閱參考書目。

第二章　知通統類：思想基礎

　　諸子百家在論述其思想與學說時，往往會將其基本概念或核心價值，寄託在其所塑造的理想人物中，不管此理想人物是從修養角度所稱的「聖人」或「至人」，還是從政治角度所稱的「先王」或「後王」，我們皆可由這些理想人物的人格特質與言行舉止，探究思想家的核心價值與基本概念。

　　《荀子》書中的理想人物是大儒、聖人、聖王。既能「盡倫」又能「盡制」的聖王，可遇不可求，雖然全書末段有孫卿「德若堯禹」、「宜為帝王」之言，荀子並未以此自期；荀子真正企慕嚮往的其實是周公、孔子，即得以輔佐王者的聖臣或徒具聖德卻缺乏位勢的大儒。因此，我們可以由〈儒效〉所描述「法先王，統禮義」，「倚物怪變，所未嘗聞也，所未嘗見也，卒然起一方，則舉統類而應之，無所儗怍，張法而度之，則晻然若合符節」的大儒表現，與〈性惡〉所描述「多言則文而類，終日議其所以，言之千舉萬變，其統類一也」的聖人言行，即可清楚察覺，關連荀子核心思想禮義的三個基本概念是「統」、「類」與「變」。本章即欲由「類」所含蘊的人類社會整體觀，「統」所象徵的歷史文化連續觀，「權」所顯示的時空環境變動觀，以及群與分、古與今、常與變之相反相成的辯證關係，析論荀子建構社會人性論的思想基礎。

第一節　和群定分的價值論

　　要說明「類」為何是荀子社會人性論的思想基礎，當然要從核心價值「禮義」著手。而關於禮義與類的關係，最簡潔有力的說明莫過於〈勸學〉所說

的「禮者，法之大分，類之綱紀也」。可惜楊倞對「類」字的注解若置於其他「法」、「類」對舉處尚稱可取，置於此處則不妥；而王念孫的注解則不僅置於此處不妥，置於他處亦不可取。〔註1〕近半世紀以來研究荀子的學者，大多對其他法類對舉處的類字做出了正確的詮釋，然而將之套用於此，則仍有欠允當。所以，本節首先在前賢的成果上更深入地解析「類」字的義涵，以確立類字所含蘊的「整體」義。其次，藉荀子對「群」與「分」論述，檢視其如何化解整體與個體間的矛盾，以建立群居和一的禮義世界。

一、「類」的整體性

當代學者研究荀子時，只要察覺到類字在荀子思想中的重要性者，都知道應將《荀子》書中與「法」對舉或與「倫」、「統」連接成詞的「類」解釋為「成類之理」。這樣的解釋是否已臻完全精當，或是仍有討論的空間？且讓我們先從類字的常用意義探究起。

《說文解字》第十篇上卷解釋「類」字的本義為「種類相似，唯犬為甚」，即許慎認為「類」字所以「從犬」構形，乃是藉種類最相似的犬泛指所有相似的事物。因此，類字當名詞時即指「種類」、「同類」而言，《國語·周語下》「其類維何」，注謂「類，族類也」；《淮南子·本經》「以養其類」，注謂「類，物類也」，皆是其例。類字當形容詞、副詞即取「相似」為義，即段玉裁所說的「類本謂犬相似，引申叚借為凡相似之偁」，《國語·吳語》「類有大憂」，注謂「類，似也」；《呂氏春秋·序意》「梁下類有人」，注謂「類，象也」，皆是其例。相似的事物間可以由比較而辨同別異，因此，類字當動詞即取「比較」、「品評」為義，《禮記·月令》「必比類」，疏謂「品物相隨曰類」；《禮記·樂記》「比類已成其行」，注謂「比類，分次善惡之類也」，皆是其例。辨同別異後凡屬同類者便可「推而通之」或「援以為例」，如《禮記·學記》「九年知類通達」，注謂「知類，知事義之比也」，即取「觸類旁通」之意；楊倞注《荀子》亦常取此義，如解〈儒效〉的「則知不能類也」為「有所不知則不能取比類而通之也」，釋〈臣道〉「推類接與」的「推類」為「推其比類」。至於《史記·屈原賈生列傳》「吾將以為類兮」，正義謂「類，例也」，則取「引以為例」之意；而俞樾據此於《荀子·大略》的「有法者以法行，無法者以

〔註1〕楊倞注「類」為「禮法所無，觸類而長之，猶律條之比附」，王念孫釋「類」為「與法相類者」。王先謙《荀子集解》（北京：中華書局，1997年10月），頁12。

類舉」謂「古所謂類，即今所謂例」，郝懿行則先釋「類，猶比也」，接著表示比「古謂之決事」，「今之所謂例也」。若如郝、俞所說，則法、類性質有相通之處，類字亦可解釋爲廣義的法，《楚辭・九章・懷沙》「吾將以爲類兮」，注謂「類，法也」，《方言・十三》亦謂「類，法也」；楊倞住〈勸學〉的「法之大分，類之綱紀也」，先解「類」爲「禮法所無，觸類而長者，猶律條之比附」，接著引《方言》所云「齊謂法爲類」爲佐證；王念孫除了於此謂「類」爲「與法相類者也」外，復於〈非十二子〉「甚僻違而無類」處表示「類者，法也」，並舉《方言》、《楚辭・九章・懷沙》、及《太玄・毅》等證明〈儒效〉「其言有類」、〈王制〉「聽斷以類」等之「類」字亦皆謂「法」也，又舉《禮記・樂記》、《史記・樂書》之異文證明〈富國〉「誅賞而不類」之「類」爲「律」，而「律亦法也」，接著以〈王制〉「其有法者以法行，無法者以類舉」爲例，謂法、類二字「對文則異，散文則通矣」；王先謙則承王念孫與郝懿行、俞樾之說，將「類」皆釋爲「法」或「例」。由「族類」、「物類」的數量眾多引申爲副詞，則有「皆」、「都」之義，《史記・伯夷列傳》「類名湮滅而不彰」之「類」，正義將之解釋爲「若」實不妥，因爲此語是太史公用以感歎有些德行可以媲美伯夷、叔齊的隱士，由於沒有得到孔子的讚揚，以致都名聲湮沒而不爲後人稱述，可見「類」應爲「皆」、「都」之義。此外，類字尚可由相似引申出「善」的解釋，段玉裁的說法是「釋類爲善，猶釋不肖者爲不善也」，如《國語・楚語》「心類德音」，注謂「類，善也」，又《爾雅・釋詁》亦謂「類，善也」；楊倞住《荀子》亦多有承襲經傳以「善」釋「類」的情況，如〈儒效〉的「其言有類」，楊注即謂「類，善也。謂比類於善，不爲狂妄之言」，又〈王制〉的「聽斷以類」，楊注即謂「所聽斷之事，皆得其善類。謂輕重得中也」；雖然以上兩處楊注王念孫皆評斷爲「失之」〔註2〕，但是若將善看成是非善惡的「是」，當做「正確」、「合理」之義，則以「善」釋「類」比以「法」釋「類」更符合荀子之義。

　　以上對於類字意義的演繹並未囊括所有，只是基於比對《荀子》書中類字使用情況的需要，而加以篩選後的結果，所以，舉凡罕見、冷僻，或雖常見然非所需，皆未納入。其內容以意義爲脈絡，佐以與《荀子》時代相近之戰國、秦漢間典籍爲例證，兼及《集解》中楊注及清儒訓詁，以爲下文論述之準備。

〔註2〕王念孫說見「甚僻違而無類」下集解。王先謙《荀子集解》，頁94。

在闡發荀子賦予類字的深義，我們有必要先對《荀子》書中類字的意義加以歸納分類。就《荀子》一書出現六十二次的類字〔註3〕，筆者將之歸納爲六類。第一類爲作「善」義解釋者，僅有一例：

> 孔子曰：「《詩》云：『孝子不匱，永錫爾類。』事親難，事親焉可息哉！」（〈大略〉）〔註4〕

此則類字由於係《詩·大雅·既醉》詩句，所以楊注先引毛傳「類，善也」，再解釋詩句爲「言孝子之養，無有匱竭之時，故天長賜以善也」。本例乃引述孔子之語，因此其類字用法與荀子無直接關連。

第二類爲作「皆」、「都」解釋者，僅有二例：

> 夫富貴者則類傲之，夫貧賤者則求柔之，是非仁人之情也。（〈不苟〉）

> 身盡其故則美，類不可兩也，故知者擇一而壹焉。（〈解蔽〉）

楊倞解第一例「夫富貴者則類傲之」爲「富貴之類，不論是非，皆傲之也」，解第二例「類不可兩也」爲「凡事類皆不可兩」。

第三類做「比類」、「推類」解釋，亦只得二例：

> 從者將論志意，比類文學邪？直將差長短，辨美惡，而相欺傲邪？（〈非相〉）

> 然而明不能齊法教之所不及，聞見之所未至，則知不能類也。（〈儒效〉）

第一例之類字楊倞未作明確解釋，由其與「論」、「差」、「辨」並列看來，應爲「比較」、「品評」之義，即前引《禮記·月令》「必比類」疏所謂的「品物相隨」。第二例楊倞以「有所不知則不能取比類而通之也」解釋「則知不能類也」，則類即取《禮記·學記》「知類通達」的「觸類旁通」之義。

第四類爲作「類似」、「類同」解釋者，約有八例，茲舉三例如下：

> 君子絜其身〔註5〕而同焉者合矣，善其言而類焉者應矣。（〈不苟〉）

> 故不教而誅，則刑繁而邪不勝；教而不誅，則姦民不懲；誅而不賞，

〔註3〕 劉殿爵於《荀子逐字索引》（香港：商務印書館，1996年6月），頁357所列爲63次，但扣除〈解蔽〉「以務象效其人」之上誤衍的一次，實爲62次。

〔註4〕 本文所引《荀子》原典皆以沈嘯寰、王星賢點校之王先謙《荀子集解》爲主，除非有改易增刪文字，否則僅隨文標示篇名，不另出注。標點斷句小異者，或係參考梁啓雄《荀子約注》（臺北：世界書局，1982年12月）、李滌生《荀子集釋》（臺北：臺灣學生書局，1986年10月），或出於己意改之。至於該書排印錯誤之處，則據藝文印書館出版之《荀子集解》訂正之。

〔註5〕 「身」原作「辯」，依王先謙據《韓詩外傳》改。王先謙《荀子集解》，頁45。

則勤屬之民不勸；誅賞而不類，則下疑俗險而百姓不一。(〈富國〉)
〔註6〕

凡邪說辟言之離正道而擅作者，無不類於三惑者矣。(〈正名〉)

第一例「善其言」指君子出言皆善，楊注謂「出其言善」，是也；「而類焉者應矣」楊注謂「千里之外應之」，不妥，因為「類焉者」指「同樣的善言」，或「與君子同樣口出善言的人」。第二例楊倞以「不以其類」解釋「不類」雖不夠明晰，但補充說明的「謂賞不當功，罰不當罪」，則清楚告訴讀者「類」是「相當」、「一致」之義；王先謙的案語「類，法也」，反而有陷荀子為法家之嫌。第三例指凡偏離正道而擅自創制名言者，皆屬「惑於用名以亂名者也」、「惑於用實以亂名者也」、「惑於用名以亂實者也」，其中之類字作「類似」解無庸置疑，所以楊倞及清儒皆未加注解。

第五類作「種類」、「族類」、「同類」解釋，多達二十餘例，茲舉五例如下：

施薪若一，火就燥也；平地若一，水就溼也。草木疇生，禽獸群居
〔註7〕，物各從其類也。(〈勸學〉)

苟仁義之類也，雖在鳥獸之中，若別白黑。(〈儒效〉)

天地者，生之本也；先祖者，類之本也；君師者，治之本也。(〈禮論〉)

凡生乎天地之閒者，有血氣之屬必有知，有知之屬莫不愛其類。(〈禮論〉)

有欲無欲，異類也，性之具也〔註8〕，非治亂也；欲之多寡，異類也，情之數也，非治亂也。(〈正名〉)

一、三、四例雖然所指皆為具體的「物類」，但範圍有大小廣狹的差別，第一例包含無生物、植物、動物，範圍最廣，第四例縮小範圍至動物，第三例專指人類，儘管範圍最窄，卻是荀子學說的主體。二、五兩例雖然所指皆為抽象的「事例」，但有天生與人為的區分，第二例的「仁義之類」是化性起偽所欲成就的對象，第五例提及的性、情、欲，則是化性起偽所須對治的對象。

〔註6〕「屬」原作「屬」，依王念孫說改；「險」原作「儉」，依楊倞說改。王先謙《荀子集解》，頁191。

〔註7〕「居」原作「焉」，依劉台拱、王念孫說改。王先謙《荀子集解》，頁7。

〔註8〕「性之具」原作「生死」，依王念孫說改。王先謙《荀子集解》，頁427。

第六類作「共理」解釋，亦多達二十餘則，茲舉三例如下：

> 倫類不通，仁義不一，不足謂善學。(〈勸學〉)
>
> 多言而類，聖人也；少言而法，君子也；多言無法而流湎然，雖辯，
> 小人也。(並見〈非十二子〉、〈大略〉)
>
> 齊給、便敏而無類，雜能、旁魄而無用。(〈性惡〉)

第一例由「倫類」與「仁義」並列可知，「倫」與「類」應該和「仁」與「義」一樣，可以相輔相成，甚至互通有無，所以，與倫類合為一詞固然可指人倫事物間共通的道理，亦可專指人類行為規範所依循的共理；因為是同類事物的共同現象，所以能如楊倞所說，「一以貫之，觸類而長」。第二例由「類」與「法」對舉而有聖人與君子的分別，已可見清儒強化「律」「例」之「與法相類」，進而直言「類者，法也」之不妥，反倒是楊倞在〈大略〉所說的「謂皆當其類而無乖越」頗為可取。第三例楊倞釋「無類」為「首尾乖戾」，則雖不中亦不遠矣，蓋「首尾乖戾」即自相矛盾，即不合於理；而郝懿行謂「類者，善矣」亦頗可取，蓋「善」必合於理，不合於理則為「非」、為「惡」。

以上六類《荀子》一書類字的意義，其中一至五類是普遍流行的用法，而第六類作為同類人事物共理解釋的用法，則似乎未見諸當時其他典籍，可說是荀子為彰顯其學說而賦予的新義。做「善」解釋的「類」字雖然在《荀子》書中僅一見，而且出現於引述的情況下，似乎對荀子思想的理解與詮釋無舉足輕重影響；但筆者以為，作為「共理」的用法，極有可能是由此轉化而來，線索是〈性惡〉所說的「凡古今天下之所謂善者，正理平治也」，既然能將人群治理得「平」、「正」即是善，而平與正即實現人類社會群居和一的共理——類，則類即是善，善即是類。無怪乎楊倞亦喜歡用善來解釋類字，如〈儒效〉直接以「善也」解釋「其言有類」的類字，而〈王制〉則以「善類」解釋「聽斷以類」的類字。

說明完《荀子》書中類字的各種意義，接下來我們將自「類」與「法」、「禮」的關係，進一步闡述荀子賦予「類」字的深義。首先，我們可由「法」、「類」對舉的文句中探索二者的關係。

> 其有法者以法行，無法者以類舉，聽之盡也；偏黨而無經，聽之辟也。(〈王制〉)
>
> 故法不能獨立，類不能自行，得其人則存，失其人則亡。(〈君道〉)

> 有法者以法行，無法者以類舉。以其本，知其末，以其左，知其右，
> 凡百事異理而相守也。（〈大略〉）

楊倞於第一例謂「類，謂比類」，即排比同類事物，「比類」目的爲何？〈儒效〉「則知不能類也」注所謂的「取比類而通之」即爲答案。所以楊倞於第三例所說的「皆類於法而舉之」，應是只取與法相類的事例來參考，因爲類同的事物間存有共通之理。可惜楊倞的解說不夠明晰，加上注解〈勸學〉「類之綱紀也」時，於「類謂禮法所無，觸類而長者」下，又補上「猶律條之比附。《方言》云『齊謂法爲類』也」；以至王念孫於「類之綱紀也」處尚稱「類者謂與法相類者也」，而於〈非十二子〉「甚僻違而無類」處則直接說「類者，法也」，並且引《方言》及《楚辭・九章・懷沙》「吾將以爲類兮」王逸注爲主證，又舉《禮記・樂記》「律小大之稱」《史記・樂書》作「類小大之稱」爲旁證，而謂「類之言律也，律亦法也」。俞樾於第三例亦引「吾將以爲類」句，而採《史記・屈原賈生列傳》張守節正義「類，例也」的解釋，以證其「古所謂類，即今所謂例」之說；王先謙承之，於第二例即謂「類，例也」。觀〈懷沙〉「吾將以爲類兮」句上下文，屈原之意是，他將視不遇伯樂的騏驥爲同類，效法其哀鳴，期以忠告感悟楚君；因此，將「類」釋爲「法」、「例」皆可通，但取之以解《荀子》文句，而將「類」等同於刑罰之「律」、「例」、「比附」，或侷限「類」爲「潛蘊於法律條文中的法理」，不免有陷荀子爲法家之嫌。

由「法不能獨立，類不能自行」，固然尚無法分判「法」與「類」二者孰輕孰重；而從「其有法者以法行，無法者以類舉」看來，「法」與「類」具互補性，在具體的行爲舉止上「法」似有優先性，但這是因聖王創制禮義法度已將情理涵攝其中，所以一旦無法可遵循，則須回歸理所從出的「類」。由此可以察覺荀子心目中「類」優於「法」的地位。以下數例更是明證。

> 君子大心則敬〔註9〕天而道，小心則畏義而節；知則明通而類，愚則端愨而法。（〈不苟〉）
> 故多言而類，聖人也；少言而法，君子也；多言〔註10〕無法而流湎然，雖辯，小人也。（〈非十二子〉）
> 多言則文而類，終日議其所以，言之千舉萬變，其統類一也，是聖

〔註9〕「敬」字依盧文弨、王念孫說據《韓詩外傳》補。王先謙《荀子集解》，頁42〜43。

〔註10〕「言」原作「少」，依盧文弨據《大略》改。王先謙《荀子集解》，頁98。

人之知也；少言則徑而省，論而法，若佚之以繩，是士君子之知也。
（〈性惡〉）

由以上三則具高低層次對比的引文中，「類」皆繫屬於上一層的「知」、「聖人」、「聖人之知」，「法」則劃歸於次一層的「愚」、「君子」、「士君子之知」，已清楚可見「類」的重要性勝於「法」。因此，為學修身與待人接物均應以「類」為標的，而不可停留於「法」的層次：

人無法，則倀倀然；有法而無志其義，則渠渠然；依乎法而又深其類，然後溫溫然。（〈修身〉）

故學者，以聖王為師，案以聖王之制為法，法其法，以求其統類，以務象效其人。（〈解蔽〉）

前一則引文荀子表示，人有法可依循，固然可避免無所適從的茫然；但只信守文字規定而不瞭解義理原由，則顯得拘謹嚴肅；唯有既遵循法規又深刻瞭解其道理內涵，則顯得親切溫和。亦即待人接物不能只是力行儀式規範，而應體會領悟其內涵義理，方能通情達理而應對得宜，否則，「不知法之義，而正法之數者，雖博，臨事必亂」（〈君道〉）。後一則引文表示，若要學習，則應追隨聖王，以聖王的制度為法規典範，先由效法典章制度開始，進而探求典章制度的統緒義理，既力行制度又通貫義理，來媲美既盡制又盡倫的聖王。亦即學習必須由法入類、行法體類才算完成，才是能「舉統類而應之」的大儒，否則，即使「言行已有大法」，然而「知不能類」，則只能是「尊賢畏法而不敢怠慢」的雅儒而已。

在修身治國上有先後輕重之分的「法」與「類」，彼此之間究竟是緊張的對立關係，抑或和諧的互補關係？就「法」本身而言，其於《荀子》一書的涵義隨文句語脈亦有廣狹之別，從〈性惡〉的「明禮義以化之，起法正以治之，重刑罰以禁之」看來，介於禮與刑之間的法，指的是治理天下所需的各種典章制度、法令規章；而從〈富國〉的「由士以上則必以禮樂節之，眾庶百姓則必以法數制之」看來，此處的「法」偏於懲禁姦邪的刑罰；而從〈修身〉的「故非禮，是無法也；非師，是無師也」看來，此時的「法」上同於作為制度依據的禮義。然而，與「類」對舉的「法」指的應是典章制度與法令規章，而非僅限於法律條文〔註11〕。那麼，「類」又何指？類本指由相同、相似人事物所構成的族類、種類，則此事類、物類必具有相同的特質或共通

〔註11〕施銘燦〈荀子使用「類」字的深義〉（《孔孟月刊》第二十卷第九期），頁14。

的道理，而當與「法」對舉時，此「類」即指制作典章制度所依循的道理；而制作典章爲的是人類社會的正理平治，所以，類亦即是人類群居和一的共理。如此說來，「類」與「法」之間應該說是「相因而至」的關係〔註12〕，因爲群居和一之理必須形諸於具體典章制度條文，方有助於實現，而典章制度必須以群居和一之理爲內涵，否則，虛有其表，臨事必亂。何況，典章制度上有疏漏及不合時宜的情況，其補苴與革新亦賴此抽象的理則方能完成。

如果「類」是「法」所依據的理則，那麼，與作爲一切言行規範的「禮」關係如何？又「禮者，法之大分，類之綱紀也」該如何解釋，方爲確詁？首先，讓我們摘錄幾則《荀子》書中「類」與「禮」並列成文的語句，並分析如下：

其言有類，其行有禮，其舉事無悔，其持險應變曲當，與時遷徙，與世偃仰，千舉萬變，其道一也，是大儒之稽也。〈儒效〉

王者之人：飾動以禮義，聽斷以類，明振毫末，舉措應變而不窮。夫是之謂有原。是王者之人也。〈王制〉

若夫志以禮安，言以類使，則儒道畢矣，雖舜，不能加毫末於是矣。〈子道〉

由以上三則引文我們可以清楚得知，當荀子因論述需要而提及「言」、「行」與「類」、「禮」時，都是「類」與「言」、「禮」與「行」搭配。「言」的部分，不管是大儒、孝子本身的發言，或王者聽聞百官之言後的決斷，只要與言談相關，即配之以「類」；又如〈非相〉亦以「發言而當，成文而類」來稱述「聖人之辨」。「行」的部份，不管是大儒、王者已發的動作，或孝子將發爲舉止的心志，只要與行爲相關，即配之以「禮」；〈王制〉論舉賢能時所述的「雖庶人之子孫也，積文學，正身行，能屬於禮義，則歸之卿相士大夫」，儘管未與「類」排比並列成文，仍以「禮」與「行」相配。由第一例「其言有類，其行有禮」，即可「千舉萬變，其道一也」，第二例「飾動以禮儀，聽斷以類」，即可稱爲「有原」，第三例「志以禮安，言以類使」，即可媲美聖王中的孝子典範舜，且「儒道畢矣」看來，「類」與「禮」未嘗不可說相當於「道」〔註13〕，分別是「道」在「言」與「行」兩方面的顯現。

荀子將「禮」與「行」聯結，當然是著眼於強調制度規範必須力行實踐；

〔註12〕周群振《荀子思想研究》（臺北：文津出版社，1987年4月），頁103。
〔註13〕陳大齊《荀子學說》（臺北：中國文化大學出版部，1989年6月），頁83。

然而將「類」與「言」聯結原因為何？「言」與「類」又關係如何？〈正名〉告訴我們，荀子之所以重視「言」，是因為「今聖王沒，名守慢，奇辭起，名實亂，是非之形不明」，而「君子無埶以臨之，無刑以禁之，故辯說也」；亦即要透過言說論辯使「名定而實辯，道行而志通」，則「析辭擅作以亂正名」者不得「使民疑惑」，人民皆「壹於道法而謹於循令矣」，如是即達「迹長功成，治之極也」。既然辯說的目的在於端正名實以成就治道，則欲「以仁心說」，「以公心辨」的聖人君子，首先必須具備辨同別異的邏輯思維，而「邏輯之初步表現即在把握共理，由之以類族辨物」〔註14〕。由此可見，「類」與「言」聯結的原因及其關係在於，能辨同別異而把握共理，方有助藉由言說論辯而端正名實，即所謂「辨異而不過，推類而不悖，聽則合文，辨則盡故。以正道而辨姦，由引繩以持曲直，是故邪說不能亂，百家無所竄」。

由於言說論辯在邪說辟言擅作的時代關係治道甚鉅，所以荀子即以「言」之多少作為區分聖人、君子的標準之一，而謂「多言而類，聖人也；少言而法，君子也」（〈非十二子〉、〈大略〉）。而言說論辯的基礎在於推類辨異的理智之心，所以荀子即以「類」之有無作為區別君子、愚者的標準之一，而謂「君子之言，涉然而精，俛然而類，差差然而齊」，「愚者之言，芴然而粗，嘖然而不類，諮諮然而沸」（〈正名〉）；又謂眾人之所以易受妄人欺惑，在於「愚而無說，陋而無度」，聖人之所以不可欺，在於能「以類度類，以說度功，以道觀盡」（〈非相〉）。

在思辨言說上，聖人之所以能「以類度類」，在於能深明「類不悖，雖久同理」而運用之，因此，不僅「鄉乎邪曲而不迷，觀乎雜物而不惑」（〈非相〉），甚至由名定實辨而「貴賤明，同異別，如是則志無不喻之患，事無困廢之禍」（〈正名〉）。在言行舉止上，君子如欲「慎其所立」，必須體悟掌握「物各從其類」的現象而「居必擇鄉，遊必就士」，如此不僅能言不召禍，行不召辱，「防邪僻而近中正」（〈勸學〉），而且「絜其身而同焉者合矣，善其言而類焉者應矣」（〈不苟〉）。既然「物各從其類」、「類不悖，雖久同理」是「以類行雜」、「以一行萬」的基礎，如何辨同別異以分類，並使「辨異而不過，推類而不悖」，便成了大儒「以淺持博，以古持今，以一持萬」（〈儒效〉），聖臣「推類接譽，以待無方，曲成制象」（〈臣道〉）的關鍵。荀子本人即擅長分類，例如人既以德行分為聖人、君子、士、小人，而〈不苟〉又將士分為通士、公

〔註14〕牟宗三《名家與荀子》（臺北：臺灣學生書局，1985年3月），頁200。

士、直士、愨士；既以位勢分爲君、臣、民，而〈臣道〉又將臣分爲態臣、
篡臣、功臣、聖臣，君分爲聖君、中君、暴君。且不僅人可分類，德行才能
亦可分類，〈榮辱〉即將勇分爲狗彘之勇、賈道之勇、小人之勇、士君子之勇，
〈非相〉則將辯分爲小人之辯、士君子之辯、聖人之辯。

　　儘管《荀子》一書面對各種情況所作的分類不勝枚舉，無論其分類結果是
共名、別名，也無論該類數量範圍是大是小，只要能成爲一類，必具有該一整
體所呈現的共通之理。當「類」與「倫」或「統」連接成「倫類」或「統類」
時，類字之義中共理所蘊含的「整體性」卻往往被忽略，例如〈非十二子〉「齊
言行，壹統類」的統與類皆爲共理義，但統字所涵的是時間的連續性之理，類
字所涵的是群類的完整性之理，所以「壹統類」所要貫通的是古今全體人類之
理，而非某一時代、某一特定團體之理。至於〈勸學〉「倫類不通，仁義不一」
中的倫與類，學者往往以人倫事類之理帶過，而未注意荀子賦予人倫親疏之理
與人事言行之理的整體性；而〈臣道〉「禮義以爲文，倫類以爲理」中倫類的整
體性則較清晰，因爲「倫類以爲理」即「以倫類爲理」，意指以貫通人類全體之
理爲言行依據，所以下文才會接「喘而言，臑而動，而一可以爲法則」，即仁人
能「禮義以爲文，倫類以爲理」，所以一言一行皆可爲眾人模範。了解了荀子用
「類」來與「法」對舉，而不用「理」與「法」對舉，爲的是彰顯「整體性」
後，再回過頭來看「禮者，法之大分，類之綱紀也」，則可知與其將「類」字解
釋爲「理」，不如解釋爲「群類」更爲順適。盧文弨校本從宋刻「類」上有「群」
字，王念孫則根據楊倞注語判定應從元刻，即「類」上無「群」字。王氏之說
固然可證明楊倞所見版本無「群」字，並不能表示楊倞未見之版本無「群」字，
宋本所見或許是更早的版本也未可知。如果《荀子》原本無「群」字，宋刻卻
將作注用的「群」字誤入正文，那麼，該位以「群」注「類」的學者，可說是
第一位確切體會荀子使用「類」字所涵眞義的知音了。

二、群與分

　　「群」是「類」之外，荀子用來指稱人類社群的另一個字詞，所不同者，
使用「類」字時著重在共理的一致性或族類的整體性，使用「群」字時著重
的則是數量上的眾多。儘管人類族群龐大，卻能和諧相處，分工合作，以發
揮集體力量，「財非其類，以養其類」（〈天論〉）的關鍵，在於「人能群」，〈王
制〉說：

水火有氣而無生，草木有生而無知，禽獸有知而無義，人有氣、有生、有知，亦且有義，故最爲天下貴也。力不若牛，走不若馬，而牛馬爲用，何也？曰：人能群，彼不能群也。人何以能群？曰：分。分何以能行？曰：義。故義以分則和，和則一，一則多力，多力則彊，彊則勝物，故宮室可得而居也。故序四時，裁萬物，兼利天下，無它故焉，得之分義也。故人生不能無群，群而無分則爭，爭則亂，亂則離，離則弱，弱則不能勝物，故宮室不可得而居也，不可少頃舍禮義之謂也。

上述引文中，荀子所表達的重點有三項：首先，人類雖貴爲萬物之靈，但力氣不如牛，奔跑速度不如馬，卻能驅策牛馬爲人所用，原因在於人類「能群」，而牛馬「不能群」。「能群」之「群」並非謂「群居」，因爲牛馬也如人類過著集體生活，而是指「合群」，即察覺群策群力的好處而互助合作。其次，群策群力的達成有賴於「分」，而「分」的施行則需以「義」爲規範。由「不可少頃舍禮義之謂也」可知，「義」爲「禮義」之省稱；依禮義而「分」，則稱爲「分義」。復次，人若知循義而合理分工，不僅可由和一、多力而勝物與居宮室，甚至可以順序四時、裁成萬物而兼利天下；反之，不僅因爭亂而不能勝物與居宮室，遑論裁成萬物而兼利天下。〈富國〉的「離居不相待則窮，群而無分則爭」，一方面由離群索居必致多事寡功而困乏，以見人之不可不群，另一方面，同樣以群而無分必致爭亂無功且有禍，強調群則不可無分。所以又以「故無分者，人之大害也；有分者，天下之大利也」，強調「分」的重要性。

　　看似與「群」相對反的「分」，爲何在以人類社會整體爲出發點的荀子學說，如此受到重視，究竟荀子賦予「分」何種涵義？這些涵義又發揮了何種作用？以致能對人類社會產生大利大害的影響。

　　《說文解字》對「分」的解釋是，「別也；從八刀；刀以分別物也」（〈二上〉）。所以分字的本義應是指具體事物的「分解、分割」，〈議兵〉「莊蹻起，楚分而爲三四」即取此義。由具體事物的分解、分割比而喻之，即爲抽象事物的「分別、區分」，〈榮辱〉「故先王案爲之制禮義以分之」、〈正名〉「故知者爲之分別，制名以指實」，皆取此義。由於分解事物之後往往會給予某人，於是引申爲「分配」之義，〈王制〉「分均則不偏」、〈王霸〉「然後農分田而耕，賈分貨而販」，皆取此義。分解時可能因看法不同、大小不一，於是產生「分歧、紛爭」，〈不苟〉「分爭於中，不以私害之」、〈富國〉「如是，則老弱有失

養之憂，而壯者有分爭之禍矣」，皆是其例。將注意的焦點由分解的動作轉移
至被分解的事物上，則可以由動詞的分解、分別轉爲名詞的「分別、差異」，
〈不苟〉「是君子小人之分也」、〈天論〉「故明於天人之分，則可謂至人矣」，
皆取此義。亦可由被分別後的事物往往各有等級，於是有「分位、名分」之
義，〈非十二子〉「不可以經國定分」、〈儒效〉「分不亂於上，能不窮於下，治
辨之極也」，並爲其例。有分位即可享權利，享權利同時必須盡義務，義務即
爲「本分、職分」，〈王霸〉「然後皆內自省以謹於分」、〈君道〉「修飭端正，
尊法敬分而無傾側之心」，皆取此義。而本分職責同時亦即代表「分寸、分際」，
〈正論〉「則求利之詭緩，而犯分之羞大也」、〈禮論〉「求而無度量分界」，皆
是其例。儘管以上我們將「分」字在《荀子》書中的涵義細分爲八種，其實
亦可簡化爲動詞、名詞兩類，而各以分別、分位爲代表。

　　作爲動詞使用的「分」實與「辨」相通，作爲名詞使用的「分」則通貫
「禮」、「義」。〈非相〉說：

> 人之所以爲人者，何已也？曰：以其有辨也。飢而欲食，寒而欲煖，
> 勞而欲息，好利而惡害，是人之所生而有也，是無待而然者也，是
> 禹、桀之所同也。然則人之所以爲人者，非特以二足而無毛也，以
> 其有辨也。今夫狌狌形狀，亦二足而無毛也，〔註15〕然而君子啜其
> 羹，食其胾。故人之所以爲人者，非特以其二足而無毛也，以其有
> 辨也。夫禽獸有父子而無父子之親，有牝牡而無男女之別，故人道
> 莫不有辨。辨莫大於分，分莫大於禮，禮莫大於聖王。

「以其有辨也」的「辨」，楊倞以「別也」釋之，即表示辨字不僅止於「思辯」，
而指思辨後的「別異定分」〔註16〕，即通於前引「人何以能群？曰：分」的
「分」。所以引文第三次「以其有辨也」下，即以禽獸雖然亦有父子、牝牡的
關係，卻沒有據以辨同別異而定出親疏、內外的分位，而人之所以異於禽獸，
即在於知道應據父子、男女分別親疏、內外，所以說「人道莫不有辨」。至於
「辨」與「分」同句出現時，辨字則取「思辨」義，而分字始取「分位」義，
所以「辨莫大於分」意謂辨同別異最重要的是訂定分位，〈正論〉天下者「至
大也，非至辨莫之能分」中「辨」與「分」的情況與此相同。「分莫大於禮」

〔註15〕「狀」原作「笑」，依俞樾說改，「毛」上本缺「無」字，依俞樾說補。王先
　　　謙《荀子集解》，頁78。
〔註16〕牟宗三《名家與荀子》，頁204。

通於〈王制〉的「分何以能行？曰：義」，意謂正名定分最重要的依據是禮義。此外，第一個「以其有辨也」下的「飢而欲食」至「是禹、桀之所同也」，一般人引用時往往加以刪節，殊為可惜，因為荀子安排這一小段，是要與「辨、分、禮、聖王」對照用。「飢而欲食、寒而欲煖，勞而欲息，好利而惡害」，是人類維持生存的基本需求，因為是與生俱來，不假外求的，所以「是禹、桀之所同也」，其實不只聖王、暴君相同，人與禽獸亦無差別。相對於「飢而欲食」等生理本能是「無待而然者」，辨、分、禮卻亟待人為的努力方能完成，尤其有賴於聖王的制作與因革損益，所以說「禮莫大於聖王」。

　　儘管「無待而然」的生理本能，看似與亟待人為的名分禮義為對立的兩端，然而「分」所欲對治的「欲」並非「飢而欲飽，寒而欲煖，勞而欲休」（〈性惡〉）等維持生存的本能，而是由「食欲有芻豢，衣欲有文繡，行欲有輿馬」（〈榮辱〉）等所引發的不知節制的無窮欲望。〈君道〉說：

> 故由天子至於庶人也，莫不騁其能，得其志，安樂其事，是所同也。衣煖而食充，居安而游樂，事時制明而用足，是又所同也。若夫重色而成文章，重味而備珍怪，〔註17〕是所衍也。聖王財衍以明辨異，上以飾賢良而明貴賤，下以飾長幼而明親疏，上在王公之朝，下在百姓之家，天下曉然皆知其非以為異也，將以明分達治而保萬世也。故天子諸侯無靡費之用，士大夫無流淫之行，百吏官人無怠慢之事，眾庶百姓無姦怪之俗，無盜賊之罪，其能以稱義徧矣。故曰：「治則衍及百姓，亂則不足及王公。」此之謂也。

引文中「是所同也」所包含的「騁其能，得其志，安樂其事」，以及「是又所同也」所包含的「衣煖而食充，居安而游樂，事時制明而用足」，皆屬人的基本生理需求，在正理平治的政局下，由天子以至於庶人都應得到滿足的。至於「是所衍也」所包含的「重色而成文章，重味而備珍怪」，是基本生理需求所衍生的心理需求，生理需求再怎麼貪得，也不可能無饜，心理需求則不然，「累世窮年而不知足」。〈禮論〉所說「人生而有欲，欲而不得，則不能無求；求而無度量分界，則不能不爭」的欲求，主要係指心理需求而言。心理需求的無度量分界，固然是導致偏險悖亂的原因，但只要能將之引導成有度量分界，則成為正理平治的助力，〈禮論〉的「先王惡其亂也，故制禮義以分之」，即是指此而言。一旦正理平治，不僅生理需求皆可得到滿足，心理需求亦可

〔註17〕「備珍怪」原作「成珍備」，依俞樾說改。王先謙《荀子集解》，頁238。

依分位而得到適當的滿足，如此則天子以致於庶人所同者皆得實現，所衍的珍怪、文章亦不致匱乏，即〈禮論〉所說，「以養人之欲，給人之求，使欲必不窮乎物，物必不屈於欲，兩者相持而長，是禮之所起也」。而「聖王財衍以明辨異」即指聖王制禮義時，依分位而在裁成文章、珍怪等心理需求之物的配給上有所差異，以明白區分之，如此即可「上以飾賢良而明貴賤，下以飾長幼而明親疏」，而上至朝廷，下至百姓，都清楚明白如此差異爲的是「明分達治而保萬世也」。亦即〈富國〉所說，「古者先王分割而等異之也，故使或美或惡，或厚或薄，或佚樂，或劬勞，非特以爲淫泰夸麗也，將以明仁之文，通仁之順也」。倘若眾人皆能體會此食衣住行各方面心理需求之物的差別，在於彰顯分位的不同，權利義務的不同，因此，在克盡其職外，對加諸其上的心理需求皆能有所節制「不求其觀」、「不求其餘」、「不求其外」（〈富國〉），自然「天子諸侯無靡費之用，士大夫無流淫之行，百吏官人無怠慢之事，眾庶百姓無姦怪之俗，無盜賊之罪」，而皆符合禮義了。

荀子正理平治與群居和一的理想建立在禮義的基礎上，而禮義的落實則有賴「分」來完成。那麼，「分」是如何發揮其作用以達成此一任務。由於荀子「正名」的目的在於「定分」，所以我們即借〈正名〉原本用以闡明制名目的，以作爲判斷名實是否相符依據的這段文字，來分析「分」的層面。其文說：

> 異形離心交喻，異物名實玄紐，貴賤不明，同異不別，如是則志必有不喻之患，而事必有困廢之禍。故知者爲之分別，制名以指實，上以明貴賤，下以辨同異。貴賤明，同異別，如是則志無不喻之患，事無困廢之禍，此所爲有名也。

「異形離心交喻，異物名實玄紐」反映了戰國末年名家辯者奇辭詭言所導致的名實混淆，是非不明的現象；而知者「制名以指實」的目的，在於藉名實相符扭轉「貴賤不明，同異不別」，以恢復社會秩序；而其功效則表現在「志無不喻之患，事無困廢之禍」。「志無不喻之患」是指在名定實辨的情況下，眾人的心志可以藉言談辯說相互溝通，這是屬於「知」的層面，如〈不苟〉的「推禮義之統，分是非之分」、〈儒效〉的「俄而原仁義，分是非，圜回天下於掌上而辯白黑，豈不愚而知矣哉」，並皆屬之。「事無困廢之禍」是指在是非分明的情況下，眾人皆有所遵循而克盡己職，這是屬於「行」的層面，〈富國〉的「兼足天下之道在明分。掩地表畝，刺屮殖穀，多糞肥田，是農夫眾

庶之事也。守時力民，進事長功，和齊百姓，使民不偷，是將率之事也」，即為一例。志、事俱得，知、行兼備，則可由「名定而實辨」進至「道行而志通」，於是「迹長功成，治之極也」。

雖然有時荀子會為了強調「知」的重要，而謂「彼學者，行之，曰士也；敦慕焉，君子也；知之，聖人也」（〈儒效〉），有時會為了強調「行」的重要，而謂「知之不若行之，學至於行之而止矣。行之，明也。明之為聖人」（〈儒效〉）。但是，無論從「人無禮義則亂，不知禮義則悖」（〈性惡〉）、「倫類不通，仁義不一，不足謂善學」（〈勸學〉）等反面論述，抑或「言必當理，事必當務，是然後君子之所長也」（〈儒效〉）、「口能言之，身能行之，國寶也；口不能言，身能行之，國器也；口能言之，身不能行，國用也」（〈大略〉）等正面論述，皆可見荀子對道理認知與行為實踐是兩者並重的。那麼，荀子將禮義分位之事，由推類辨異之知，分為幾個領域來實現？〈富國〉說：

> 無君以制臣，無上以制下，天下害生縱欲。欲惡同物，欲多而物寡，寡則必爭矣。故百技所成，所以養一人也。而能不能兼技，人不能兼官，離居不相待則窮，群而無分則爭。窮者患也，爭者禍也，救患除禍，則莫若明分使群矣。彊脅弱也，知懼愚也，民下違上，少陵長，不以德為政，如是，則老弱有失養之憂，而壯者有分爭之禍矣。事業所惡也，功利所好也，職業無分，如是，則人有樹事之患，而有爭功之禍矣。男女之合，夫婦之分，婚姻娉內送逆無禮，如是，則人有失合之憂，而有爭色之禍矣。故知者為之分也。

引文前半荀子先說明「分」對人群社會的重要性，「無君以制臣」至「寡則必爭矣」說明「群而無分則爭」的原因，如前所述，其中「欲惡同物，欲多而物寡」偏重於心理奢求部分；「故百技所成」至「人不能兼官」說明「離居不相待則窮」的原因，人生活所需的各項物資是由各行各業所提供，而一人的能力不可能兼有百工的技能，所以離群索居則衣食住行的基本生理需求必然不能滿足；而「明分使群」正可以解決「離居不相待」與「群而無分」所導致的「窮患」與「爭禍」。引文後半則由無「分」所導致的爭禍，說明「知者為之分」的原因，其所列舉的事項中「下上」、「少長」、「男女」、「夫婦」屬第一類的倫理領域，「知愚」屬第二類的德位領域，「職業」屬第三類的社會分工問題。

而「分」於「知」的層面，其作用是藉由「辨異而不過，推類而不悖」

的正確分類，以使言談辯說發揮「以正道而辨姦，猶引繩以持曲直，是故邪說不能亂，百家無所竄」（〈正名〉）的功能。至於「行」的層面，則是依類同別異所得的分位等級去施政教化。而從《荀子》書中對人、事、物的各種分類中不難發現，此分位等級其範圍涵括了人群社會的所有制度與措施，誠如陳大齊所說，「有異可別，即有分的作用行於其間，故其涵攝至廣，可謂無所不包」〔註18〕，而牟宗三則認為，荀子自始至終視人為分位等級中的客觀存在〔註19〕。然而，在這些分位等級中，何者最特別與最受荀子重視？

> 禮者，貴賤有等，長幼有差，貧富輕重皆有稱者也。故天子袾裷衣冕，諸侯玄裷衣冕，大夫裨冕，士皮弁服。德必稱位，位必稱祿，祿必稱用。（〈富國〉）

> 故禮者，養也。君子既得其養，又好其別。曷謂別？曰：貴賤有等，長幼有差，貧富輕重皆有稱者也。（〈禮論〉）

> 故尚賢使能，等貴賤，分親疏，序長幼，此先王之道也。故尚賢使能，則主尊下安；貴賤有等，則令行而不流；親疏有分，則施行而不悖；長幼有序，則事業捷成而有所休。故仁者，仁此者也；義者，分此者也。（〈君子〉）

荀子最重視的是由貴賤賢能所代表的官職分位，與由長幼親疏所代表的倫常分位。第一、二例，雖只言貴賤、長幼，其實言長幼及兼賅親疏，〈君道〉的「聖王財衍以明辨異，上以飾賢良而明貴賤，下以飾長幼明親疏」，即為明證。言貴賤即兼賅賢能與否，第一例的「德必稱位」與〈儒效〉的「譎德而定次，量能而授官」，皆其明證。兩者相較，賢能又重於親疏，所以每每先貴賤而後長幼，何以如此？蓋因長幼親疏是與生俱來無法改變的，賢能貴賤則有賴後天努力而可以改變，〈王制〉即謂，「雖王公士大夫之子孫，不能屬於禮義，則歸之庶人。雖庶人之子孫也，積文學，正身行，能屬於禮義，則歸之卿相士大夫」。

在荀子明分的禮治思想中，最特出的是由士大夫以上的分職與農工商賈的分工，所產生的「維齊非齊」的正義觀。〈王霸〉說：

> 上莫不致愛其下而制之以禮，上之於下，如保赤子。政令制度，所以接下之人百姓，有不理者如豪末，則雖孤獨鰥寡必不加焉。

〔註18〕陳大齊《荀子學說》，頁171。
〔註19〕牟宗三《名家與荀子》，頁210。

> 故下之親上歡如父母，可殺而不可使不順。君臣上下，貴賤長幼，
> 至于庶人，莫不以是爲隆正。然後皆內自省以謹於分，是百王之
> 所同〔註20〕也，而禮法之樞要也。然後農分田而耕，賈分貨而販，
> 百工分事而勸，士大夫分職而聽，建國諸侯之君分土而守，三公摠
> 方而議，則天子共己而止矣。出若入若，天下莫不平均，莫不治辨，
> 是百王之所同，而禮法之大分也。

上至君王，下至庶人，「皆內自省以謹於分」是有前提的，必須是在上位者親愛下民如子女，即使有絲毫不合理，也不加諸孤獨鰥寡身上。而在下位者親愛君上如父母，寧可爲之犧牲生命也不違逆。在和諧融洽的社會氛圍下，於是農夫、商賈、百工、士大夫、諸侯、三公皆能明白自己的分位而恪守之，臣下百吏各盡所能而眾庶百姓各安己職的結果，天子自能恭己南面，無爲而「天下莫不平均，莫不治辨」。如此說來，和諧融洽固然是引發眾人「內自省以謹於分」的因素，而眾人「內自省以謹於分」的目的亦在於維持和諧融洽。

那麼，論德使能而各盡其職的分工合作，便不能只著眼個人之間勞力輕重不一與報酬多寡有別，而謂之不平等。〈榮辱〉說：

> 夫貴爲天子，富有天下，是人情之所同欲也。然則從人之欲則埶不
> 能容，物不能贍也。故先王案爲之制禮義以分之，使有貴賤之等，
> 長幼之差，知愚、能不能之分，皆使人載其事而各得其宜，然後使
> 穀〔註21〕祿多少厚薄之稱，是夫群居和一之道也。故仁人在上，則
> 農以力盡田，賈以察盡財，百工以巧盡械器，士大夫以上至於公侯，
> 莫不以仁厚知能盡官職，夫是之謂至平。故或祿天下而不自以爲多，
> 或監門、御旅、抱關、擊柝而不自以爲寡。故曰：「斬而齊，枉而順，
> 不同而一。」夫是之謂人倫。詩曰：「受小共大共，爲下國駿蒙。」
> 此之謂也。

引文依然從會導致爭亂窮的情欲說起。「貴爲天子，富有天下」是大多數人的心理企求，但天子只有一位，天下只有一個，如果人人皆順從心理欲望而奢求之，在「埶不能容，物不能贍」的情況下，必然會爲了滿足自我而與他人爭執。先王之所以「制禮義以分之」就是不希望偏險悖亂的情況發生，在有「貴賤之等，長幼之差，知愚、能不能之分」的情況下，人人皆能有適合的

〔註20〕 「同」上本有「以」字，依王念孫說刪。王先謙《荀子集解》，頁221。

〔註21〕 「穀」原作「愨」，依俞樾說改。王先謙《荀子集解》，頁70。

分位而各行其事，並且獲得與分位工作符合的穀祿，而這一切在荀子看來才是「群居和一之道」。因此，只要仁人在上位，農夫、商賈、百工等必然各以其勞力技術生產各種物資，而士大夫以上至於公侯必然各以其「仁厚知能」努力各盡職責，雖然因此身份地位有貴賤的差別，但畢竟是以整體和諧考量德能貢獻所作的分別，所以荀子稱其為「至平」。既然有此共識，天子並不以天下為己穀祿是過多，而監門、御旅、抱關、擊柝之人也不認為自己穀祿太少。最後，荀子以「斬而齊，枉而順，不同而一」來印證唯有等差分別才能成就人倫，並引《詩・商頌・長發》的「受小共大共，為下國駿蒙」以說明先王制禮義以分之是基於成就群居和一之道的仁德。

對於維持生存的生理需求，荀子一向主張要滿足之，所以不僅在〈禮論〉以「養人之欲，給人之求」為先王「制禮義以分之」的訴求；更在〈富國〉具體指出，為政者必須一方面「量地而立國，計利而畜民，度人力而授事」，另一方面「輕田野之稅，平關市之征，省商賈之數，罕興力役，無奪農時」，如此「以政裕民」則國富而民足。對於進一步的心理欲求，荀子則主張要以分位加以區別而適度滿足之，所以既在〈禮論〉論述「君子既得其養，又好其別」；又在〈富國〉強調「以禮節用」，一方面使得「貴賤有等，長幼有差，貧富輕重皆有稱」，另一方面使得「德必稱位，位必稱祿，祿必稱用」，如此即可明分使群而兼足天下。〈王制〉說：

> 分均則不偏，執齊則不壹，眾齊則不使。有天有地而上下有差，明王始立而處國有制。夫兩貴之不能相事，兩賤之不能相使，是天數也。執位齊而欲惡同，物不能澹則必爭，爭則必亂，亂則窮矣。先王惡其亂也，故制禮義以分之，使有貧富貴賤之等，足以相兼臨者，是養天下之本也。書曰：「維齊非齊。」此之謂也。

生理基本需求關係生存，無論從個體或整體角度都應設法使之滿足；然而進一步的心理欲求，從個人權利的角度固亦應使之滿足，但從社會義務的角度而言，即使不虞匱乏亦未必要全然滿足之，否則將無以賞善罰惡，進賢退不肖，而群居和一之道亦將淪喪。「分均則不偏，執齊則不一，眾齊則不使」說明了在群居而無貴賤之分的情況下，人與人之間無論知愚、賢不肖皆不能彼此「相事」、「相使」，一旦遇到欲惡相同而且數量有限的事物，必然導致爭亂窮的結果。荀子認為先王乃是從社會整體的角度，「制禮義以分之」，如此則貧富貴賤之間可以彼此相事、相使、相讓而群居和一，所以說分位是「養天

下之本也」。最後，引《尚書‧呂刑》的「維齊非齊」用以印證齊頭式的平等並非眞平等，以德能區別分位等差，才是有助群居和一的眞平等。

人之所以能夠成爲裁非其類以養其類的萬物之靈，關鍵在於「能群」，即能透過辨同別異的思辨，區分分位等級，然後據以分工合作，發揮群體的最大能量效用。而此一由思辨反省與明分使群所完成的群居和一之道，亦即由分位等級所建構的禮義之統，當然是以「君子之所道也」的人道爲中心，然後由人兼及天地萬物，〈王制〉的「序四時，裁萬物，兼利天下，得之分義也」，〈禮論〉的「天地合而萬物生，陰陽接而變化起，性僞合而天下治。天能生物，不能辨物也；地能載人，不能治人也；宇中萬物、生人之屬，待聖人然後分也」，在在顯示荀子以明分爲兼足天下之道，「是欲將宇宙人生盡皆統攝於分位等級的客觀系統中」〔註22〕。由此可見，荀子由「分」以成就「合」的思維模式，不僅運用在人己關係的分與群，亦運用在物我關係的天與人，及身心關係的性與僞。所以〈天論〉中一方面強調「明於天人之分」，一方面主張「天有其時，地有其財，人有其治，夫是之謂能參」，即人與自然在天人分職的情況下，由人主動參贊化育，與天「互動互補而交融互通成一廣大和諧的有機系統」〔註23〕。而〈禮論〉則一方面分別「性者，本始材朴也；僞者，文理隆盛也」，一方面表示「性僞合，然後聖人之名一，天下之功於是就也」，即欲由先天與後天的區分中，藉後天人爲的努力，使先天情欲發揮積極正面的效用。

不管是在「明分使群」，抑或「天生人成」與「化性起僞」的過程，「分」所象徵的都是人爲努力。所以就性僞之分而言，儘管肯定人「皆有可以知仁義法正之質，皆有可以能仁義法正之具」，但是要成爲聖人終究得「伏術爲學，專心一志，思索孰察」（〈性惡〉）的積累工夫；就天人之分而言，則以「天行有常，不爲堯存，不爲桀亡。應之以治則吉，應之以亂則凶」，明白指出吉凶禍福完全是由人的作爲所導致，與天無關；就分位等級而言，荀子對以血緣爲據的親疏長幼著墨較少，其所關注的是依賢不肖、能不能而定的尊卑貴賤，並強調「雖王公士大夫之子孫，不能屬於禮義，則歸之庶人。雖庶人之子孫也，積文學，正身行，能屬於禮義，則歸之卿相士大夫」（〈王制〉），此一肯定後天努力以取代先天世襲的論述，是合乎社會正義的進步觀點。

〔註22〕韋政通《荀子與古代哲學》（臺北：臺灣商務印書館，1985 年 10 月），頁 33。
〔註23〕曾春海〈《荀子》的社會思想〉，《國立政治大學學報》第六十五期，頁 109。

第二節　通古貫今的綱紀論

相對於宋明新儒家，先秦原始儒家比較重視道德實踐的「社會性」與「歷史性」〔註24〕，此一現象在強調外王事功的荀子學說中尤爲明顯。而在由禮義所成就的「人文統類之道」〔註25〕中，荀子將人類社會整體觀寄寓在「類」字，而「統」字則蘊涵歷史文化連續觀。單用一字表達時間義涵時，固然可用統字表示其連續性；但是若欲表現其前後分別時，則荀子即採用「古」與「今」、「先王」與「後王」等兩組相對詞語。以下即據此分爲兩小節論述之。

一、「統」的連續性

荀子之所以盛讚「壹統類」者爲聖人，「知通統類」者爲大儒，固然是由於大儒、聖人能通貫統類之理而應變無窮。然而「統」與「類」是否只是「統由理而成就，理由類而顯示」同一事物的相承關係，抑或是各有所涵的兩個面向的相成關係？「類」字的涵義已在上一節詳細說明，接下來則是對「統」字的涵義進行析論。

統字的本義，《說文解字・十三上》的解說是「紀也」，由於許慎的解說太簡略，所以後人的注疏看法略有不同，就王宗涑《說文述誼》所說「統以總束眾絲言，紀以記別眾絲言」看來，「統」與「紀」雖然同爲束絲情況，但結果有別；就徐灝所謂「凡結絲爲用，總持之謂之綱，其別皆謂之紀，以綱統紀則謂之統」〔註26〕看來，「統」不再是與「紀」相對的名詞，而是以「綱」統合「紀」的動詞；若就段玉裁《說文解字注》所說「《淮南・泰族訓》曰：繭之性爲絲，然非得女工煮以熱湯，而抽其統紀，則不能成絲。按，此其本義也。引申凡綱紀之稱。《周易》『乃統天』。鄭注說：統，本也。《公羊傳》『大一統也』。何注：統，始也」看來，顯然段玉裁認爲剝繭抽絲時的「頭緒」才是統字的本義，而引何休對《公羊傳・隱公元年》「大一統也」的注解，乃是用「始」來證成「頭緒」，至於《周易・乾》象辭「乃統天」的統字，已由名詞「頭緒」引申爲動詞「以之爲根據」，而鄭玄遂以「本」注解之，段注即取

〔註24〕成中英《合內外之道》（臺北：康德出版社，2005 年 11 月），350 頁。
〔註25〕唐君毅於《中國哲學原論・原道篇（卷一）》（臺北：臺灣學生書局，1992 年 3 月），第 13 至 15 章論述荀子思想時，即以「荀子之成人文統類之道」爲篇名。
〔註26〕徐灝之說見《正中形音義綜合大字典》（臺北：正中書局，1993 年 2 月），頁 1031 引。

本字名詞義與開端、頭緒相通來證成「統」之本義爲「頭緒」，「綱紀」則爲其引申義。

由頭緒與其所引出的後繼者則可構成一系統、統緒，所以「統」可引申爲「傳統、道統」，如《孟子・梁惠王下》「君子創業垂統，爲可繼也」，《集注》謂「統，緒也。然君子肇基業於前，而垂統緒於後」；又《文選・揚雄・甘泉賦》「拓迹開統」，李善《注》謂「李奇曰：統，緒也」。若強調理出頭緒的治理動作，則「統」又可引申爲動詞統理、統治、統領，如《書・周官》「冢宰掌邦治，統百官」，《孔傳》謂「統理百官」；又《漢書・賈山傳》「自以爲過堯舜統」，顏師古《注》謂「統，治也」；又《後漢書・宋弘傳》「前在方外，仍統軍實」，《注》謂「統，領也」；又《周禮・天官・大宰》「以統百官」，《注》謂「統，猶合也」。至若著眼總束衆絲時的總合狀態，則「統」可以引申爲副詞「總、合」，如《漢書・兒寬傳》「統楫群元」，《注》謂「臣瓚曰：統猶總覽也」；《漢書・敍傳下》「統壹聖眞」，《注》謂「統，合也」。

在統字常見用法的基礎上，我們可以進一步來歸納《荀子》書中統字的使用義，並探究荀子所賦予的深義。「統」字在《荀子》一書共出現二十五次〔註27〕，其涵義約可分爲六類。

第一類爲作「本、始、頭緒」解釋者，計有四例：

> 聽其言則辭辯而無統，用其身則多詐而無功。（〈非相〉）
> 忠信以爲質，端愨以爲統，禮義以爲文，倫類以爲理。（〈臣道〉）
> 是皆和齊之兵也，可謂入其域矣，然而未有本統也，故可以霸而不可以王。（〈議兵〉）
> 秦四世有勝，諰諰然常恐天下之一合而軋己也，此所謂末世之兵，未有本統也。（〈議兵〉）

引文第一則楊倞以「無根本也」注解「無統」，是以上四例中最平正貼切者；引文第三、四兩則本字與統字連用，則統字作「本始」義使用至爲明顯，楊倞以「前行素脩」釋之，亦由本始轉換而來；引文第二則由「忠信以爲質」與「端愨以爲統」排比連文看來，統字當作本質、根本之義，楊倞將之解爲「綱紀」固然不妥，但文字的使用本來就是輾轉引申，可以互通有無，所以以廣義的角度而言，亦無需苛責。

第二類爲作「綱紀」義使用者，僅有二例：

〔註27〕劉殿爵《荀子逐字索引》，頁 526。

> 四統者俱而天下歸之，夫是之謂能群。（〈君道〉）
>
> 四統者亡而天下去之，夫是之謂匹夫。（〈君道〉）

以上兩則由於係同段文字的正反兩面敍述，視之爲一例亦無不可。而其「四統」既然分指「善生養人」、「善班治人」、「善顯設人」、「善藩飾人」等四事，則此統則雖可如王先謙所謂「統，猶言總要也」，但此作爲分項總要的「統」偏於記別眾絲的「紀」，與「辭辯而無統」之「統」爲全體總要之「本」或廣義之「紀綱」者有別。所以，此處第二類所謂的綱紀，是就狹義的角度而言。

第三類爲作動詞「以之爲本」者，僅有一例：

> 法先王，統禮義，一制度，以淺持博，以古持今，以一持萬。（〈儒效〉）

此處「統」與上文「法」、下文「一」俱爲動詞，所以統字即應解爲以之爲本，「統禮義」即以禮義爲根據。

第四類爲分別作爲動詞「接續、統理、統治、統領」者，其例如下：

> 恭敬以先之，忠信以統之，愼謹以行之，端慤以守之。（〈仲尼〉）
>
> 若其所以統之，則無以異於桀、紂，而求有湯、武之功名可乎？（〈彊國〉）
>
> 是豈無堅甲利兵也哉？其所以統之者非其道故也……是豈無固塞隘阻也哉？其所以統之者非其道故也……是豈令不嚴，刑不繁也哉？其所以統之者非其道故也。（〈議兵〉）
>
> 聲樂之象：鼓大麗，鐘統實，磬廉制……鼓，其樂之君邪！故鼓似天，鐘似地，磬似水。（樂論篇）

上引第一則，由排比並列的先、統、行、守看來，行與守屬相反相成關係，則先與統亦當屬相反相成關係，所以「忠信以統之」意指於「恭敬以先之」後，接著以忠信繼續完成之；恭敬、忠信一先一後而成一整體，因此，〈彊國〉遂有「道也者何也？曰：禮讓忠信是也」之語。第二則以激問句指國君若以桀、紂之道統治人民，則不可能獲得湯、武般的功名，楊倞此處以「制治也」釋「統」，甚是。引文第三則「其所以統之」其義與第二則同，統字亦作統治、統領解。至於第四則，若依王先謙「統者，鐘統眾樂爲君」之說，則統字亦作統領解，但王說有待商榷，雖然其引緯書《樂叶圖徵》「據鐘以知君，鐘聲調則君道得」爲證，卻與荀子本人所說「鼓，其樂之君邪」相乖迕，當由「鐘

似地」的比喻,聯想大地的「厚德載物」,輔以《五經通義》的「鐘,秋分之音,萬物至秋而成也」,聯想萬物果實成熟時的充實美好,則統實當作充實或合和厚實解。

第五類作「系統、傳統」解,其例有三:

> 略法先王而不知其統,猶然而材劇志大,聞見雜博。(〈非十二子〉)
>
> 無君子則天地不理,禮義無統,上無君師,下無父子,夫是之謂至亂。(〈王制〉)
>
> 樂合同,禮別異。禮樂之統,管乎人心矣。窮本極變,樂之情也;著誠去偽,禮之經也。(〈樂論〉)

引文第一則「略法先王」一語亦出現於〈儒效〉,其文為「略法先王而足亂世術,繆學雜舉,不知法後王而一制度,不知隆禮義而殺詩書」,兩相對照可知,「不知其統」意謂不知先、後王延續為一道統,所以只重視法先王而忽略法後王,則「統」為「統緒、系統」之義。而楊倞雖以「紀綱」注解統字的個別含義,但在解說句義時卻以「不知體統」詮釋「不知其統」,可見楊倞亦知此處以「體系」來訓釋統字是比較精確的,然而不知是否恪守《說文》的關係,所以每每籠統地以紀綱、綱紀注解之。引文第二則,「無統」與「不理」對舉,則「統」即「條理、系統」之意明白可見。引文第三則所謂「禮樂之統」,是指合禮與樂成為一完整的系統,如此不僅既「合同」又「別異」,而且既能「窮本極變」又能「著誠去偽」,充分發揮心知的作用,所以說其「管乎人心矣」。而與「禮樂之統」涵義相似的,尚有〈不苟〉的「禮義之統」與〈榮辱〉兩見的「仁義之統」。徐復觀解「仁義之統」的統字為「知識的條理、系統」〔註28〕,雖有貶損荀子把仁當作客觀知識去理解的意味,卻也說出了「統」的「認知」特質與「系統」涵義。韋政通點出此一系統即「禮義之傳統或統緒」〔註29〕,而此一禮義之傳統,即牟宗三所指出的「由百王累積之法度,統而一之,連而貫之」〔註30〕而成的傳統;亦即蔡仁厚所說,歷史的演進,總有它依據的共理,禮義之統即是「從禮義法度的演進中,發現其不變的共理」〔註31〕。所以掌握此系統,即可上溯往古,下開來世,古今莫不

〔註28〕徐復觀《中國人性論史・先秦篇》(臺北:臺灣商務印書館,1987年3月),頁257。

〔註29〕韋政通《荀子與古代哲學》,頁21。

〔註30〕牟宗三《名家與荀子》,頁200。

〔註31〕蔡仁厚《孔孟荀哲學》(臺北:臺灣學生書局,1988年2月),頁460。

同條而共貫，此即「孔子損益三代百世可知之義」〔註32〕；換句話說，「統」即荀子承接孔子「因革損益」觀念而提供的具體原則〔註33〕。

第六類爲與類合稱而強調「系統之理」者，計有六例：

> 若夫總方略，齊言行，壹統類，而群天下之英傑而告之以大古，教之以至順。（〈非十二子〉）

> 炤炤兮其用知之明也，修修兮其用統類之行也，綏綏兮其有文章也。（〈儒效〉）

> 倚物怪變，所未嘗聞也，所未嘗見也，卒然起一方，則舉統類而應之，無所儗怍，張法而度之，則晻然若合符節，是大儒者也。（〈儒效〉）

> 志安公，行安修，知通統類，如是則可謂大儒矣。（〈儒效〉）

> 故學者，以聖王爲師，案以聖王之制爲法，法其法，以求其統類，以務象效其人。（〈解蔽〉）

> 多言則文而類，終日議其所以，言之千舉萬變，其統類一也，是聖人之知也。（〈性惡〉）

當荀子將統字與類字連文而成爲「統類」時，統與類就分別由原本代表不同領域的系統與種類，轉爲歷史文化的通貫之理與同類人事物的共同之理，凸顯其相同的「共理」意義。因此，韋政通認爲「齊一，秩序，條理，是統類共有之屬性」〔註34〕，堪稱允當；但是說「統由理成，而理由類顯」，「不知類，不足以識統」〔註35〕，將統與類說成主從關係，則有待商榷。至於說「依事類之共理而成統，故曰統類」〔註36〕，或「類與類之間組合成一整體的綱紀則稱之爲『統類』」〔註37〕，抹殺了統的歷史性，則爲不妥。蓋統與類所形成的共理，最後固然交織成客觀標準義的「人文統類之道」，當如唐君毅所提示，「統」字所彰顯者乃「古今歷史之變」的共理，而「類」字所彰顯者乃「種種人與自然之各類之物，及人與各類之人間之事」的共理〔註38〕。或許可以

〔註32〕牟宗三《名家與荀子》，頁 206。
〔註33〕蔡仁厚《孔孟荀哲學》，頁 460。
〔註34〕韋政通《荀子與古代哲學》，頁 21。亦見蔡仁厚《孔孟荀哲學》，頁 462。
〔註35〕韋政通《荀子與古代哲學》，頁 16。亦見蔡仁厚《孔孟荀哲學》，頁 461。
〔註36〕蔡仁厚《孔孟荀哲學》，頁 462。
〔註37〕曾春海《儒家哲學論集》（臺北：文津出版社，1989 年 5 月），頁 137。
〔註38〕唐君毅《中國哲學原論・原道篇（卷一）》，頁 439。

這麼說，由歷史文化所凝聚的「統」，象徵的是縱向的時間，〈不苟〉「君子審後王之道而論於百王之前，若端拱而議」、〈非相〉「以近知遠」，皆爲明統效用；由同質事物所形成的「類」，蘊涵的是橫向的空間，〈不苟〉「治海內之眾，若使一人」，「君子不下室堂而海內之情舉積此」、〈非相〉「以一知萬」，皆爲知類效用。所以，統與類的合併意味囊括古往今來宇宙之間的所有人事物。那麼，引文第一則的「壹統類」，意指齊一古今宇宙事物之理，使言行舉止皆「道有一隆」，而不致「道過三代謂之蕩，法二後王謂之不雅」（〈儒效〉）；引文第二則「修修兮其用統類之行」，意謂聖人行爲合於統類，所以修修然整齊而有條理；引文第三則「舉統類而應之」，指大儒能掌握統類之理而靈活應變；引文第四則「知通統類」，說明大儒有別於小儒的「公修而才」，在於能通達時空事物之理，順性而安之；引文第五則「以求其統類」，指出師法聖王不只是取法外在法度，而要深入探求內在精神；引文第六則「其統類一也」，說明聖人言說的詞彙內容與表達形式雖因人因事而不同，但其中寓含之理卻是一致的。

附帶一提的是，文字的使用義除假借外，原本就是引申而來，彼此之間難免藕斷絲連，強爲之劃分歸類，反而有「剪不斷，理還亂」的困擾。以「推禮義之統，分是非之分」爲例來看，將之與〈儒效〉的「原仁義，分是非」、「本仁義，當是非」並列，則統字即爲名詞的「原」、「本」，依上面分類應將之歸爲第一類；然而推其本則系統、統緒自然浮現，應歸之第五類；又推其本目的在尋其理，則似乎應歸之第六類，思考再三，將之附於第五類，以爲五、六兩類之溝通橋樑。由此可見，分類雖然有助說明，但無須爲其結果所圍限而不知變通，如此方能使文字義蘊豐富而靈動。

二、古與今

有別於以過去、現在、未來的三分法來討論時間，當我們討論歷史時，通常只以古代與現在的二分法來對比。而荀子在談及歷史文化時，亦以古與今來論述歷史理則的不變性、歷史文化的連續性與文化現象的對比性。

若從外在經驗的物質文明來看古與今，則古與今所構成的，往往是對立而不可逆的關係；若從內在精神的歷史理則來看古與今，則古與今所呈現的應該是一致而互爲主客的關係。荀子所取，偏重後者，因此每每以「古今一也」來表現歷史理則的不變性，如：

聖人者，以己度者也。故以人度人，以情度情，以類度類，以説度
功，以道觀盡，古今一〔註39〕也。(〈非相〉)

凡兼人者有三術：有以德兼人者，有以力兼人者，有以富兼人者……
故曰：以德兼人者王，以力兼人者弱，以富兼人者貧。古今一也。(〈議
兵〉)

夫尚賢使能，賞有功，罰有罪，非獨一人爲之也，彼先王之道也，
一人之本也，善善惡惡之應也，治必由之，古今一也。(〈彊國〉)

故尊聖者王，貴賢者霸，敬賢者存，慢賢者亡，古今一也。故尚賢
使能，等貴賤，分親疏，序長幼，此先王之道也。(〈君子〉)

在上述引文中，荀子藉由道、德、禮等人文價值的滲透轉換，將「古」與
「今」由現實層面的對立關係變化爲精神層面的合一關係。爲何如此？應
是當周初人文意識崛起，道德觀念日深，於是由詮釋歷史事件而賦予的道
德價值，取代原本由天帝垂象的自然事物成爲指導人類行爲的準則，是周
初以來時勢所趨。荀子即以「古今一也」的命題將他「所主張的『現在』
以及『未來』的『應然』與『過去』歷史上的『實然』結合爲一，並且常
常在『應然』的基礎上論述『實然』」〔註40〕。《詩經·大雅·蕩》「殷鑑不
遠，在夏后之世」、《尚書·召誥》「我不可不監于有夏，亦不可不監于有殷」
中的「監（鑑）」即已非常傳神地說明了此一以歷史經驗指導行爲的現象。
孔孟繼承此一傳統，明確揭舉堯、舜、禹、湯、文、武等三代聖王爲典範，
而強調法先王。而「古今一也」可以拉長語調爲「古今之所一也」，如〈禮
論〉的「凡禮，事生，飾歡也；送死，飾哀也；祭祀，飾敬也；師旅，飾
威也；是百王之所同，古今之所一也」、「故三年之喪，人道之至文者也，
夫是之謂至隆；是百王之所同，古今之所一也」；亦可簡化爲「古今」而融
入文句中，如〈正名〉的「道者，古今之正權也」、〈性惡〉的「凡古今天
下之所謂善者，正理平治也」。

除了以「古今一也」表現歷史理則的一致性外，歷史文化的連續性則以
「自古及今」呈顯之，如：

人主不能論此三材者，不知道此道，安値將卑執出勞，併耳目之樂，

〔註39〕「一」下原有「度」字，依王念孫說刪。王先謙《荀子集解》，頁82。
〔註40〕黃俊傑〈中國古代儒家歷史思維的方法及其運用〉，收錄於楊儒賓、黃俊傑編
《中國古代思維方式探索》(臺北：正中書局，1996年11月)，頁14。

而親自貫日而治詳，一日〔註41〕而曲辨之，慮與臣下爭小察而慕偏
能，自古及今，未有如此而不亂者也。（〈君道〉）

逐賢相而罪孝兄，身爲刑戮，然而不知，此蔽塞之禍也。故以貪鄙、
背叛、爭權而不危辱滅亡者，自古及今，未嘗有之也。（〈解蔽〉）

萬物可兼知也。身盡其故則美。類不可兩也，故知者擇一而壹焉……
故君子壹於道而以贊稽物……自古及今，未嘗有兩而能精者也。（〈解
蔽〉）

顏淵對曰：「臣聞之，鳥窮則啄，獸窮則攫，人窮則詐。自古及今，
未有窮其下而能無危者也。」（〈哀公〉）

「古今一也」表達了「古」與「今」時間的整體性，「自古及今」則表達了「古」
與「今」時間的連續性。正因爲「古」與「今」既在道的方面取得了一致性，
又在時間方面具有連續性，所以不僅可由先王的歷史教訓指導現在的行爲，
如〈儒效〉所說的「法先王，統禮義，一制度，以淺持博，以古持今，以一
持萬」，即是以簡樸專一的「古」來掌握複雜多變的「今」；而且也可由今日
後王粲然明備的制度中上溯千歲以來的先王之道，如〈非相〉所說的「欲觀
千歲，則數今日；欲知億萬，則審一二；欲知上世，則審周道；欲知周道，
則審其人所貴君子」，則是由「今」的時間之近、空間之一、聖人君子之微，
推知千歲之遠、億萬之博、周全而明的「古」。

然而《荀子》一書中，「古」與「今」除了如上所述因道的超越性而呈現
互動往來的和諧合一關係外，亦不乏因行事的差異性而呈現「治古」與「亂
今」結果相反的對立關係。例如：

古之學者爲己，今之學者爲人。君子之學也，以美其身；小人之學
也，以爲禽犢。（〈勸學〉）

古之所謂士仕者，厚敦者也，合群者也，樂富貴者也，樂分施者也，
遠罪過者也，務事理者也，羞獨富者也。今之所謂士仕者，汙漫者
也，賊亂者也，恣睢者也，貪利者也，觸抵者也，無禮義而唯權埶
之嗜者也。（〈非十二子〉）

凡刑人之本，禁暴惡惡，且徵其未也。殺人者不死，而傷人者不刑，
是謂惠暴而寬賊也，非惡惡也。故象刑殆非生於治古，並起於亂今也。
治古不然，凡爵列官職賞慶刑罰皆報也，以類相從者也。（〈正論〉）

〔註41〕 「日」原作「內」，依王先謙說改。王先謙《荀子集解》，頁246。

上述引文中，「古」的方面都是正向的、值得肯定的行為，而「今」的部分則都是負面、應予批判的行為。為何如此？原因在於荀子對所處時代風氣的強烈不滿，於是將理想寄託古代。這種古治與今亂對立的情況實亦承自孔子，如「古之學者為己，今之學者為人」即是直接套用《論語・憲問》中孔子的話，此外，在《論語・陽貨》中孔子亦曾感慨地說：「古者民有三疾，今也或是之亡也。古之狂也肆，今之狂也蕩；古之矜也廉，今之矜也忿戾；古之愚也直，今之愚也詐而已矣。」似此於古與今的對比中，對古之敍述洋溢理想之憧憬，而對今之敍述充斥現實之鄙夷的情況，在《荀子》一書中屢見不鮮，有時荀子還會以「古之人為之不然」或「今之世則不然」做為一段述的開端以加強語氣。前者如〈富國〉中，當論述完現在人主「垂事養譽」與「遂功而忘民」是「姦道」後，接著即以「故古人為之不然」發端，而論述正確的「垂事養民」之方；又如〈君道〉中，當論述完「今人主有大患」後，接著即以「故古之人為之不然」發端，而論述正確的「取人之道」與「用人之法」；又如〈正論〉中，當初步指陳宋銒「人情欲寡不欲多」的謬誤後，接著即以「古之人為之不然」發端，進一步以聖王制訂賞罰的依據為「人情欲多不欲寡」反駁宋銒。後者如〈富國〉中，當論述完百姓之所以視君上「貴之如帝，親之如父母」在於人主能以德養民後，接著即以「今之世而不然」發端，而論述「臣弑其君，下殺其上」的原因；又如〈正論〉中，在論述完當百姓富足則陪葬物品再多也沒人會去盜墓後，接著即以「夫亂今然後反是」發端，而論述當百姓凍餒，則即使沒有陪葬物品亦將有人掘棺，藉以反駁主張薄葬之說；又如〈宥坐〉中，於論述完先王教民以道而能「威厲不試，刑錯不用」後，接著即以「今之世則不然」發端，而論述「刑彌繁而邪不勝」在於「亂其教、繁其刑」。

　　荀子對於自身所處現實政治的失望不滿，除了由古治與今亂的對比，充分顯現外，尚可見諸〈正名〉的兩段論述，其文說：

> 今聖王沒，名守慢，奇辭起，名實亂，是非之形不明，則雖守法之吏，誦數之儒，亦皆亂也。若有王者起，必將有循於舊名，有作於新名。
>
> 今聖王沒，天下亂，姦言起，君子無埶以臨之，無刑以禁之，故辯說也。

第一段引文荀子有鑑於戰國末年聖王不復見，諸子百家各逞奇辭邪說，毀亂

名實而是非不明，不僅民無所措，即使墨守成規、因循舊制的「守法之吏，誦數之儒」亦不知何所從；只能期盼新的聖王出現，以返本開新的精神，重訂名實，希望「名定實辨，道行志通」。第二段引文表示在舊聖已沒，新王未出的時代，君子雖無權位可以「導之以道，申之以命，章之以論，禁之以刑」，但自覺「待文王而後興者，凡民也；若夫豪傑之士，雖無文王猶興」（《孟子·盡心上》），所以藉辯說以抵制姦言邪說，視撥亂反正為己任。由「今聖王沒」不難體會荀子對亂今現實的無奈，因此對於「生乎今而志乎古」大加推崇，〈君道〉說：

> 故人主欲彊固安樂，則莫若反之民；欲附下一民，則莫若反之政；
> 欲修政美俗〔註42〕，則莫若求其人。彼或蓄積而得之者不世絕，彼
> 其人者，生乎今之世而志乎古之道。

在「反之民」、「反之政」、「求其人」的層遞句中，荀子明白地告訴為君之人，欲求國家強固安樂，除了愛民脩政外，能任用「生乎今之世而志乎古之道」的君子聖人才是關鍵。為何如此？因為生今志古的聖人「蓄積而得之者不世絕」，即其平日努力蓄積而得的治國平天下的智慧是貫通歷史而不是局限一隅，所以能不受世俗王公臣民的影響，不因貧窮困頓而廢止。國君若能任用此清楚知道先王得失與國家安危所在的聖人，充分授權，則可以王天下而臣諸侯，即使未能言聽計從，亦可以威行鄰敵成為霸主。又〈天論〉說：

> 楚王後車千乘，非知也；君子啜菽飲水，非愚也；是節然也。若夫
> 志〔註43〕意脩，德行厚，知慮明，生於今而志乎古，則是其在我者
> 也。

相較於後車千乘，啜菽飲水的際遇受制於外在環境；修心養性，厚實德行，明智澄慮，生今志古等都操之在我。君子致力於操之在我者，所以不在乎際遇之貧窮；小人只追求際遇之富貴，而忘記努力充實自我。由此可見，荀子之所以推崇「生於今而志於古」，在於希冀超越世俗之現實，而能合於先王之道的理想。如果〈哀公〉所引「生今之世，志古之道；居今之俗，服古之服；舍此而為非者，不亦鮮乎」真是出自孔子，則荀子「生今志古」之說亦其來有自，可謂行權而返經，通變而守常。

在古與今之外，荀子更運用法先王與法後王來論述其成就治道的理想與

〔註42〕「俗」原作「國」，依王念孫說改。王先謙《荀子集解》，頁236。
〔註43〕「志」原作「心」，依王念孫說改。王先謙《荀子集解》，頁312。

具體作爲。一般人由於見到荀子於〈非十二子〉用「略法先王而不知其統」批評子思、孟子，遂以爲荀子提倡「法後王」即反對「法先王」，實則大錯特錯。

「後王」一詞於《荀子》一書中共計出現十六次。分別爲〈不苟〉二次，〈非相〉三次，〈儒效〉五次，〈王制〉二次，〈正名〉三次，〈成相〉一次。〔註 44〕「先王」一詞共計出現四十九次。分別爲〈勸學〉二次，〈榮辱〉三次，〈非相〉二次，〈非十二子〉三次，〈儒效〉五次，〈王制〉一次，〈富國〉三次，〈君道〉二次，〈彊國〉二次，〈正論〉二次，〈禮論〉六次，〈樂論〉十二次，〈解蔽〉一次，〈性惡〉一次，〈君子〉一次，〈大略〉二次，〈宥坐〉一次〔註 45〕。由此一比三的比例看來，顯然「先王」比「後王」更常被荀子提及。而且《荀子》書中「先王」所涵攝的意義，都是正面且值得肯定的，這可由以下舉的幾個例子窺見一斑。

> 不聞先王之遺言，不知學問之大也。（〈勸學〉）
>
> 故先王案爲之制禮義以分之，使有貴賤之等，長幼以差，知愚能不能之分，皆使人載其事，而各得其宜。〈榮辱〉
>
> 凡言不合先王，不順禮義，謂之姦言：雖辯，君子不聽。（〈非相〉）
>
> 故勞力而不當民務，謂之姦事：勞知而不律先王，謂之姦心。（〈非十二子〉）
>
> 彼先王之道也，一人之本也：善善惡惡之應也，治必由之，古今一也。（〈彊國〉）

總上各例言之，先王之道不僅是學問思辨的基礎，言談舉止的標準；更是治理國家的方針，安定社會的原則。反之，若言談思慮與先王乖迕而不符合禮義，則是不利於施政爲治的「姦言」、「姦心」。由此可見，「先王」在荀子心目中的評價是正面的、積極而有意義的，甚至可說，居於「歷史文化之主導的地位」〔註 46〕。由〈大略〉的「人主仁心設焉，知其役也，禮其盡也。故

〔註44〕若於同一段無論出現幾次都只算「一見」，則如王念孫所統計：〈不苟〉一見，〈非相〉一見，〈儒效〉二見，〈王制〉一見，〈正名〉三見，〈成相〉一見。凡九見。

〔註45〕若依注 44 之標準，則爲〈勸學〉二見，〈榮辱〉二見，〈非相〉一見，〈非十二子〉二見，〈儒效〉三見，〈王制〉一見，〈富國〉三見，〈君道〉二見，〈彊國〉一見，〈正論〉二見，〈禮論〉三見，〈樂論〉一見，〈解蔽〉一見，〈性惡〉一見，〈君子〉一見，〈大略〉二見，〈宥坐〉一見。凡二十九見。

〔註46〕周群振《荀子思想研究》，頁 98。

王者先仁而後禮，天施然也」、「君子處仁以義，然後仁也；行義以禮，然後義也；制禮反本成末，然後禮也」可知，荀子強調師法禮義以化性起偽的目標是要成就仁義，所謂「反本成末」即爲返仁義之本而成制度之末；而明王施政必須先仁而後禮，如此方合於天道。亦即是說，粲然明備的禮樂制度雖重要，但始終只是「原先王，本仁義」時用來「正其經緯蹊徑」的防表、櫽括、南針而已，此所以荀子既提倡法後王，更暢言法先王。也唯有先後王兼容並法，才不致捨「古今一度」的道理之本，而逐「世易備變」的文物之末，或執守後王粲然明備的制度，而不知變通，或追求「古今異道」，而淪爲法家之徒。

既然荀子亦大談法先王，則其批評子思、孟子的原因爲何?〈非十二子〉說：

> 不法先王，不是禮義，而好治怪說，玩琦辭。甚察而不惠，辯而無用，多事而寡功，不可以爲治綱紀……是惠施、鄧析也。
>
> 略法先王而不知其統，猶然而材劇志大，聞見雜博，案往舊造說，謂之五行。甚僻違而無類，幽隱而無說，閉約而無解……是則子思、孟軻之罪也。

將前半段批評惠施、鄧析的「不法先王，不是禮義」與後半段非難子思、孟軻的「略法先王而不知其統」對照來看，很清楚地可知，荀子並非指責「法先王」，反而是撻伐「不法先王」。而子思、孟軻的過失在於「略」法先王，是法先王法得簡略而「不知其統」，亦即未能減低《詩》、《書》的主觀感性知覺而推尊符合禮義的客觀理性思辨。〔註47〕惠施、鄧析錯在不肯定禮義，子思、孟軻錯在不知掌握禮義之統。惠施、鄧析錯在徒逞口舌之能，浪費時間精力，而對治理國家毫無幫助。子思、孟軻錯在提倡仁義禮智聖的性善理論，其講求「盡心知性以知天」、「存心養性以事天」的人性論，是無法以具體事物去驗證的，不符合客觀經驗法則，而難以言說理解，所以荀子指其「甚僻違而無類，幽隱而無說，閉約而無解」。〈性惡〉說：

> 凡論者，貴其有辨合，有符驗，故坐而言之，起而可設，張而可施

〔註47〕牟宗三說：「孟子善詩書，詩言情，書紀事，皆具體者也。就詩書之爲詩書自身言，自不如禮義之整齊而有統，崇高莊嚴而爲道之極。然詩可以興，書可以鑑。止於詩書之具體而不能有所悟，則凡人也，不足以入聖學之堂奧。然志力專精，耳目爽朗之人，則正由詩書之具體者而起悱惻之感，超脫之悟，因而直至達道之本，大化之原。」《名家與荀子》，頁199。

> 行。今孟子曰「人之性善」，無辨合符驗，坐而言之，起而不可設，
> 張而不可施行，豈不過甚矣哉！故性善則去聖王，息禮義矣；性惡
> 則與聖王，貴禮義矣。

荀子以爲本始材樸的人性容易順好利之質而流於惡，而善是出自聖王的教化
及禮義的引導。孟子性善的主張在荀子看來，是不符合實際經驗，無法在現
實生活具體施行，因爲如果說本性已善，則不需聖王、禮義，則不需化性起
僞的工夫。或許荀子眞的誤解孟子的性善爲「本始材樸之性已善」，於是加以
抨擊；然而筆者以爲，恐怕是荀子從思孟後學身上發現，過度強調內省覺察
的修己工夫，將使心性涵養因既超越而內在的主觀封閉性，喪失社會實踐的
客觀開放性，所以儘管理論圓融，可「坐而言之」，但是因爲不切實際，遂「起
而不可設，張而不可施行」（〈性惡〉）。顯然荀子認爲，子思、孟子雖亦師法
先王，卻只知把捉逆覺體證的易簡夫以涵養心性，而不知推尊禮義之統而化
性起僞，故指責其「略」法先王而「不知其統」。

　　先王、後王之所以在荀子思想中可以兼容並蓄，在於二者雖然有時間次
第上的差別，但本質卻是一貫相通的。〈不苟〉說：

> 君子位尊而志恭，心小而道大：所聽視者近而所聞見者遠。是何邪？
> 則操術然也。故千人萬人之情，一人之情是也；天地始者，今日是
> 也；百王之道，後王是也。君子審後王之道而論於百王之前，若端
> 拱〔註48〕而議。推禮義之統，分是非之分，總天下之要，治海內之
> 眾，若使一人。故操彌約而事彌大。五寸之矩，盡天下之方也。故
> 君子不下室堂而海內之情舉積此者，則操術然也。

由於人情事理具有共通性，所以可由一己之情推知眾人之情，由現今之理推
知往昔之理，由近處之事推知遠方之事，因此審辨後王之道即可推論先王之
道。「位尊志恭、心小道大」的君子即因懂得掌握其理，故能執簡御繁，以近
知遠。而此一貫的原則，百王的同質層即是「禮義之統」、「是非之分」。正因
爲「禮義之統」是先王、後王共通的本質，所以〈天論〉說：「百王之無變，
足以爲道貫」，〈非相〉說：「以道觀盡，古今一度也」。換句話說，掌握了禮
義的共理，不僅可以由今日推知「天地始者」，反之亦可「以古持今」。〈儒效〉
說：

> 法後王，一制度，隆禮義而殺詩書；其言行已有大法矣，然而明不

〔註48〕　「拱」原作「拜」，依王念孫說改。王先謙《荀子集解》，頁48～49。

> 能齊法教之所不及，聞見之所未至，則知不能類也，知之曰知之，
> 不知曰不知，內不自以誣，外不自以欺，以是尊賢畏法而不敢怠傲，
> 是雅儒者也。法先王，統禮義，一制度；以淺持博，以古持今，以
> 一持萬；苟仁義之類也，雖在鳥獸之中，若別白黑；倚物怪變，所
> 未嘗聞也，所未嘗見也，卒然起一方，則舉統類而應之，無所儗作，
> 張法而度之，則晻然若合符節，是大儒者也。

「以古持今」與孔子所說「其或繼周者，雖百世可知也」的精神是一致的。「淺、古、一」是就禮義之體而言，「博、今、萬」是就禮義之用而言，法先王之所以能夠「以淺持博，以古持今，以一持萬」，乃是掌握了易簡不變的禮義之統，遂可因應層出不窮的新奇事物，且於言行舉止莫不自然合乎法度。儘管大儒、雅儒有法先王與法後王的差別，儘管法先王、法後王在統禮義、一制度上的順序相反〔註49〕，但並不礙禮義為後王、先王共具的特質，雅儒、大儒一起法效的對象。〈儒效〉的「先王之道，仁之隆也，比中而行之。曷謂中？曰：禮義是也」即說明，先王之所以能成就仁政是依循禮義作為中正坦途而達致的。而〈勸學〉的「將原先王，本仁義，則禮正其經緯蹊徑」即說明，後王是以禮義為指標去追溯效法先王的仁政。由此可知，成就「禮義之統」而明分使群以臻郅治，實為法先王與法後王共同的目標。

從上引〈儒效〉大儒、雅儒的言行舉止，不僅可以分判出二者在荀子心中份量的輕重，而且可見法先王與法後王的差別。雖然雅儒的言行已能合於禮法，但僅止於外在模仿學習所得，而沒有足夠的智慧觸類旁通；因此，一旦面對禮法沒有明文規定又未曾經驗過的事務，就手足無措而不知如何處理，所以僅止於「尊賢畏法而不敢怠傲」，只是「知慮多當矣，而未周密也」的「篤厚君子」。〈君道〉所謂「脩飭端正，尊法敬分，而無傾側之心，守職循業，不敢損益」的「士大夫官師之材」，不正是雅儒之謂乎？至於大儒，不僅言行合於禮法，更重要的是，能夠把握內在原理，執簡御繁，觸類旁通；因此，即使突然遭逢未曾聞見的事務，也能秉持道理原則，從容應對，而且其作為「張法而度之，則

〔註49〕北京大學譯注之《荀子新注》（臺北：里仁書局，1983 年 11 月）承楊注之誤，遂將此處「法先王」改為「法後王」，顯然未能貫通全篇文義且不了解「統禮義，一制度」與「一制度，隆禮義」的差別。又承楊注之誤，將「以古持今」改為「以今持古」，劉台拱駁正楊注「以今持古」為非，可取；但謂「以古持今，亦謂以文、武、周公之德持今世」，則恐非荀子本意。王先謙《荀子集解》，頁 140。

晻然若合符節」，所以是能「脩百王之法」，「應當時之變」的聖人。〈君道〉所
謂「知明制度，權物稱用之為不泥也」的「卿相輔佐之材」，不正是大儒嗎？於
是，由大儒「法先王」，能先掌握禮義統類，然後齊一制度；雅儒「法後王」，
只能先齊一制度，進而尊隆禮義可知，內在的道理原則亙古不變，須以先王為
法，外在的文物制度與時俱進，則以後王為法〔註50〕。換句話說，法先王是法
禮義所依據的情理，即「玉帛」、「鐘鼓」的根源；法後王則是法依據情理而制
訂的禮義，即「玉帛」、「鐘鼓」等文物制度。所以荀子對於法先王與法後王並
非「含混不清」，或「未自覺地加以鑒別」〔註51〕；反而是刻意藉此相輔相成的
不同向度，以成就「禮義之統」的完整架構。梁啟雄以「在道理原則上他是掌
握著無變的道貫」，「在法術政教上他是隨時靈活變革的」來說明法先王與法後
王的並行不悖，所言甚是。〔註52〕

正由於先王之道為經常之體，後王之制為盡變之用；所以荀子雖提倡法
後王，更需大談法先王。否則，只談法後王雖亦足以成就禮義之統，卻不能
「兼陳萬物而中縣衡焉」以「齊法教之不及」，不能「舉統類而應之」以「權
物稱用之為不泥」（〈解蔽〉）。亦即眩於粲然明備的文物制度，而不知變通，
捨人情事理之本而就鐘鼓玉帛之末。唯有兼法後王與先王，才能「體常而盡
變」，「比中而行之」，方不致甫跳脫「古為蔽」，又陷溺「今為蔽」。〈非相〉
說：

> 夫妄人曰：「古今異情，其以治亂者異道。」而眾人惑焉。彼眾人者，
> 愚而無說，陋而無度者也。……聖人何以不欺？曰：聖人者，以己
> 度者也。故以人度人，以情度情，以類度類，以說度功，以道觀盡。
> 古今一度也，類不悖，雖久同理，故鄉乎邪曲而不迷，觀乎雜物而
> 不惑，以此度之。

如果法後王與法先王不能兼顧合一，只強調粲然明備的文物制度，往往易落入
經驗主義的歷史進化論，或許韓非「世異則事異，事異則備變」的主張即是由

〔註50〕 對於法先王與法後王竟能並行不悖，與其接受魏元珪的「一指法先王之人格
光輝，及其學統之根源，二指法後王之政制，以便配合當今之時勢，以適合
當今社會之需要。」（見《荀子哲學思想》臺北：谷風出版社，1987年12月，
頁217），不如採用周群振的「以先王所示之價值理念為宗綱，以後王所成之
具體實務為榜樣。」蓋因荀子無論法先王、法後王重心皆落在禮義治道。
〔註51〕 韋政通《荀子與古代哲學》，頁11。
〔註52〕 梁啟雄《荀子約注》（臺北：世界書局，1982年12月），頁230。

經驗的層面誤解荀子的法「後」王爲法「今」王；但更有可能的是基於功利主義及鞏固君勢的考量，而刻意扭轉法後王爲法今王。所以在〈五蠹〉中，不僅將後王「文武」亦劃歸先王行列，而謂「今有美堯舜禹湯文武之道於當今之世者，必爲新聖笑矣」，且認爲法先王無異「欲以寬緩之政治急世之民，猶無轡策而御駻馬」，類似守株待兔的愚行。荀子於上述引文中所稱的「妄人」，即指此等藉時移世易、古今異道欺惑眾人的法家之徒。至於聖人之所以有別於眾人而不被妄人的說法所欺惑，正因爲聖人掌握「古今一度」而體常盡變。由此可見，荀子實欲由法後王的盡變之用，成全法先王的經常之體；而且，既法後王亦法先王的主張，正足以駁斥法家由世易備變、時移道異而導出的「法今王」說，正足以彰顯變法不變道的儒家與法道俱變的法家不同之處。

有別於「類」所寓涵的人類社會整體性，由「明分使群」彰顯在共時性的生活世界中人我互爲主體，以「群居和一」肯定了禮義規範於社會和諧的價值；「統」所寓涵的歷史文化的連續性，由「古今一也」彰顯在歷時性的文化傳統中，古今互滲透，在既「法後王」又「法先王」中，既肯定了禮義法度的與時俱進，也以人類歷史文化中不變的道貫取代天道，作爲禮義法度的價值根源。

第三節　體常盡變的實踐論

時間與空間是構成現象世界的兩個向度，隨著時間的推移，空間中的人事物亦不斷在變動。荀子顯然體察到時空環境變化對人類歷史文化的影響，所以希望成就治道的人，能由知類明統中掌握不變的道理，以面對變動不居的現象。因此，能否「壹統類」、「知通統類」成爲區分大儒、聖人與雅儒、士君子的關鍵。而行「權」就是大儒、聖人面對未嘗聞見的「倚物怪變」，依貫通統類之道所作出的應變。以下即先由權與道的關係，討論面對變動的態度；再由常與變的關係，討論處理應變的原則。

一、「權」的變動性

要談「權」，不能不先從在倫理學與價值觀中與之相反相成的「經」談起。關於「經」字，依據東漢許愼的說法它的本義爲「織從絲」，即布帛衣物等絲織品的直線部分，由於織布時縱絲通常是先固定在織布機上，然後用瓦來回穿梭而將橫線「緯」織上，所以「經」便可由名詞的「織縱絲」引申出形容

詞——固定的、優先的、常態的用法，再用以指稱經常不變的道理、規範。至於「權」字，依《說文解字》，它的本義是「黃華木」，只是遍尋先秦典籍出現的權字，似乎無有做如此解釋者，而都是做「衡量輕重」或由此引申的意義使用，如《論語・堯曰》的「謹權量，審法度，修廢官，四方之政行焉」、《孟子・梁惠王上》的「權，然後知輕重；度，然後知長短」、《墨子・大取》「於所體中，而權輕重之謂權」等皆是其例。「黃華木」如何演變爲「權衡輕重」？據朱駿聲的說法是由於「權」假借爲「縣」，而「縣」即「錘」也。〔註53〕《廣雅・釋器》即謂「錘謂之權」，而《漢書・律曆志》亦云「衡權者，衡，平也；權，重也。衡所以任權而均物平輕重也」。正由於稱量物品輕重是以移動秤錘「權」的位置而取得秤桿「衡」的平準，因此「權」字可以引申爲處理人事的合宜方式。於是，「經」與「權」便成爲爲人處世時看似緊張對立，實則相輔相成的一對概念，而守經通權也就成爲我們待人接物的準則。

　　然而經權爲何是相輔相成而非緊張對立？又與時間意識有何關聯？「經」做爲爲人處世的常道常則，本是不受時空條件影響而有普遍性的，亦即是超越而永恆不變的；而做爲行爲規範意使用的「經」，必須落實在時空環境中去具體實踐，此時是相對而與時俱進的。做爲絕對常道的經是行「權」時的依據，做爲相對規範的經則是行「權」時成就的對象。爲何有如此區別？這是由於行爲規範必須隨時空環境的改變而不斷更新，以適應新的社會結構與生活形態。然而禮儀規範由達成共識至規劃完成，曠日費時，完成後可能生活形態與社會結構又已有所變遷；何況典章制度再怎麼完備，也不可能鉅細靡遺，毫無疏漏。因此遇到無規範可依循，甚至無前例可參考時，就必須靠明智的判斷力才能做出適宜的行爲或正確的決策，此時行權是用來成就規範的。然而特殊狀況或非常時期的行權不能毫無依據而離經叛道，否則善意的權衡、權宜將流爲詭譎的權謀、權詐，這就是重視「齊之以禮」的儒家比其他諸子在強調通權之時更呼籲守經的原因。

　　「經」兼具抽象之人倫常道與具體之行爲規範的義涵，且與「權」成爲相對觀念，恐怕是戰國末年至西漢初年的事情。因爲周初所建立的禮樂制度至春秋時期雖已逐漸遭到破壞，但「禮」依然是當時最重要的倫理觀念，所以《左傳》一書仍不斷強調禮的重要性，如〈隱公十一年〉的「恕而行之，德之則也，禮之經也」、〈昭公十五年〉叔向所說的「禮，王之大經。一動而

―――――――――――――――――――――――――――――――――――――――

〔註53〕《說文通訓定聲》（臺北：藝文印書館，1975年8月），〈乾部第十四〉頁723。

失禮，無大經矣」、〈昭公二十五年〉子產所說的「夫禮，天之經也，地之義也，民之行也」等，其中的「經」都只有常道的意義，「天之經」、「王之大經」無非都在凸顯禮之重要性。因此，在《論語》、《孟子》中與「權」相對的是「道」與「禮」，如《論語‧子罕》說：

> 子曰：「可與共學，未可與適道；可與適道，未可與立；可與立，未可與權。」

孔子在此清楚地將道德涵養與實踐分成共學、適道、立、權等四個階段。第一階段的「共學」是指開始立志向學，認知道德的內容，屬涵養個人品德的開端；第二階段的「適道」是指由學習而肯定道德的價值，並努力涵養充實，屬個人品德的初步完成；第三階段的「立」，是指品格操守、心智思想已達到一定穩實度，而能獨立自主邁入人群，屬道德實踐的開端；第四階段的「權」，是指待人接物能運用成熟的心智通權達變而獲致和諧，屬道德實踐的完成。「道」雖然是行「權」的依據，但從實踐的角度看來，作為總體根源的「道」畢竟只是怒哀樂未發之「體」，而「權」才是發而皆中節的「用」，所以「適道」只能安排在第二階段，代表內在心性涵養的完成；而「權」則安排在第四階段，代表外在社會實踐的圓滿。至於「禮」，由「立於禮」（《論語‧子罕》）看來，屬第三階段，作為社會規範之「禮」與「權」的差別在於，篤守禮法而忽略其內在精神，往往會因缺乏人際感通而變得不通情理，此時必需靠行權來加以補救，所以就社會實踐而言，「權」的重要性又高於「禮」。

由上述例證可知，《論語》中的「權」並非與「經」而是與「道」、「禮」並舉。至於《孟子》中情況亦復如此，〈離婁上〉說：

> 淳于髡曰：「男女授受不親，禮與？」孟子曰：「禮也。」曰：「嫂溺則援之以手乎？」曰：「嫂溺不援，是豺狼也。男女授受不親，禮也；嫂溺援之以手者，權也。」曰：「今天下溺矣，夫子不援，何也？」
> 曰：「天下溺，援之以道；嫂溺，援之以手。子欲手援天下乎？」

由肯定男女授受不親是「禮也」看來，此處的「禮」當然是指行為規範而言，非《左傳》中「天之大經」的「禮」。因為行為規範有穩定社會秩序的功能，所以男女授受不親在一般正常情況下當然有遵守的必要。但面對嫂溺的特殊狀況，豈可不知權衡輕重而不伸出援手。禮樂的制訂本是用來成就人之生命價值，若見有人性命危急卻拘守禮節，顯然是捨本逐末，不能體悟形式背後蘊涵的精神，缺乏怵惕惻隱之心的感通，則與凶殘成性麻木不仁的豺狼無異。

由「嫂溺，援之以手」與「天下溺，援之以道」並列可知，行「權」而援之以手，足以成就「道」心。

〈盡心上〉說：

> 孟子曰：「楊子取爲我，拔一毛而利天下，不爲也。墨子兼愛，摩頂
> 放踵
> 利天下，爲之。子莫執中，執中爲近之。執中無權，猶執一也。所
> 惡執一者，爲其賊道也，舉一而廢百也。」

以儒家「親親而仁民，仁民而愛物」的觀點看來，墨子「兼愛，摩頂放踵以利天下」無親疏遠近之分爲太過；楊子「爲我，拔一毛而利天下不爲也」的自私行徑則爲不及；子莫能夠執中，無過與不及，較符合儒家的仁德。不過接著孟子提醒說，一旦過於執中，只知守經而不知變通，則與偏執一端無異，如此將陷於「舉一而廢百」，對於道同樣造成莫大的傷害。由此可見，唯有行權才能輔經而完成道。

《荀子》中做衡量輕重義使用的「權」字，一如《論語》、《孟子》並列對舉的對象是「禮」與「道」而非「經」，〈大略〉說：

> 禮之於正國家也，如權衡之於輕重也，如繩墨之於曲直也。故人無
> 禮不生，事無禮不成，國家無禮不寧。

本例與上舉「嫂溺援之以手」雖然皆是權禮對舉，但意義不同，該處重點在「權」，而「禮」取行爲規範義；此處重點在「禮」，而「權」只取稱錘義。荀子的禮原本偏重於常道義，然而將之比況爲衡量輕重的「權衡」、規範曲直的「繩墨」，雖易使人明白其功用，卻也讓人誤解荀子強調的只是禮的「工具價值」，甚至將之與「法」等量齊觀﹝註54﹞。至於與「道」對舉的「權」則如〈正名〉所說：

> 凡人之取也，所欲未嘗粹而來也；其去也，所惡未嘗粹而往也。故
> 人無動而不可以不與權俱。衡不正，則重縣於仰而人以爲輕，輕縣
> 於俛而人以爲重，此人所以惑於輕重也。權不正，則禍託於欲而人
> 以爲福，福託於惡而人以爲禍，此亦人所以惑於禍福也。道者，古
> 今之正權也，離道而內自擇，則不知禍福之所託。易者以一易一，
> 人曰無得亦無喪也；以一易兩，人曰無喪而有得也；以兩易一，人

﹝註54﹞盧瑞容《中國古代「相對關係」思維探討》（臺北：商鼎文化出版社，2004
年6月），頁243。

> 曰無得而有喪也。計者取所多，謀者從所可。以兩易一，人莫之為，
> 明其數也。從道而出，猶以一易兩也，奚喪！離道而內自擇，是猶
> 以兩易一也，奚得！其累百年之欲，易一時之嫌，然且為之，不明
> 其數也。

荀子在此首先告訴人們，當我們獲取事物時，前來的事物未必全是我們想要的、對我們有利的；離去的事物並非全是我們厭惡的，對我們有害的。我們往往是同時面對兼具欲惡利害的事物，所以我們無論採取任何作為，都必須深思熟慮，仔細權衡輕重，才能做出正確的決斷。〈不苟〉因此說「見其可欲也，則必前後慮其可惡也者；見其可利也，則必前後慮其可害也者。而兼權之，孰計之，然後定其欲惡取舍；如是則常不失陷矣」。其次，若要權衡輕重，則不可不注意其器具是否標準，一旦不標準，重物所懸之端反而仰起，使人誤以為輕；輕物所繫之端反而下俯，致使人們誤以為重。以之比況人事，若判斷抉擇的依據不正確，則所為足以招禍，卻誤以為能夠致福而沾沾自喜；所棄本可致福，卻誤以為可能招禍而遠之，其結果「動則必陷，為則必辱」。如何能跳脫求禍而辭福的窘境？唯一的方法是，以「古今之正權」的「道」做為衡量取捨世事的依據。須注意的是，勿因「計者取其多，謀者從其可」的比況之辭而認為荀子有功利取向。正好相反，從上引〈正名〉之文可知，所謂「得」，是指因能「從道而出」以致「不役於物」而心境平和愉悅，因此雖然接觸的事物皆平庸無奇，卻足以涵養目、耳、口、體、形、樂、名；所謂「喪」，是指由於「離道而內自擇」以致「為物所役」而內心憂慮恐懼，以致即使封侯稱君、乘軒戴冕，卻仍是「嚮萬物之美而盛憂，兼萬物之利而盛害」。所以明知「以兩易一，人莫之為」，但對於更不該為的「累百年之欲，易一時之嫌」，竟「然且為之」，此誠受物欲蒙蔽所致，而以道為權正是不受物欲蒙蔽。

二、常與變

一提及「變」的先秦典籍，立刻令人聯想到《周易》，然而如果仔細研讀《荀子》，不難發現，該書雖未以「變」或「易」名篇或為稱，「變」的概念卻貫通全書。如果說，孔子確立了「權」的重要性，孟子以「嫂溺，援之以手」的具體事例為「權」做了最佳詮釋，那麼，荀子則對「權」進行了思慮嚴密的理論建構〔註55〕，而其建構「經」、「權」理論的主要詞語便是「常」

〔註55〕陳昭瑛〈「通」與「儒」：荀子的通變觀與經典詮釋問題〉，收錄於李明輝編《儒

與「變」。〈解蔽〉說：

> 夫道者，體常而盡變，一隅不足以舉之。曲知之人，觀於道之一隅
> 而未之能識也，故以爲足而飾之，內以自亂，外以惑人，上以蔽下，
> 下以蔽上：此蔽塞之禍也。

「體常而盡變」說明了「道」做爲本體的存在是一貫不變的，但落於現實世界的實踐卻須適應不同的時空而產生不同的面貌。「曲知之人」僅由局部現象歸納而得的片面之理不足以概括其整全本體，等同於前文《孟子・盡心下》的不知「執中而權」以致賊道的「執一」之人，其具體人物即〈解蔽〉所舉「蔽於用而不知文」的墨子、「蔽於欲而不知得」的宋子、「蔽於法而不知賢」的愼子、「蔽於執而不知知」的申子、「蔽於辭而不知實」的惠子、「蔽於天而不知人」的莊子。荀子認爲這些人都自以爲所得的一隅之見即道之全體，因此極力宣揚，就未能自知其蔽而言，是「內以自亂」，就其「持之有故，言之成理」而言，則是「外以惑人」。如何才能解脫此蔽塞之禍如孔子「仁知且不蔽」？要以道爲衡，「兼陳萬物而中縣衡焉」，才能「眾異不得相蔽以亂其倫也」。即以總體根源的常道來衡量面對的各種現象，而全面地對具體事物做出客觀分析，才不致因固執某一部分而忽略其他部分，使彼此之間各得其所，全盤呈現，化衝突對立的緊張爲相反相成的和諧。

正因爲應變是處理物我、人己倫理關係的重要才德，所以〈不苟〉中「物至而應，事起而辨」即成爲通士有別於公士、直士、慤士、小人的關鍵，〈非相〉中「居錯遷徙，應變不窮」成爲聖人之辯有別於士君子之辯、小人之辯的要件。〈儒效〉中「應當時之變若數一二」成爲聖人有別於凡民、勁士、篤厚君子的德目，〈性惡〉中「言之千舉萬變，其統類一也」成爲聖人之知有別於士君子之知、小人之知、役夫之知的因素。專就政治層面而言，誠如〈君道〉中所說，不僅君主本身的知慮必須「萬物得宜，事變得應，上得天時，下得地利，中得人和，在晉用賢能時，應將「與之舉錯遷徙，而觀其能應變也」列爲考驗項目之一，王者身邊才能有「應卒遇變，齊給如響；推類接與，以待無方，曲成制象」的聖臣，否則若身邊盡爲態臣、篡臣，「則法雖具，失先後之施，不能應事之變，足以亂矣」。

應變固然重要，但就如行權是爲了輔經以全道，應變爲的也是守常以全

家經典詮釋方法：先秦儒家與經典詮釋》（臺北：臺灣大學出版中心，2004
年 6 月），頁 192。

道。正因爲應變不能背離常道，所以〈非十二子〉說，須兼具「宗原」與「應變」而「曲得其宜」，然後才有資格稱爲聖人；〈樂論〉說，先王製作樂曲的本心，在於藉由既「窮本」又「極變」來達到「合同」的中和效用。〈天論〉說：

> 百王之無變，足以爲道貫。一廢一起，應之以貫，理貫不亂，不知貫，不知應變。貫之大體未嘗亡也，亂生其差，治盡其詳。故道之所善，中則可從，畸則不可爲，匿則大惑。水行者表深，表不明則陷。治民者表道，表不明則亂。禮者，表也；非禮，昏世也；昏世，大亂也。故道無不明，外內異表，隱顯有常，民陷乃去。

「道」是順應時變治理人群的依據。永恆不變、一以貫之的常道，是在悠久的歷史實踐中歸納抽繹而得，因此常道是應變的不二憑藉；「一廢一起，應之以貫，理貫不亂」說明了在興廢損益的變革中，必須以一貫之道因應，只要能掌握此變通的常理，自然有條理而不紊亂；「貫之大體未嘗亡也」說明了應變只是因應時空差異，在形式表現上有所不同，做爲形上本體的常道，並未因此有任何改變。混亂之所以產生，即在於不知以常道爲應變的依據，所以說「亂生其差」，若既能以常道應變，又能藉應變豐富常道的形式，即所謂「治盡其詳」。其次，「禮」就是「道」的具體呈現。「道之所善，中則可從，畸則不可爲，匿則大惑」說明了應變行權所從之「道」，乃「中道」，而非偏於局部的「畸道」。尤其重要的是，道必須明白具體地呈現，若隱匿不顯，則將使人民大爲困惑無措；治民者須憑藉顯示道德的規範來治國，如同水行者必須依賴表示深度的標幟以涉水，深度標示不明確，將使水行者陷溺，道德規範不明確，將使國家混亂。「禮」正是具體呈現的道德規範，不肯定「禮」的世局，必然陷入昏亂，若肯定禮而彰顯之，則「道無不明，外內異表，隱顯有常」，人民有清楚的道德規範可以遵循而不致手足無措。

　　「變」的憑藉固然是做爲總體根源的「道」，但落實在具體實踐的現實事件，則需以「義」爲標準，〈致士〉以爲君王臨事接民能「以義變應」，是施政的起點。〈不苟〉亦說：

> 誠心守仁則形，形則神，神則能化矣。誠心行義則理，理則明，明則能變矣。變化代興，謂之天德。

「守仁」即是守經、守常，「行義」即是行權、應變；「變化代興」即是既能守住經常而爲體，又能施行權變以爲用；體用合一、相輔相成即是道，即是

「天德」。而〈君道〉所說的「仁厚兼覆天下而不窮」即是守仁具體實踐的表現，「明達周天地理萬變而不疑」即是行義具體實踐的表現，「仁義塞於天地之間」即是變化代興具體實踐的表現。〈不苟〉又說：

> 君子崇人之德，揚人之美，非諂諛也；正義直指，舉人之過，非毀疵也；言己之光美，擬於舜禹，參於天地，非夸誕也；與時屈伸，柔從若蒲葦，非懾怯也；剛強猛毅，靡所不信，非驕暴也。以義變應，知當曲直故也。詩曰：「左之左之，君子宜之；右之右之，君子有之。」此言君子能以義屈信變應故也。

荀子舉出君子日常生活中人際互動的五種行為來證成「以義變應」而「知當曲直」。因為能以合宜與否做為因應不同狀況時言行舉止的標準，所以無論「揚人之美」或「言己之光美」，無論「與時屈伸」或「靡所不信（伸）」，君子皆能曲直左右，各當其宜，而無諂諛、毀疵、夸誕、懾怯、驕暴等過失，關鍵在於「以義屈伸應變」。

　　行權應變所需考慮的時空環境因素包括人、事、時、地、物，但若專就典章制度而言，時間因素反而顯得特別重要。《禮記・禮器》之所以強調「禮，時為大」，原因即在於禮樂制度若是一成不變，則將徒具形式而無法適應新的時代，因此必須把握其內在精神，因時制宜，修改更新，這正是孔子所說「殷因於夏禮，所損益可知也；周因於殷禮，所損益可知也」（《論語・為政》）、「行夏之時，乘殷之輅，服周之冕」（《論語・衛靈公》）的涵義。特重禮樂制度的荀子於〈儒效〉表示，聖人須具備「脩百王之法若辨白黑，應當時之變若數一二」的知能，可見其對時間因素的重視，所以不僅在上引〈不苟〉中提及「與時屈伸」，在〈非相〉亦提出「與時遷徙」：

> 凡說之難，以至高遇至卑，以至治接至亂。未可直至也，遠舉則病繆，近世則病傭。善者於是間也，亦必遠舉而不繆，近世而不傭，與時遷徙，與世偃仰，緩急嬴絀，府然若渠匽檃栝之於己也，曲得所謂焉，然而不折傷。

此處荀子所論述的雖是辯說的困難點，卻是「應當時之變」的具體例證。荀子認為，當我們試圖說服他人時，最怕的是以「至高」、「至治」的理論去面對認知「至卑」、「至亂」的對象。一旦面對如此直接陳述不能達到效果的情況，唯有改採婉轉的方式以應變，但若比喻分寸拿捏不妥，則陷入「遠舉則病繆，近世則病傭」，而折損自身理念的窘境。善於言說者面對如此情況，為

使自己遠舉而不荒謬，近引而不鄙俗，必須「與時遷徙，與世偃仰」自我調適以應變。於是掌握快慢多少，就像堤堰節制水流與檃栝調整木材一般，不致在應變中折損本身的理念。〈儒效〉說：

> 其言有類，其行有禮，其舉事無悔，其持險應變曲當；與時遷徙，與世偃仰，千舉萬變，其道一也；……非大儒莫之能立，仲尼子弓是也。

大儒由於能夠「與時遷徙，與世偃仰」以面對生活中的各種境況，所以言談有條理，行為有禮節，做事不令自己後悔，處理危險情事皆能應變合宜無往不利。只是無論外在言行舉止如何千變萬化，心中所秉持依循的常道卻始終如一。在荀子看來，孔子尤其是能以一貫常道因應當下變化而與時遷移的典範，這與孟子推崇孔子是「聖之時者」如出一轍，而《孟子・萬章下》所說孔子「可以速而速，可以久而久，可以處而處，可以仕而仕」，正是「與時遷徙」的最佳例證。

總上所述，知通統類、知類明統的「類」字不僅涵有「共理」之「理」所顯示的「規範、法則」義，更涵有「共」所代表的「整體義」。意即「類」指人類社會共存之理，而荀子即由整體和諧與否的「正理平治」與「偏險悖亂」來定義人性的「善」與「惡」。至於整體人類社會的和諧進步，則有賴依人際互動關係之理，制定分位等級而分層負責，在分工合作中發揮群體的最大效能，以滿足需求達於幸福。「統」雖然與「類」都有「共理」的意義，而且經常連用為「統類」，但並不能將之解釋為「依事類之共理而成統」或「類與類之間組合成一整體的綱紀」，因為「類」字所彰顯的是「同質事物」所蘊含的共理，「統」字所彰顯的則是「古今歷史」所蘊含的共理，由明統與知類所構成的是一貫通時間空間的人文禮義之道。在「古」與「今」、「先王」與「後王」連貫而成的禮義之「統」中，「古今一也」表現了歷史理則的一致性，「自古及今」呈顯了文化制度的連續性；「法先王」法的是禮義所依據的情理，「法後王」法的則是依據情理而制訂的儀文。由於道是「體常而盡變」的，而法先王的目的在守常，法後王的目的在應變，所以荀子所建構的「禮義之統」必然是既法先王亦法後王，唯有如此，才能既避免泥古而不知因時制宜，又避免囿今而不能由用返體。就此由先王、後王連貫而成的道統而言，似乎荀子一方面欲藉先王貞定後王，使後王之創新不至游離常道，即開新不忘返本；另一方面欲以歷史傳統代替形上天道，使主觀不離客觀。而聖人君子即

以此人文統類所成之道，作爲面對人世時守常應變的權衡依據。然而爲重建禮樂制度，而以變動不居的時空統類爲基礎的人性論，究竟是否以性惡爲核心？如果性惡意指人性本惡，則禮義由何而生？

第三章　生之實然：性的定義

　　人性究竟是善是惡，端看論述者如何界定性及其所欲達成的訴求而定。順「生之謂性」的人性論思路，則「性」必然指向人與生俱來的自然情欲。滿足自然情欲是維持生存所必須，所以單就個人而言，本無所謂是非善惡，但就社會群體而言，卻會因排擠效應而產生爭亂。荀子的「性惡說」即是從後者的角度，指出自然情欲若無所節制易流於惡，並非一般人想當然爾所認為的人性本惡。

　　情欲與善惡的連結既然不是必然關係，則易流於惡的性當然亦可使之轉向而趨於善。只是流於惡容易，趨於善困難。要讓好利惡惡的自然情性轉向善，必須經過一番導化、調節的涵養工夫才行。以下即分自然情欲易惡論、養欲節情以成善兩節詳細析論之。

第一節　自然情欲易惡論

　　由於荀子曾在〈性惡〉中明白駁斥孟子性善主張的關係，以致未能深究荀子學說的人，往往僅就字面即認定荀子的「性惡說」與孟子的「性善論」是截然對立相反的主張；甚至受到孟子「性善論」強調人性本善的影響，錯認荀子「性惡說」主張的是人性本惡 〔註1〕。然而，只要取《荀子》原文稍加思索分析，即可明白其所謂性，主要是針對自然情欲中的心理需求而言。其次，由「性惡」中的惡字是從外王角度立論，可見其與性善說從內聖的角度立論恰可互補。既然如此，為何荀子偏偏提出「人之性惡」的主張？簡言之，

〔註 1〕視荀子「性惡」為「人性本惡」的學者不在少數，劉振維於其〈荀子「性惡」說芻議〉(《東華人文學報》第六期，2004 年 7 月) 注 1 所舉即多達十六人。

是要彰顯「其善者僞也」，即由先天自然情欲的易流向惡，反過來肯定善出於後天人爲的努力，以便藉人文化成來參贊天地的化育。

一、性的義涵

荀子的人性論因與孟子採行的思路有別，所以賦予「性」的意義大不相同。孟子不許以爲性的口、目、耳、鼻、四肢等知覺欲求，荀子則依「性者生也」的傳統許以爲「性」；孟子稱之爲性的仁、義、禮、智等心之四端，荀子則基於肯定人爲努力的目的而謂其出自於「僞」。孟荀間的差異爲眾人有目共睹，而同樣採「性者生也」思路的告子是否就與荀子完全無別？是又不然。告子與荀子最明顯的差異在於其主張性「無分於善不善」，而看似相同的「生之謂性」與「生之所以然謂之性」，其間的差異，亦有待釐清。

（一）性與情欲

要探究荀子「性惡」的主張，〈性惡〉當然是最重要的文獻，單就《荀子》一書三十二篇中「性」字共出現 113 次〔註2〕，該篇即佔了接近三分之二的 74 次，可略窺一斑。不過，荀子對「性」字較詳細明確的說明則在〈正名〉，其文說：

> 散名之在人者：生之所以然者謂之性。性之和所生，精合感應，不事而自然謂之性。性之好、惡、喜、怒、哀、樂謂之情。情然而心爲之擇謂之慮。心慮而能爲之動謂之僞。慮積焉，能習焉而後成謂之僞。正利而爲謂之事，正義而爲謂之行。所以知之在人者謂之知，知有所合謂之知。所以〔註3〕能之在人者謂之能，能有所合謂之能。
> 性傷謂之病，節遇謂之命。是散名之在人者也，是後王之成名也。

以整篇文章的脈絡而言，本段引文是承接「刑名」、「爵名」、「文名」與「散名之加於萬物者」而來，目的在提供後之王者撥亂反正而欲「有循於舊名，有作於新名」時的參考。而其一口氣爲「性」、「情」、「慮」、「僞」、「事」、「行」、「知」、「能」、「病」、「遇」等十個詞語加以定義，實是有感於當時聖王不作而名實混亂、是非不明，以致不僅人民疑惑而無所遵循，甚至「守法之吏、誦數之儒，亦皆亂也」。既然本段引文是荀子希望藉由「名定而實辨，道行而

〔註2〕劉殿爵《荀子逐字索引》（香港：商務印書館，1996 年 6 月），頁 588。
〔註3〕「謂之知」原作「謂之智」，「所以」上本有「智」字，皆依盧文弨說改刪。
　　　　王先謙《荀子集解》（北京：中華書局，1997 年 10 月），頁 413。

志通」以成就治道而提出，當然比其他篇章論及性字時是較為嚴謹而周延的，值得我們特別留意。

仔細品味本段引文，可以發現荀子性惡說的若干重要觀點。首先，若將「生之所以然者謂之性」、「不事而自然謂之性」與〈儒效〉的「性也者，吾所不能為也」、〈禮論〉的「性者，本始材朴也」、〈榮辱〉的「材性知能，君子小人一也」、〈性惡〉的「凡性者，天之就也，不可學不可事」等比列合觀，可知荀子基本上是循「性者生也」的傳統說法來定義「性」，而此一與生俱來、質樸自然的先天原始之性，是君子與小人都同樣擁有的。此處隱含的一個問題是：性固然是與生俱來的，但與生俱來的是否都是性？這正是告子「生之謂性」與荀子「生之所以然者謂之性」的差別所在，此留待下一小節再詳述之。

其次，荀子於本段引文將「性」、「偽」、「知」、「能」等皆依內外應合關係分為兩部分。「生之所以然者」之性與「心慮而能為之動」之偽、「所以知之在人者」之知、「所以能之在人者」之能等，為內、虛、靜的未發之體；「性之和所生，精合感應，不事而自然」之性與「慮積焉，能習焉而後成」之偽、「知有所合」之知、「能有所合」之能等，則屬外、實、動的已發之用〔註4〕。然而荀子所謂性並不只「生之所以然」與「性之和所生，精合感應，不事而自然」兩部分，還包括「性之好、惡、喜、怒、哀、樂」之情，所以〈正名〉後半篇中，荀子即曾以層遞的句法，將性、情、欲三者貫串為「性者，天之就也；情者，性之質也；欲者，情之應也」。

根據上述〈正名〉對性、情、欲的定義性陳述，加上〈榮辱〉、〈性惡〉中對於人性的討論，我們可以明確地按照其具體內容，分析出荀子賦予性字的義涵共有四個面向：

一是就人的感官知覺而說性，如：

> 目辨白黑美惡，耳辨音聲清濁，口辨酸鹹甘苦，鼻辨芬芳腥臊，骨體膚理辨寒暑疾養，是又人之所〔註5〕生而有也，是無待而然者也，是禹、桀之所同也。（〈榮辱〉）
>
> 今人之性，目可以見，耳可以聽，夫可以見之明不離目，可以聽之聰不離耳：目明而耳聰，不可學明矣。（〈性惡〉）

〔註 4〕王先謙於注中所加案語僅提出「偽」、「知」、「能」三者「並有虛實動靜之分」，而未及於「性」。《荀子集解》，頁413。

〔註 5〕「所」下本有「常」字，依王先謙說改。王先謙《荀子集解》，頁63。

〈榮辱〉以目、耳、口、鼻、形體等五種天官的知覺來說明「人之所生而有」之自然本性。《荀子》一書中五官或同時出現或局部出現，情況不一而足，端視行文之需要，然而此五種與生俱來的感官知覺中，視覺與聽覺在日常生活中被運用的機會明顯高於味覺、嗅覺、觸覺。所以相對於口、鼻、形體，目、耳各有「明」、「聰」以表徵此二官的正常狀態；況且耳、目在人際關係的應對進退，扮演察言觀色的重要角色，因此要達到聖智正需以聰明為基礎。於是〈性惡〉即僅以眼睛、耳朵為例，說明視覺、聽覺兩種感官能力是「生之所以然」之性。

二是從人的生理本能而說性，如：

> 飢而欲食，寒而欲煖，勞而欲息，好利而惡害，是人之所生而有也，是無待而然者也，是禹、桀之所同也。（〈榮辱〉）
>
> 今人之性，飢而欲飽，寒而欲煖，勞而欲休，此人之情性也。（〈性惡〉）

〈榮辱〉的該段文字亦出現在〈非相〉，此是就口腹、肌膚、肢體、心等人之生理組織，說明飢而欲食、寒而欲煖、勞而欲息、好利惡害等生理本能需求，亦是「生之所以然」之性。就吃飽穿暖及勞而休息言，本來皆只是人類維持個體生存的生理本能而已，但將之稱為「情性」，則不知不覺中加重了「欲」與「好」的強度，為生理本能添加了心理欲求的色彩。

三是就人的心理欲求而說性，如：

> 人之情，食欲有芻豢，衣欲有文繡，行欲有輿馬，又欲夫餘財蓄積之富也，然而窮年累世不知足〔註6〕，是人之情也。（〈榮辱〉）
>
> 若夫目好色，耳好聲，口好味，心好利，骨體膚理好愉佚，是皆生於人之情性者也，感而自然，不待事而後生之者也。（〈性惡〉）

相對於「飢而欲食，寒而欲煖，勞而欲息」之「欲」只是單純的、為維持生存的基本需求，「食欲有芻豢，衣欲有文繡，行欲有輿馬」之「欲」則是衣食溫飽之餘進一步追求的奢侈欲望。此等「累世窮年而不知足」的欲望，已踰越生理需求的直接的、本能的反應，而成為有意識地在追求較多享受的心理欲求，所以改用「情」或「情性」來稱之。至於五官不再止於辨別白黑美醜、音聲清濁、酸鹹甘苦、芬芳腥臊、寒暑疾癢，進而產生好色、好聲、好味、好利、好愉佚的好惡取捨，也同樣是於「精合感應」後，由生理本能轉變成

〔註6〕「足」上本有「不」字，依楊倞說刪。王先謙《荀子集解》，頁67。

心理欲求了。

四是就人的情緒反應而說性，如〈正名〉說：

> 形體、色、理以目異，聲音清濁、調竽奇聲以耳異，甘、苦、鹹、
> 淡、辛、酸、奇味以口異，香、臭、芬、鬱、腥、臊、洒、酸、奇
> 臭以鼻異，疾、養、滄、熱、滑、鈹、輕、重以形體異，說、故、
> 喜、怒、哀、樂、愛、惡、欲以心異。

「以目異」、「以耳異」、「以口異」、「以鼻異」、「以形體異」等是荀子用來說
明五官於接觸天地萬物時，各居其位而發揮辨同別異的功能，這些當然僅止
於生理本能。但是一旦心的知覺作用介入而產生好惡取捨的趨向及作為，則
已是心理層面的情緒反應。有了好惡取捨的趨向後，若此趨向得到滿足而流
露的愉悅反應，輕者稱為喜，重者稱為樂；反之，此趨向未獲得回饋而流露
的悲憤情緒，輕者為哀，重者為怒。儘管這些情緒反應有主從輕重的差別，
然而皆未脫離「精合感應，不事而自然」的範疇，所以說「性之好、惡、喜、
怒、哀、樂謂之情」，「情者，性之質也」。

從上述四個面向的析論看來，性、情、欲三者嚴格說來，大同中存在著
小異。就性與情而言，雖然情緒反應、心理欲求、生理本能等三項既可稱為
情亦可稱為性，甚至連言為情性，上引〈榮辱〉、〈性惡〉諸文中不乏其例；
但是，至少感官知覺可以劃歸為理性的存在，獨屬於性而不屬於感性之情。
就情與欲而言，雖然好、惡既屬於情亦屬於欲，所以情與欲每每一前一後同
時出現，除上引諸文外，又如〈榮辱〉的「夫貴為天子，富有天下，是人情
之所同欲也」、〈性惡〉的「夫好利而欲得者，此人之情性也」等亦皆是；然
而，喜、怒、哀、樂與欲雖有因果關係，卻不應等同於欲。既然如此，為何
多數學者皆同意徐復觀所提的「性、情、欲，是一個東西的三個名稱。而荀
子性論的特色，正在於以欲為性」〔註7〕。其原因固然是，目之好色正是由於
目之能辨白黑美惡，所以感官知覺亦可聯繫於情；而喜怒哀樂正是欲求得到
滿足與否的反應，所以亦與欲求關係密切。不過，真正的關鍵在於，荀子性
惡說中所欲化治的對象主要是心理欲求的部分，兼及於情緒反應與生理本
能。亦即是說，荀子「化性起偽」命題中的性，乃是專就具體顯現之情欲而
言。在如此認知的前提下，方可說以欲為性是荀子人性論的特色，或如牟宗

〔註7〕徐復觀《中國人性論史‧先秦篇》（臺北：臺灣商務印書館，1987年3月），
　　　頁234。

三所說的「其論人之性完全從自然之心理現象而言」〔註8〕。

（二）與孟子、告子的差別

從上一小節的論述中，我們已確切明白荀子所謂的性，是指與生俱來能清楚感知外物並基於延續生命而做出反應的自然本能，以及由之衍生的欲望與情緒。相較於荀子是順著生之謂性而發展出性惡說，孟子的性善論顯然不循世俗觀點由自然本能來說性，《孟子・盡心下》說：

> 口之於味也，目之於色也，耳之於聲也，鼻之於臭也，四肢之於安佚也，性也，有命焉，君子不謂性也。仁之於父子也，義之於君臣也，禮之於賓主也，智之於賢者也，聖人之於天道也，命也，有性焉，君子不謂命也。

在上述引文中，孟子將人性分為兩個層次，第一個層次是口、目、耳、鼻、身等感官所表現的自然本能，因為這些生理的原始欲望滿足與否「有命」，即受到客觀條件的限制而無法操之在我，所以說「求之有道，得之有命，是求無益于得也；求之在外者也」（《孟子・盡心上》），孟子因此不將此生理需求稱為「性」；第二個層次是仁、義、禮、智、聖等由道德本心所表現的倫理德性，雖然倫理行為的實踐與完成亦有客觀條件上的限制，但就主體而言，則操之在我，亦即「求則得之，舍則失之，是求有益於得也，求之在我者也」（同上），因此孟子認為，只有道德本心才有資格被稱為「性」。由此可見，孟子性善論中的「性」是指仁、義、禮、智等「四端之心」，並且強調此等惻隱之心、羞惡之心、恭敬之心、是非之心是「非由外鑠我也，我固有之也」（《孟子・告子上》），所以才能說「無惻隱之心，非人也；無羞惡之心，非人也；無辭讓之心，非人也；無是非之心，非人也」（《孟子・公孫丑上》）。綜上所述，孟、荀二子賦予性字的義涵不同，雖然因此而發展為看似針鋒相對的性善與性惡二說，但從他們所希慕的都是儒家式的聖賢，所欲成就的都是仁義禮智，即可明白，儘管二說各有所重，以致進路不同，卻是相輔相成的互補，而非截然相反的對立。

就賦予性字的義涵而言，孟、荀二子取向完全不同，其差別顯而易見，人人得而說之；但是荀、告二子由於同樣採行「性者生也」的途徑，其差異不易被察覺，以致往往被誤為二者毫無分別〔註9〕，事實並非如此。

由於告子本身並無著作流傳下來，我們無法對其思想有完整的瞭解，只

〔註8〕 牟宗三《名家與荀子》（臺北：臺灣學生書局，1985 年 3 月），頁 223。

〔註9〕 劉振維〈荀子「性惡」說芻議〉，頁 65 注 20。

能就《孟子・告子上》孟子與告子的論辯中略窺梗概，以之爲據可以歸納出告子對於人性的主要論斷有以下四點：（一）生之謂性，（二）食色性也，（三）人性無分善與不善，（四）仁內義外。其中（三）（四）兩點涉及價值判斷部分，留待下一小節再行比較，此處先就與性的義涵相關的（一）（二）兩點分析荀、告二子同異如下。

　　「生之謂性」一語似乎可以有兩種解釋，一爲「性是天生的」此時「天生的」只是「性」的必要條件，意即性固然是天生的，但天生的不一定是性；二是「凡天生的即是性」，此時「天生的」除了是「性」的充分條件，同時亦是必要條件，意即將「性」與「天生的」劃上了等號。第一種解釋符合「性者生也」的傳統，無論主張性善、性惡、性無善無惡、性有善有惡之人，都不致於反對此一由「天生的」是「性」的必要條件所做的解釋。但是若採第二種解釋而將性與天生的劃上等號，就與告子的論辯看來，孟子是反對的，而告子則傾向贊同〔註10〕；至於荀子，由〈榮辱〉所謂的「材性知能，君子與小人一也」、〈正名〉將「性」、「僞」、「知」、「能」並列看來，荀子並沒有將所有天生的本能都視爲「性」，換言之，荀子亦不見得贊同「天生的」是「性」的充分條件。正因爲如此，荀子才將「生之謂性」更改爲「生之所以然者謂之性」，此處之「所以然」並非如一般用來指稱事物存在的原因或理由，並無形上義〔註11〕；而是取其「已經如此」而不能再於其上施加作爲的完成義，所以「生之所以然者謂之性」意謂凡與生俱來已然內具而不可改變的本能即稱爲性。如此則唯有視覺、聽覺等感官能力與飢而欲食、寒而欲煖等生理需求方屬「生之所以然者」；至於可藉由人爲努力的積與習而加以改變的「知」與「能」，則不在其範圍中。

　　「食色性也」是現有的告子資料中僅有的對性之具體內容的說明。如果告子真的將論性的重點完全放在維持個體生命的「食」與延續族群生存的「色」，那麼，荀子將耳聰、目明等五官的感知作用也納入人性的生理本能，無疑是對「食色性也」做了周延而細密的補充。

〔註10〕 岑溢成〈荀子性惡論析辯〉（《鵝湖學誌》第 3 期，1989 年 9 月），頁 40；陳德和《儒家思想的哲學詮釋》（臺北：洪葉文化事業公司，2003 年 1 月），頁 129。

〔註11〕 徐復觀認爲：「生之所以然者謂之性」的「生之所以然」，「乃是求生的根據，這是從生理現象推進一層的說法」，「這指的是一上層次的、最根本的性。這也可以說是先天的性」。《中國人性論史・先秦篇》，頁 232。陳德和則認爲：「會有先天與經驗的形上形下之分，顯然徐先生是把『所以然』的意思看得太緊，才會有此歧出」。見《儒家思想的哲學詮釋》，頁 142 注 6。

二、性惡的證成

如果荀子只就「食色性也」的「飢而欲食，寒而欲煖，勞而欲息」與「目明耳聰」的「目辨白黑美惡，耳辨音聲清濁，口辨酸鹹甘苦，鼻辨芬芳腥臊，骨體膚理辨寒暑疾癢」來論性，則應如徐復觀所說當得出如告子的「性無分於善惡」的結論〔註 12〕。然而爲何荀子偏偏得出「性惡」的結論？此涉及荀子性惡說的意義與價值，以下我們可以由惡的定義、惡的由來、性與惡的聯結等三個步驟，析論荀子如何逐步證成其性惡說。

（一）惡的含義與由來

要清楚認知荀子性惡說的意義與價值，首先，必須明白荀子並非由個人道德心性的修養層面來界定「善」與「惡」，〈性惡〉說：

> 凡古今天下之所謂善者，正理平治也；所謂惡者，偏險悖亂也。是善惡之分也已。……今當試去君上之埶，無禮義之化，去法正之治，無刑罰之禁，倚而觀天下民人之相與也，若是，則夫彊者害弱而奪之，眾者暴寡而譁之，天下之悖亂而相亡不待頃矣。

由引文將善的內容規定爲「正理平治」，而惡的內容規定爲「偏險悖亂」明顯可知，荀子並非由個人修養的道德心性，而是由社會倫理的人際互動來論斷善惡；亦即並非由內在主觀的心理動機，而是由外在客觀的行爲結果來論斷善惡〔註 13〕。所以能促使國家正理平治的就是善，反之帶給社會偏險悖亂的就是惡。既然荀子是以社會秩序的治與亂來規定善與惡，那麼，善與惡的判斷標準便不能只是個人主觀的意願而已，必須更重視其整體客觀的規範意義，而此一人際互動的客觀規範就是荀子再三強調的禮義之統。將〈不苟〉的「禮義之謂治，非禮義之謂亂」、〈禮論〉的「天下從之者治，不從者亂；從之者安，不從者危；從之者存，不從者亡。……禮者，人道之極也。然而不法禮，不足禮，謂之無方之民；法禮足禮，謂之有方之士」，與〈性惡〉的「使天下皆出於治，合於善也。是聖王之治，而禮義之化也」並列共觀即明白可知，荀子認爲只要合乎禮義則必能正理平治而爲善，反之，不合乎禮義必導致偏險悖亂之惡；而個人是否能成爲促成正理平治的有方之士或淪爲造成偏險悖亂的無方之民，關鍵即在於是否能取法禮義而實踐禮義。若依孟子

〔註 12〕徐復觀《中國人性論史‧先秦篇》，頁 235。

〔註 13〕陳大齊《荀子學說》（臺北：中國文化大學出版部，1989 年 6 月），頁 58；陳德和《儒家思想的哲學詮釋》，頁 135。

性善的思路，「法禮足禮」應當是出於良知自覺的自我要求，但是荀子顯然不認為當下的反省自覺即足以成就正理平治，因為如無外在力量的維護扶持，人對情欲的追求終將導致此乍見的義辨良知只是曇花一現而無法持之以恆，所以一旦「去君上之勢，無禮義之化；去法正之治，無刑罰之禁」，則百姓間的人際互動往往是偏險悖亂的「強者害弱而奪之，眾者暴寡而譁之」。

　　將「知」、「能」排除於外，而以「情」、「欲」為主導的本始材樸的「性」，何以必然趨向於「惡」？原因在於人類的欲望是沒有止境的，在欲望無窮而物資有限的情況下，如果不知節制而一味追求自我情欲的滿足，當然只會你爭我奪暴戾之氣充斥，以致政局流於偏險悖亂。〈榮辱〉說：

> 人之情，食欲有芻豢，衣欲有文繡，行欲有輿馬，又欲夫餘財蓄積
> 之富也，然而窮年累世不知足，是人之情也。

如果人的情欲能夠僅止於飢而欲食，寒而欲煖，勞而欲息的基本生理需求，或許比較容易知足，可惜人於生理的基本需求滿足後，往往心理會接著提出進一步的需求，此即溫飽之餘更進而要求「食欲有芻豢，衣欲有文繡，行欲有輿馬」，如此貪多務得，以致「窮年累世而不知足」。〈王霸〉說：

> 夫人之情，目欲綦色，耳欲綦聲，口欲綦味，鼻欲綦臭，心欲綦佚。
> 此五綦者，人情之所必不免也。

綦，楊注：「極也」，即窮盡之意。「目欲綦色」即於視覺完成其「目辨白黑美惡」的感官知覺作用後，進而追求所見皆是最美之色；綦聲、綦味、綦臭、綦佚等同樣是耳、口、鼻、心等完成其知覺作用後，進一步想要窮盡的情欲。其中「口欲綦味」即與前引文「食欲有芻豢」同意。此人情所必不能免除的「五綦」正是欲望無窮的具體寫照，而〈正論〉篇末荀子即以此五綦為例來反駁宋鈃「人之情，欲寡不欲多」的主張。

　　如果地球的資源非常豐富，豐富到任何人的所有欲求都可以滿足，而不會引起爭奪，那麼即使欲望無窮也不能說是「惡」。當然此一假設尚有商榷餘地，因為如果此欲求僅指「飢而欲食，寒而欲煖，勞而欲息」等維持生命所必須的基本生理需求，則充分開發自然資源，增加產量，使供需平衡，甚至供過於求，當然就無所謂爭、亂、窮，也無所謂「惡」。那麼，是否意味在民生物資充裕有餘的情況下，禮義即毫無用處？當然不是。〈富國〉說：

> 欲惡同物，欲多而物寡，寡則必爭矣。

上述引文的重點不在「欲多而物寡」而在「欲惡同物」。如果忽略「欲惡同物」

而只注意到「欲多而物寡」，將以為荀子此處所提的「欲多而物寡」是指滿足生理需求的物資有限所導致的供不應求，如此則錯過了荀子論「欲」的精彩處，且無法深刻了解為何在「禮者，養也」之後，接著就是「君子既得其養，又好其別」（〈禮論〉）。因為若是只強調滿足欲望的資源的有限性，勢必會得出「寡欲」甚至「去欲」的主張，這恰是主張「欲雖不可盡，可以近盡也」（〈正名〉）、「養人之欲，給人之求，使欲不必窮乎物，物不必屈於欲」（〈禮論〉）的荀子所反對者。雖然資源短缺以致基本需求無法滿足也會引起爭奪，但量的不足可藉由增加生產加以解決，〈富國〉的「夫天地之生萬物也，固有餘足以食人矣；麻葛、繭絲、鳥獸之物毛齒革也，固有餘足以衣人矣」，「上得天時，下得地利，中得人和，則財貨渾渾如泉源，汸汸如河海，暴暴如丘山，不時焚燒，無所臧之，夫天下何患乎不足也」，可見量的方面並非荀子所特別顧慮者；其所關注者，是生理需求無慮後，進而產生的心理奢求。由於「欲多而物寡」是就生理需求滿足後，進而產生的心理欲求而言，所以「欲惡同物」非謂眾人在「飢而欲飽，寒而欲煖」方面的對象相同，而是指眾人在「食欲有芻豢，衣欲有文繡」方面有共同的趨向，亦即眾人欲求的目標最後將集中在數量較少的精美事物。而越是精美的事物必然數量越是稀少，且越不可能大量生產，一旦需求增加勢必更形短缺，則爭奪將無可避免。因此，荀子在生理基本需求滿足後，立刻提出「既得其養，又好其別」，為「目欲綦色、耳欲綦聲」等心理欲求設定一度量分界。即以人為努力所成就的道德才能高下，來分別心理欲求滿足程度的等差。使人們各依分位在心理欲求上得到恰如其分的滿足，則社會國家不致因精美事物的有限而偏險悖亂。了解了荀子所欲導化的情欲其實是重心理甚於重生理，如此才能明白為何「養欲」、「養五綦」的結果，竟是〈正名〉所說的「心平愉，則色不及傭而可以養目，聲不及傭而可以養耳，蔬食菜羹而可以養口，麤布之衣、麤紃之屨而可以養體，局室、蘆簾、稾蓐、尚机筵而可以養形」。

如果人的欲求僅止於基本的生理需求，在「彊本而節用」的情形下，應不難滿足，除非災禍不斷連年歉收，否則不致產生爭奪。所以問題不在欲求本身，而在得寸進尺，不知節制，〈禮論〉說：

> 人生而有欲，欲而不得，則不能無求；求而無度量分界，則不能不
> 爭；爭則亂，亂則窮。

「欲而不得，則不能無求」之欲即「飢而欲飽，寒而欲煖」等維持生命的本

能，就其為「生而有」而言，實無所謂「善」與「惡」。「惡」是由於不知節制演變而成，即由「求而無度量分界」以致「爭、亂、窮」而說其為「惡」。而度量分界的有無取決於「心」，無關乎「欲」，〈正名〉說：

> 故欲過之而動不及，心止之也。心之所可中理，則欲雖多，奚傷於治！欲不及而動過之，心使之也。心之所可失理，則欲雖寡，奚止於亂！故治亂在於心之所可，亡於情之所欲。

「治亂在於心之所可，亡於情之所欲」已明白指出，欲之多寡不是治亂的關鍵，治或亂取決於心所認可的合不合於道理。顯然荀子雖然認為欲望是人行為的動力，但並不能直接化為行動，必須經過「情然而心為之擇」、「心慮而能為之動」兩道程序才會化為具體行為。所以即使「欲過之」，而心能「止之」，依然能使「動不及」；反之，儘管「欲不及」而心卻能「使之」，依然能使「動過之」。只要心之所可中理，則無論情欲是踰越或未達應有的度量分界，心都會截長補短使行為合於禮義規範，因此欲望雖多也不致危害正理平治；一旦心之所可失理，則不僅無法發揮截長補短的作用，甚至可能使原本合於度量分界的情欲，發為不合禮義規範的行為，那麼欲望雖少也無法防止偏險悖亂。總之，治亂的關鍵在於「心之所可」是否中理，而不在於「情之所欲」的多或寡。

　　綜上所述，由於孟、荀二人賦予「性」的義涵不同，不僅善與惡所立基的層面不同，且善、惡與性之間的聯結關係亦不相同。就立基層面而言，孟子的善是絕對的、主體的善，立基於先驗的層面，藉由存養內在而超越的道德本心，擴充以實踐於社會人群，完成由內聖走向外王的事功。荀子的惡是相對的、實然的惡，立基於經驗的層面，藉由建立粲然周備的禮樂制度來化治自然情性，由外王回歸內聖。就聯結關係而言，孟子性善論之「性」是指內在而超越的道德本心，「善」是由擴充四端之心去完成；因此，只要能思、能求其放心、能先立其大，則人「應然且必然」地會為善去惡，如此性與善之間有必然的關係。至於荀子性惡說之「性」，則是指經驗而實在的自然情欲，「惡」只是由於放任情欲所導致爭奪的結果，只要聖王能憑藉位勢、法正，妥善運用禮義、刑罰予以導化，即可避免強害弱、眾暴寡，而「使天下皆出於治，合於善也」；因此，性與惡之間並沒有內在的必然連結，只是「順是而實然」的綜合關係〔註14〕。由此可見，孟子的「性善論」與荀子的「性惡說」

〔註14〕何淑靜《孟荀道德實踐理論之研究》（臺北：文津出版社，1988年1月），頁203。

不是截然對立的主張，反而是相輔相成的學說。〔註15〕

（二）藉性惡成就禮義

　　既然與生俱來的感官知覺、生理本能、心理欲求與情緒反應本身無所謂善與惡，且性惡又只是綜合命題而非分析命題，爲何荀子偏要違反性可善可惡的中立而堅持性惡的主張，以致留給後人「實在不及告子性無善無惡的完整」〔註16〕的訾議？這究竟是由於荀子一時疏忽以致思慮不夠周延，抑或別有用心？〈性惡〉說：

> 人之性惡，其善者僞也。今人之性，生而有好利焉，順是，故爭奪生而辭讓亡焉；生而有疾惡焉，順是，故殘賊生而忠信亡焉；生而有耳目之欲，有好聲色焉，順是，故淫亂生而禮義文理亡焉。然則從人之性，順人之情，必出於爭奪，合於犯分亂理而歸於暴。故必將有師法之化，禮義之道，然後出於辭讓，合於文理，而歸於治。
> 用此觀之，然則人之性惡明矣，其善者僞也。

「人之性惡，其善者僞也」是荀子性惡論的總綱，所以荀子不僅於〈性惡〉開宗明義即先提出此一命題，且不憚其煩於論述過程中再三引爲每一小段之結語。仔細尋繹不難發現，荀子提出「性惡」是爲了反襯「善僞」，肯定善出於人爲的努力，終極目的是爲了確立禮義之統於外王的地位。所以，引文爲了凸顯「師法之化，禮義之導」於正理平治的重要性、首出性，不得不由人類順從「生而有好利」、「生而有疾惡」、「生而有耳目之欲，有好聲色」的自然本能情性，必然導致「爭奪生而辭讓亡」、「殘賊生而忠信亡」、「淫亂生而禮義文理亡」來證成性惡。

　　那麼，在荀子的看法中情欲是否毫無善的趨向？答案當然是否定的，否則其所要強調的化性起僞就完全失去了依據。〈彊國〉說：

> 夫桀、紂何失而湯、武何得也？曰：是無它故焉，桀、紂者，善爲人所惡也；而湯、武者，善爲人之所好也。人之所惡何也？曰：汙漫、爭奪、貪利是也。人之所好者何也？曰：禮義、辭讓、忠信是

〔註15〕錢大昕爲謝墉《荀子箋釋》所作〈跋〉云：愚謂孟言性善，欲人之盡性而樂於善；荀言性惡，欲人之化性而勉於善。其言雖殊，其教人以善則一也。宋儒言性，雖主孟氏，然必分義理與氣質爲二之，則已兼取孟、荀二義，至其教人以變化氣質爲先，實暗用荀子「化性」之說。王先謙《荀子集解》，〈考證上〉頁15。

〔註16〕徐復觀《中國人性論史‧先秦篇》，頁255。

也。今君人者，辟稱比方則欲自並乎湯、武，若其所以統之，則無
　以異於桀、紂，而求有湯、武之功名可乎？

由此可見，厭惡「汙漫、爭奪、貪利」與喜好「禮義、辭讓、忠信」都是人性
本有的趨向，而湯武之所以得天下與桀紂之所以失天下的關鍵，即在於所爲是
成就或違反此一傾向。顯然荀子認爲人性中有善的趨向，而且此一好榮惡辱有
助正理平治的趨向與好利惡害易致偏險悖亂的趨向一樣，都是與生俱來眾人皆
備的，因此〈榮辱〉明白指出，「好榮惡辱，好利惡害，是君子小人之所同也」。
正因人所同具，所以即使是荀子心目中並非聖王的「今君人者」也想正理平治
比美湯武。然而肯定「禮義、辭讓、忠信」的趨善之欲，除了必須「心」發揮
思慮的功用外，尚需「能」啓動積習的作爲，方足以完成；不若「芻豢、衣繡、
輿馬」的向惡之欲，只要從人之性，順人之情而不加節制即可達致。此所以「君
人者」雖嚮慕湯武，但所爲「則無以異於桀紂」。而荀子正是爲了成就禮義，不
得不扣緊與生俱來易導致偏險悖亂的耳目之欲來證成性惡，卻不從須經人爲努
力方足以正理平治的知能之僞來認可性善。〈性惡〉說：

　　今人之性，飢而欲飽，寒而欲煖，勞而欲休，此人之情性也。今人
　　飢，見長而不敢先食者，將有所讓也；勞而不敢求息者，將有所代
　　也。夫子之讓乎父，弟之讓乎兄，子之代乎父，弟之代乎兄，此二
　　行者，皆反於性而悖於情也。然而孝子之道，禮義之文理也。故順
　　情性則不辭讓矣，辭讓則悖於情性矣。用此觀之，然則人之性惡明
　　矣，其善者僞也。

飢而欲飽及勞而欲休是人生理需求的本能反應，如今子、弟在飢餓的情況下
見到糧糧卻禮讓父、兄先吃，在疲累的情況下仍爲父、兄分擔辛勞而繼續工
作，不敢歇息。如此違反原始本能情性的作爲，顯然是經過一番反省思辨，
自我要求所得。可見辭讓忠信等成就孝順友愛、禮義文理的趨善之欲，是於
本始材樸的情性加上人爲的努力所得；反之，若不克己自制，必「順情性而
不辭讓」，終成就其惡欲。〈性惡〉說：

　　夫好利而欲得者，此人之情性也。假之人有〔註17〕資財而分者，且
　　順情性，好利而欲得，若是，則兄弟相拂奪矣；且化禮義之文理，
　　若是，則讓乎國人矣。故順情性則弟兄爭矣，化禮義則讓乎國人矣。

前一則引文弟兄間因謙讓「勞而不敢求息」，與本則引文兄弟間因好利欲得之

〔註17〕「有」下本有「弟兄」二字，依王先謙說改。王先謙《荀子集解》，頁439。

情性而「相拂奪」資財，恰好形成鮮明對比。荀子在此以分資財爲例，說明若一味順從情性，即使彼此間是兄弟手足，也必然基於好利欲得而相互爭奪；反之，若以禮義導化情性，即使彼此間是沒有血緣關係的國人，也會節制好利欲得之心而互相謙讓。藉由「順情性則弟兄爭矣，化禮義則讓乎國人」，荀子再次印證性惡善僞，以確立禮義在人間社會的重要性及其價值。

　　荀子在〈性惡〉篇中，除了首先以「從人之性，順人之情，必出於爭奪」做爲直接證據來證成性惡外，接著則以「古者聖王」之「起禮義，制法度」爲間接證據，繼續印證其性惡善僞的理論，其文說：

> 故枸木必將待櫽栝烝矯然後直，鈍金必將待礱厲然後利。今人之性惡，必將待師法然後正，得禮義然後治。今人無師法則偏險而不正，無禮義則悖亂而不治。古者聖王以人之性惡，以爲偏險而不正，悖亂而不治，是以爲之起禮義，制法度，以矯飾人之情性而正之，以擾化人之情性而導之也。始皆出於治，合於道者也。今之人，化師法，積文學，道禮義者爲君子；縱性情，安恣睢，而違禮義者爲小人。用此觀之，然則人之性惡明矣，其善者，僞也。

本段引文可分爲三部分：第一部分以枸木、鈍金爲喻，借彎曲之木必須經過櫽栝的揉矯才能挺直，及鈍的刀斧必須經過砥礪的磨鍊才能銳利，來類推易趨於惡的人性，必須經由師法禮義的導引規範才能正理平治。第二部分接著即謂古代聖王有鑑於人性易趨於惡，因此「起禮義，制法度」以矯飾擾化人的情性，才使得原本可能偏險悖亂的人性轉爲合於人道的正理平治，由此間接證成性惡。第三部分則於能「化師法，積文學，導禮義」即成爲君子，與只知「縱性情，安恣睢，違禮義」即成爲小人的對比中，再三印證性惡善僞，並由論述中確立了化性起善僞的依據在於禮義。

　　以鈍金來類比「人之性惡」較無爭議，因爲所有出土的金屬礦物都須經過鍛鍊才有可能成爲銳利的刀斧；唯以枸木爲喻則似乎有待斟酌，因爲現實世界中固然有須待櫽栝烝矯然後才能符合直之標準的彎曲樹木，但亦不乏與生俱來即筆直的樹木，那麼，爲何不據此而肯定「人之性善」？〈性惡〉說：

> 直木不待櫽栝而直者，其性直也；枸木必將待櫽栝烝矯然後直者，以其性不直也。今人之性惡，必將待聖王之治，禮義之化，然後皆出於治，合於善也。用此觀之，然則人之性惡明矣，其善者，僞也。

荀子爲成就「聖王之治，禮義之化」而以枸木凸顯「人之性惡」的用心是可

以理解的；然而令人不解的是，既然荀子亦承認有本性即直而不需隱栝烝矯的樹木，何以對此存而不論，不據此而證成性善？〔註18〕原因在於，直木不待隱栝而有的筆直本性在荀子看來，如同人類不可學不可事的耳聰目明、好榮惡辱之本性耳，一旦要成爲器物，仍有待工人的斲削，如同人進入社會要處理好人際關係，仍須依循聖王制訂的禮義。

　　單就「起禮義，制法度」尚不足以充分證明「古者聖王」必然認爲「人之性惡」，所以荀子用堯與舜的對話補強此一間接證據，〈性惡〉說：

　　　　堯問於舜曰：「人情何如？」舜對曰：「人情甚不美，又何問焉？妻
　　　　子具而孝衰於親，嗜欲得而信衰於友，爵祿盈而忠衰於君。人之情
　　　　乎！人之情乎！甚不美，又何問焉？」唯賢者爲不然。

「妻子具而孝衰於親」等三句是荀子借舜之口說明，順從人類食色的情性而競逐，必然導致孝、信、忠等倫理美德的淪喪。此正所以孔子感慨「未見好德如好色者也」。但是這並不表示此易趨向於惡的自然情性是一往不復的，「唯賢者爲不然」正說明了透過「慮積焉，能習焉」的後天人爲努力，可以化「甚不美」之人情爲美。〈富國〉所說「人倫並處，同求而異道，同欲而異知，生也。皆有可也，知愚同；所可異也，知愚分」亦是此意，「皆有可也，知愚同」即〈榮辱〉所說「好榮惡辱，好利惡害，是君子小人之所同也」，「所可異也，知愚分」即〈榮辱〉所說「若其所以求之之道則異矣」。「同求」、「同欲」表示知者與愚者與生俱來的情性相同，「異道」、「異知」則表示君子與小人雖然同樣具有食色之欲，但君子卻能由心知義辨而不與小人同樣溺於情性，所以即使「妻子具、嗜欲得、爵祿盈」亦不致「孝衰於親、信衰於友、忠衰於君」。如此即可化甚不美之惡性爲甚美之善僞。

　　除了「古者聖王以人之性惡」，因此「爲之起禮義，制法度」外，荀子又以「苟無之中者，必求於外」，「苟有之中者，必不及於外」爲另一個間接證據來證成其性惡善僞的理論，〈性惡〉說：

　　　　凡人之欲爲善者，爲性惡也。夫薄願厚，惡願美，狹願廣，貧願富，
　　　　賤願貴，苟無之中者，必求於外；故富而不願財，貴而不願埶，苟
　　　　有之中者，必不及於外。用此觀之，人之欲爲善者，爲性惡也。今
　　　　人之性，固無禮義，故彊學而求有之也；性不知禮義，故思慮而求

〔註18〕王先謙云：「夫使荀子而不知人性有善惡，則不知木性有枸直矣。然而其言如
　　　　此，豈真不知性邪？」《荀子集解》，〈序〉頁1。

—73—

知之也。然則生而已，則人無禮義，不知禮義。人無禮義則亂，不
知禮義則悖。然則生而已，則悖亂在已。用此觀之，人之性惡明矣，
其善者偽也。

本段引文唐君毅認爲是〈性惡〉論證性惡的理由中「最有理趣，而問題最大」
者〔註 19〕，之所以問題最大，主要是因爲「人之欲爲善」者正是孟子用來論
證性善的依據，所以習慣於孟子性善論思路的人，一定會對荀子用「人之欲
爲善」來反證人之性惡感到訝異與困惑。然而，荀子所謂的「欲爲善」並非
只及於意念之善端，而更要求其實踐完成；亦即非只著眼個人良知之自覺，
而在強調社會秩序之完善。「大體」當下的良知自覺，若沒有客觀禮義的護持，
每每爲順是無節的「小體」情欲所吞噬而童山濯濯，根本談不上存養擴充。
荀子正是有鑒於自然情欲所帶來的往往是偏險悖亂，所以由正理平治的缺乏
來論證性惡。而藉由性惡則可以對照出善偽，由善出自人爲的努力則可證成
禮義在人文化成的重要性。所以，「欲爲善」不可解爲想要爲善的意念，而應
解爲想要達到正理平治的理想。

其次，有學者對用來類比推論「人之欲爲善者，爲性惡也」之內容事項
的「貧願富，賤願貴」及「富而不願財，貴而不願埶」提出質疑〔註 20〕。因
爲貧窮之人固然大多汲汲於追求財富，但是亦有不汲汲於追求而安貧樂道
者，何況擁有萬貫家財的人又有幾人會停止繼續累積財富。所以「貧願富」、
「富而不願財」顯然與事實不完全相符，甚至可說與荀子自己所主張的人之
情性「欲多而不欲寡」及「窮年累世不知足」的說法相矛盾。這樣的詰難，
對荀子缺乏同情的理解，其實，荀子此處所提及的薄厚、惡美、狹廣、貧富、
賤貴等都是出於自我主觀之感受，所謂「貧願富，賤願貴」是指唯有當自己
覺得貧窮時才會期望富有，唯有當自己覺得卑賤時才會期望尊貴；反之，若
已覺得富足自然不會再產生追求財富的意願，已覺得尊貴自然不再產生追求
權勢之意願，此即「富而不願財，貴而不願埶」。所以「富者而猶求富，必其
人在主觀上以爲富猶未足，自視尚貧」〔註 21〕；至於安貧樂道者，雖在物質
需求的滿足方面有所欠缺，但由於主觀心理自我調適，不認爲有所不足，因

〔註19〕 唐君毅《中國哲學原論・原性篇》（臺北：臺灣學生書局，1991 年 6 月），頁
69。

〔註20〕 周群振《荀子思想研究》（臺北：文津出版社，1987 年 4 月），頁 55。

〔註21〕 陳大齊《荀子學說》，頁 64。

此其不汲汲追求財富，在荀子看來，並非順著滿足物質慾望的自然情性的發展，而是依於禮義化性起偽的結果。

復次，亦有學者直接就引文中用以證成「人之欲爲善者，爲性惡也」的形式原則「苟無之中者，必求於外」、「苟有之中者，必不及於外」提出質疑。理由是：假如「無之中者」剛好是我們「所不欲者」，我們根本就不會求於外；假如「有之中者」剛好是我們「所欲者」，而且認爲並不足夠，我們還是會「及於外」的〔註22〕。儘管上述理由後半部分所提及的「認爲」已碰觸到荀子判定有無的依據，不過仍然存在缺乏同情理解的毛病。就客觀而言，薄厚、惡美、狹廣、貧富、賤貴等都可相對地分成很多等級；但就主觀而言，往往只容絕對地非有即無的二分。所以一旦自認有所不足時，在荀子的歸類即屬於無，而自然必求於外。於上述理由前半部分荀子會如此反駁，當我們對某事物無欲時，我們根本不會在意其有無，即無所謂「無之中」或「有之中」；而當我們開始區別「有之中」或「無之中」時，通常都是已經感受到自我有所欠缺，於是必然對其有所欲而加以追求，以健康爲例，當人身強體健時，往往不注意健康與否，只有當身虛體弱時，才會察覺健康的重要性。亦即當我們「有所欲」時，即因自覺「無之中」而致，以貴賤爲例，「人惟因有貴者在其意念中，而爲其所慕，乃自知其爲賤者是也」〔註23〕。既然在主觀認知中「無之中者」不會是我們「所不欲者」，那麼，就無所謂「不會求於外」的問題了。

三、強調性惡的原因

荀子之所以故意由自然人性之容易流向惡來揭舉「性惡」，就理論系統本身而言，固然是出於肯定禮義師法價值所必須。然而就百家爭鳴的時代潮流而言，則一方面是爲了補弊救偏，扭轉偏重內在心性涵養爲兼顧客觀規範建構，以強化儒學競爭力；另一方面則據以攘斥因肯定自然而掊擊仁義的道家，以重建人文禮樂。

（一）補弊救偏，回歸周孔

荀子證成「人之性惡」的目的爲的是要凸顯「其善者偽也」，這是人盡皆知的。然而，荀子凸顯善出於人爲努力的原因何在？其揭舉性惡以反駁孟子性善原因何在？是否係有鑑於思孟後學過分強調內在心性的道德反省而忽略

〔註22〕岑溢成〈荀子性惡論析辯〉，頁 49。
〔註23〕唐君毅《中國哲學原論・原性篇》，頁 69。

外在行為的社會實踐，而促使荀子必須主張「性惡善偽」以補弊救偏？所以於〈性惡〉中以「性偽之分」來駁斥孟子，其文說：

> 孟子曰：「人之學者，其性善。」曰：是不然。是不及知人之性，而不察乎人之性、偽之分者也。凡性者，天之就也，不可學，不可事；禮義者，聖人之所生也，人之所學而能，所事而成者也。不可學、不可事而在人者謂之性，可學而能、可事而成之在人者謂之偽。是性、偽之分也。今人之性，目可以見，耳可以聽。夫可以見之明不離目，可以聽之聰不離耳，目明而耳聰，不可學明矣。孟子曰：「今人之性善，將皆失喪其性故惡〔註24〕也。」曰：若是，則過矣。今人之性，生而離其朴，離其資，必失而喪之。用此觀之，然則人之性惡明矣。所謂性善者，不離其朴而美之，不離其資而利之也。使夫資朴之於美，心意之於善，若夫可以見之明不離目，可以聽之聰不離耳，故曰目明而耳聰也。

由荀子批評孟子「不察乎人之性、偽之分者」可知，荀子並未反對孟子所提倡的存心養性工夫，而是反對孟子過於強調人性之善，導致採信其說而無暇深入理解者忽略存養工夫；或對其說雖有所理解，但只著重求其放心的前半段，而未能致力於後半段的擴充工夫，亦即只侷限於內在心性的涵養，而忽略外在行為的實踐。如果學者皆能如孟子體用合一，即時時反省覺察仁義禮智四端以見體，又不斷存養擴充浩然之氣以達用，荀子應該就不會針對孟子「性善」另提「性惡」的說法。可惜絕大多數人誤「見體」即已「成用」，或執「見體」而忽「成用」，所以荀子希望藉性、偽之分，由人性之惡來凸顯善出於偽，其目的無非是想將大家注意的焦點，由先天之自然情性轉移到後天的人為努力上來，以期大家皆能即用而返體，即由具體社會實踐的落實來完成道德心性的涵養。在荀子性偽二分的理論架構中，存心養性與擴充善端的工夫當然屬於「偽」，而此「可學而能，可事而成」的偽，是經過「慮積能習」人為努力的成果，而非單憑「不可學、不可事而在人者」的「天之就」之性所能完成。於是荀子接著便以不可學不可事之耳聰目明來對比證明孟子性善說不成立，即由一般人皆未能先立其大體，以致心志每每為小體所主導，亦即皆「生而離其朴，離其資」而不能如可以見之明、聽之聰之不離目、耳，

〔註24〕「故」下本無「惡」字，依梁啓雄據楊注補。梁啓雄《荀子約注》（臺北：世界書局，1982年12月），頁329。

即不能「不離其朴而美之，不離其資而利之」，來反證辭讓忠信等美善是求其放心的結果，即善是經過人爲努力轉化「必失而喪之」之本性的成果。總之，荀子反對孟子的原因係有鑑於性善之「名」易導致不需克己復禮的錯覺，而對於存心養性、擴充善端的工夫荀子不但不反對，而且還一再大聲疾呼以成就之，只是他沒有循「盡心知性以知天」、「存心養性以事天」的天人合德途徑，而是採性僞二分的模式以強調人文化成。因此，社會國家的正理平治不能只依賴質樸的自然本性，而須以聖人所創生的客觀禮義制度爲憑藉，積微全盡、努力不懈地「學」且「事」，方可「能」而「成」。

孟子本人雖然標榜盡心知性、存心養性，但是內聖畢竟要走向外王才算完成。可是思孟後學卻在追求心性存養的過程中不斷地將道德內在化、純粹化，而既內在又超越的境界形態由於太強調絕對精神，反而與現實世界的客觀禮義背道而馳。所以荀子在〈性惡〉篇除以性僞二分外，便以維護社會和諧的禮義制度來反駁孟子的性善論，其文說：

> 孟子曰：「人之性善。」曰：是不然。凡古今天下之所謂善者，正理平治也；所謂惡者，偏險悖亂也。是善惡之分也已。今誠以人之性固正理平治邪？則有惡用聖王，惡用禮義矣哉！雖有聖王禮義，將曷加於正理平治也哉！今不然，人之性惡。故古者聖人以人之性惡，以爲偏險而不正，悖亂而不治，故爲之立君上之埶以臨之，明禮義以化之，起法正以治之，重刑罰以禁之，使天下皆出於治，合於善也。是聖王之治，而禮義之化也。今當試去君上之埶，無禮義之化，去法正之治，無刑罰之禁，倚而觀天下民人之相與也，若是，則夫彊者害弱而奪之，眾者暴寡而譁之，天下之悖亂而相亡不待頃矣。用此觀之，然則人之性惡明矣，其善者僞也。故善言古者必有節於今，善言天者必有徵於人。凡論者，貴其有辨合，有符驗，故坐而言之，起而可設，張而可施行。今孟子曰「人之性善」，無辨合符驗，坐而言之，起而不可設，張而不可施行，豈不過甚矣哉！故性善則去聖王，息禮義矣；性惡則與聖王，貴禮義矣。故檃栝之生，爲枸木也；繩墨之起，爲不直也；立君上，明禮義，爲性惡也。用此觀之，然則人之性惡明矣，其善者僞也。

由荀子大聲疾呼「今誠以人之性固正理平治邪？則惡用聖王，惡用禮義矣哉」與「故性善則去聖王，息禮義矣；性惡則與聖王，貴禮義矣」，不難體會其所

以強調性惡是爲了成就禮義。於是除了由古代聖人之「立君上、明禮義、起法正、重刑罰」而使「偏險、悖亂」的人性「出於治、合於善」，來印證人之性惡外；更以倘若撤除上述「聖王之治、禮義之化」，則人民之相處必將淪爲「強者害弱、眾者暴寡」以致「悖亂而相亡」隨即發生，再次印證「人之性惡明矣，其善者僞也」。在荀子看來，過分強調「人之性善」，容易使人將道德實踐的工夫完全集中在「致誠慎獨」的個人心性涵養上，以致忽略人際互動中社會規範的建立與維護。一旦否定了禮義、聖王於政治社會的價值，則社會秩序的正理平治便完全不可能，所以荀子便由社會秩序的角度，以道德實踐的行爲結果爲標準，而判定孟子性善說「無辨合符驗，坐而言之，起而不可設，張而不可施行」。亦即如果不知思辨所處環境的實際狀況，謹守人我互動時客觀的禮義分際，即使存心養性的涵養再好，也未必能表現爲正確的社會行爲，對於正理平治助益不大；至於不知或無暇在致誠慎獨下工夫的平民百姓，若無客觀之禮義制度以規範，必然順自然情欲而流爲偏險悖亂的爭奪。「故檃栝之生，爲枸木也；繩墨之起，爲不直也；立君上，明禮義，爲性惡也」，表面上看似以排比句型強化由「立君上，明禮義」證知自然人性易向惡，實際上是要由「今人之性惡，必將待聖王之治，禮義之化，然後皆出於治，合於善也」來肯定禮義的價值。

（二）對抗老莊，強調人文

　　身處王綱解紐、禮壞樂崩的戰國晚期，學術思想以現實社會關懷爲中心的荀子，亟欲重新振作禮樂制度，藉「貴賤明，同異別，如是則志無不喻之患，事無困廢之禍」（〈正名〉），以矯正「聖王沒，名守慢，奇辭起，是非之形不明，則雖守法之吏，誦數之儒，亦皆亂也」（同上）的時弊。而諸子百家中對禮樂攻擊最不遺餘力的，厥爲主張非樂薄葬的墨子，與強調「禮者，忠信之薄而亂之首」（《老子・三十八章》）的老莊。對於墨子，荀子已在〈禮論〉與〈樂論〉再三以「故儒者將使人兩得之者也，墨者將使人兩喪之者也」、「是先王立樂之方也，而墨子非之奈何」、「是先王立樂之術也，而墨子非之奈何」加以駁斥；至於老莊，表面上只分別在〈天論〉與〈解蔽〉各以「老子有見於詘，無見於信」、「莊子蔽於天而不知人」批判一次，其實在人性論的主張上，已假自然人性論的觀點及虛壹而靜的用語，採以子之矛攻子之盾的手法，對老莊道法自然的主張進行顛覆。

　　荀子在〈天論〉批評老子「有見於詘，無見於信」，表面上看來只是反駁老

子重「屈」輕「伸」，「柔弱勝剛強」與「不爲天下先」的不爭無爲的想法。然而，若深入分析，老子的無爲是建立在「人法地，地法天，天法道，道法自然」，如此人雖守柔無爲，但天道自然其實是有爲的，所以人的無爲即是「歸」返自然之「根」及回「復」天道之「命」。其取法自然的人性論預設了「性善」——自然人性本是善的主張，因此人由致虛守靜反璞歸眞以涵養道德的結果，是去除後天人爲的影響而重回天生自然的赤子狀態，既然強調「爲道日損」而效法自然，則必然否定「爲學日益」所成就的禮樂制度，所以荀子進而說「有詘而無信，則貴賤不分」，蓋損之又損以致清心寡欲的主張必將漠視「養人之欲，給人之求」的禮樂效用，以致不能「貴賤有等，長幼有差」。既然老子守柔無爲的處世哲學是以肯定自然人性爲前提，且以棄絕仁義、否定禮樂爲反璞歸眞的手段，當然無法被企圖恢復禮義之統、重建社會秩序的荀子所認同接受。因此，荀子不僅以「時詘則詘，時伸則伸」（〈仲尼〉）來補救「有見於詘，無見於信」的偏失，更以剛柔並濟矯正守柔不爭，而肯定禮義的價值。〈不苟〉說：

> 君子崇人之德，揚人之美，非諂諛也；正義直指，舉人之過，非毀疵也；言己之光美，擬於舜、禹，參於天地，非夸誕也；與時屈伸，柔從若蒲葦，非懾怯也；剛強猛毅，靡所不信，非驕暴也。以義變應，知當曲直故也。

單獨看「與時屈伸」時，當即「時詘則詘，時伸則伸」之義；但連貫下文可知此處「伸」只是襯字，所以「與時屈伸」只有「時詘則詘」之義，而「時伸則伸」之義則寓於「靡所不信」。如此，則「崇人之德，揚人之美」、「與時屈伸，柔從若蒲葦」屬於守柔不爭的態度行爲，然而光是如此謙虛不足以因應各種變化；唯有兼具「正義直指，舉人之過」、「言己之光美，擬於舜、禹，參於天地」之「剛強猛毅」的態度行爲，方足以成就人文制度。雖然荀子此處所談論的是君子待人接物的態度言行，但與其人性觀點有密切關聯。「崇人之德，揚人之美」、「與時屈伸，柔從若蒲葦」，若從老子自然即是美善的人性觀點而言，是爲道日損守柔無爲必然的結果，而且如此即具足一切；然而就荀子順自然而無節制易流向惡的人性觀點而言，卻只是「時詘則詘」的消極作爲而已。君子若要成就正理平治的人文社會，更必須具備「正義直指，舉人之過」、「言己之光美，擬於舜、禹，參與天地」的積極作爲。亦即以「時伸則伸」的「剛強猛毅」樹立典範，並克服消極鄉愿的作爲。而此時屈時伸剛柔並濟的行爲依據即是禮義，若能以智慧明瞭是非曲直，然後依循禮義採取或屈或伸的作爲因應所面對的時

局變化，即所謂「以義變應，知當曲直故也」。

　　至於莊子，荀子在〈解蔽〉評其爲「蔽於天而不知人」，當然亦是由禮義治亂的角度所下的論斷。雖然莊子有「天人不相勝」的主張，但是此看似天人平等的主張其實只是「無以人滅天」（《莊子·秋水》）的另一個說法，所以天仍然高於人。過分推崇天道，難免導致貶抑人道，《莊子·在宥》的「有天道，有人道。無爲而尊者，天道也；有爲而累者，人道也」即是明證。否定人爲努力的結果，當然是回歸天道，因任自然。荀子有鑑於此，於是進而批評莊子說「由天謂之道，盡因矣」。

　　強調因任自然的結果，必將在人性論得出「性情不離，安用禮樂」（《莊子·馬蹄》）的主張，這當然不是企圖重建禮樂制度的荀子所能接受的。爲避免道家自然主義人性論對重建禮樂制度的衝擊與傷害，荀子一方面以「明於天人之分」回應，於是在〈天論〉先以「天行有常，不爲堯存，不爲桀亡」揭示天的自然律則義，接著以「應之以治則吉，應之以亂則凶」與「大天而思之，孰與物畜而裁之？從天而頌之，孰與制天命而用之」來肯定人爲努力的意義，然後以「天有其時，地有其財，人有其治，夫是之謂能參」與「君子敬其在己者而不慕其在天者，是以日進也；小人錯其在己者而慕其在天者，是以日退也」來完成其「天生人成」的理論，藉強調人文價值來完成禮樂制度的建構，並化解因任自然對安定社會秩序的負面影響。另一方面以自然人性易流於惡來反駁，於是在〈性惡〉再三表示「從人之性，順人之情，必出於爭奪，合於犯分亂理而歸於暴」、「從其性，順其情，安恣睢，出乎貪利爭奪」，並以「夫子之讓乎父，弟之讓乎兄，子之代乎父，弟之代乎兄，此二行者，皆反於性而悖於情也」與「順情性則兄弟爭矣，化禮義則讓乎國人矣」證成其性惡善僞的主張，再次肯定聖人依據禮義之統，因革損益而成就的禮樂制度，藉以反駁因任自然而提出的「性情不離，安用禮樂」。

　　綜上所述，荀子性惡說的提出固然主要是針對孟子的性善論，即欲藉化性起僞所依據的禮義之統的客觀性，來補救思孟學派過度將道德心性絕對化的缺失；亦即避免只專注於內在超越本源的反省涵養，而忽略外在倫理秩序的具體建構，以使儒學體用合一。然而，安內的目的更在於攘外，即在補苴儒學罅漏之餘，進而張皇儒學幽眇之時，除了轉化俗儒、陋儒爲雅儒乃至於大儒外，尚須克服諸子百家的非難，而性惡善僞的主張正可收抵排老莊因任自然學說，以成就人文禮樂的效用。

第二節 養欲節情以成善

就上一節對「性」字義涵的論析，我們已能明白，由目、耳、口、鼻、形體所形成的色、聲、味、臭、觸等感官知覺，是人與生俱來的能力；自其為生物本能而言，我們只能以客觀的物理標準檢測其能力高低良窳，而不應以主觀的道德價值來評斷其是非善惡。而由飢、寒、勞產生的飽、暖、休等生理需求，只是生物為維持個體生存本能的直接反應；從維持生存的角度而言，其實然意義自然優於應然意義，只要不逾越直接反應的基本需求，以致貪求無饜，亦不當於此苛責其是非善惡。所以以上兩部分，並不是荀子性惡論所要導化矯治的對象，其所要導化的是在生理基本需求上進一步衍生的過度需求，以期甘苦美醜的知覺能力不致因飽暖之餘，進而奢求芻豢、文繡，在好惡不致「無度量分界」的情況下，讓喜、怒、哀、樂的情緒得以適當的紓解。如此不僅無「以己為物役」的困擾，有利於個人身心的和諧；而且無欲求不得的爭亂局面，有助於人我之間的群居和一。荀子正是基於《中庸》所謂的「喜怒哀樂之未發謂之中，發而皆中節謂之和，致中和則天地位焉，萬物焉育」，而提倡養欲節情，以求「序四時，裁萬物，兼利天下」而成就正理平治的善道。

一、養欲、導欲與去欲、寡欲

面對人類與生俱來，既是維持生存所必需，又是爭亂根源的情欲。有別於諸子百家採取消極逃避的態度而主張去欲、寡欲，荀子則積極面對之。不僅認為情欲不可去亦不必去，以利身心和諧；而且主張藉由「養」與「導」，使基本生理需求獲得適當滿足，並藉以懲惡勸善成就治道。

（一）欲不可去亦不必去

既然「飢而欲飽，寒而欲煖，勞而欲休」是維持人類個體生存所需，「是人之所生而有也，是無待而然者也，是禹桀之所同也」（〈榮辱〉）。因此，「去欲」的主張在荀子看來根本不可行，反而提倡「養欲」；「寡欲」的主張在荀子看來亦不切實際，於是提出積極的「導欲」。經過人為努力的「養」與「導」，「本始材朴」的欲望不再是導致偏險悖亂的洪水猛獸，必須「去」之而後快，或「寡」之而後安，反而有助於正理平治。〈正名〉說：

> 凡語治而待去欲者，無以道欲而困於有欲者也。凡語治而待寡欲者，
> 無以節欲而困於多欲者也。有欲無欲，異類也，生死也，非治亂也。
> 欲之多寡，異類也，情之數也，非治亂也。欲不待可得，而求者從

所可。欲不待可得，所受乎天也；求者從所可，所〔註25〕受乎心也。

荀子在此明白指出，想要達到正理平治卻主張「去欲」，只是逃避人生而有欲的事實所採取的消極作為。因為，生物只要存在，必然有維持生存的基本欲求。至於主張「寡欲」，則是不知如何處理欲望無窮的問題所採取的消極作為。因為，欲望多或少不是重點，關鍵在於欲望是否得到適當的滿足。所以「去欲」、「寡欲」的主張並不能真正達到正理平治的理想，唯有積極面對事實存在的情欲，提倡「道欲」、「節欲」，使基本生理需求滿足之餘，在心理需求方面能知所謙讓而不致爭奪。正由於「使欲必不窮乎物，物必不屈於欲，兩者相持而長」（〈禮論〉）才能真正達到正理平治，因此面對「所受乎天」而「不待可得」的情欲，必須以「道欲」、「節欲」積極作為，使其「從所可」，而不以「去欲」、「寡欲」消極逃避。

〈正名〉的「雖堯、舜不能去民之欲利」，說明了欲求不僅不必去除，也無法去除。至於情欲的多寡，在荀子看來亦不是治亂的關鍵。〈正論〉說：

> 古之人為之不然。以人之情為欲多而不欲寡，故賞以富厚而罰以殺損也，是百王之所同也。故上賢祿天下，次賢祿一國，下賢祿田邑，原愨之民完衣食。今子宋子以是之情為欲寡而不欲多也，然則先王以人之所不欲者賞而以人之所欲者罰邪？亂莫大焉。今子宋子嚴然而好說，聚人徒，立師學，成文典〔註26〕，然而說不免於以至治為至亂也，豈不過甚矣哉！

宋鈃人情「欲寡不欲多」的主張，在荀子看來，完全違反了先王治國的理念。先王以慶賞刑罰輔助教化的依據在於「人之情為欲多不欲寡」，如此方能因人之所欲以定獎懲而賞善罰惡，進而進賢退不肖，荀子因此才毫不客氣地批評宋鈃的主張顛黑白，「以至治為至亂」。既然欲望之滿足與否關係治亂，墨子「非樂」、「節用」的主張，亦將因忽略欲望而致亂，所以荀子在〈富國〉批評其「不足欲則賞不行」與「不威則罰不行」，「賞不行，則賢者不可得而進也；罰不行，則不肖者不可得而退」，如此「則萬物失宜，事變失應，上失天時，下失地利，中失人和，天下敖然，若燒若焦」。正因為宋鈃、墨翟的主張都將因違逆人情而產生致亂的瑕疵，所以荀子才會在〈非十二子〉將二人併為一組，給予「不知壹天下、建國家之權稱，上功用、大儉約而僈差等，曾

〔註25〕「受」上本無「所」字，依俞樾說補。王先謙《荀子集解》，頁427。
〔註26〕「典」原作「曲」，依王念孫說改。王先謙《荀子集解》，頁345。

不足以容辨異、縣君臣」之評語。

　　由於爲荀子能正視情欲的存在，且能透過「導」與「節」使人類好利欲得的本性發揮有利爲治的正面功能，因此在人倫制度的建立上，能彌補思孟學派的不足。〈解蔽〉說：

　　空石之中有人焉，其名曰觙，其爲人也，善射以好思。耳目之欲接則敗其思，蚊虻之聲聞則挫其精，是以闢耳目之欲，而遠蚊虻之聲，閑居靜思則通。思仁若是，可謂微乎？孟子惡敗而出妻，可謂能自彊矣，未及思也；有子惡臥而焠掌，可謂能自忍矣，未及好也。闢耳目之欲，而遠蚊虻之聲，可謂能自危矣，未可謂微也。〔註27〕夫微者，至人也。至人也，何彊，何忍，何危？故濁明外景，清明內景。聖人從〔註28〕其欲，兼其情，而制焉者理矣。夫何彊，何忍，何危？故仁者之行道也，無爲也；聖人之行道也，無彊也。仁者之思也恭，聖人之思也樂。此治心之道也。

此處荀子借「善射而好思」之「觙」必須「闢耳目之欲，而遠蚊虻之聲」才能「閑居靜思則通」，一旦「耳目之欲接則敗其思，蚊虻之聲聞則挫其精」，來比況思孟學派一味以寡欲求心性涵養之幽深孤峭，不能坦然正視情欲的存在。如此苦心修練充其量只能凸顯境界的高危，卻算不上通達人情事理，對人倫制度的處理亦無法究竟圓滿。孟子爲求成功而「出妻」，有子爲振作精神而「焠掌」，固然顯現專注求道的執著，但如此的「自彊」、「自忍」在待人接物上未必是通達、圓滿的，所以荀子評其「未及思也」、「未及好也」。這種自彊、自忍而成就的自危，一味執著主觀內在心性爲標準，以檢視外在事務，不免產生忘卻自然情欲客觀存在的盲點，所以荀子將之比況爲火、日之照物，則事物景象外在於火日而不能融合無間，於是以「濁明外景」稱之。而「清明內景」則指聖人之待人接物，能以道理來調節管制，使情欲皆能順暢合理地抒發，而無自彊、自忍、自危的情形；正因爲不矯情以爲高，遂能致廣大而盡精微，正因爲不偏執一端而能兼顧各方，如同金、水之照物，能收攝事物景象於其內而融爲一體〔註29〕。荀子之所以能補苴思孟學派罅漏而成就外

〔註27〕此處文有錯亂，依郝懿行、郭嵩燾說訂正。王先謙《荀子集解》，頁403。
〔註28〕「從」原作「縱」，依王先謙說改。王先謙《荀子集解》，頁404。
〔註29〕唐君毅《中國哲學原論·原道篇（卷一）》（臺北：臺灣學生書局，1992年3月），頁461；蔣年豐《文本與實踐（一）》（臺北：桂冠圖書公司，2000年8月），頁166。

王格局，就在於他能正視情欲的現實存在，且積極地去導欲節情。

（二）養欲的涵義與方法

當我們乍見《荀子》書中「養人之欲，給人之求」（〈禮論〉）、「不富無以養民情」（〈大略〉）等文句時，容易將「養」字誤解爲「滿足」，尤其是再將「財萬物，所以養萬民也」（〈王制〉）、「願愨之民完衣食」（〈正論〉）並列共觀時，更易強化此一錯覺。雖然從維持生存而言，基本生理欲求的滿足有其必要性，但這並不表示連「窮年累世不知足」的情欲亦當毫無限制地滿足之。因爲「縱欲而不窮」只會使得「民心奮而不可說」（〈富國〉），亦即將由「求而無度量分界」的縱欲導致「爭則亂，亂則窮」的害生。而這正是荀子所深惡痛絕的，所以不僅在〈性惡〉指出，只知「縱性情，安恣睢」的人終將只是「小人」而非「君子」；更於〈非十二子〉結合「縱情性，安恣睢」與「禽獸行」來譴責它囂、魏牟。又〈正名〉說：

> 故嚮萬物之美而不能嗛也，假而得間〔註30〕而嗛之，則不能離也。
> 故嚮萬物之美而盛憂，兼萬物之利而盛害。如此者，其求物也，養
> 生也？粥壽也？故欲養其欲而縱其情，欲養其性而危其形，欲養其
> 樂而攻其心，欲養其名而亂其行。如此者，雖封侯稱君，其與夫盜
> 無以異，乘軒戴絻，其與無足無以異。夫是之謂以己爲物役矣。

荀子在此指出，如果在上位者明知養欲、養性、養樂、養名，即可享有萬物之美而無憂，兼具萬物之利而無害；可是實際作爲卻縱情、危形、攻心、亂行，那麼，即使「封侯稱君」、「乘軒戴晃」亦與盜賊、罪犯沒有差別，蓋皆「盛憂」、「盛害」也。明明想求長生卻折損壽命，原因即在於「以己爲物役」，亦即只知放縱情性，追逐物欲，而不知引導與節制。由「養其欲」與「縱其情」利害相對可知，養欲的養字並非一味地追求滿足，而是〈勸學〉所說的「除其害者以持養之」，是在正確的引導與適度的節制下，達到「使目非是無欲見也，使耳非是無欲聞也，使口非是無欲言也，使心非是無欲慮也」的境地。

既然「養其欲」的「養」不止於自然情欲的滿足，而更求人文教化方面「道欲」的教養與「節欲」的修養，則其涵養的依據標準何在？〈禮論〉說：

> 禮起於何也？曰：人生而有欲，欲而不得，則不能無求；求而無度
> 量分界，則不能不爭；爭則亂，亂則窮。先王惡其亂也，故制禮義

〔註30〕「間」原作「問」，依王念孫說改。王先謙《荀子集解》，頁431。

以分之，以養人之欲，給人之求，使欲必不窮乎物，物必不屈於欲，
兩者相持而長，是禮之所起也。故禮者，養也。芻豢稻粱，五味調
盉〔註31〕，所以養口也；椒蘭芬苾，所以養鼻也，雕琢、刻鏤、黼
黻、文章，所以養目也；鐘鼓、管磬、琴瑟、竽笙，所以養耳也；
疏房、檖貌、越席、牀笫、几筵，所以養體也。故禮者，養也。

在〈正名〉荀子即曾指出，「以所欲為可得而求之，情之所必不免也」，所以就
算身分卑微的守門之人亦「欲不可去」；但為防範「求而無度量分界」所引發的
爭、亂、窮，欲「雖不可去，求可節也」；至於節求的依據在於「道」，而彼處
所謂的「道」即此處先王所制定的「禮義」。先王之所以制禮義「以養人之欲，
給人之求」，正因為維持生存的基本情欲不可去；若能求給欲養，則能「使欲必
不窮乎物，物必不屈於欲」，即因自我節制而使物與欲都得到平衡；物與欲兩方
面都能在適度滿足的節制下彼此涵養護持，即在有度量分界的節求下達到正理
平治，這正是先王制定禮義的目的與初衷，所以說「禮者，養也」。所謂「欲必
不窮於物，物必不屈於欲」是指：欲求既不需因事物的有限而「去」或「寡」，
即基本需求皆可得到滿足；且事物亦不致因欲求無盡而短絀，蓋在禮義的規範
下不會有放縱情欲的情況。所以芻豢稻粱、椒蘭芬苾、雕琢刻鏤、疏房檖貌等，
不僅止於滿足口、鼻、目、耳、體的基本生理需求，依循禮義適度疏導亦將有
利於成就治道。〈富國〉所說的「故為之雕琢、刻鏤、黼黻、文章，使足以辨貴
賤而已，不求其觀；為之鐘鼓、管磬、琴瑟、竽笙，使足以辨吉凶，合歡定和
而已，不求其餘；為之宮室臺榭，使足以避燥溼，養德辨輕重而已，不求其外」，
正足以說明「養人之欲」的「養」不是「縱情性」無限制的滿足，而是「雖不
可去，求可節」的適度持養，即使身分貴為天子一樣「欲不可盡」。

荀子在〈正名〉除了提出「雖為天子，欲不可盡」，同時表示「欲雖不可
盡，可以近盡也」。何以一方面強調「節求」，一方面又主張「近盡」？其原
因有二，一是肯定天子在政治上的首出地位，二是藉「貴賤有等，長幼有差，
貧富輕重皆有稱」以成就治道。〈富國〉說：

若夫重色而衣之，重味而食之，重財物而制之，合天下而君之，非
特以為淫泰也，固以為一天下，治萬變，材萬物，養萬民，兼利天
下者，〔註32〕為莫若仁人之善也夫！故其知慮足以治之，其仁厚足

〔註31〕 「盉」原作「香」，依王念孫說改。王先謙《荀子集解》，頁346。
〔註32〕 「一」原作「王」，「利」原作「制」，皆依王先謙說改。王先謙《荀子集解》，

以安之，其德音足以化之，得之則治，失之則亂。百姓誠賴其知也，故相率而爲之勞苦以務佚之，以養其知也；誠美其厚也，故爲之出死斷亡以覆救之，以養其厚也；誠美其德也，故爲之雕琢、刻鏤、黼黻、文章以藩飾之，以養其德也。故仁人在上，百姓貴之如帝，親之如父母，爲之出死斷亡而不〔註33〕愉者，無它故焉，其所是焉誠美，其所得焉誠大，其所利焉誠多。

「重色」、「重味」、「重財物」、「合天下」等即欲求之「近盡」者，其具體項目見諸〈禮論〉的有「故天子大路越席，所以養體也；側載睪芷，所以養鼻也；前有錯衡，所以養目也；和鸞之聲，步中武、象，趨中韶、護，所以養耳也；龍旗九斿，所以養信也；寢兕、持虎、蛟韅、絲末、彌龍，所以養威也；故大路之馬必倍至教順，然後乘之，所以養安也」。平民之所以重在「節求」，天子之所以凸顯「近盡」，並不是因爲天子富有天下而可以奢侈淫泰，而是因爲他有「一天下，治萬變，材萬物，養萬民，兼利天下」的重要性。即在治理人民安定天下上他肩負「其知慮足以治之，其仁厚足以安之，其德音足以化之」的重責大任，所以百姓才相率爲之勞苦、出死斷亡、雕琢刻鏤，以涵養其知慮、仁厚、德音。正因爲在上位的仁人「所是誠美」、「所得誠大」、「所利誠多」，所以百姓自然「貴之如帝，親之如父母」，不惜爲他出生入死以使其欲求可以「近盡」。

除了肯定天子在政治上的重要性之外，另一個原因是藉「貴賤有等，長幼有差，貧富輕重皆有稱」以成就治道。〈富國〉說：

人之生，不能無群，群而無分則爭，爭則亂，亂則窮矣。故無分者，人之大害也；有分者，天下之大〔註34〕利也；而人君者，所以管分之樞要也。故美之者，是美天下之本也；安之者，是安天下之本也；貴之者，是貴天下之本也。古者先王分割而等異之也，故使或美或惡，或厚或薄，或佚樂，或劬勞，〔註35〕非特以爲淫泰夸麗也〔註36〕，將以明仁之文，通仁之順也。

人之所以「力不若牛，走不若馬，而牛馬爲用」（〈王制〉），關鍵在於人能分

頁 180。

〔註33〕「愉」上本無「不」字，依王念孫說改。王先謙《荀子集解》，頁 181。

〔註34〕「大」原作「本」，依楊倞注改。王先謙《荀子集解》，頁 179。

〔註35〕「或佚樂，或劬勞」原作「或佚或樂，或劬或勞」，依王念孫說改。王先謙《荀子集解》，頁 179。

〔註36〕「也」原作「之聲」，依俞樾說改。王先謙《荀子集解》，頁 180。

工合作而牛馬不能。如果人止於群居而無分別，則因「欲惡同物，欲多而物寡」（〈富國〉），加上「順情性，好利而欲得，若是，則兄弟相拂奪矣」（〈性惡〉）；因此，必須「制禮義以分之」，以免「分均則不徧，埶齊則不壹，眾齊則不使」（〈王制〉），方能撥「偏險悖亂」爲「正理平治」。先王「分割而等異之」的目的，一方面在於以禮義疏導人民對於器物但求足以「辨貴賤」、「辨吉凶」、「避燥溼」，而「不求其觀」、「不求其餘」、「不求其外」；另一方面以「近盡」之「重色而衣之，重味而食之，重財物而制之」來「養其知」、「養其厚」、「養其德」，這是因爲天子是「天下之本」，所以才「美之」、「安之」、「貴之」，以期發揮「管分之樞要」的功能，於是「治萬變，材萬物，養萬民，兼利天下」。由此可見，「分」不但不是不平等，而是藉由「明分使群」來「救禍除患」，「使有貧富貴賤之等，足以相兼臨」（〈王制〉），所以說「有分者，天下之大利也」。因此愚不肖者的惡、薄、劬勞，並非爲去欲寡欲；智賢之人的美、厚、佚樂，更非爲淫泰夸麗，而是藉此「明仁之文，通仁之順」，亦即在「求節」與「近盡」的差異中顯揚人際互動的文理，使彼此間的感通更通達順暢。先王「分割而等異之」的依據在於「禮義」，所以〈榮辱〉亦明言「然則從人之欲則埶不能容，物不能贍也。故先王案爲之制禮義以分之」，「是夫群居和一之道也」；而「禮義」即是「道」、「理」，〈樂論〉的「以道制欲，則樂而不亂；以欲忘道，則惑而不樂」、〈解蔽〉的「聖人從其欲，兼其情，而制焉者理矣」皆是明證。至於道之認可與禮義分寸的拿捏，則有待於心，此留待下一章再詳述。

二、禮以節情與義利之辨

　　墨子兼相愛而交相利的主張在利益眾生的目的上，和荀子謀求兼利天下的主張其實是有一致性的。可惜墨子過於重視事物的實用性，以功利取向否定了禮文的價值。導致粗衣惡食的「大儉約」不足以養人之欲而勸善進賢，上下無別的「僈差等」不足以明分使群而罰惡退不肖，其「非鬬而日爭」、「非樂而日不和」（〈富國〉）結果，恰與兼愛非攻的初衷背道而馳。有別於墨子「蔽於用」而不能勸善懲惡，法家則以法數爲手段來鞏固獎賞刑罰，但其信賞必罰的目的並非爲謀求全民福祉，而在遂行君主的私利私欲。

（一）由禮以節情辨儒墨之分

　　當「節求」與「退則」組合爲「退則節求」，與「進則近盡」相對成文，

或當「節用」與「禦欲」組合成「節用禦欲」，與「收斂蓄藏」銜接為文時，「節」字的使用意義都著眼於欲求過多而取殺損節制之義；但是「食飲、衣服、居處、動靜，由禮則和節」（〈修身〉）、「行之得其節，禮之序也」（〈大略〉）中之「節」，都指行為舉止之合宜，無過與不及而言，「節」不僅是「衰多」而且含「益寡」，不僅是「損有餘」，也兼「益不足」，如此則「節」字當是損益調節之義。而荀子正是由情慾分寸的拿捏上來談「行禮要節」（〈儒效〉）與「禮者，節之準也」（〈致士〉），〈禮論〉說：

> 禮者斷長續短，損有餘，益不足，達愛敬之文，而滋成行義之美者也。故文飾、麤惡，聲樂、哭泣，恬愉、憂戚，是反也，然而禮兼而用之，時舉而代御。故文飾、聲樂、恬愉，所以持平奉吉也；麤惡[註37]、哭泣、憂戚，所以持險奉凶也。故其立文飾也，不至於窕冶；其立麤惡也，不至於瘠棄；其立聲樂恬愉也，不至於流淫惰慢；其立哭泣哀戚也，不至於隘懾傷生：是禮之中流也。
>
> 若夫斷之繼之，博之淺之，益之損之，類之盡之，盛之美之，使本末終始莫不順比，足以為萬世則，則是禮也，非順孰脩為之君子莫之能知也。

由「斷長續短，損有餘，益不足」與「斷之繼之，博之淺之，益之損之」明白可知，禮的功能是藉截長補短的方式來調節情慾，使情慾的表現能恰如其分。在用以「持平奉吉」的文飾、聲樂、恬愉部分，不會流為「窕冶」、「流淫惰慢」而太過；在用以「持險奉凶」的麤惡、哭泣、憂戚部分，不會流於「瘠棄」、「隘懾傷生」而不及。無過與不及，所以稱其為「禮之中流」。而此符合中道的斟酌損益，不僅有助「達愛敬之文，而滋成行義之美者」，而且「使本末終始莫不順比，足以為萬世則」。〈禮論〉又說：

> 三年之喪何也？曰：稱情而立文，因以飾群別、親疎、貴賤之節而不可益損也，故曰無適不易之術也。創巨者其日久，痛甚者其愈遲，三年之喪，稱情而立文，所以為至痛極也；齊衰、苴杖、居廬、食粥、席薪、枕塊，所以為至痛飾也。三年之喪，二十五月而畢，哀痛未盡，思慕未忘，然而禮以是斷之者，豈不以送死有已，復生有節也哉！
>
> 凡生乎天地之間者，有血氣之屬必有知，有知之屬莫不愛其類。今

〔註37〕 「惡」原作「衰」，依王念孫說改。王先謙《荀子集解》，頁363。

夫大鳥獸則失亡其群匹，越月踰時則必反鉛過故鄉，則必徘徊焉，鳴號焉，躑躅焉，踟躕焉，然後能去之也。小者是燕爵，猶有啁噍之頃焉，然後能去之。故有血氣之屬莫知於人，故人之於其親也，至死無窮。將由夫愚陋淫邪之人與？則彼朝死而夕忘之，然而縱之，則是曾鳥獸之不若也，彼安能相與群居而無亂乎？將由夫脩飾之君子與？則三年之喪，二十五月而畢，若駟之過隙，然而遂之，則是無窮也。故先王聖人安為之立中制節，一使足以成文理，則舍之矣。然則何以分之？曰：至親以期斷。是何也？曰：天地則已易矣，四時則已徧矣，其在宇中者莫不更始矣，故先王案以此象之也。然則三年何也？曰：加隆焉，案使倍之，故再期也。由九月以下何也？曰：案使不及也。故三年以為隆，緦、小功以為殺，期、九月以為間。上取象於天，下取象於地，中取則於人，人所以群居和一之理盡矣。故三年之喪，人道之至文者也。夫是之謂至隆，是百王之所同，古今之所一也。

以上引文顯然是荀子用來反駁對「三年之喪」質疑者的論述。第一段首先以「稱情而立文」來說明「三年之喪」乃是斟酌衡量人情而制定的；其次指出二十五月而畢的「三年之喪」雖然「哀痛未盡，思慕未忘」，但基於「送死有已，復生有節」的考量，在禮制上必須告一段落。第二段先是以鳥獸對死亡的群匹尚且徘徊鳴號然後才忍離去，反襯知覺智識優於鳥獸的人類對於親人的哀思更應至死無盡；接著藉反問說明，若順「朝死而夕忘之」的「愚陋淫邪之人」而放縱之，則將不如鳥獸，若依「二十五月而畢，若駟之過隙」的「脩飾之君子」而遂成之，則將永無止盡，前者不及而後者太過，所以聖人「為之立中制節，一使足以成文理，則舍之矣」。第三段則一方面說明「五服」喪期之制定，乃是兼取天地四時變異更始現象與人倫親疏遠近關係，因此群居和一的道理完全寄寓其中，一方面肯定因加隆而「再期」二十五月的三年之喪，是「人道之至文者」，是「百王之所同」，藉以駁斥反對三年之喪者。而我們可以由「稱情而立文」清楚明白，荀子之所以肯定禮樂，係由於禮樂的制度原本即是斟酌人情損益而成，而非背離人性；由「立中制節」則可了解，所謂「節」乃不離「中」，即取其中道而捨棄「刻死而附生」的不及，與「刻生而附死」的太過；既然禮樂係依乎人情而斷長續短以致中和，則人倫相處的群居和一之理當然盡在其中了。

在荀子的心目中，中道與禮義是可以劃上等號的，因為中道是禮義的依據，禮義是中道的具體呈現，荀子重視禮義即為成就中道，所以在〈儒效〉中明白指出：「先王之道，仁之隆也，比中而行之。曷謂中？曰：禮義是也。」此外，將「由禮則和節」、「行禮要節」與「立中制節」並列共觀，亦可佐證中即是禮、禮即是中。至於「節」則是「禮」的完成，對「節」字的解釋，俞樾在〈彊國〉的「夫義者，內節於人而外節於萬物者」處認為，「節，猶適也」，並謂訓節為適則與「上安於主而下調於民」之「調」、「安」相近，王先謙在〈修身〉的「食飲、衣服、居處、動靜，由禮則和節」處的案語是「和節，猶和適」等〔註38〕，皆已看出節字固然有時當解釋為抑止、殺損、節制，但有時必須解釋為由損益調節而使之合適。因此，「行禮要節」與「立中制節」即指：依循禮義中道調節情慾而使行為無過與不及。荀子即以此為據，來批評墨子不能兼顧情欲與禮樂，〈禮論〉說：

> 孰知夫出死要節之所以養生也！孰知夫出費制〔註39〕用之所以養財也！孰知夫恭敬辭讓之所以養安也！孰知夫禮義文理之所以養情也！故人苟生之為見，若者必死；苟利之為見，若者必害；苟怠惰偷懦之為安，若者必危；苟情說之為樂，若者必滅。故人一之於禮義，則兩得之矣；一之於情性，則兩喪之矣。故儒者將使人兩得之者也，墨者將使人兩喪之者也，是儒、墨之分也。

引文中荀子首先以激問句排比指出，「出死要節」、「出費制用」、「恭敬辭讓」、「禮義文理」等四項開創性的積極作為，表面上看似妨礙違背，事實上大有助於涵養生命、財富、安逸、情欲。其次則以排比假設句指出，只知消極保守地以「生之為見」、「利之為見」、「怠惰偷懦之為安」、「情說之為樂」，即使可以帶來一時的安樂滿足，終將導致死亡、禍害、危險、毀滅的結果。接著說明，能以禮義來導化情欲，人人守分知足、恭敬辭讓，不僅可使情欲獲得適度的滿足，而且可以促進群居和一；反之，情欲凌駕禮義之上，縱情性、安恣睢的結果必將導致爭亂，不僅情欲無法滿足，並且社會失序而不和諧。最後得出結論，儒者積極建構禮義，雖然在養欲節情、克己復禮的過程會造成某些限制，而這些小我的限制目的在成就大我，反而能使人在禮義與情性間找到平衡點而「兩得之」；而墨者提倡節用、非樂的消極作為，看似消解了

〔註38〕 以上所引俞樾、王先謙二人之說分別見於《荀子集解》頁305、23。
〔註39〕 「用」上本無「制」字，依郭嵩燾說補。王先謙《荀子集解》，頁349。

繁文縟節的限制，實則使情欲未能適當的抒發與涵養，而人我的互動亦失去共識而不和諧，如此則禮義與情性「兩喪之」。〈禮論〉又說：

> 貴本之謂文，親用之謂理，兩者合而成文，以歸大一，夫是之謂大隆……
>
> 故至備，情文俱盡；其次，情文代勝；其下，復情以歸大一也。天地以合，日月以明，四時以序，星辰以行，江河以流，萬物以昌，好惡以節，喜怒以當……
>
> 禮者，以財物爲用，以貴賤爲文，以多少爲異，以隆殺爲要。文理繁，情用省，是禮之隆也；文理省，情用繁，是禮之殺也；文理、情用相爲內外表裡，並行而襍，是禮之中流也。故君子上致其隆，下盡其殺，而中處其中。

引文第一段的「貴本」、「親用」是承上文「祭，齊大羹而飽庶羞」而來，「貴本」即指「齊大羹」，而「齊大羹」乃祭禮之儀文形式，象徵意義大於實用意義，所以說「貴本之謂文」；「親用」即指「飽庶羞」，係指可使與祭者食用至飽，切合實用大於慎終追遠，所以說「親用之謂理」。既能強調文飾而貴本，又能符合情理而親用，兩者融合兼顧方能稱爲禮，故曰「兩者合而成文」；而此兼涵情理文飾的禮必須回歸太古的純樸實在，不可虛僞浮誇，此即所謂「以歸大一，夫是之謂大隆」。第二段的「情文俱盡」即是第一段的「兩者合而成文，以歸大一」，亦即第三段的「文理、情用相爲內外表裡，並行而襍」；「情文代勝」則是第三段的「文理繁，情用省」與「文理省，情用繁」；「復情以歸於大一」則是反璞歸真的只在乎眞情實感的流露，全然捨棄儀文形式。就獨處個人而言，眞情實感的充分流露，即使過與不及，尙可說無傷大雅，但就群居社會而言，缺乏儀文以爲規範而忽略他人感受，則恐怕有傷和一之道，故荀子將之歸爲「其下」，墨家近之。「情文代勝」雖然或偏於情而情多文少，或偏於文而情少文多，至少沒有全然偏廢，故列爲「其次」。「情文俱盡」所成就的禮，不僅能使人「好惡以節，喜怒以當」，而且能使天地萬物皆能循其軌則「變而不亂」地運行，所以稱爲「至備」而首出。第三段先以「以財物爲用」等四語說明行禮的準則，然後說明君子能掌握此四項準則而以義變應與因時制宜，在該「上至其隆」時便「文理繁，情用省」，該「下盡其殺」時便「文理省，情用繁」，該「中處其中」時便「文理、情用相爲內外表裡，並行而襍」。

可見荀子認為禮樂先是由聖王「稱情」而制定的，然後眾人依循禮樂而調節情欲，果真如此，即能在「情文俱盡」的情形下，一方面使自然情性能合理地獲致適度滿足，一方面能使社會在此共識規範下群居和一而正理平治。所以情與文的關係是相輔相成而非對立的，衡量情欲，裒多益寡而訂立的禮儀文飾，回過頭來即可發揮調節欲求、涵養情性的作用，而墨子所提倡的「節用」、「非樂」等貶抑禮文的主張，不但將因不能滿足情欲而致窮，同時將因失去涵養情欲的依據以致亂。此外，由荀子將情文兼顧稱為「至備」，情多文少或情少文多列為「其次」，捨棄文飾回歸真情列為「其下」，而去除情欲獨尊禮文卻不得入列排序，可知儒家重禮教是因為禮義是斟酌情欲而制定，而禮教的目標是藉斷長續短促進人際關係的和諧；倘若只重禮文而悖離情性，則人我互動必因缺乏感通而枯朽，如此則與崇尚法制的法家無異。

（二）由義利之辨顯儒法之別

「義」、「利」是與「情」、「文」有密切關聯的一組相對詞語，「義利之辨」是儒家面對工商經濟崛起與富國強兵的時代要求所特別關心的課題，身為先秦儒家殿軍的荀子當然不能自外於此，他秉承孔孟以來重義輕利的傳統，展開先義後利的論述。〈王霸〉說：

> 善擇之者制人，不善擇之者人制之。彼持國者必不可以獨也，然則彊固榮辱在於取相矣。身能相能，如是者王；身不能，知恐懼而求能者，如是者彊；身不能，不知恐懼而求能者，安唯便嬖左右親比己者之用，如是者為削，綦之而亡。國者，巨用之則大，小用之則小，綦大而王，綦小而亡，小巨分流者存。巨用之者，先義而後利，安不卹親疏，不卹貴賤，唯誠能之求，夫是之謂巨用之。小用之者，先利而後義，安不卹是非，不治曲直，唯便嬖親比己者之用，夫是之謂小用之。巨用之者若彼，小用之者若此，小巨分流者亦一若彼，一若此也。故曰：「粹而王，駁而霸，無一焉而亡。」此之謂也。

國家的強固與榮辱關鍵在於國君選擇的輔佐者是否適當。國君能任用賢能，即「巨用」，加以本身亦屬賢能，則必能王天下；倘若本身不賢，但能任用賢能，國家依然能夠富強；倘若本身已非賢能，偏偏又任用便嬖小人，即「小用」，輕則國力減削，重則滅亡。國君是否能夠任用賢能，關鍵在於「義」、「利」的先後順序。能優先考量「義」，則於選擇輔佐者時自然不考慮親疏貴賤，而以賢能與否為唯一標準；反之，以「利」為首要，則於選擇輔佐者時將不顧

是非曲直，以便僻親比爲考量。此所謂「利」，即〈非相〉所說的「人之所生而有」，「無待而然」之「好利而惡害」的情欲私利。所謂「義」，即「人道莫不有辨。辨莫大於分，分莫大於禮」所成就的公道通義。國君取相能基於公義，完全任用賢能的人，即可稱王天下，此即「粹而王」；或公或私，時而任用賢能君子，時而聽信便僻小人，充其量僅能稱霸天下，此即「駁而霸」；只求私利而全然任用便僻小人，則除了滅亡外，別無他途，此即「無一焉而亡」。不僅治國必須以義爲先，修身亦當如此，〈榮辱〉所說的「先義而後利者榮，先利而後義者辱；榮者常通，辱者常窮，通者常制人，窮者常制於人」明白指出，修身若能先義後利，於社會人群即能居於「榮、通、制人」的優位，反之，先利後義，則處於「辱、窮、制於人」的劣勢。修身與治國關聯密切，義利之辨不僅是「榮辱之大分」，而且是「安危利害之常體」。

　　孟子、荀子雖然同樣強調義利之辨，但由於面對的敵論與切入的角度不同，所以賦予「義」、「利」的意涵也就不同，孟子的義與利偏重在自我內在精神與外在物質的關係，荀子的義與利偏重群體公義與個體私利的關係；孟子的修身與治國是由內聖「擴充」以成就外王，荀子的治國與修身則採以禮樂教化養成良好習慣而潛移默化。誠如黃後傑所言，荀子在強調義利之辨過程，「使孔孟思想中特重內省的『義』轉而取得外爍的涵義，從『個體』（我）的範疇突破而指涉『群體』（人）範疇的問題」〔註40〕。正因爲荀子論述「義」時著眼於社會群體，所以每每將之與「公」結合而爲「公義」或「公道通義」，如：

> 此言君子之能以公義勝私欲也。（〈修身〉）
> 然後明分職，序事業，材技官能，莫不治理，則公道達而私門塞矣，公義明而私事息矣。（〈君道〉）
> 不卹公道通義，朋黨比周，以環主圖私爲務，是篡臣者也。（〈臣道〉）
> 夫主相者，勝人以埶也，是爲是，非爲非，能爲能，不能爲不能，併己之私欲，必以道夫公道通義之可以相兼容者，是勝人之道也。（〈彊國〉）

從以上各例「公義」與「私欲」對舉看來，似乎只能存「公理」而必須去「私利」，其實不然。將上引第四則的「併己之私欲，必以道夫公道通義之可以相

〔註40〕黃俊傑《孟學思想史論（卷一）》（臺北：東大圖書公司，1991 年 10 月），頁 145。

兼容者」，與〈君子〉的「以義制事，則知所利矣」、〈王霸〉的「循其道，行
其義，興天下同利，除天下同害」並列共觀即可知，荀子對於「利」並不像
孟子那般排斥，所以一方面消極地呼籲私欲不可妨礙公義，另一方面則積極
地透過行義來謀求公利，使社會大眾的一己私利能雨露均沾地獲得適度的滿
足，此即是私欲與公義「可以相兼容者」的義涵。至於孟子之所以對「利」
反應激烈，實與其所處時代楊朱「爲我」與墨翟「兼愛」的主張廣爲世人採
納而「盈天下」密切相關。楊朱「拔一毛而利天下不爲也」的行徑，在強調
仁民愛物的儒家眼中當然太過自私自利，所以孟子評其「無君」；然而墨子「兼
相愛，交相利」的主張，所謀求之利是人民百姓的公利，本與孔子回答子張
的「因民之所利而利之」（《論語·堯曰》）並非排斥，雖然其摩頂放踵以救天
下的行爲實爲難能，卻因無親疏遠近之分而不可貴，所以孟子評其爲「無文」。
不過，墨子所以成爲孟子義利之辨的論敵，另一個重要原因是孟子擔心，一
味講求「兼相愛，交相利」而不內省，終將因過度外馳而放失仁義本心，因
此即以「亦曰仁義而已矣，何必曰利」答覆梁惠王「亦將有以利吾國乎」之
問。

　　同樣著眼社會人群，講究公利的荀子與墨子差別何在？一在於墨子的節
用非樂及「兼以易別」，過於強調公利而忽略私利〔註41〕；荀子的稱情立文及
先義後利雖以公利爲先卻未抹殺私利。二在於墨子的義來自於「天志」，故不
重視禮；荀子的義源於禮義之統，即植根於人類歷史社會總體，所以強調
「分」、「辨」。前者如〈大略〉說：

> 義與利者，人之所兩有也。雖堯、舜不能去民之欲利，然而能使其
> 欲利不克其好義也。雖桀、紂亦不能去民之好義，然而能使其好義
> 不勝其欲利也。故義勝利者爲治世，利克義者爲亂世。上重義則義
> 克利，上重利則利克義。故天子不言多少，諸侯不言利害，大夫不
> 言得喪，士不通貨財，有國之君不息牛羊，錯質之臣不息雞豚，家
> 卿不脩幣，大夫不爲場園，從士以上皆羞利而不與民爭業，樂分施
> 而恥積臧。然故民不困財，貧窶者有所竄其手。

荀子雖然在〈性惡〉篇爲了證成「善」歸功於人爲的努力，而凸顯自然情欲
易流於惡，但是這並不意味荀子認爲本始材樸的自然本性全然爲惡，所以該
篇最後即有「夫人雖有性質美而心辯知」之語。此處更明白指出，性質美而

〔註41〕陳問梅《墨學之省察》（臺北：臺灣學生書局，1988 年 5 月），頁 285。

可成為善的「好義」與易流於惡的「欲利」，兩者都是人性所本具的，任何人都「不能去」其中一端；而身為君王者，可藉由修身為民表率與施政教化百姓，使人民「欲利不克其好義」而成就正理平治的治世，反之若使「好義不勝其欲利」則淪為偏險悖亂的亂世。引文後半指出，越是在上位者越是要做到以公義克服私慾，只要君王能以公利為念而「循其道，行其義」，自然能「興天下同利」；而百姓在其覆育下皆能「民不困財，貧窶者有所竄其手」，即衣食飽暖等基本欲求皆可得到適當的滿足。

後者如〈王制〉說：

> 水火有氣而無生，草木有生而無知，禽獸有知而無義，人有氣、有生、有知，亦且有義，故最為天下貴也。力不若牛，走不若馬，而牛馬為用，何也？曰：人能群，彼不能群也。人何以能群？曰：分。分何以能行？曰：義。故義以分則和，和則一，一則多力，多力則彊，彊則勝物，故宮室可得而居也。故序四時，裁萬物，兼利天下，無它故焉，得之分義也。故人生不能無群，群而無分則爭，爭則亂，亂則離，離則弱，弱則不能勝物，故宮室不可得而居也，不可少頃舍禮義之謂也。

在〈禮論〉篇，荀子曾自「養人之欲，給人之求」的觀點，說明先王「制禮義而分之」在於避免因「求而無度量分界」所導致的爭、亂、窮；此處則自群居和一及勝物為用的觀點，說明禮義的存在可以避免「群而無分」所導致的爭、亂、離。人之所以貴為萬物之靈，即在於能基公義而分工合作，掌握此「分義」不僅使得人類群居和一及勝物為用，而且可使四時以序，萬物以裁，天下兼利。因為分可以促使群居生活合於公義，所以荀子稱其為「分義」，且再三申說其對正理平治的重要性，〈彊國〉的「禮樂則修，分義則明，舉錯則時，愛利則形，如是，百姓貴之如帝，高之如天，親之如父母，畏之如神明，故賞不用而民勸，罰不用而威行」、〈君子〉的「聖王在上，分義行乎下，則士大夫無流淫之行，百吏官人無怠慢之事，眾庶百姓無姦怪之俗，無盜賊之罪，莫敢犯上之禁」、〈大略〉的「國法禁拾遺，惡民之串以無分得也。有夫分義則容天下而治，無分義則一妻一妾而亂」等，皆是其例。

荀子雖然在其書中耗費不少筆墨來反駁節用非樂的墨子，但以「義利之辨」此一論題而言，其主要論敵卻是法家，與興起於戰國，至戰國末年正方興未艾的黃老學派。黃老思想雜揉道法，扭曲老子的「道法自然」而以道為

法的依據，將「因任自然」改造爲「因性法治」，即鎖定易流於惡的自然本性而強調以法治之，且吸納儒家的道德禮樂做爲法治的手段與文飾。如此以法爲本以禮爲末的主張，在儒者眼中當然是本末倒置而必須撻伐，荀子即以「義利之辨」反駁之。〈彊國〉說：

> 應侯問孫卿子曰：「入秦何見？」孫卿子曰：「其固塞險，形埶便，山林川谷美，天材之利多，是形勝也。入境，觀其風俗，其百姓樸，其聲樂不流汙，其服不挑，甚畏有司而順，古之民也。及都邑官府，其百吏肅然莫不恭儉、敦敬、忠信而不楛，古之吏也。入其國，觀其士大夫，出於其門，入於公門，歸於其家，無有私事也，不比周，不朋黨，偶然莫不明通而公也，古之士大夫也。觀其朝廷，其閒聽決百事不留，恬然如無治者，古之朝也。故四世有勝，非幸也，數也。是所見也。故曰：佚而治，約而詳，不煩而功，治之至也。秦類之矣。雖然，則有其諰矣。兼是數具者而盡有之，然而縣之以王者之功名，則倜倜然其不及遠矣。是何也？則其殆無儒邪！故曰：粹而王，駁而霸，無一焉而亡。此亦秦之所短也。」

荀子雖然由入秦所見而讚美其人民、百吏、士大夫及朝廷皆具有樸實古風，肯定其歷經四世而能強盛確實出自治國有方而非僥倖，並稱許其近於「佚而治，約而詳，不煩而功」的無爲而治。然而這些近於外交辭令的溢美之詞，是企圖藉由「以仁心說」卸除對方心防，以使秦相范雎能「以學心聽」其後眞心之建言，並「以公心辨」而思索之。至於荀子眞心的批評指出，秦國雖然強盛，但是充其量只是以力服人的霸者，而未臻王者以德服人的理想標準，百姓甚畏有司而順服，百吏肅然恭敬而不懈怠，所依賴的是法術刑罰而非道德禮義，秦國所以只能及於駁而霸，其問題就在任用法家而排斥儒士。而其之所以不願意任用崇尚禮義的儒者，只信任講究法術的法家，原因之一即在其所謀求的是君主一己之私利而非全體人民的公義。

雖然黃老思想已覺察嚴刑峻罰過於嚴苛，而取仁德以舒緩修正，畢竟只是作爲法治的輔助，依然時時流露法家的霸氣〔註42〕，所以在施政上仍是著眼人性的自利面，而以賞罰作爲治國的主要手段。如此刑主德輔的主張是荀子所唾棄的，其於〈議兵〉即明白表示，「凡人之動也，爲賞慶爲之則見害傷

〔註42〕陳師麗桂《戰國時期的黃老思想》（臺北：聯經事業出版公司，1991 年 4 月），頁 96。

爲止矣。故賞慶、刑罰、埶詐不足以盡人之力，致人之死」，「故賞慶、刑罰、
埶詐之爲道者，傭徒粥賣之道也，不足以合大眾，美國家，故古之人羞而不
道也。故厚德音以先之，明禮義以道之，致忠信以愛之」。由此可見，荀子雖
然承認人性中的自私面，亦不排斥刑罰，卻始終堅持治國仍應以道德教化爲
先，使平民百姓在禮義的陶冶下也能重義輕利，先公後私。

　　由此看來，荀子的「義」雖然由孟子強調個體內省的向度轉至群體互動
的領域，但是並不能因爲所呈現的客觀共識與外在規範的特質，而將之與法
等量齊觀，抹殺其中所含蘊的道德理想。從〈正名〉的「正利而爲謂之事，
正義而爲謂之行」、〈修身〉的「身勞而心安，爲之；利少而義多，爲之」、〈不
苟〉的「畏患而不避義死，欲利而不爲所非」、〈榮辱〉的「義之所在，不傾
於權，不顧其利，舉國而與之不爲改視，重死持義而不橈」等等義利之辨，
明白可見荀子的「義」雖然由「倫理的境域」跨向「準法律」的「規範境域」
〔註43〕，仍然具有濃厚的理想主義色彩。因此，視荀子學說爲「儒家之歧途」，
「墮入威權主義，產生法家」的說法〔註44〕，實有待商榷。而將韓非、李斯
導入法家的關鍵恐怕是黃老思想吧！司馬遷「其學歸本於黃老」之說，誠不
誣也。

　　總上所述，荀子所謂的「性」是指人與生俱來，並非經由人爲學習努力
所能產生的感官知覺、情緒反應與欲望需求。所謂的「惡」是指人際互動中
因欲望需求無所節制而導致社會秩序的「偏險悖亂」。因此，「惡」並非人性
內在的本質，而是後天行爲的結果。既然「性」與「惡」的聯結不是理論的
必然，只是現實的偶然，爲何荀子偏偏要將原本可善可惡的質樸材「性」與
「惡」的結果聯結爲「性惡」？爲的就是要彰顯人爲努力與禮義法度對正理
平治的重要性。因此，不是「性惡」，而是「善僞」才是荀子學說的思想核心。
雖然過度而無所節制的欲望是導致爭亂的原因，但是荀子面對情欲的態度，
顯然比視情欲如洪水猛獸，必除之而後快的先秦諸子來得正面且積極。所以
他不但反對「去欲」、「寡欲」，而且認爲不可去亦不必去的情欲對「正理平治」
有正面的意義，於是主張以「師法之化」與「禮義之導」予以涵養與調節，
以達群居和一的善治。由於重視人爲努力所成就的禮義法度，可以彌補思孟

〔註43〕黃俊傑認爲荀子的「義」由「倫理的境域」躍入「法律的境域」，見《孟學思
　　　　想史論・卷一》，頁145，筆者將後者修改爲「準法律」的「規範境域」。
〔註44〕勞思光《新編中國哲學史（一）》（臺北：三民書局，1996年8月），頁330。

偏重主體心性涵養而兼顧客觀規範建構；由於強調人爲努力，可以對抗老莊因任自然而兼顧人文化成；由於主張以禮義養欲，所以兼顧公利與私利，而能矯正墨子禮義、情性兩喪的缺失；由於稱情立文的禮義，謀求的是社會群體的公義，所以有別於謀求君主一己私利的法家。如此說來，荀子性惡善僞的人性論，除了在學術思想上可以攘斥諸子百家，有功於儒學；而且在現實人生上，其以禮義涵養調節情欲的主張，不僅因情文俱盡，使一己個人情欲、道德可以兼顧而身心和諧，同時因明分使群，使人我社會公利、私利得以兼顧而群居和一。然而養欲節情的關鍵在於心，如果此心只是一「認知心」而缺乏道德意識，則心之所可如何能「中理」以達於正理平治？

第四章　虛壹而靜：心的特質

　　既然在荀子以正理平治、群居和一爲訴求的學說中，本始材樸的自然本性只是被克治的對象，那麼，在整個維持社會和諧而成善致治的過程中，化性起僞的依據何在？就客觀面而言，荀子雖然並不完全排斥刑罰，但其主要依據是在統類中所積累的禮義規範；就主觀面而言，荀子雖然沒有直接自心的當下反省體悟而肯定性善，卻認爲心的思維辨知能力是成就人道的主要關鍵。亦即是說，心能發揮「主宰」的作用，使人能依循禮義規範來節制易趨向惡的自然欲求，以成就群居和一的治道。

　　正因爲荀子所瞭解的能思辨的「心」，不只停留在「認知」活動的階段，而是以認知爲基礎，進而強調其「判斷」、「取捨」的功能，然後由所認同的思辨結果引發具體的行爲。對於禮義的認知即爲「知道」，肯定其價值即爲「可道」，以之爲行爲依據而因時制宜即爲「行道」。既然由心能知道並據以可道、行道，則荀子的「心」當然不只具有「認知」的作用，更兼涵「實踐」的意義。

　　然而，能知的心可能受欲求的影響而成爲「利心」、「詐心」，或受偏見邪說的蒙蔽而成爲「姦心」，於是在做取捨或價值判斷時，將捨正道而「可非道」。欲避免此一誤取非道的情況，心必須經常保持「大清明」的狀態，而清明之心的維繫，端賴「虛壹而靜」的工夫涵養之。亦即藉由虛壹而靜的養心工夫，此知類明統的大清明之心即可既充分發揮「智心」的功能而知道與可道，又能實現「仁心」的作用而行道，使個人自我修養與群體社會規範相輔相成，融合無間。

第一節　心能知道而可道、行道

　　儘管荀子與孟子學說取向不同，但對於心的重視程度卻不相上下。孟子即心言性，由仁義禮智四端之心的擴充言存心養性，則心爲道德創發的主體，在主張人性本善的價值內在體系，其重要性不言可喻；荀子分心性爲二，由心能知道以談化性起僞，心所凸顯的雖是客觀認知的功能，在強調禮義統類的社會人性論結構中，同樣居於關鍵地位。由於禮義之道是建立在人際互動關係上，所以爲求群居和一的荀子，以客觀認知作爲心的基本功能，但這並不意味心的作用只停留在知識層面的認識，而是欲由知道與可道而落實爲行爲層面的行道，如此方能化性起僞。然而以道爲對象而發揮其認知功能的心，卻不免因主觀因素干擾而產生蔽塞，所以，要使心正確的認知道且據以治性，必須先了解蔽塞原因而去除之。

一、心的作用及蔽塞原因

　　在荀子性惡善僞的理論中，與生俱來的情欲本性雖然也具有足以成善的可能，但是在順其自然而不加節制的情況下，產生的往往是負面的結果。由於「性」本身無法成就「善」，因此成善的責任必須由「心」來肩負，然而荀子賦予「心」的內涵究竟如何？如果心只具有客觀的認知作用，如何成就主體的道德實踐，成爲化性起僞的依據？又如果心是道德主體，爲何荀子不由心善而肯定性善？

（一）知之質與能之具

　　既然隨順自然情性的結果，將「妻子具而孝衰於親‧嗜欲得而信衰於友，爵祿得而忠衰於君」（〈性惡〉）而呈現「人情甚不美」，甚至因「求而無度量分界，則不能不爭，爭則亂，亂則窮」（〈禮論〉），而導致「犯分亂理而歸於暴」。那麼化性起僞而轉惡爲善的樞紐何在？何以具有易流於惡而甚不美的性情，依然可以「積善成德而神明自得」（〈勸學〉），究竟「聖心備焉」的根據何在？〈性惡說〉：

> 凡禹之所以爲禹者，以其爲仁義法正也。然則仁義法正有可知可能之理，然而塗之人也，皆有可以知仁義法正之質，皆有可以能仁義法正之具，然則其可以爲禹明矣。今以仁義法正爲固無可知可能之理邪？然則唯禹不知仁義法正，不能仁義法正也。將使塗之人固無可以知仁義法正之質，而固無可以能仁義法正之具邪？然則塗之人也，且內不可以知父子之義，外不可以知君臣之正。不然。今塗之人者，皆內可

> 以知父子之義，外可以知君臣之正，然則其可以知之質，可以能之具，
> 其在塗之人明矣。今使塗之人者以其可以知之質，可以能之具，本夫
> 仁義之可知可理，可能之具，然則其可以爲禹明矣。

由引文可知，荀子雖然主張人的情欲本性在順任無節的情況下，往往呈現流於惡的傾向，但因爲人性中同時具有「可以知仁義法正之質」與「可以能仁義法正之具」，所以足以化性起僞而轉惡爲善。那麼，接下來的問題是，此「可以知」之「質」與「可以能」之「具」是否也是人與生俱來的本能？從「人生而有知」、「凡以知，人之性」（〈解蔽〉）看來，「知」是人先天秉賦應無疑問；而由「材性知能，君子與小人一也」（〈榮辱〉）與「所以知之在人者謂之知」、「所以能之在人者謂之能」（〈正名〉）看來，與「知」或並列或共舉的「能」，不僅俱爲「在人者」，且爲君子、小人所一致者，則「能」爲人之天賦亦應無庸置疑。

　　如果「知」「能」與情欲皆是人「生而有」的天賦本能，而知能又是可以促使人成爲聖人的質具，爲何不據知能而直接肯定性善，偏偏由情欲而標舉性惡？此一問題的答案，可由荀子對「聖可積而致，然而皆不可積，何也」〔註1〕的回答說起，〈性惡〉說：

> 可以而不可使也。故小人可以爲君子而不肯爲君子，君子可以爲小
> 人而不肯爲小人。小人、君子者，未嘗不可以相爲也，然而不相爲
> 者，可以而不可使也。故塗之人可以爲禹則然，塗之人能爲禹，未
> 必然也。雖不能爲禹，無害可以爲禹。足可以徧行天下，然而未嘗
> 有能徧行天下也。夫工匠、農、賈，未嘗不可以相爲事也，然而未
> 嘗能相爲事也。用此觀之，然則可以爲，未必能也；雖不能，無害
> 可以爲。然則能不能之與可不可，其不同遠矣，其不可以相爲明矣。

既然理論上人人皆有成爲聖人的可能，爲何實際上絕大多數的人（幾乎可以說是所有人）都沒有成爲聖人？荀子認爲關鍵在於是否具有自發意願。所以「可以而不可使」，即指儘管具有成聖的可能，可是一旦人們本身缺乏意願而「不肯」時，根本無法勉強得來。荀子一方面務實地指出「然則可以爲，未必能也」，意即理論上必然的「可以爲」，並無法保證現實上實然的「可以能」；另一方面理想地堅持「雖不能，無害可以爲」，意即不可由現實上的「不能爲」，

〔註1〕「可積」的「可」指「可以」，「不可積」的「可」指「能夠」。參見方旭東〈可以而不能——荀子論爲善過程的意志自由問題〉，《哲學與文化》第34卷第12期（2007年12月），頁59。

而否定理論上的「可以爲」。因爲「能不能」與「可不可」分屬現實與理想兩個不同的層面，所以荀子說「其不同遠矣」。雖然理想的可不可與現實的能不能，有一定的距離，但是卻可以由意願的肯不肯加以連貫，使其合而爲一。亦即是說，只要塗之人有成爲禹的意願與自覺，則將「伏術爲學，專心一志，思索孰察」（〈性惡〉），而「可以」成爲聖人君子，反之，若毫無自覺與意願，則將「從其性，順其情，安恣睢」（〈性惡〉），而「不能」成爲聖人君子。

　　理論上塗之人應該都可以成爲禹，事實上塗之人並沒有成爲禹，就在於缺乏「肯」的意願與意志，使得「知」與「能」只停留在生之所以然的「在人者」階段，而未提昇至人爲努力而「有所合」的階段；即停留在「心慮而能爲之動」的層次，而未達於「慮積焉，能習焉而後成」的層次。由於慮之積與能之習並不像目之明與耳之聰屬「天之就也，不可學，不可事」，而屬「人之所學而能，所事而成者」。因爲有待後天的努力才能圓滿，所以荀子並未因知與能亦是人生而有的本能，便承認性善；也沒有因爲心具有成德的知之質與能之具，就直接肯定心善。反而因心生而有的「知」可能被情欲所蒙蔽左右，以致無法發揮其辨分明義的理性思辨，而只剩「禽獸有知而無義」（〈王制〉）的「感官知覺」，於是主張由虛壹而靜的工夫涵養大清明之心，使其成爲「居中虛以治五官」（〈天論〉）的「天君」，以免淪爲「其心正其口腹」（〈榮辱〉）的「天官」。

　　「知覺」作用是心與生俱來的本能，若僅就此與生俱來的特性而言，則心與目、耳、口、鼻、形體的本能雖有內、外之別，卻無高、低之分，所以可以一視同仁，稱之爲「天官」。〈正名〉說：

> 凡同類同情者，其天官之意物也同，故比方之疑似而通，是所以共其約名以相期也。形體、色、理以目異，聲音清濁、調節〔註2〕奇聲以耳異，甘、苦、鹹、淡、辛、酸、奇味以口異，香、臭、芬、鬱、腥、臊、漏〔註3〕、庮〔註4〕、奇臭以鼻異，疾、養、滄、熱、滑、鈹、輕、重以形體異，說、故、喜、怒、哀、樂、愛、惡、欲以心異。心有徵知。徵知則緣耳而知聲可也，緣目而知形可也，然而徵知必將待五〔註5〕官之當薄其類然後可也。

〔註2〕「節」原作「竽」，依王先謙說改。王先謙《荀子集解》（北京：中華書局，1997年10月），頁416。

〔註3〕「漏」原作「洒」，依楊倞注或曰改。王先謙《荀子集解》，頁416。

〔註4〕「庮」原作「酸」，依王念孫說改。王先謙《荀子集解》，頁417。

〔註5〕「五」原作「天」，依俞樾說改。王先謙《荀子集解》，頁418。

上述引文中，顯然荀子只由對「說、故、喜、怒、哀、樂、愛、惡、欲」產生影響的知覺作用來說心。如此所說之心，雖與目耳口鼻形體感受的刺激有內在與外來之別〔註6〕，其同為與生俱來的知覺則一。儘管五官所感受的外在刺激，必須由心的「徵知」而確認之，否則，「心不使焉，則白黑在前而目不見，雷鼓在側而耳不聞」（〈解蔽〉）；儘管心的「徵知」遍及五官，非如五官侷限一隅「各有接而不相能」（〈天論〉）。然而，純就知覺作用而言，五官與心官並無高低之分，所以心官的「徵知」也必須五官「當簿其類」的配合。

荀子當然不是由感官知覺作用來肯定心的重要性，因為這只不過是人與禽獸皆有的本能，而且順此本能所產生的自然情欲，正是荀子化性起偽所欲克治的對象，所以說：

> 飢而欲食，寒而欲煖，勞而欲息，好利而惡害，是人之所生而有也，
> 是無待而然者也，是禹、桀之所同也。（〈榮辱〉）
> 夫人之情，目欲綦色，耳欲綦聲，口欲綦味，鼻欲綦臭，心欲綦佚。
> 此五綦者，人情之所必不免也。（〈王霸〉）
> 若夫目好色，耳好聲，口好味，心好利，骨體膚理好愉佚，是皆生
> 於人之情性者也，感而自然，不待事而後生之者也。（〈性惡〉）

上述「人之所生而有」，「不待事而後生」，為「人情之所必不免」的「好利」、「欲綦佚」的現象，只是心的感官知覺作用，在未經禮義陶冶的情況下，隨順生理自然本能的原始驅動，所產生的直接表現而已。如此未經計慮權衡的好利惡害之心，一旦求而無度量分界，必將如〈性惡〉開宗明義所說，「今人之性，生而有好利焉，順是，故爭奪生而辭讓亡焉；生而有疾惡焉，順是，故殘賊生而忠信亡焉」。那麼，順其自然而「好利」、「欲綦佚」的感官之心，不僅不足以導正易趨向惡的自然情性，而且還與耳目口鼻之欲沆瀣一氣、同流合污，所以荀子於〈榮辱〉即明白指出，「人無師無法，則其心正其口腹也」。

若心的功能只停留在自然情欲層次的知覺作用，則心不可能成為荀子據以化性起偽的主觀依據。因此，心的功能必須向上提昇為認知思慮的作用，如此心方能超越五官，成為「居中虛以治五官」（〈天論〉）的「天君」，而心

〔註6〕牟宗三謂：「五官為外部感覺，心官為內部感覺。外感給吾人以外部現象，內感則給以心理現象。」見《名家與荀子》（臺北：臺灣學生書局，1994 年 8 月），頁 262。陳大齊謂：「目耳口鼻體五者是外感官，是以感受外來的刺激，心是內感官，用以感受內在的刺激。」見《荀子學說》（臺北：中國文化大學出版部，1989 年 6 月），頁 46。

以禮義治性才有可能。〈正名〉說：

> 性之好、惡、喜、怒、哀、樂謂之情。情然而心為之擇謂之慮。心
> 慮而能為之動謂之偽。慮積焉，能習焉而後成謂之偽。正利而為謂
> 之事，正義而為謂之行。所以知之在人者謂之知，知有所合謂之知。
> 所以〔註7〕能之在人者謂之能，能有所合謂之能。

「所以知之在人者謂之知」表明了認知思慮是人與生俱來的本能，〈解蔽〉所說「人生而有知」、「凡以知，人之性」、〈榮辱〉所說「材性知能，君子與小人一也」，亦皆涵此義。而此生而有的認知思慮作用當然屬於心的功能，即心理活動範疇，所以〈解蔽〉又有「心生而有知」之語。至於〈性惡〉所說，「然則仁義法正有可知可能之理，然而塗之人也，皆有可以知仁義法正之質，皆有可以能仁義法正之具」，其中「可以知仁義法正之質」即指心的知慮作用而言，「可以能仁義法正之具」則指由心知而引發的動能；而上引文「所以能之在人者謂之能」正在於說明此行動的能力亦是人與生俱來的本能。正因為心能在好、惡、喜、怒、哀、樂的情緒產生後，加以判斷、抉擇，所以說「情然而心為之擇謂之慮」；而在判斷、抉擇的思慮作用後，即可引發動能而作出行為舉動，所以說「心慮而能為之動謂之偽」。然而不管是「性之好、惡、喜、怒、哀、樂」的「情」、或「所以知之在人者」的「知」、或「情然而心為之擇」的「慮」、或「所以能之在人者」的「能」、或「心慮而能為之動」的「偽」，皆有可能中理或不中理，亦即皆尚在「生而有」的範疇。那麼，如何才能轉化此「天情」、「天官」、「天君」的「不可學，不可事」為「可學而能，可事而成」，以達「天有其時，地有其財，人有其治」的「天生人成」，荀子在〈天論〉所給的答案是，「聖人清其天君，正其天官，備其天養，順其天政，養其天情，以全其天功」；在〈性惡〉則說，「故必將有師法之化，禮義之道，然後出於辭讓，合於文理，而歸於治」。亦即由心知以禮義之道為依據，來詳細計慮權衡，以聖人為動能發為行為時學習效法的對象，此即引文所謂「慮積焉，能習焉」，如此則「知有所合」的「知」、「能有所合」的「能」、「慮積能習而後成」的「偽」，皆能中理而合於人道。而此合理的「偽」，「正利而為」時稱為「事」，「正義而為」時稱為「行」。

由「情然而心為之擇」與「慮積焉，能習焉而後成」看來，荀子能以認

〔註7〕 「謂之知」原作「謂之智」，「所以」上本有「智」字，皆依盧文弨說改刪。
　　　王先謙《荀子集解》，頁413。

知思慮導正性情的明智心，顯然與孟子由四端所見的德性心異趣，所以牟宗三認為其心只是「認識之心」，而非道德本心〔註8〕。但這並不表示此以認識思辨為基礎的心，所認識思辨的對象只是自然事物的本質，或其中所包含的律則與邏輯，尤非由名言而導致的歧義或詭論。前者可以〈天論〉所說「如是者，雖深，其人不加慮焉；雖大，不加能焉；雖精，不加察焉」概括之，後者可以同樣出自〈天論〉的「無用之辯，不急之察，棄而不治」為其明證。就「不待事而後生」的「知」、「能」、「偽」而言，荀子雖然未由自然本能層面賦予此統類心以道德價值根源的地位，但就「有所合」「而後成」的「知」、「能」、「偽」而言，則可由其所成之「偽」乃「正利而為」的「事」與「正義而為」的「行」，見其於社會實踐層面所蘊涵的道德意義。所以陳大齊認為，「偽而有當於利的，叫做事，偽而有當於義的，叫做行」，「知與能的後一定義中各用有『有所合』三字」皆帶有價值上的意義〔註9〕；牟宗三亦表示，「天君之為心，雖其本為認識的，（即智的），而有道德之函意」〔註10〕。

又由知與能必須「有所合」方能謂之知與能，亦可窺見荀子之所以不直接肯定「生而有」的知、能、偽，並據之挺立道德主體以言心善乃至性善，並非其只能以智識心，而不能以仁識心，並非其不能把握一念之靈明，以致本源不清〔註11〕；而是其覺察到，由外而內的反省體悟，若一往不復地只偏重內在主體性，往往可能忽略由內而外落實於客觀世界，亦可能因一味執著其優位性而忽略通權達變以適應現實狀況，荀子所說「甚僻違而無類」，「起而不可設，張而不可施行」，應該就是有感於此吧。其所以強調「有所合」，即在其所著重的視域在於人際互動的和諧，所以必須凸顯其互為主體的客觀精神，以實現群居和一、正理平治的理想。因此，儘管荀子亦知人性中除了有惡的傾向外，亦有善的傾向，如〈彊國〉所說，「人之所惡何也？曰：汙漫、爭奪、貪利是也。人之所好者何也？曰：禮義、辭讓、忠信是也」，即視禮讓忠信為人性中善的傾向，只是要實現善的傾向，不如惡的傾向，只要順是無節那麼容易，它不僅需要真積力久，毫不間斷，還需要賢師的時時引導提醒，與良友的刻刻切磋互動，即〈性惡〉所說，「夫人雖有性質美而心辯知，必將

〔註8〕牟宗三《名家與荀子》，頁224。
〔註9〕陳大齊《荀子學說》，頁41。
〔註10〕牟宗三《名家與荀子》，頁216。
〔註11〕牟宗三《名家與荀子》，頁214至228。

求賢師而事之，擇良友而友之」。然而，荀子之所以始終沒有據為善的意願或能力來肯定心善乃至性善，是為了從實現這些善意願的有效方法與實際效果來說善〔註12〕，所以〈性惡〉才說，「凡古今下之所謂善者，正理平治也；所謂惡者，偏險悖亂也」。此即是說，唯有通過心的知慮思辨，依禮義之道而客觀地計慮權衡，使自然情欲合理有節，善的意願得以落實在人際互動，如此方可稱為善；反之，若只重視主體而忽略客體，將導致〈正名〉所說，「離道而內自擇，則不知禍福之所託」。

由此可見，荀子之所以凸顯客觀理性，或許並非對道德主體無法把握或缺乏親切的體會，而是有鑒於道德實踐必然涉及經驗世界，而不能封閉自足於內心世界，必須在道德實踐過程中對客體對象與客觀情境有相應的了解，否則即使本諸良知良能，也不見得能對群居和一、正理平治產生積極的正面效果。孟子「先立其大，而小者莫能奪」之說，固然是確立道德主體的正確方針；然而，就一般情況而言，大體與小體間發生衝突時，每個人都會察覺到，隨順小體口、目、耳、鼻、形體的情欲比較容易，緊緊抓住大體仁、義、禮、智四端之心毫不放鬆所需要的努力，絕不像「人性之善也，猶水之就下」（《孟子・告子上》）那麼輕鬆〔註13〕。因此，孟子的主體性善理論與荀子的客觀性惡學說實可互補，亦即是說，孟子所確立的高度與荀子所說拓展的廣度本是相輔相成，而非對立衝突。那麼，一味從孟子學的角度批評荀子，不僅對荀子不公平，同時容易失落儒家思想的客觀精神而窄化儒學。

（二）蔽於情欲與蔽於偏見

荀子之所以不直接肯定心善，除了欲由積學師法來表彰人為努力的重要，與欲由禮義統類來凸顯社會道德的客觀性外，另一個荀子明白指出的實際因素是，認知作用本身易有的蔽塞問題。〈解蔽〉說：

> 凡人之患，蔽於一曲而闇於大理。治則復經，兩疑則惑矣。天下無
> 二道，聖人無兩心。今諸侯異政，百家異說，則必或是或非，或治
> 或亂。亂國之君，亂家之人，此其誠心莫不求正而以自為也，妬繆
> 於道而人誘其所迨也。私其所積，唯恐聞其惡也；倚其所私，以觀
> 異術，唯恐聞其美也。是以與治離走而是己不輟也，豈不蔽於一曲

〔註12〕唐端正〈荀子善偽論所展示的知識問題〉，收錄於所著《先秦諸子論叢》（臺北：東大圖書公司，1981年5月），頁176。

〔註13〕項退結《中國哲學之路》（臺北：東大圖書公司，1988年1月），頁246。

而失正求也哉！心不使焉，則白黑在前而目不見，雷鼓在側而耳不聞，況於蔽者乎！德道之人，亂國之君非之上，亂家之人非之下，豈不哀哉！

引文重點有三：其一，人類的禍患往往來自心知作用的「蔽於一曲而闇於大理」。「蔽於一曲」有兩層涵義，一是就「情」與「知」而言，謂心知為一曲之情欲所蒙蔽，此時之「闇於大理」即指不能兼顧情欲與心知而壹之，亦即不能在心知的作用下，使「欲必不窮乎物，物必不屈於欲」而合於正道；一是就「知」本身之片面與整全而言，謂心知為一隅之見所蒙蔽，此時之「闇於大理」即指執著成見而不能虛心容納異說，亦即心知作用囿於一己之見而無法觀照全體。「治則復經，兩疑則惑矣」，指能以虛壹而靜的工夫使心知保持清明則能回歸常道；反之，若心知處於或兩或疑〔註14〕的情況下，則必將受到蒙蔽，無法以虛靜清明之心觀照全體而壹之，所以說「天下無二道，聖人無兩心」。其二，荀子於「今諸侯異政，百家異說，則必或是或非，或治或亂」的現象，先肯定「亂國之君，亂家之人」的用心，認為他們原本莫不是有心求取正道而欲據以有所作為，可惜卻因妬、繆而出現偏差，加上姦邪小人投其所好而引誘之，以致背離正道卻還始終自以為是不已。其中「妬」指「倚其所私，以觀異術，唯恐聞其美也」，「繆」指「私其所積，唯恐聞其惡」，兩者皆是蔽於己之好榮惡辱的情欲，而使心知未能求取正道的表現，所以荀子以激問的語氣說：「豈不蔽於一曲而失正求也哉！」其三，荀子感慨地以「心不使焉，則白黑在前而目不見，雷鼓在側而耳不聞」，襯托「蔽於一曲而失正求」的嚴重性。「心不使焉」雖指心未發揮徵知的作用而不知道，但不知道尚不致於損害道，只是小害；而「蔽於一曲而失正求」則會因執著己見而可非道，可非道則嚴重衝擊正道，所以加重語氣用「況於蔽者乎」來強調之。正因「亂國之君」與「亂家之人」已「蔽於一曲而闇於大理」，所以對明於大理，本該師法學習及引為輔佐的「德道之人」，不僅不加推尊，還分別「非之上」、「非之下」，難怪荀子大歎「豈不哀哉」！

既然「蔽於一曲」有心知為一曲之情欲所蒙蔽，與心知為一隅之見所蒙

〔註14〕俞樾說：「天下之道，一而已矣。有與之相敵者，是為兩；有與之相亂者，是為疑。」見王先謙《荀子集解》，頁386引。梁啟雄以「一曲」和「大理」勢均力敵釋「兩」，以「一曲」冒充「大理」釋「疑」。《荀子約注》（臺北：世界書局，1982年12月），頁286～287。

蔽的分別，則解除蔽塞的方法亦當有所分別。荀子在〈解蔽〉中先以「人君之蔽者」、「人臣之蔽者」，說明為情欲所蒙蔽的解蔽方法，其文說：

> 昔人君之蔽者，夏桀、殷紂是也。桀蔽於末喜、斯觀，而不知關龍逢，以惑其心而亂其行；紂蔽於妲己、飛廉，而不知微子啓，以惑其心而亂其行。故群臣去忠而事私，百姓怨非而不用，賢良退處而隱逃，此其所以喪九牧之地而虛宗廟之國也。桀死於鬲〔註15〕山，紂縣於赤斾，身不先知，人又莫之諫，此蔽塞之禍也。成湯監於夏桀，故主其心而慎治之，是以能長用伊尹而身不失道，此其所以代夏王而受九有也。文王監於殷紂，故主其心而慎治之，是以能長用呂望而身不失道，此其所以代殷王而受九牧也。遠方莫不致其珍，故目視備色，耳聽備聲，口食備味，形居備宮，名受備號，生則天下歌，死則四海哭，夫是之謂至盛。詩曰：「鳳凰秋秋，其翼若干，其聲若簫。有凰有鳳，樂帝之心。」此不蔽之福也。
>
> 昔人臣之蔽者，唐鞅、奚齊是也。唐鞅蔽於欲權而逐載子，奚齊蔽於欲國而罪申生，唐鞅戮於宋，奚齊戮於晉。逐賢相而罪孝兄，身為刑戮，然而不知，此蔽塞之禍也。故以貪鄙、背叛、爭權而不危辱滅亡者，自古及今，未嘗有之也。鮑叔、寧戚、隰朋仁知且不蔽，故能持管仲而名利福祿與管仲齊；召公、呂望仁知且不蔽，故能持周公而名利福祿與周公齊。傳曰：「知賢之謂明，輔賢之謂能。勉之彊之，其福必長。」此之謂也。此不蔽之福也。

荀子之所以特別舉出人君與人臣之蔽者作為受情欲蒙蔽的例證，顯然是為了促成其聖君賢相的理想。在人君之蔽的部分，荀子舉夏桀、商紂做為「亂國之君」的實例，是為了提醒所有君主，切莫如其二人，心知為情欲所左右，未能發揮理性思辨作用，只隨感官知覺，追逐物欲享樂，而「姤繆於道」，以致寵妃佞臣得以投其所好而「誘其所迨」。否則，在美色讒言的蔽塞下，繆己之非而「唯恐聞其惡」，姤人之善而「唯恐聞其美」；又不知聽取「德道之人」的勸告以導正偏失，終將「惑其心而亂其行」。一旦「群臣去忠而事私，百姓怨非而不用，賢良退處而隱逃」，仍不知反省悔改而「是己不輟」，結果除了身死國亡外，豈有其他選擇？〈王霸〉所說「急逐樂而緩治國」，以致「將以為樂，乃得憂焉；將以為安，乃得危焉；將以為福，乃得死亡焉」的闇君，

〔註15〕「鬲」原作「亭」，依楊注或本改。王先謙《荀子集解》，頁388。

不正是桀、紂二人？桀、紂二人之所以一遭放逐鬲山而亡，一被斬首懸於赤
旆，原因在於己身聽任感官知覺追逐情欲而缺乏理性思考，身旁又缺乏賢人
輔佐勸諫，即所謂「身不先知，人又莫之諫，此蔽塞之禍也」。要避免成為「亂
國之君」則必須效法成湯、文王，一方面「主其心」，即以清明知道之心導正
情欲，以使「身不失道」；另一方面「慎治之」，即以清明謙虛之心任賢，「長
用伊尹、呂望」以聽取其建言。如此，雖不追逐情欲享樂，卻因治理有方而
深受百姓愛戴，遠方異地的奇珍異寶源源不絕貢獻而來，於是不僅「目視備
色，耳聽備聲，口食備味，形居備宮」，而且「名受備號，生則天下歌，死則
四海哭」。此至盛情況，即由於〈王霸〉所說，「明君者必將先治其國，然後
百樂得其中」，所以，引歌頌堯能用賢不蔽，天下平和，因此有鳳來儀的逸詩，
來讚美成湯、文王，此正不追逐情欲，反而使得情欲得到最大滿足的「不蔽
之福」。在人臣之蔽的部分，荀子之所以舉唐鞅、奚齊二人為例，是為了提醒
為人臣者，切莫或蔽於追求權力而排擠賢能，或蔽於奪取君位而陷害兄弟，
導致自己反受其害，所以說：「逐賢相而罪孝兄，身為刑戮，然而不知，此蔽
塞之禍也。」要避免貪求權位而導致身為刑戮，則需效法「仁知且不蔽」的
鮑叔、召公等人，即能以理性思辨取代感官知覺，方不致因貪鄙、背叛、爭
權而危辱滅亡，反而因能扶持管仲與周公，而名利福祿亦與管仲、周公等齊。
引傳曰正以印證不貪求名利，反而得以永享名利的「不蔽之福」，其中「知賢
之謂明」呼應「仁知且不蔽」，「輔賢之謂能」呼應「能持管仲」、「能持周公」，
「勉之彊之，其福必長」呼應「名利福祿與管仲齊」、「與周公齊」。

　　除了〈解蔽〉以君臣為例說明追逐情欲「以惑其心而亂其行」所導致的
「蔽塞之禍」外，〈正名〉所說則所有人一體適用：

> 有嘗試深觀其隱而難〔註16〕察者，志輕理而不重物者，無之有也；
> 外重物而不內憂者，無之有也；行離理而不外危者，無之有也。外
> 危而不內恐者，無之有也。心憂恐則口銜芻豢而不知其味，耳聽鐘
> 鼓而不知其聲，目視黼黻而不知其狀，輕煖平簟而體不知其安。故
> 嚮萬物之美而不能嗛也，假而得閒〔註17〕而嗛之，則不能離也。故
> 嚮萬物之美而盛憂，兼萬物之利而盛害。如此者，其求物也，養生
> 也？粥壽也？故欲養其欲而縱其情，欲養其性而危其形，欲養其樂

〔註16〕「難」下本有「其」字，依王念孫說刪。王先謙《荀子集解》，頁431。
〔註17〕「閒」原作「問」，依王念孫說改。王先謙《荀子集解》，頁431。

而攻其心，欲養其名而亂其行。如此者，雖封侯稱君，其與夫盜無
以異，乘軒戴絻，其與無足無以異。夫是之謂以己爲物役矣。

由「志理輕而不重物者，無之有也；外重物而不內憂者，無之有也」可知，「心
憂恐」之「憂」指心志思辨爲重物情欲所蒙蔽而產生的患得患失之憂，即由
「惑其心」所導致的憂慮；由「行離理而不外危者，無之有也；外危而不內
恐者，無之有也」可知，「心憂恐」之「恐」是由行爲舉止違離道理而導致危
難所產生之懼，即由「亂其行」所引發的恐懼。因此，此「心憂恐」是由於
過度追逐情欲，以致心未能發揮思辨知道作用，所導致的憂恐；而非由於面
對厭惡之物，直覺反應所產生的憂恐。而「口銜芻豢而不知其味，耳聽鐘鼓
而不知其聲，目視黼黻而不知其狀，輕煖平簟而不知安」中之「不知」，並非
由於口耳形體不能感受覺知，而是由於心不感到滿足。所以，一旦嗜欲過深，
即使享有萬物之美仍將嫌其不足，即所謂「嚮萬物之美而不能嗛也」；即使偶
有暫覺滿足之時，憂恐之情立刻又會重返心頭，即所謂「假而得閒而嗛之，
則不能離也」。正因陷溺於情欲追逐而無法自拔，所以越是享有萬物之美，反
而越感不足「而盛憂」，越是兼得萬物之利，反而越感虛空「而盛害」。如此
一往不復地追逐物欲，表面上是養護身體，實際上是斲損壽命，所以荀子以
諷刺的口吻問：「如此者，其求物也，養生也？粥壽也？」想要跳脫如此「以
己爲物役」的情境，唯有發揮心的思辨作用，以道爲權衡而導化矯治情欲，
即使自己常處於「心平愉」的知足狀態而「重己役物」。若不能以道爲心知之
權衡依據，而一味放縱情欲，即使封侯稱君、乘軒戴絻而勢高位尊，其心中
的憂恐與卑賤的盜賊或刑餘殘疾之人有何差別。此皆心知爲情欲蔽塞之過也。

有別於心知受情欲蒙蔽，其解蔽之法在於以理性的心知導化矯治感性的
情欲；若心知非受情欲蒙蔽，只是執著片面之見而漠視其餘，則其解蔽之方
法又當如何？〈解蔽〉又說：

昔賓孟之蔽者，亂家是也。墨子蔽於用而不知文，宋子蔽於欲而不
知得，慎子蔽於法而不知賢，申子蔽於埶而不知知，惠子蔽於辭而
不知實，莊子蔽於天而不人。故由用謂之道，盡利矣；由欲 [註18]
謂之道，盡嗛矣；由法謂之道，盡數矣；由埶謂之道，盡便矣；由
辭謂之道，盡論矣；由天謂之道，盡因矣；此數具者，皆道之一隅
也。夫道者，體常而盡變，一隅不足以舉之。曲知之人，觀於道之

[註18] 「欲」原作「俗」，依楊倞注改。王先謙《荀子集解》，頁393。

一隅而未之能識也，故以爲足而飾之，內以自亂，外以惑人，上以蔽下，下以蔽上，此蔽塞之禍也。孔子仁知且不蔽，故學亂術，足以爲先王者也。一家得周道，舉而用之，不蔽於成積也。故德與周公齊，名與三王並，此不蔽之福也。

諸子百家的蔽塞情況顯然不同於上述人君、人臣，他們的問題不在感性知覺的層面，而在於理性思辨的層面。夏桀等人蔽於情欲而不知有道及可道，諸子百家雖知有道，然其所可之道往往不夠全面而侷限一隅。以墨子而言，一味強調事物的實用性，只知物質層面，卻不知由精神層面來瞭解禮文的道德價值。若一切皆以現實經驗的有用與否爲處世標準，則不免悖離理想而淪爲狹義的功利主義，所以荀子評其爲「由用謂之道，盡利矣」。以宋子而言，一味強調「人之情欲寡」而壓抑克制情欲，卻不知情欲的適度滿足，不僅有助於身心和諧，且有利於治道，標榜減少情欲、自命清高爲滿足，對於群居和一的治道反而是傷害，所以荀子評其爲「由欲之謂道，盡嗛矣」。以愼子而言，一味強調法的優越性，卻不知再怎麼立意完善的法也必須待賢人，方得以推行。若一切以法爲判斷標準，而排除能衡情論理、因時制宜的賢人，則只見僵化條文，所以荀子評其爲「由法之謂道，盡數矣」。以申子而言，一味強調權勢的無可取代性，若一切憑藉權勢而獨斷獨行，固有鞏固權位的便利，卻未必有助正理平治，所以荀子評其爲「由埶謂之道，盡便矣」。以惠子而言，一味沈迷於名言的苛察繳繞，卻忽略名言的目的在於循名則實，若凡事僅止於言辭的辯說，其結果徒使名實殽亂，道不行而志不通，所以荀子評其爲「由辭之謂道，盡論矣」。以莊子而言，一味強調天的超越意義，主張回歸自然，漠視禮樂制度對人文秩序的貢獻，若一切以天爲最高價值根源，而以因任自然的態度面對人世，則人文化成將失去其意義，所以荀子評其爲「由天謂之道，盡因矣」。以上六子之說，從某個角度而言，固皆「持之有故」、「言之成理」；然而就人類全體社會的正理平治看來，皆只是人文統類之道的一部分，「皆道之一隅。」

鑑於夏桀、商紂因「惑其心而亂其行」以致身死國亡，成湯、文王以「主其心而愼治之」代之而有天下；鑑於唐鞅、奚齊因「貪鄙、背叛、爭權」以致危辱滅亡，鮑叔、寧戚、隰朋與召公、呂望能「仁知且不蔽」而享有名利福祿。諸子之蔽既然是理性層面的片面執著，而非感性層面的心知受情欲所主導，解蔽之法在於徹底認識整全之道而不陷於一隅之見。爲何墨子、宋子、愼子、申

子、惠子、莊子等人的學說，皆只被荀子視爲一隅之見？原因在於荀子所認定的道是一由自古及今，乃至未來，所有人類所凝聚的人文統類之道。就作爲總體的根源而言，此道是貫通時空的永恆存在，所以說是「體常」，就其落實在某一階段而言，此道呈顯發用時必須依其對象而因時制宜，所以說是「盡變」。既然「體常而盡變」的道會因應實際狀況而有所調整，則執著一端便不足以概括兼容並蓄的整體之道，所以說：「一隅不足以舉之。」而墨子等六人，在荀子眼中，只是「觀於道之一隅而未能識」的「曲知之人」，他們忽略正反雙方除了有相對相反的一面外，也有相輔相成的一面，而執偏爲全，加以提倡，不僅因持之有故而「內以自亂」，且因言之成理而「外以惑人」，形成「上以蔽下，下以蔽上」的「蔽塞之禍」。解除此「蔽塞之禍」的方法便是兼容並蓄、以義變應，亦即待人接物不受成見積習影響，能以體常盡變的整全之道因時制宜，此即所謂「一家得周道，舉而用之，不蔽於成積也」。在諸子百家中，只有孔子符合，所以荀子讚美其「仁知且不蔽」、「德與周公齊，名與三王並」。雖然荀子亦用「仁知且不蔽」來讚美召公、呂望等人，但他們僅止於能知賢、輔賢，所以只是「名利福祿」與周公齊而已，不同於孔子的「德與周公齊，名與三王並」。

除了受情欲引導使心知只發揮感性知覺作用，或雖發揮理性思辨作用卻偏限一隅外，荀子在〈解蔽〉中還提到心知蔽塞的第三種情況，其文說：

> 凡觀物有疑，中心不定，則外物不清；吾慮不清，則未可定然否也。冥冥而行者，見寢石以爲伏虎也，見植林以爲立 [註19] 人也，冥冥蔽其明也。醉者越百步之溝，以爲蹞步之澮也，俯而出城門，以爲小之閨也，酒亂其神也。厭目而視者，視一以爲兩；掩耳而聽者，聽漠漠而以爲哅哅：勢亂其官也。故從山上望牛者若羊，而求羊者不下牽也，遠蔽其大也；從山下望木者，十仞之木若箸，而求箸者不上折也，高蔽其長也。水動而景搖，人不以定美惡，水勢玄也。瞽者仰視而不見星，人不以定有無，用精惑也。有人焉，以此時定物，則世之愚者也。彼愚者之定物，以疑決疑，決必不當。夫苟不當，安能無過乎？

無論是「冥冥蔽其明」、「酒亂其神」、「勢亂其官」、「遠蔽其大」、「高蔽其長」、「水勢玄」或「用精惑」，在在指出，心知可能由於感官接受訊息時受到干擾而蔽塞，即心在「徵知」時，五官受外物影響而未能正確地「當簿其類」，以

[註19]「立」原作「後」，依俞樾說改。王先謙《荀子集解》，頁404。

致心的認知產生偏差。在此情況下與其「以疑決疑」，而做出錯誤的判斷，不如等到干擾因素解除，一切恢復冷靜清明，在觀物不疑而心中能定的情況下再來做決策，才可避免「決必不當」的過失。

二、以道為衡與可道行道

既然心知蔽塞的原因，或由於感性情欲取代了理性思辨，或由於執著一隅成見而以偏蓋全。則解蔽的方法，不外以周全的道作為為人處世的權衡。如此不僅可以兼顧個人情欲的滿足與社會秩序的和諧，而且可以明於大理而應變無窮，使心知能充分發揮主宰的作用而可道，與守道以禁非道。

（一）以禮義之道為權衡

關於成蔽之由，荀子在列舉人君、人臣之蔽前有一段簡單扼要的說明：

> 故為蔽：欲為蔽，惡為蔽，始為蔽，終為蔽，遠為蔽，近為蔽，博
> 為蔽，淺為蔽，古為蔽，今為蔽。凡萬物異則莫不相為蔽，此心術
> 之公患也。

造成心知蔽塞的原因在於，面對事物相對的兩端時，只「偏」一端以致忽略另一端。所以偏執欲而疏忽惡，即造成「欲為蔽」，夏桀、商紂、唐鞅、奚齊等蔽於所「欲」之情欲權位而不見其所「惡」之身為刑戮；反之，偏執惡而疏忽欲，即導致「惡為蔽」，宋子、老子之主張寡欲、去欲，是只見放縱情欲會帶來其所「惡」的爭亂，而不見導化情欲則有助其所「欲」之和諧，即為其例。同理，始與終、遠與近、博與淺、古與今等，皆可能因偏執而相互為蔽。正因「凡萬物異則莫不相為蔽」，墨子等六人在用與文、欲與得、法與賢、勢與智、辭與實、天與人兩端間，皆只重視前者忽略後者，荀子於是批評他們是「觀於道之一隅而未能識」的「曲知之人」。

至於解蔽之方，荀子於列舉賓孟之蔽後，亦有一段簡單扼要的結語：

> 聖人知心術之患，見蔽塞之禍，故無欲無惡，無始無終，無近無遠，
> 無博無淺，無古無今，兼陳萬物而中縣衡焉。是故眾異不得相蔽以
> 亂其倫也。

既然蔽塞是由只見一隅而未識全體所造成，若能兼容並蓄而不偏執一端，面對實際情況多方權衡思慮，於欲惡間取捨恰到好處的分寸，則事物相異的兩端自然不會相互蒙蔽而亂其理。

「兼陳萬物而中縣衡焉」亦可簡稱為「兼權」，〈不苟〉說：

> 欲惡取舍之權：見其可欲也，則必前後慮其可惡也者；見其可利也，
> 則必前後慮其可害也者；而兼權之，孰計之，然後定其欲惡取舍。
> 如是，則常不失陷矣。凡人之患，偏傷之也。見其可欲也，則不慮
> 其可惡也者；見其可利也，則不顧其可害也者。是以動則必陷，為
> 則必辱，是偏傷之患也。

對於事物的取捨，若全然取決於感性知覺的情欲，而不加節制導化往往易趨向惡，其結果必然導致禍患。然而是否能跨越感性好惡，而訴諸理性思辨來取捨，是否即能保證其結果必然幸福？荀子告訴我們的答案是「不盡然」。因為儘管經過理性思考，但若僅就自己關心的方面加以思索，而未將自己沒有興趣的部分也納入全盤考量，即雖注意到「權」，卻忽略「兼」；依然是只「見其可欲」，而未「前後慮其可惡也者」。何況人間事物有利有弊，所以我們通常是在利多害少與利少害多間做取捨，而非在有利無害與有害無利間做選擇，亦即我們是在既「見其利」且「前後慮其可害也者」的情況下，經過仔細斟酌的「孰計」，才依「兩利相權取其重，兩害相權取其輕」的原則，決定好惡取捨。由於「兼權」、「孰計」，所以不至於產生只見可欲、可利而不慮可惡、可害的「偏傷」之失，亦可避免「動則必陷，為則必辱」的「偏傷之患」。

須補充說明的是，切莫因此處荀子由欲惡利害講取捨權衡，就立刻將之定位為狹義的功利主義者。一來，荀子雖然重視「效益」，卻並非只由事物本身有限的功用來講求物質層面的效益，而是欲由符合禮義之兼權下，使事物在滿足生活日用外，於人文教化亦能發揮更大效益，此由其批評墨子「由用之謂道，盡利矣」可以證知。再者，取其與〈不苟〉所謂「言無常信，行無常貞，唯利所在，無所不傾，若是，則可謂小人矣」，與「公生明，偏生闇，端愨生通，詐偽生塞，誠信生神，夸誕生惑。此六生者，君子慎之，而禹、桀所以分也」相互參照，即能知荀子所說的「利」不是指一己的「私利」，而是指社會群體的「公利」，不是與公義相對的私利，而是緣公義所生的公利。

至於兼權的目的在於求中，即由兩端取得平衡，以避免偏執之失，所以「兼權」亦可以「中」代之。〈儒效〉說：

> 凡事行，有益於理者立之，無益於理者廢之，夫是之謂中事。凡知
> 說，有益於理者為之，無益於理者舍之，夫是之謂中說。事行失中
> 謂之姦事，知說失中謂之姦道。姦事姦道，治世之所棄，而亂世之
> 所從服也。

所謂事行、知說之「有益於理者」立之、爲之，「無益於理者」廢之、舍之，
正是「兼權之，孰計之，然後定其欲惡取舍」的結果，由此可知，計慮權衡
時所見的利，是爲求正理平治的公利，所以能與義、理同軌合轍。正因爲合
乎義理與否是計慮權衡的依據，因此〈禮論〉才說「禮之中焉能思索，謂之
能慮」。而事行、知說「失中」，正是執著一隅「偏傷之也」的結果。由於失
中的姦事姦道並不合乎群居和一的治世需要，因此荀子在〈不苟〉亦明白指
出，君子之所以「行不貴苟難，說不貴苟察，名不貴苟傳」，皆因不合於有益
於治道的「禮義之中」。

（二）禮義的主體性與客觀性

而由深思孰慮所得能合於禮義的規範、理則，即是荀子所謂的「道」，〈儒
效〉說：

> 先王之道，仁之隆也，比中而行之。曷謂中？曰：禮義是也。道者，
> 非天之道，非地之道，人之所以道也，君子之所道也。

荀子在此指出，作爲原理、原則的道，要落實於君子之所稱道，且人人皆可
遵行的人倫治道，必須合於中道，而所謂中道即不偏不倚而賢不肖皆可及的
禮義。由道是禮義所從出的根源而言，則〈王霸〉有「循其道，行其義」[註
20]之說；由禮義爲道落實於人間的規範而言，則〈彊國〉有「道也者何也？
曰：禮讓忠信是也」之說。因爲荀子所欲成就的主要是群居和一、正理平治
的人倫治道，所以於〈天論〉中，不斷以「天有其時，地有其財，人有其治」、
「天有常道矣，地有常數矣，君子有常體矣」來強調天人之分，使大家不致
「錯人而思天」，而能「敬其在己者，而不慕其在天者」，對「不爲而成，不
求而得」的天功不加思慮，不「與天爭職」，將心力全部放在人倫治道，使政
令明、舉措時、禮義修、內外別，這叫與天地參。荀子這種人與自然天分工
的主張與孟子人與形上天合德的理論，其天人合一的模式雖然有別，其訴求
其實相同，牟宗三指出，「荀子所謂『人之所以道，君子之所道』之道，在孔
孟，亦即天道也」，而「荀子所說之天與性，皆應爲孔孟及理學家所說之非天
非性，而乃人欲之私與自然現象也。而惟是禮義之心方是天，方是性」[註21]。

雖然荀子爲了凸顯客觀精神而由禮義統類言人倫治道，有別於孟子重視
主體價值而由存心養性論天人合德。但這並不意味荀子由禮義所完成的人文

〔註20〕〈正論〉爲「修其道，行其義」。
〔註21〕牟宗三《名家與荀子》，頁 221 至 222。

統類之道，只是純然外在的客觀認知對象，只是由人文歷史的現象事物中，所發現的普遍法則或規律，而謂其價值外在，與重心性的孟子學說全相對反。事實上，荀子所強調的禮義亦是以人性爲基礎的，〈禮論〉說：

> 兩情者，人生固有端焉。若夫斷之繼之，博之淺之，益之損之，類之盡之，盛之美之，使本末終始莫不順比，足以爲萬世則，則是禮也，非順孰脩爲之君子莫之能知也。故曰：性者，本始材朴也；僞者，文理隆盛也，無性則僞之無所加，無僞則性不能自美。性僞合，然後聖人之名一，天下之功於是就也。故曰：天地合而萬物生，陰陽接而變化起，性僞合而天下治。

所謂「兩情」，據引文上文可知係指吉與凶、憂與愉的兩端情緒，即涵括喜與怒、哀與樂、好與惡等所有與生俱來的情緒，因爲是與生俱來，所以謂「人生固有端焉」。然而對於自然情緒的抒發，爲求在人際互動中表現得恰如其分，所以必須對過與不及的表現「斷長續短，損有餘，益不足」，以求「達愛敬之文，而滋成行義之美者」，使喜怒哀樂皆既不至於過度而濫情傷身，亦不至於不足而怠慢不敬，如此，才能「本末終始莫不順比，足以爲萬世則」。由此可見，「積思慮，習僞故」的聖人之「生禮義而起法度」，是以「本始材樸」之性爲依據，增減損益，以成就「文理隆盛」。正因禮義「並非憑空造作，企圖用外加的、強制的秩序來宰制欲望、禁限情感的」〔註22〕，所以才說「無性則僞之無所加」。反之，禮義之理原本即潛存在欲望、情感中，聖人制禮義的目的在於，當欲望、情感表現爲具體行爲，而與客觀情境對象交流互動時，提供拿捏分寸的依據，使言行舉止合理中節，因此才說「無僞則性不能自美」。人人皆能於人際互動中遵循禮義文理，則在謹守分際的和諧情境下，情感、欲望反而比毫無秩序的爭亂局勢下可以獲得更多的滿足，如此即是「性僞合而天下治」。

荀子所認爲的天君之心若僅止於認識作用，將禮義當作一般知識來認知，而非據以指導言行，則此認知心即不可能用來對治性，其化性起僞的主張亦將蹈空瓦解。所以其心知作用必須由認識取向提昇爲實踐取向，此一提昇即是先由兼權、熟計的精微認識而就其中理者肯定之，進而依其所肯定者

〔註22〕劉又銘〈從「蘊謂」論荀子哲學潛在的性善觀〉，國立政治大學文學院《「孔學與二十一世紀」國際學術研討會文集》（臺北：國立政治大學，2001年10月），頁56。

引發爲具體行動。如此「心慮而能爲之動」，即是由可道而將知道與行道結合爲一，而天官之心因能以道爲衡而治性，於是具有主宰性與道德義涵。〔註23〕〈解蔽〉說：

> 何謂衡？曰：道。故心不可以不知道。心不知道，則不可道而可非道。人孰欲得恣而守其所不可，以禁其可？以其不可道之心取人，則必合於不道人，而不〔註24〕合於道人。以其不可道之心，與不道人論道人，亂之本也。夫何以知！曰：心知道，然後可道；可道，然後能守道以禁非道。以其可道之心取人，則合於道人，而不合於不道之人矣。以其可道之心，與道人論非道，治之要也。何患不知？故治之要在於知道。

由前引「比中而行之」與「人之所以道」已可窺見，荀子賦予「道」字的意義，不僅止於體常之「知」，更在於盡變之「行」。亦即人除非不知道，只要知道，必然將禮義之道由思辨之「知」落實爲實踐之「行」。「行」之實踐義可用「術」字表達，〈修身〉的「體恭敬而心忠信，術禮義而情愛人」、〈不苟〉的「故君子不室堂而海內之情舉積此者，則操術然也」、〈仲尼〉的「以事君則必通，以爲仁則必聖，夫是之謂天下之行術」三例中的「術」字，詞性雖然有別，詞義則不離行動、作爲。所以荀子每每喜言「心術」，即欲由「術」之行動義來彰顯「心」的實踐作用，〈非相〉所說「術正而心順之，則形相雖惡而心術善，無害爲君子也」、〈成相〉所說「水至平，端不傾，心術如此象聖人」、以及〈解蔽〉所說「凡萬物異則莫不相爲蔽，此心術之公患也」等，皆是其例。

正因爲「知道」與「行道」是絪合爲一不可切割的，認知的目的固然在於實踐，而實踐的完成須賴正確的認知方有意義與價值，所以必先強調「心不可以不知道」，知道即可「以道爲衡」而袪除眾蔽。蔽塞原因若不袪除，則心知便無法正確認識「道」，反而會因被蔽塞而認可「非道」，一旦所認可的是非道，則將與不合於道的姦邪小人，批評責難合於道的仁知君子，此「亂之本也」。反之，心能正確認識道則必定認可此正道，然後能堅守正道而來禁

〔註23〕爲何荀子對心能知道如此充滿信心？或許是由於此道是人文之道，是人通過自我理解而建構的規範的總稱，原本就體現在人倫日用中；或許是因爲心如目明耳聰般本具清明之知，只要能由虛壹而靜的工夫掃除加諸其上的蒙蔽，自然可恢復清明而認知道。

〔註24〕「不」下本有「知」字，依俞樾說刪。王先謙《荀子集解》，頁394。

止非道，並與仁知君子討論如何懲姦去惡，此則「治之要也」。要之，心的認可是否正確，是治亂的關鍵。〈正名〉說：

> 凡語治而待去欲者，無以道欲而困於有欲者也。凡語治而待寡欲者，無以節欲而困於多欲者也。有欲無欲，異類也，生死也，非治亂也。欲之多寡，異類也，情之數也，非治亂也。欲不待可得，而求者從所可。欲不待可得，所受乎天也；求者從所可，所〔註25〕受乎心也。所受乎天之一欲，制於所受乎心之多，固難類所受乎天也。人之所欲，生甚矣，人之所惡，死甚矣，然而人有從生成死者，非不欲生而欲死也，不可以生而可以死也。故欲過之而動不及，心止之也。心之所可中理，則欲雖多，奚傷於治！欲不及而動過之，心使之也。心之所可失理，則欲雖寡，奚止於亂！故治亂在於心之所可，亡於情之所欲。不求之其所在，而求之其所亡，雖曰我得之，失之矣。

荀子首先指出，情欲的有無、多寡無關乎治道；其次說明天生自然的情欲雖然不待可得，但是須經心之計慮、認可才會轉為行動，因此，情欲與行為往往不一致；接著以欲惡最甚的生死為例，由人可能違反自然本性而從生成死，證明心可以改變情欲；然後得出治亂的關鍵在於心之所可是否中理，而不在情欲之有無。其中，「欲過之而動不及，心止之也」與「欲不及而動過之，心使之也」，明白指出天君之心有超越天官的主宰性。

　　儘管荀子為了顯露天君之心具有「止之」、「使之」的自主能力時，會將治亂的焦點由心的認知作用轉移到認可作用，即由「治之要在於知道」轉移為「治亂在於心之所可」。但是這並不意味荀子將「知道」與「可道」劃分為二，將解蔽的工夫放在認可作用部分，正好相反，虛壹而靜的涵養是落實在認知部分。荀子所謂「知道」，並非只是表面地認識文物制度、禮義規範的形式，而是經由思辨反省，深切地體認禮義規範、文物制度的精神價值。因此，心知的蔽塞，無論是由心的感性知覺，即好逸惡勞所引起；或由心的理性思辨不周全，即偏執一端而導致，「兼陳萬物而中縣衡焉」的解蔽工夫都發生在認知作用層。所以，一旦經過計慮權衡而深切了解禮義規範的精神價值時，必然認可道，此即「心知道，然後可道」，「治之要在於知道」；反之，心未認可道而認可非道，是出自心不知道，而非知道卻不認可道。所謂「心之所可失理」，正是由心不知道引起，心一旦知道，必然「所可中理」。據此，則徐

〔註25〕「受」上本無「所」字，依俞樾說補。王先謙《荀子集解》，頁427。

復觀以「在荀子的立場，認為心可以決定向善，也可以決定不向善」解釋「心之所可中理」與「失理」，並不精確，有將知道、可道截然二分之嫌；又「所以心的主宰性，對於行為的道德而言，並不是可以信賴的。心的主宰性，是由其認識能力而來；心的主宰性之不可信賴，即是心的認識能力之不可信賴」〔註 26〕的說法，亦有待商榷。因為，在荀子看來，心的認識能力之所以有偏差，是由於為情欲或偏執所蒙蔽，一旦能以道為衡而兼權熟計加以掃除，認識能力即可恢復清明本性而知道，然後，此大清明之本心即可確實發揮其主宰性而可道，進而做出有益治道的道德行為。所以，心的主宰性對於行為的道德而言，是可以信賴的，只是要去除蔽塞以發揮心的主宰性，需要真積力久的涵養工夫，而非只賴把握當下明覺，而不加以擴充。何況，荀子所說的善與禮義，焦點並非個人內在的心性主體，而是外在人群的主客互動。

第二節　虛壹而靜則必仁且智

　　荀子所說的「心」既然能知道而可道、行道，為何未見其直接肯定此一能以禮義治性的心為「善」的根源，原因在於，此一「居中虛以治五官」的「天君」之心，其理性的思辨作用，在現實生活中，往往還來不及深思熟計以「長慮顧後」，就已經為短視近利、好逸惡勞的「天官」之心所覆蔽，只發生感性的知覺作用；抑或有時雖然跳脫感性層的「欲為蔽，惡為蔽」，即不使心知為物欲蒙蔽，卻陷溺於理性層的「欲為蔽，惡為蔽」，即囿於己見而未能客觀公正地「兼陳萬物而中縣衡焉」。正由於心術之患層出不窮，使此可以知、可以能仁義法正的清明本心，必須經由一番「積微」、「縣久」的不間斷的努力與反省覺察，才能「通於神明」。所以荀子並未在肯定心善上有所著墨，而致力強調「虛壹而靜」的涵養工夫，使其成為聖人化性起偽以達於必仁且知的主體依據。

一、虛壹而靜的涵養工夫

　　在荀子化性起偽的理論架構中，與生俱來的本性情欲，除了具有易流於惡的傾向外，亦具有成為善的可能。但要達於正理平治而實現善，則須有待知道之心來推動人為的努力。而心之所以能知道而成為道德實踐的主體，除了其原有的清明本質外，還需要虛壹而靜的涵養工夫，以解除其所遭受的蔽

〔註 26〕徐復觀《中國人性論史・先秦篇》（臺北：臺灣商務印書館，1987 年 3 月），頁 242。

塞。解除因藏、兩、動而導致的蔽塞後，心即全體通透明徹，此一大清明之心不僅可發揮「能知」的功用而知道，而且能體察「所知」的內容而行道。

（一）虛、壹、靜與藏、兩、動

虛、壹、靜如何克治藏、兩、動以涵養大清明之心？〈解蔽〉說：

> 人何以知道？曰：心。心何以知？曰：虛壹而靜。心未嘗不藏也，然而有所謂虛；心未嘗不兩〔註27〕也，然而有所謂一；心未嘗不動也，然而有所謂靜。人生而有知，知而有志。志也者，藏也，然而有所謂虛，不以所已藏害所將受謂之虛。心生而有知，知而有異，異也者，同時兼知之。同時兼知之，兩也，然而有所謂一，不以夫一害此一謂之壹。心，臥則夢，偷則自行，使之則謀。故心未嘗不動也，然而有所謂靜，不以夢劇亂知謂之靜。未得道而求道者，謂之虛壹而靜。作之，則將須道者之虛，虛則入；將事道者之壹，壹則盡；將思道者之靜，靜則察。〔註28〕知道察，知道行，體道者也。
>
> 虛壹而靜，謂之大清明。

藏、兩、動是心的知覺作用，是現實生活中「感而自然，不待事而後生」的自然現象；虛、壹、靜是心發揮「以道爲衡」的思辨功能，用以矯正因藏、兩、動所產生之蔽塞。「藏」來自以往的記憶、經驗，而「虛」即是不讓已有的成見妨礙其他知識的接收；「兩」是知覺能同時兼知不同的事物，「壹」是不讓同時兼知的事物影響心的專注力；「動」指心無論在人無所作爲的睡眠或閒散時刻，或積極作爲的運思時刻，都在活動，「靜」是不讓這些隨時都在蘊生、活動的胡思亂想與煩躁焦慮影響正確判斷。

就「虛」而言，儘管荀子取虛壹而靜的工夫論作爲恢復「大清明」本心的方法途徑，〔註29〕但其所謂「虛」的涵義與道家截然不同。道家所謂虛，無論是老子的「爲道日損」或莊子的「心齋」、「坐忘」，其目標乃在澈底掃除心中所藏存的成見，要人爲人處世「應而不藏」、無所執著；荀子「虛」的目的亦在去除偏執，但其方式不是掃除已藏的成見，而是不拘執成見，不預設

〔註27〕「兩」原作「滿」，依楊倞注改。王先謙《荀子集解》，頁395。

〔註28〕「作之」以下原文有脫誤，依王引之說正補。王先謙《荀子集解》，頁396。

〔註29〕陳師麗桂認爲：荀子虛、壹、靜的涵養工夫與《管子》〈白心〉等四篇的心術理論關係密切。〈《荀子·解蔽》與《管子》四篇心術論的異同〉，《劉正浩教授七十壽慶榮退紀念文集》（台北：文史哲出版社，1999年8月），頁144。

立場，不讓已知、已藏的先前見解，抵拒、妨礙了將藏、將知的新知、新見，〔註30〕以避免因一隅主觀成見而失卻道的整全客觀性。即由「兼陳萬物」的思維，去除「私其所積，唯恐聞其惡也。倚其所私，以觀異術，唯恐聞其美也」的「有心」蔽塞；與因「其誠心莫不求正」，而「觀於道之一隅而未能識」，卻「以為足而飾之」的「無心」蔽塞。亦即以客觀的「公心」取代主觀的「私心」，以謙虛包容的態度不斷吸收新知，以調整修正已有的舊知，使思辨判斷、行為舉止皆能「中縣衡焉」而合乎道。所以「虛壹而靜」的虛與「心居中虛以治五官」（〈天論〉）的虛，皆重其能藏而居中，非「虛則欹，中則正，滿則覆」（〈宥坐〉）的虛空。如此之「虛」與「藏」並非處於對立的關係，而是藉由虛的工夫成全藏的作用〔註31〕，使所藏不僅不致產生偏執一隅之蔽塞，而且可由全面觀照而客觀地以道為衡以體常盡變〔註32〕。〈非十二子〉、〈天論〉與〈解蔽〉中所批評的諸子百家，在荀子看來，皆是執著成見以致「蔽於一曲而闇於大理」，都是「以所臧害所將受」；唯有「仁知也不蔽」的孔子，能「不以所臧害所將受」，所以「不蔽於成積」，「得周道，舉而用之」。

就「壹」而言，壹字的涵義既是貞定專一，亦是通貫為一。〈解蔽〉說：

> 故曰：心容其擇也，無禁必自見，其物也襍博，其情之至也不貳。《詩》云：「采采卷耳，不盈頃筐。嗟我懷人，寘彼周行。」頃筐易滿也，卷耳易得也，然而不可以貳周行。故曰：心枝則無知，傾則不精，貳則疑惑。以贊稽之，萬物可兼知也。身盡其故則美，類不可兩也，故知者擇一而壹焉。

心在不受禁制壓迫下，會呈現自我選擇的自由意志，然而面對會令人兼知的襍博萬物，要能「精之至」，則有賴專壹而不貳。此即是說，心儘管可以兼知各理，每一次作用時卻應該有一個主體目標，不能同時並呈，以免產生干擾。〔註33〕採卷耳的婦人即因思念遠行的丈夫，心有旁騖，以致始終「不盈頃筐」，此正可見「心枝則無知，傾則不精，貳則疑惑」。要之，心的認知能力雖然可以兼知萬物，卻不可因此而分散注意力，必須從中「擇一而壹焉」，全力以赴，

〔註30〕陳師麗桂〈《荀子·解蔽》與《管子》四篇心術論的異同〉，頁147。
〔註31〕唐君毅《中國哲學原篇·原道篇（卷一）》（臺北：臺灣學生書局，1992年3月），頁449。
〔註32〕何淑靜《孟荀道德實踐理論之研究》（臺北：文津出版社，1988年1月），頁98。
〔註33〕陳師麗桂〈《荀子·解蔽》與《管子》四篇心術論的異同〉，頁148～149。

方能將事物處理得盡善盡美。〈解蔽〉又說：

> 農精於田而不可以爲田師，賈精於市而不可以爲市〔註34〕師，工精
> 於器而不可以爲器師。有人也，不能此三技而可使治三官，曰：精
> 於道者也，非〔註35〕精於物者也。精於物者以物物，精於道者兼物
> 物。故君子壹於道而以贊稽物。壹於道則正，以贊稽物則察，以正
> 志行察論，則萬物官矣。

同樣是專心一致，但專一於一般事物的技能與專一於通貫事物的道理，其間
層次畢竟大不相同。一個專精於種田、買賣、製器的農夫、商賈、工人，儘
管嫻熟於個人專長的事物，卻不足以成爲「田師」、「市師」、「器師」；一個專
精於道的君子，雖然不擅長種田、買賣、製器，卻可以領導田師、市師、器
師。原因有二：一是他所專一精熟的雖不是「物」的技術，卻是「兼物物」
的道術；二是他能將兼知的事物以道理通貫爲一，非僅止於從兼知的技能「擇
一而壹」而已。因爲能「壹於道」，所以心志正確，以知道之心「贊稽物」則
能兼知而明察是非，能知行合一地「以正志行察論」，則不僅可以領導田師、
市師、器師，更可以治理萬物而各得其所。

　　此一由貞定專一與通貫爲一的涵養工夫，正有以成全感官經驗的兼知作
用，〈解蔽〉又說：

> 人心譬如槃水，正錯而勿動，則湛濁在下而清明在上，則足以見鬚眉
> 而察膚〔註36〕理矣。微風過之，湛濁動乎下，清明亂於上，則不可以
> 得大形之正也。心亦如是矣。故導之以理，養之以清，物莫之傾，則
> 足以定是非，決嫌疑矣。小物引之則其正外易，其心內傾，則不足以
> 決麤〔註37〕理矣。故好書者眾矣，而倉頡獨傳者，壹也；好稼者眾矣，
> 而后稷獨傳者，壹也；好樂者眾矣，而夔獨傳者，壹也；好義者眾矣，
> 而舜獨傳者，壹也；倕作弓，浮游作矢，而羿精於射；奚仲作車，乘
> 杜作乘馬，而造父精於御。自古及今，未嘗有兩而能精者也。

荀子以槃水比喻人心，是欲藉由盤水不受干擾，則足以察見細微的鬚眉膚理的
本質，類比說明人與生俱來的心知原本也是清明而足以認知道的。由盤水易因

〔註34〕「市」原作「賈」，依王念孫說改。王先謙《荀子集解》，頁399。
〔註35〕「精」上本無「非」字，依俞樾說改。王先謙《荀子集解》，頁399。
〔註36〕「理」上本無「膚」字，依郝懿行說改。王先謙《荀子集解》，頁401。
〔註37〕「麤」原作「庶」，依盧文弨所據宋本改。王先謙《荀子集解》，頁401。

微風干擾而湛濁的現象，類比說明人的心知同樣易受情欲成見的影響而喪失清明本性，以見「道之以理，養之以清」的涵養工夫的重要性。而「微風過之」之「微」、「小物引之」的「小」正可以凸顯人生而有的清明心知極易受到蒙蔽，所以必須持續不斷地加以涵養。「不可以得大形之正」的「大」、「不足以決麤理」的「麤」，則凸顯清明本心一旦受蒙蔽的嚴重程度。「足以定是非，決嫌疑」則是說明心一旦經由虛壹而靜的涵養工夫而達於「大」清明境界，不僅可以不再受情欲成見影響，而且可以如盤水之「見鬚眉而察膚理」般澈底照見事物的真相，即使面對再複雜的事物亦能做出正確的決斷。虛、壹、靜三者雖同為涵養清明本心的工夫，相輔相成，其重要性似乎不分軒輊，但是在荀子的心中，「壹」的重要性顯然高於「虛」與「靜」，所以本文後半即列舉倉頡、后稷、夔、舜、羿、造父等人的成就，以證明壹而不二的效用。除了〈解蔽〉外，荀子鮮少論及「虛」與「靜」的涵養工夫，很可能是以「壹」來含括「虛」、「靜」，因為涵養工夫的完成，有賴「壹」來統合落實，所以不僅「學也者，固學一之也」（〈勸學〉），而且說，若要「群天下之英傑而告之以大古，教之以至順」，必須先「齊言行、壹統類」（〈非十二子〉），這當然是聖人之「道出乎一」（〈儒效〉），而先王治理天下也必須「明禮義以壹之」（〈富國〉）。

　　就「靜」而言，荀子所謂「靜」並非指與動相對的停止義，反而是要由靜來成全動。即當心面對事物而運作思維時，以靜的涵養工夫去除足以干擾思考認知的胡思亂想與煩躁焦慮，使心知能於平靜的狀態下運作，於是更能清楚細察事物的內容，所以「靜」的含義「實即同於用心之專注」〔註38〕。而所謂「夢劇亂知」的情況，〈解蔽〉說：

> 凡觀物有疑，中心不定，則外物不清；吾慮不清，則未可定然否也。冥冥而行者，見寢石以為伏虎也，見植林以為立〔註39〕人也，冥冥蔽其明也。醉者越百步之溝，以為蹞步之澮也，俯而出城門，以為小之閨也，酒亂其神也。厭目而視者，視一以為兩；掩耳而聽者，聽漠漠而以為哅哅，埶亂其官也。故從山上望牛者若羊，而求羊者不下牽也，遠蔽其大也；從山下望木者，十仞之木若箸，而求箸者不上折也，高蔽其長也。水動而景搖，人不以定美惡，水埶玄也。瞽者仰視而不見星，人不以定有無，用精惑也。有人焉，以此時定

〔註38〕唐君毅《中國哲學原論・原論篇（卷一）》，頁 450。
〔註39〕「立」原作「後」，依俞樾說改。王先謙《荀子集解》，頁 404。

物，則世之愚者也。彼愚者之定物，以疑決疑，決必不當。夫苟不
當，安能無過乎？夏首之南有人焉，曰涓蜀梁，其為人也，愚而善
畏。明月而宵行，俯見其影，以為伏鬼也，仰視其髮，以為立魅也，
背而走，比至其家，失氣而死，豈不哀哉，凡人之有鬼也，必以其
感忽之間、疑玄之時定〔註40〕之。此人之所以無有而有無之時也，
而己以正事。故傷於溼而痺，痺而擊鼓烹豚，〔註41〕則必有敝鼓喪
豚之費矣，而未有俞疾之福也。故雖不在夏首之南，則無以異矣。

當耳、目、口、鼻等天官皆發揮所能，各簿其類而徵知萬物時，倘若心境能
保持如槃水一般清明，則能認知道而據以判斷是非然否；如果清明本心受到
「夢劇」干擾，以致「其正外易，其心內傾」，則無法明察所面對的事物。荀
子於引文中共列舉了七類「觀物有疑」的狀況：第一類「冥冥蔽其明」若只
是因暮色而導致的單純的錯覺，則「見寢石」不一定會「以為伏虎」，「見植
林」不一定會「以為立人」，其中恐怕還包含因畏懼而產生的胡思亂想；第二
類「酒亂其神」夾雜知覺麻木、反應遲頓所引生的妄想幻覺；第三類「埶亂
其官」是指因按壓、掩蓋的外力干擾，而產生的「視一以為兩」、「聽漠漠而
以為哅哅」的錯覺，第四類「遠蔽其大」與第五類「高蔽其長」是純粹因距
離遠近與位置高低所造成的錯覺；第六類「水埶玄」是因水波晃動而造成影
像的不清晰；與第七類「用精惑」是因生理器官失去功能所造成。以上七類
蔽塞，僅屬於耳目感官的單純錯覺，都是憑常識與經驗即可自行解除者，一
般人是不會據以決定作為與否。荀子在此只是借一般人都有的錯覺經驗，凸
顯愚者「以疑決疑，決必不當」；另一方面由感官錯覺的容易解決，反襯其所
謂的夢劇亂知若來自心理因素，則影響較大。引文後半段所舉之例，即是就
心理因素而言，涓蜀梁之所以「俯見其影，以為伏鬼」、「仰視其髮，以為立
魅」，實因無知善畏的個性引發的恐慌；至於傷於溼而痺之所以空有鼓敝豚喪
的花費，卻無疾病痊癒的好處，則是無知的迷信所造成，是「夢劇亂知」的
表現。執著道之一隅，以為完足並大力倡導，以致「內以自亂，外以惑人」
的諸子，何嘗不是「夢劇亂知」。「雖不在夏首之南，則無以異矣」，表面上說
的是傷於溼而痺者，實際上卻是暗喻未能「靜則察」的諸子，楊倞注謂「慎、
墨之蔽，亦猶是也」，即是此意。

〔註40〕「定」原作「正」，依王念孫說改。王先謙《荀子集解》，頁 405。
〔註41〕以上二句原文有脫誤，依王念孫說補正。王先謙《荀子集解》，頁 406。

（二）天君之心的主宰性

作爲天官之一的感性之心，易因情欲糾葛而生「蔽」；作爲唯一天君的理性之心，其清明本性亦將因執著己見排斥異說而生「蔽」，所以必須由虛壹而靜的涵養工夫掃蕩蔽塞，恢復清明。經過省察涵養所達成的清明，已進入澈底體察人道的境界，因此以「大清明」稱之。〈正名〉所說「所以知之在人者謂之知，知有所合謂之知」，上一句的「知」屬人心本具的能力，下一句的「知」則屬經過虛壹而靜的涵養工夫所臻至，能明察道之「體常而盡變，一隅不足以舉之」的大清明。這樣的「大清明」之心，已非純然只停留在知性層而止於邏輯思辨的「智心」或「認識心」〔註 42〕，實已由知性主體轉變爲道德主體，「預設著、包含著一種道德直覺與道德良知的作用」〔註 43〕，〈解蔽〉於「虛壹而靜，謂之大清明」下說：

> 萬物莫形而不見，莫見而不亂，莫論而失位。坐於室而見四海，處於今而論久遠，疏觀萬物而知其情，參稽治亂而通其度，經緯天地而材官萬物，制割大理，而宇宙裏矣。恢恢廣廣，孰知其極！睪睪廣廣，孰知其德！涫涫紛紛，孰知其形！明參日月，大滿八極，夫是之謂大人。夫惡有蔽矣哉！心者，形之君也，而神明之主也，出令而無所受令。自禁也，自使也，自奪也，自行也，自止也。故口可劫而使墨云，形可劫而使詘申，心不可劫而使易意，是之則受，非之則辭。故曰：心容其擇也，無禁必自見，其物也襍博，其情之至也不貳。

心經由「虛壹而靜」的工夫涵養，一旦解除蔽塞，即可恢復「大清明」的本性，使萬物都能呈現自我，獲得應有的評價與分位，而天地宇宙井然有序。此一知類明統的「大清明」之心不僅能客觀認知萬物，還能自爲主宰，不僅是外在形體的主宰，而且是內在神明的主導，除了具有「可以知之質」的功能外，更能積極發揮「可以能之具」的作用。正因天君之心能發揮主宰作用「出令而無所受令」，所以心意抉擇並不會像天官之口的或默或云，與形體的或屈或伸，將因外物的引誘脅迫而改變，因此，「是之則受，非之則辭」，〈正名〉說：「凡人莫不從其所可，而去其所不可」，亦是此意。所謂「自禁也，自使也，自奪也，自取也，自行也，自止也」，在於表現此主宰之心能隨其自

〔註42〕牟宗三《名家與荀子》，頁 225。
〔註43〕劉又銘〈從「蘊謂」論荀子哲學潛在的性善觀〉，頁 62。

由意志，對其所認可者「使、取、行」，對其所不認可者「禁、奪、止」，〈正名〉說：「欲不及而動過之，心使之也」、「欲過之而動不及，心止之也」，即是此意。正因大清明之心可以虛而兼知萬物，所以「心容」而「其物也雜博」，儘管所聞見雜博，然而專精不貳的可道之心，其依循自由意志所作的抉擇必然不受任何外在因素的限制而如如呈現，故謂「其擇也無禁，必自見」，〈正名〉說：「知道之莫之若也，而不從道者，無之有也」，正是此能行使自由意志之心，「其精之至也不貳」的具體寫照。

就心能以其自由意志發揮主宰作用而言，此大清明的天君之心，已由天官之心的認知主體，轉化提昇為實踐主體。荀子雖未如孟子直接就惻隱、羞惡、辭讓、是非等四端之心的當下呈現而肯定性善；但是其由虛壹而靜工夫涵養所得的大清明之心，實與孟子由存養、擴充所得德性心有共通之處。所以有學者即由心能主宰而為實踐主體處，主張荀子學說中的心可以等同孟子學說中的心，陳登元即認為，「孟荀二子同主人有善心」〔註44〕，葉紹鈞亦表示，孟荀二人「確實在同一條路上」〔註45〕。當然，更有不少學者反對，例如何淑靜儘管同意荀子所瞭解的大清明之心有「自由意志」，然而始終不願承認如此之心可以等同孟子學中的「道德心」，理由是荀子所瞭解的「認知心」雖能自由自主而不受任何禁限地作抉擇，但此自由意志只停留在思慮的選擇上，而不能「自立行為活動的法則」以自主地依其所立之法來決定行為活動之生起。因此，只承認荀子所瞭解的認知心兼有能自主地決定行為活動方向，即具有「實踐意義之作用」，而不同意將其與孟子學中強調能自我立法的「道德心」劃上等號〔註46〕。韋政通既認為知道可道而能依自由意志以為主宰的心，正是孔孟「由仁識心」的道德心，又認為荀子「由智識心」的認知心，只能由「心之所可中理」及心能治性之效用處見心之善義，與孟子直接就當下呈現的仁、義、禮、智之感通處而言心善，其涵義並不相同。於是，認為荀子一方面言心之主宰義，一方面又不承認性善，是不能將生活實踐中對道德心的親切體會，消融到由理智推比活動而成的系統中所形成的矛盾〔註47〕。

不管是孟子注重內聖而「由仁識心」或荀子強調外王而「由智識心」，其

〔註44〕陳登元《荀子研究》（上海：上海書店，1992 年），頁 162。
〔註45〕葉紹鈞《荀子（選注）》（上海：商務印書館，1931 年），〈緒言〉頁 17。
〔註46〕何淑靜《孟荀道德實踐理論之研究》，頁 113～114。
〔註47〕韋政通《荀子與古代哲學》（臺北：臺灣商務印書館，1985 年 10 月），頁 127
　　　～131。

中由仁、由智只代表論學的取向與進路，並不代表孟子所認識理解之心純然只是德性心，而荀子所認識理解之心純然只是認知心，建構理論的基礎或出發點雖然不同，但並不意味其內容毫無交集，過程不同也不意味結果一定南轅北轍。荀子既然有鑑於太過強調道德主體的思孟五行說，反而對正理平治的實際外王事功沒有太明顯有效的助益，故另闢蹊徑，從一味注重內聖所導致的絕對主觀的封閉系統解脫，改由實踐層面的相對客觀性入手，以避免在講求群居和一的人際互動時，只憑一己主觀直覺而作爲，全不關心他人的看法與感受。正因爲荀子的道德實踐必須落實在社會人群，而個人主觀認定的價值可能與社會整體的公利背道而馳，所以必須由虛壹而靜的涵養工夫，即以平靜專注的心情、謙虛包容的態度，客觀兼知萬物而經計慮權衡求得統貫之道。大清明之大，正在於其能兼顧各方，以使個人主觀認定與社會整體方向合轍。換句話說，荀子由智識心並非棄仁心善端於不顧，而是希望藉客觀的思辨，使仁心善端發爲行動更貼切、涵蓋範圍更廣泛，正由於強調智的目的在成就仁，所以不蔽的大清明必是既仁且智。荀子之所以雖主張心有主宰義，卻不認可心善，一方面在於欲藉由天官之心的克服，彰顯人爲努力的價值；另一方面在於欲藉由一隅之見的掃蕩，彰顯道德實踐的客觀性。因此，才將親切體會的道德心安頓在虛靜工夫後的大清明處，而不從與生俱來處談物我人己的感通。韋政通因認定荀子所識之心的性質止於一理智的認知心，所以對於〈不苟〉中近於孟子的「君子養心莫善於誠」一段論述，只視爲偶然出現而不足探證的異質言論，以致未能全然瞭解荀子的用心。但是，比起認爲荀子對道德心完全無所體會的論調，他那「不時隱約有對道德心的體會」，卻不能正視而加以消融的說法，顯然是比其他批評者較客觀的。

　　至於將荀子學說中的心視爲純粹理智的認知心所導致的另一個問題是，爲心所知之道必然成爲客觀外在的認知對象，而非內在於心爲道德實踐的主體。因此，何淑靜雖然同意荀子所瞭解的心有自由意志，但因道，即禮義，是外在於人的客觀存在，所以只承認其具有「實踐意義之作用」，而不承認其爲「實踐主體」，並表示荀子雖視心爲道德實踐的主觀依據，但此依據只是「憑依因」而非「生起因」〔註48〕。然而，荀子所謂道果真只是客觀存在，爲心所認知的外在對象而已嗎？顯然不是。當荀子於〈天論〉中以「天君」來稱謂「居中虛以治五官」之心時，即以「君」字賦予心主宰義涵；而於〈正名〉

─────────

〔註48〕何淑靜《孟荀道德實踐理論之研究》，頁 128。

以「道之工宰」來定義心時，除了以「宰」字肯定心主宰義涵外，即以「工」字賦予心成全涵義。陳奐解釋「工宰」之工為「官」，而謂「官宰，猶言主宰」〔註49〕，並指「舊注失之」，實則楊倞注謂「工能成物，宰能主物，心之於道亦然也」，不僅指出心的主宰作用，並且點明心的成全作用，較陳奐為周全。認知心何以能創生道？將道視為客觀存在的純粹認知心當然不能創生道，能創生道的是由虛壹而靜涵養所得的「統類心」、「明覺心」。當大清明的覺心在「疏觀萬物」、「參稽治亂」時，不僅認知，更經思辨權衡而「知其情」、「通其度」，知情通度於是即可循其理而統貫之，循其理而統貫之即是創生道，所以荀子稱其為「制割」大理，由知類明統而創生的道能「經緯天地而材官萬物」，所以說「宇宙理矣」。關於知道與生道之間的關聯，唐君毅明確指出，「人知物之治亂之所以然之理，即實際上恆連於求治去亂之當然之理，與人之實往求治去亂之行。反之，人有仁心而不知治亂之所以然之理，則此仁心雖以仁為道，仍無使其自身通達於外，以去亂成治之道路。此道路，仍賴『知治亂之所以然之理』而後建立。人之知治亂所以然之理，即在實際上恆連於求治去亂之當然之理及求治去亂之行；則此二者間，即應原有一相通達之道路，而可說之為一道」〔註50〕。「所以然之理」乃疏觀萬物與參稽治亂初步認知所得者，「當然之理」乃知其情與通其度進而思辨所得者，即知道，「求治去亂之行」乃制割大理而自使、自取、自行者，即心既知道又能生道，既可道又能行道的具體表現。如此說來，不僅大清明的明覺心能自立行為活動的法則而為道德實踐的「生起因」而非「憑依因」，而且為心所知所生之道乃一知行合一的合內外之道，並非只是一客觀認知的對象而已。

　　荀子之所以必須強調由內在心知之道具體外化的禮義，一方面在於避免所知之理相同，所為之行互異，故以知類明統所制訂的禮義法度加以規範，以取得共識與一致性而有利教化的推行；另一方面在於方便無暇或不願學習的凡民，以及雖在學習中，但尚未能由虛壹而靜達於大清明的學者有所遵循。因此，將道具體外化為禮義的目的，在成就其客觀性、普遍性、一致性、可行性，而非將之切割而為全然無關內在主體的客觀知識。正因荀子所謂的道是一合內外之道，所以禮義規範或禮樂制度的訂定，乃是基於人情所必不免，因稱情而立文，以使情文俱盡而達於中和之紀。亦即聖人生禮義而起法度，

〔註49〕王先謙《荀子集解》，頁423。
〔註50〕唐君毅《中國哲學原論・原道篇（卷一）》，頁465～466。

並非外於人情而立一套制度來控制行為，相反地，這套規範須隨著時空變異而不斷斟酌損益以符合人情的需要。對於尚未獲致大清明的一般人，固然須依共同的禮義規範言行、促進和諧，對於已獲致大清明的聖人、大儒，心即是禮義，其言行便足以為眾人法度。〈儒效〉謂大儒面對未曾聞見而突然出現的特殊事故，能以統類之理應對而無所遲滯慌亂，事後以禮義法度檢驗之，完全若合符節，毫無踰越，正是大清明的明覺心能自立行為活動法則，並自主地依其所立法則來決定行為活動的明證。由此看來，明覺心是足以保證道德實踐之必然的實踐主體。

除了由視禮義為客觀外在而否定心自我立法以成實踐主體外，何淑靜又由虛壹而靜的工夫不具普遍的必然性來否定心是道德實踐的主體。認為虛壹而靜不具普遍的必然性理由有二：一是虛壹而靜的工夫是後天訓練而成的，並非人人皆必然如此；二是心作虛壹而靜的工夫是經由他人告知而作，並不是心自發而作〔註 51〕。關於以上兩點我們的看法是，首先，因應藏、兩、動而生的虛壹而靜的工夫不僅有待後天的訓練，而且還必須「加日縣久，積善而不息」（〈性惡〉）方有以致之。否則，若虛壹而靜的工夫是與生俱來即已完成者，如目之明、耳之聰，則不該稱之為工夫，而應稱為本能，若大清明是本能，則荀子不當主張性惡。何況，即使肯定惻隱、羞惡、辭讓、是非等四端之心而主張性善的孟子，亦必須談「求其放心」以「存心」、「養」與「擴充」以「盡心」的工夫，而工夫必然是後天訓練培養的，否則，即應以「人皆為堯舜」取代「人皆可以為堯舜」。其次，清明的本心以其「可以知之質」，在不受外物的影響下，必能察知虛壹而靜之理，一旦察知，其「可以能之具」即將自發而作虛壹而靜的工夫。只是原本應當清明的心，應物之後往往或因情欲好惡而為物所役，或因一隅之私而為成見所役；此刻，若無師友提醒，因蔽塞而暫失清明的本心可能越陷越深、一往不復。然而，只要師友提醒，蔽塞之心即有可能因當頭棒喝而懸崖勒馬，於是，知蔽塞之心即將以虛壹而靜的工夫，掃除蔽塞重新返回大清明。上述過程中，師友提醒固然是轉圜關鍵，但是，決定接受師友提醒與採取行動卻是由心所主導，而非外力所脅迫。那麼，問題就只剩：若無師友告之，虛壹而靜的工夫不就不可能了？荀子的答覆是向學，是「居必擇鄉，遊必就士」（〈勸學〉）。只要向學，即可得其師友禮法，而虛壹而靜的工夫即可得其普遍的必然性，「人無師法則隆性矣，有

〔註51〕何淑靜《孟荀道德實踐理論之研究》，頁 127。

師法則隆積矣」（〈儒效〉）中的「隆積」即是指以虛壹而靜的工夫「積思慮」而言。

由道德形上學的角度，強調自由意志必須是「內在而自發地立法以生起行爲活動」才是「自律」，否則即爲「他律」，雖然定義嚴謹周延，卻難免有過於狹隘之嫌。首先，我們不禁想問，「內在而自發」地立法時，是否可以一空倚傍無所憑藉？若不能，其依據爲何？是超越的上帝或天道？若天道、上帝與人道本無連繫，則無疑是另一種「他律」。若天道、上帝與人道本來相通，那麼聖人化性起僞而創制禮義法度，何嘗不是自發地立法以作爲生起行爲活動的規範？其次，就人性本善的理論而言，固然人人皆「可以」自發地立法而生起行爲活動，但對於現實生活中「放心」尚未收回，「夜氣」存量不足的眾庶百姓而言，與其期待他們「終日以思」而存養心性，不如爲他們樹立典範，使其能有「須臾之學」，更有助正理平治。所以若能放寬標準，視聖王創制禮義是爲「整體人類社會」立法，則願意選擇禮義作行爲判斷準則，何嘗不可說是一種自律。〔註52〕何況，由《孟子・離婁下》所說「人之所以異於禽獸者幾希，庶民去之，君子存之。舜明於庶物，察於人倫。由仁義行，非行仁義也」看來，即使被孟子視爲人格典範的舜，其自爲立法未嘗不需「明於庶物，察於人倫」，即考量客觀現實各方條件。如果我們同意「有關人的各種道德價值的獲取或道德規範的建立，與其說是道德主體在自我覺醒後的自我立法，毋寧是人在融入歷史傳統中內化習得來的」〔註53〕的說法，即人類的自我立法並不能脫離實存的生活世界。則有無必要因禮義的客觀化，就分別荀子所說的「心」只是道德實踐的「憑依因」而非「生起因」，值得省思。

（三）人心與道心

心若全然受情欲好惡影響，而未發揮思辨作用，則只是「其心正其口腹」（〈榮辱〉）的凡心；雖發揮思辨功能，卻只知爲一己長慮顧後或致力於一事

〔註52〕王楷以爲：相對於外在強制他律的約束，荀子顯然更重視出於內在心志和精神的德性。〈從「知者利仁」到「仁者安仁」——荀子道德論證的兩層結構〉，《哲學與文化》第35卷第10期（2008年10月），頁170。鄧小虎以爲：禮義就是人對於情性的自我規範，即「自律」，而不是「他律」。〈《荀子》中「性」與「僞」的多重結構〉，《國立臺灣大學哲學論評》第36期（2008年10月），頁25。

〔註53〕袁保新《從海德格、老子、孟子到當代新儒學》（臺北：臺灣學生書局，2008年10月），頁149。

一物，則只是一隅之見的人心；唯有虛壹而靜，「爲天下生民之屬長慮顧後而保萬世」（〈榮辱〉），才是「制割大理」而「使本末終始莫不順比」（〈禮論〉）的道心。凡心之蔽，人易見之；人心之蔽，人莫見。人心之善，人易知之；道心之善，人莫知之。〈解蔽〉說：

> 壹於道則正，以贊稽物則察，以正志行察論，則萬物官矣。昔者舜之治天下也，不以事詔而萬物成。處一危之，其榮滿側；養一之微，榮矣而未知。故道經曰：「人心之危，道心之微。」危微之幾，惟明君子而後能知之……
>
> 空石之中有人焉，其名曰觙，其爲人也，善射以好思。耳目之欲接則敗其思，蚊蝱之聲聞則挫其精，是以闢耳目之欲，而遠蚊蝱之聲，閑居靜思則通。思仁若是，可謂微乎？孟子惡敗而出妻，可謂能自彊矣，未及思也；有子惡臥而焠掌，可謂能自忍矣，未及好也。闢耳目之欲，而遠蚊蝱之聲，可謂能自危矣，未可謂微也。〔註54〕夫微者，至人也。至人也，何彊，何忍，何危？故濁明外景，清明內景。聖人從〔註55〕其欲，兼其情，而制焉者理矣。夫何彊，何忍，何危？故仁者之行道也，無爲也；聖人之行道也，無彊也。仁者之思也恭，聖人之思也樂。此治心之道也。

要瞭解荀子所謂「人心」、「道心」的區別何在，引文中的「危」字實居關鍵地位。由於宋明儒以《尚書・大禹謨》的「人心惟危，道心惟微，惟精惟一，允執厥中」爲堯、舜、禹相傳心法，而朱熹於《中庸・序》又謂「人心爲人欲，故危殆而不安，道心爲天理，故微妙而難見」，以致嫻熟宋明理學或習慣天理人欲二分者，容易誤將荀子此處的危字亦視爲「危殆」之義，例如徐復觀即認爲，荀子用危字形容心，表示「心一受到外物的干擾，其認識能力的正確性即成問題」，亦即「心之本身是容易動搖歪曲的」。一旦視危爲危殆，並認爲此危殆是由欲望方面的好利之心，干擾動搖認知方面的能慮之心所引起，則將認定荀子分「心與道爲二物」，「而非將心分爲人心與道心兩個層次」。然而，容易受好惡情欲動搖引導的心，只是「有知而無義」與禽獸無別的天官之心，荀子所謂的人心當然不是「除了認識作用及綜合地欲望以外」〔註56〕，即一

〔註54〕此處文有錯亂，依郝懿行、郭嵩燾說訂正。王先謙《荀子集解》，頁403。
〔註55〕「從」原作「縱」，依王先謙說改。王先謙《荀子集解》，頁404。
〔註56〕以上所引徐復觀之說見《中國人性論史・先秦篇》，頁243、246。

無所有的凡心，而是能自爲主宰、有義有辨的天官之心。

　　「危」字若如王念孫所說，「非蔽於欲而陷於危之謂」，那麼又該如何解釋？楊倞注「危」爲「謂不自安，戒懼之謂也」，阮元則解「危之」爲「時加以戒懼之」〔註57〕。面對任何事物，若能以戒慎恐懼的態度小心處理，自然對獲致成果乃至其榮滿側有莫大助益；然而，光是「臨事而懼」當然不夠，必須「好謀」而動方能眞正「以成」。所以，依楊、阮之說而以「戒懼」釋「危」，文義雖似可通，但未充分切盡荀子本旨。須知荀子人心、道心的區分，所重不在個人道德價值，而在社會人文意義。〔註58〕所謂「處一危之」之「處一」即對應「知者擇一而壹焉」，「危之」則對應「身盡其故則美」，即由農精於田、賈精於市、工精於器之「精於物」，進至好書者眾而倉頡獨傳、好稼者眾而后稷獨傳、好樂者眾而獨傳之「可以爲師」；亦即由倕作弓、浮游作矢與奚仲作車、乘杜作乘馬之「精於物」，進至羿精於射、造父精於御之「可以爲師」。能夠專精於一物一事而「物物」，無論其只是嫻熟於技藝而爲農、賈、工，或進而能通其理而爲師爲官，其成就皆容易爲人所見而獲得讚譽，此即「處一危之，其榮滿側」。由此可見，危字當如《說文》所說「在高而懼」，兼有居高與戒懼二意，一如成語「正襟危坐」與「孤臣孽子，其操心也危，其慮患也深」（《孟子·告子下》）之「危」義，皆有因戒慎而致高聳之意。朱熹注解「邦有道，危言危行；邦無道，危行言孫」（《論語·憲問》）之危字爲「高峻」，〔註59〕可作爲此處的確詁。而「處一危之」意謂因戒慎「自節止之」而專心凝神於一事一物，以高舉其意義與價值。〔註60〕

　　全心傾注一事一物使其盡善盡美以顯揚其意義與價值，固然容易爲人所知而倍受肯定，然而，即使因此爲師爲官，終究只是偏於一隅之「精於物者以物物」。既然「處一危之」的人心向有所不足，則必須進而「養一之微」以求「兼物物」的道心，唯有養心至虛壹而靜之精微，方能以「壹於道」的正志，行「贊稽物」而兼知其理的察論，如此雖然不專精農、賈、工等各方技

〔註57〕以上王念孫、楊倞、阮元之說俱見王先謙《荀子集解》，頁400～401。
〔註58〕唐君毅以爲：所謂人心即專精于一事，而不能通于他事之心；而道心則爲能兼知不同之人所專精之事之意義與價值，既能兼知之，更求加以配合貫通之道者。此道心、人心之分，初非自道德意義上分，而是自其人文意義上分。《中國哲學原論·原道篇（卷一）》，頁455。
〔註59〕朱熹《四書章句集注》（北京：中華書局，2001年11月），頁149。
〔註60〕唐君毅以爲：「處一危之」之危，當即心凸出而凝聚，以處於一事一物之內，而高標其意義與價值之心。《中國哲學原論·原道篇（卷一）》，頁458。

藝，卻能因通達其理而統管各方師官，以使「萬物官」。舜治理天下能「不以事詔而萬物成」，正是「養一之微」的最佳例證，因為能「萬物成」，所以是「榮矣」，因為是「不以事詔」，所以眾人皆「未知」。「養一之微」之所以「榮矣而未知」，在於眾人雖有見於由虛壹靜而精於道，以達致萬物成的豐碩成果，卻未見精於道的君子在某一方面有特別專精的技藝或努力的作為。正因為一般人只知專精一事而致其高，故謂「人心之危」；至於兼知萬物而達其廣，則有賴精微的涵養方有以致之，故謂「道心之微」。由於危與微二者的輕重高下，只有具備大清明之心的君子才能知之，因此要成為足以「定是非，決嫌疑」的明君子，必須對心「導之以理，養之以清」。

　　人心與道心的差別在於，面對事物時，人心專執於一己所思所見，以致往往過度肯定己見而不能以同理心看待他人所思所見，將其心封閉於一己成見，於是不能「以學心聽」，而包容不同見解，調整修正己見，轉一元的主觀為多元的客觀。「處一危之」的「處」顯示此一停留、執著一隅之見的侷限性。道心由於已超越藏、兩、動而臻於虛、壹、靜的境界，所以對於各種不同見解均能兼容並蓄、兼通其理而統合之，使所有一己主觀皆得以調節滙整為多元客觀，「養一之微」則顯示此一涵養的精細深入。處一危之而「其榮滿側」，正用以說明人心「彊」、「忍」、「危」的有為境界；養一之微卻「榮矣而未知」，正用以彰顯道心「無為」、「無彊」的境界。

　　就自我要求而言，「惡敗、惡臥、好思」皆有其必要性，「自彊、自忍、自危」皆屬難能可貴；但就待人接物而言，只顧及一己執定的理想以成就「人心之危」，卻忽略周遭對象的觀點與感受，終未能如「道心之微」的圓滿和諧；儘管其所欲達成者於理值得肯定，然而於事並非圓融無礙。孟子厭惡敗德而出妻，固然可以成就其理想性，卻未顧及其妻之感受；有子為惕勵自我而焠掌，固然可以免於懈惰而精進，卻忽略身體髮膚受之父母；空石中人般為求靜思有得而屏除欲望，與世隔絕，固然可以達致閑居靜思而通，卻空有其知而無助於行。在荀子看來，上述三人「皆似是而實未得是之全者」〔註61〕，即雖顧及理，但未顧及情，雖守住理想性，卻無益現實性，故謂其「未及思」、「未及好」、「未可謂微」。具備「道心之微」的至人，待人接物能如槃水、銅鏡的映物，將他人的感受與意見收攝包容於大清明之心內，此即「清明內景」；而非「人心之危」者只能如火炬照物，將自己的感受與見解強行加諸他人身

〔註61〕唐君毅《中國哲學原論・原道篇（卷一）》，頁460。

上，故謂「濁明外景」。大清明的聖人，不僅在人際互動中能兼顧人我而和諧圓融，在自我的涵養中亦能兼顧情文而文質彬彬，即能以道制欲而不困於多欲，又能稱情立文而養人之欲。「何彊、何忍、何危」正說明能以理調節而「從其欲，兼其情」的聖人，無需如孟子等人蔽於好、惡成見而自彊、自忍、自危。因爲能得其周道而無曲知之蔽，因爲能知其實、通其理而本末終始無不順比，所以仁者與聖人在待人接物的「行道」過程，自然「無爲」、「無彊」，在涵養自我的「思」道過程，自然能「恭」、能「樂」。

二、必仁且智與知行合一

　　虛壹而靜不僅是涵養人心恢復大清明的治心之道，同時也是大清明心正確認知事物之道的方法，而且當此大清明的道心在「疏觀萬物而知其情，參稽治亂而通其度」的過程中，察知萬物治亂所以然之理時，同時便會明悉求治去亂之方，而其正理平治的意志則進而促使人實往此求治去亂方向而行〔註62〕。正因爲大清明心之知道是兼知行而言，所以除〈解蔽〉一再提及「知道察，知道行，體道者也」，「壹於道則正，以贊稽物則察，以正志行察論」，且將仁者、聖人之行道與思並列外，〈榮辱〉的「志意致修，德行致厚，智慮致明」，〈天論〉、〈正論〉兩見的「志意修，德行厚，智慮明」，亦是道心乃知行合一的證明。因此，大清明心並非只是一認知心而已，其作用既然不停滯於認知層，則其心必求人之爲學在於盡倫盡制，而反對無益人道的物理知識與奇辭怪說，〈解蔽〉說：

> 凡以知，人之性也；可以知，物之理也。以可以知人之性，求可以知物之理而無所疑止之，則沒世窮年不能徧也。其所以貫理焉雖億萬，已不足以浹萬物之變，與愚者若一。學，老身長子而與愚者若一，猶不知錯，夫是之謂妄人。故學也者，固學止之也。惡乎止之？曰：止諸至足。曷謂至足？曰：聖也。聖也者，盡倫者也；王也者，盡制者也。兩盡者，足以爲天下極矣。故學者，以聖王爲師，案以聖王之制爲法，法其法，以求其統類，以務象效其人。嚮是而務，士也；類是而幾，君子也；知之，聖人也。
> 故有知非以慮是，則謂之攫〔註63〕；有勇非以持是，則謂之賊；察孰非以分是，則謂之篡；多能非以修蕩是，則謂之知；辯利非以言

〔註62〕唐君毅《中國哲學原論·原道篇（卷一）》，頁464～466。

〔註63〕「攫」原作「懼」，依王引之之說改。王先謙《荀子集解》，頁407。

是，則謂之詆。傳曰：「天下有二：非察是，是察非。」謂合王制與
不合王制也。天下有不以是爲隆正也，然而猶有能分是非、治曲直
者邪？若夫非分是非，非治曲直，非辨治亂，非治人道，雖能之無
益於人，不能無損於人。案直將治怪説，玩奇辭，以相撓滑也；案
彊鉗而利口，厚顏而忍詬，無正而恣睢，妄辨而幾利；不好辭讓，
不敬禮節，而好相推擠；此亂世姦人之説也，則天下之治説者方多
然矣。傳曰：「析辭而爲察，言物而爲辨，君子賤之；博聞彊志，不
合王制，君子賤之。」此之謂也。爲之無益於成也，求之無益於得
也，憂戚之無益於幾也，則廣焉能弃之矣。不以自妨也，不少頃干
之胷中。不慕往，不閔來，無邑憐之心，當時則動，物至而應，事
起而辨，治亂可否，昭然明矣。

荀子之所以反對過度追求物理知識，原因之一是物理知識無有止境，終人一
生不足以窮盡；原因之二是瑣碎的物理知識追求太甚，反而有礙統貫其理以
應人事之變，如此，則與愚者無異。所以〈儒效〉說：「君子之所謂知者，非
能徧知人之所知之謂也」。至於「老身長子」還堅持而不知捨棄無益之知的妄
人，其實指的正是「治怪說，玩琦辭」的惠施、鄧析、墨子、慎到、宋鈃等
人。妄人對人倫治道不僅無益，尚且可能有害，所以〈儒效〉即稱此等「率
其群徒，辯其談說，明其辟稱，老身長子，不知惡也」之人爲「上愚」。爲了
避免陷於愚、妄的蔽塞，學習必須有所「止」，當以聖王的盡倫、盡制爲究竟
標準；至於不合王制的「非分是非，非治曲直，非辨治亂，非治人道」，與「爲
之無益於成也，求之無益於得也，憂戚之無益於幾也」的析辭辨察與博聞強
記都應將之捨棄擱置，不使妨礙心志思慮。〈修身〉說：「不識步道者，將以
窮無窮，逐無極與？夫堅白、同異、有厚無厚之察，非不察也，然而君子不
辯，止之也」；〈儒效〉說：「君子之所謂辯者，非能徧辯人之所辯之謂也；君
子之所謂察者，非能徧察人之所察之謂也；有所止矣」，荀子對於「無用之辯，
不急之察」是以聖王爲標準而加以抑止的，亦即對無益於聖王之制施行的認
知活動希望其適可而止。由此可見，荀學雖然重智，卻仍以重德爲依歸。荀
學的目的，並非以能知之心知物之理而求取客觀知識，建立純智性的思辨理
論，而是以清明之心精察物我、人己互動之理，成就群居和一的治道，由此
可見，荀子強調既仁且知的主張並未偏離中國文化重德範疇〔註64〕。正因爲

〔註64〕唐端正〈荀子善僞論所展示的知識問題〉，頁181。

知行二者是二而一，所以能「知之」的聖人，必能「當時則動，物至而應，事起而辨」。〈儒效〉說：「彼學者，行之，曰士；敦慕焉，君子也；知之，聖人也」，又說：「知之不若行之，學至於行之而止矣。行之，明也。明之爲聖人」，看似矛盾，實則互補兼賅，前者在對比「不知而行」以見知通統類之不易，後者則在對比「知之而不行」以見可道而行之可貴；前者強調「知道察」，後者強調「知道行」，聖人當然是二者合一的「體道者也」。

　　既然知道的目的不在建立客觀知識系統，而在於行道，則知有所合的智也不只是純粹理性的思辨，而在成就群居和一的仁。所以，荀子每每將仁知合言或並舉，如〈解蔽〉的「仁知且不蔽」，〈正論〉的「不仁不知，辱莫大焉」，皆是仁知合言之例；而〈非十二子〉的「貴賢，仁也；賤不肖，亦仁也。言而當，知也；默而當，亦知也」，〈富國〉的「其知慮足以治之，其仁厚足以安之」，皆是仁知並舉之例。由於知類明統的大清明心是爲達成愛人的仁德而存在，所謂「人主仁心設焉，知其役也，禮其盡也」（〈大略〉），即清楚表示知心的運作目的在於成全仁心，而以順人心爲本而創制的禮樂規範，爲的是在本末終始莫不順比的情況下，將仁心發揮至極致。所以大清明的統類心，不僅由貴賢賤不肖的知人來舉直錯諸枉而達於愛人；而且由「言而仁之中也，則好言者上矣，不好言者下也」的言而當與「言而非仁之中也，則其言不若其默也，其辯不若其訥也」（〈非相〉）的默而當，以本諸仁心的言辭來助成行仁。既然用知的目的在於行仁，則徒用其知而非以利仁，荀子必批判之。如〈大略〉說：「管仲之爲人，力功不力義，力知不力仁，野人也，不可以爲天子大夫」，即批評管仲運用智巧只在謀求功利，非施行仁義，疵其只是崇尚情欲之「質」勝於禮義之「文」的野人，而非仁知兼備、文質彬彬而足以爲王佐的聖人。至於意欲行仁卻不能以大清明心知通統類之人，儘管高舉仁義禮智聖五種「德之行」，然而過於強調內在心性，忽略客觀現實，無益人群社會的正理平治，子思、孟軻之所以荀子批判爲「略法先王而不知其統」〈非十二子〉，即在於空有惻隱之仁，而無禮義之知。諸子百家蔽於一隅曲知，屬「知而不仁」；思孟後學蔽於善端主體，屬「仁而不知」，二者皆不可取，唯有得周道兼人我而「仁知且不蔽」的孔子，才是王者的賢佐。〈君道〉的「知而不仁不可，仁而不知不可，既仁且知，是人主之寶也，而王霸之佐也」，即是此意。既仁且知者，必將因其仁而使「仁厚兼覆天下而不閔」，因其知而使「明達周天地、理萬變而不疑」，於是知行合一而「血氣和平，志意廣大，行義塞

於天地之間」，〈君道〉說，這是「仁知之極」，叫做「聖人」。

　　總上所述，心既然不只是具有認知作用的「天官」，更是能治五官而自爲主宰的「天君」，而爲知道、可道且行道的主體依據，爲何荀子不因此直接肯定心善乃至性善？原因在於，作爲天官的心雖如目之於「明」、耳之於「聰」本具清明的認知作用，然而一旦接事應物，卻如盤水之遇微風而骰亂混濁，極易受到蒙蔽而無法作出正確合理的判斷。如果蒙蔽來自好利欲佚的情欲，則解蔽之法在於導化感性的物欲以恢復清明的本心；如果蒙蔽來自知性層面的片面執著，則解蔽之法在於破除一隅之見而認知整全之道。然而無論是要用周全的禮義之道來解除感性情欲取代理性思辨的蔽塞，或是執著一隅成見而以偏蓋全的蔽塞，都必須透過虛壹而靜的涵養工夫。以不拘執成見，不預設立場的謙「虛」，包容更多新知以成全「藏」；以並存無礙的統貫爲「壹」，超越心無旁騖的貞定專一而成全兼知之「兩」；以用心專注的冷「靜」，使心之「動」如理而不亂。經過省察涵養所達成的大清明之心，已由純然認知的知性主體轉化爲倫理實踐的道德主體。此時的心，不僅不是會隨情欲浮沉的「凡心」，也不是只專注於一事一物的「人心」，而是既能兼顧情文而文質彬彬，又能兼顧人我而和諧圓融的「道心」。又此一大清明的道心，在察知萬物治亂所以然之理時，便會同時明白求治去亂的方法，而其正理平治的意志亦將進而促使人往此求治去亂方向而行，所以是一知行合一之心。而且此心知道的目的不在建立客觀的知識系統，而在成就群居和一的仁德，所以大清明的道心又是一必仁且知之心。

第五章　化性起偽：道德實踐

　　雖然荀子「性惡」的說法表面上看來是直接衝著孟子「性善」的主張而來，但是在「人之性惡，其善者偽也」的命題中，「人之性惡」並非居於主導地位，而只是用來襯托「其善者偽也」而已，亦即是說，荀子只是用自然人性易趨向惡來凸顯善歸功人為後天的努力。所以，我們「與其說荀子是性惡論者，不如說他是善偽論者」〔註1〕。儘管因此善偽與性善有某種程度的相似性〔註2〕，然而仍須注意兩者間的區別。首先，孟子的善著重個人道德，荀子的善著重於社會秩序。其次，善偽論中的善雖出自偽，但偽的結果卻不一定是善，唯有循「師法之化，禮義之道」方能達於「正理平治，群居和一」的理想，所以偽並不等於善；而性善論中由性所出者必然是善，因為性與善彼此互為充要條件，可以劃上等號，卻也因此容易使人只注意「反身而誠」的反省體悟，忽略「強恕而行」的擴充實踐。或許這正是荀子疾呼「故性善則去聖王，息禮義矣」的原因。

　　真正與荀子學說對立的其實是同樣以自然的角度看待人性，卻反對人文禮義的老子思想。老子認為人既然是自然的產物，就應該與萬物一樣「莫不尊道而貴德。道之尊，德之貴，夫莫之命而常自然」（《老子》第五十一章），即與萬物一起奉行自然規律，順應自然之道以發展人性。老子雖然沒有特別

〔註1〕　唐端正〈荀子善偽論所展示的知識問題〉，《先秦諸子論叢》（臺北：東大圖書公司，1981年5月），頁171～172。

〔註2〕　就致善工夫而言，荀子所說的「積善成德」，與孟子所說的「存養擴充」，其實相去不遠。參見鄭炳堅〈荀子「性偽觀」之最新分析、比較及評論〉，《能仁學報》第四期，頁232。

標榜，但卻預設人性本善爲其理論基礎，所謂「善者吾善之，不善者吾亦善之，德善」（《老子》第四十九章），意即只要順自然本性而爲，即使從人文角度看來有善不善的區別，老子皆肯定其爲善。在老子看來，人所制訂的規範才是一切惡的根源，所謂「失道而後德，失德而後仁，失仁而後義，失義而後禮。夫禮者，忠信之薄而亂之首」（《老子》第十八章），不正是視人文化成的規範制度爲人性的束縛，仁義禮智爲人性的陷溺。由於反對人文，重視自然，所以主張聖人治國應「絕聖棄智」、「絕仁棄義」、「絕巧棄利」、「見素抱樸，少私寡欲」（《老子》第十九章），即應引導百姓返璞歸眞，捨棄人文造作，恢復自然本性，使人人皆能各自實現本眞的生命。而荀子揭舉性惡以強調貴禮義與化性起僞，正可視爲對道家思想的反抗批判。〔註3〕

　　由「性惡」而引生「化性起僞」的實踐工夫，不僅正視情欲對道德實踐不容小覷的影響，可以避免以內在主觀的反省代替外在客觀的實踐；而且否決以自然取代人文，更加肯定人文化成的意義與價值。然而「性惡」的提出，也不免讓人對「化性起僞」之可能產生了疑惑。對於誤解自然本性易流於惡爲人性本惡，我們無需再爲辯說；但是對於「僞禮義之聖人可遇而不可求，禮義之僞亦可遇而不可求，如是則禮義無保證，即失其必然性與普遍性」〔註4〕、「既云禮義法度生於聖人之僞，又云僞的積習要合於外在的禮義法度：顯然已陷于循環論證的困境」〔註5〕等批判，則有必要詳加釐清，始能對荀子思想的精義有更深入的瞭解。

第一節　聖人察禮義之統以起僞

　　既然與生俱來的自然本能與情欲，易因好利惡害而導致「偏險悖亂」；那麼，想要求得社會秩序的「正理平治」，必然需要制訂禮義規範來養欲節情，方能轉化「出於爭奪，合於犯分亂理而歸於暴」爲「出於辭讓，合於文理而歸於治」。然而，就作爲荀子學說核心理論的「化性起僞」言，人們除了關心其實踐過程外，更在乎的或許是先王、聖人「如何」來創制禮義，即其創制

〔註3〕王邦雄〈論荀子的心性關係及其價值根源〉，《鵝湖》第8卷第10期，頁25。陳德和，〈荀子性惡論之意義及其價值〉，《儒家思想的哲學詮釋》（臺北：洪葉文化事業公司，2003年1月），頁139。

〔註4〕牟宗三《名家與荀子》（臺北：臺灣學生書局，1985年3月），頁227。

〔註5〕王邦雄〈論荀子的心性關係及其價值根源〉，頁29。

禮義法度的依據爲何？以及「爲何」稟性不異於眾人的先王、聖人能夠創制禮義法度，亦即創制禮義法度的聖人需具備什麼條件？

一、禮義之統與聖人之僞

就荀子化性起僞的理論架構而言，作爲成就外王事功客觀依據的「禮義之統」與主體的「聖人」其間的互動如何？要徹底了解此一問題，必須先能區分化性起僞的兩階段性。因爲聖人天賦之本性既然與眾人無異，則不免要先經歷解蔽知道的「化性」過程，然後才有可能「起僞」而創制禮義法度。然而在這兩段過程中，禮義之統的定位如何？則須由禮義的人性根源與歷史意義來加以釐清。

（一）化性起僞的兩重涵義

如果說人的自然本性偏向惡，則化性起僞所依據的禮義「由何」產生？面對如此的質疑，荀子於〈性惡〉篇的答覆是：

> 問者曰：「人之性惡，則禮義惡生？」應之曰：凡禮義者，是生於聖人之僞，非故生於人之性也。故陶人埏埴而爲器，然則器生於陶〔註6〕人之僞，非故生於人之性也。故工人斲木而成器，然則器生於工人之僞，非故生於人之性也。聖人積思慮，習僞故，以生禮義而起法度，然則禮義法度者，是生於聖人之僞，非故生於人之性也。若夫目好色，耳好聲，口好味，心好利，骨體膚理好愉佚，是皆生於人之情性者也，感而自然，不待事而後生之者也。夫感而不能然，必且待事而後然者，謂之生於僞。是性、僞之所生，其不同之徵也。故聖人化性而起僞，僞起而生禮義，禮義生而制法度。然則禮義法度者，是聖人之所生也。故聖人之所以同於眾，而不異於眾者，性也；所以異而過眾者，僞也。

荀子首先以陶人埏埴爲器與工人斲木成器類比地說明禮義法度出自聖人的創制，而非出自人與生俱來的本性。其次以性僞之分，一方面說明「僞」不同於天生自然的「性」，係出自人爲的努力；一方面說明先天本性與眾人未有分別的聖人之所以能夠「生禮義而起法度」，是由於後天努力「積思慮，習僞故」的結果，而凡人之所以不夠資格創制禮義，在於只知順性而爲，不能化性起

〔註 6〕「陶」原作「工」，依楊注或曰改。王先謙《荀子集解》（北京：中華書局，1997 年 10 月），頁 437。

偽。由「感而自然，不待事而後生」與「感而不能然，必且待事而後然」的分別，可以明白，禮義不是出自「生之所以然」的性，而是發自「能為之動」的心，是聖人「化性而起偽」所成就者。

陶人與埴、工人與木的關係有別於聖人與性的關係，這是上述引文中荀子所未注意或刻意疏忽的問題。再者，埴、木之成為器具，是本身具有成為該器具的可能性，而非徒賴陶人、工人的埏、斲可得，以此類推，聖人之能生禮義法度亦非憑空而來，荀子說：

> 問者曰：「禮義積偽者，是人之性，故聖人能生之也。」應之曰：是不然。夫陶人埏埴而生瓦，然則瓦埴豈陶人之性也哉？工人斲木而生器，然則器木豈工人之性也哉？夫聖人之於禮義也，辟則陶埏而生之也，然則禮義積偽者，豈人之本性也哉？凡人之性者，堯、舜之與桀、跖，其性一也；君子之於小人，其性一也。今將以禮義積偽為人之性邪？然則有曷貴堯禹，曷貴君子矣哉？凡所貴堯、禹、君子者，能化性，能起偽，偽起而生禮義。然則聖人之於禮義積偽也，亦猶陶埏而生之也。用此觀之，然則禮義積偽者，豈人之性也哉？所賤於桀、跖、小人者，從其性，順其情，安恣睢，以出乎貪利爭奪。故人之性惡明矣，其善者偽也。

荀子的回答未能先充分說明為何自己將聖人所生的禮義積偽劃出人性之外，便急著由肯定堯、舜、君子的價值來印證性惡善偽。如果我們願在同情的理解後代其作較為完整而周延的回答，可結合〈正名〉第一段與〈性惡〉前半部分關於性偽之分的論述而說：所謂「性」是指行為表現中「精合感應，不事而自然」的部分，是「天之就也，不可學，不可事」，「不待事而後生」的部分；而「偽」則是指「慮積焉、能習焉而後成」的部分，亦即是「可學而能、可事而成」，「感而不能然，必且待事而後然」的部分。雖然與生俱來而「在人者」的「知」、「能」，在人的行為亦能產生感而自然的「情然而心為之擇」、「心慮而能為之動」的功用，卻不一定符合社會規範而為善，唯有感而不能然，必須「慮積焉」、「能習焉」而「有所合」的「知」、「能」，才能使人的行為符合社會規範而為善。既然禮義是「人之所學而能，所事而成」的結果，是聖人「積思慮、習偽故」所創生的社會規範，所以它不屬於自然的性、知、能，而屬於人文的慮積、能習、偽。也可以說因為禮義積偽的成果，必須是經過專心一志且長久不息而達於「通於神明，參於天地」的聖人方有以

致之，而非徒俱「可以知仁義法正之質」、「可以能仁義法正之具」卻不肯伏術爲學的凡人所能達成，所以不說其源自「性」，而強調其出自「偽」。

依孟子的人性論，「善」已先天地內在於心性中，所以以存養擴充爲其培成工夫；荀子的人性論，善來自後天人爲的努力，所以以化性起偽爲其培成工夫。在化性起偽的過程中，「性」是被導化的對象，禮義是化性的依據，聖人是禮義的創制者，「偽」是化性的結果。而化性起偽有兩層涵義：第一層指人依禮義導化自然本性而表現出合乎人倫規範的行爲，其中的「人」包括聖人在內的所有人，在此禮義躍升主導地位，人處被動地位；第二層涵義則是已經化性完成而道德全備的人，因革損益已有的規範而建立新的禮義法度，其中能創制禮義的人僅限於聖人，在此聖人居主導地位，禮義則居被動地位。

就誤解荀子所謂性惡爲人性本惡的人而言，一定產生既然人性已惡，如何可化的質疑。然而從〈禮論〉所說「性者，本始材樸也；偽者，文理隆盛也」可以清楚知道，荀子賦予「性」的只是中性的材質義。因爲是可善可惡的中性材質，所以既可用「枸木」比喻趨惡的傾向，亦可用「直木」比喻可善的部分，〈性惡〉中即有兩處分別說：

> 故枸木必將待檃栝烝矯然後直，鈍金必將待礱厲然後利。今人之性惡，必將待師法然後正，得禮義然後治。

> 直木不待檃栝而直者，其性直也；枸木必將待檃栝烝矯然後直者，以其性不直也。今人之性惡，必將待聖王之治，禮義之化，然後皆出於治，合於善也。

爲了要證成本始材樸而可善可惡的人性易趨向惡，以彰顯聖王與禮義的重要，引文第一則只提及「枸木」，引文第二則雖也提及「直木」，但焦點依然在「枸木」所象徵的趨惡傾向。至於爲何不就象徵可善部分的「直木」來證成人性本善？由荀子在〈性惡〉篇末所說「夫人雖有性質美而心辯知，必將求賢師而事之，擇良友而友之」可知，善端的呈現並不像惡端一樣明顯。惡的傾向只要順好利欲惡之情而不節制，自然出現貪利爭奪的行爲；善的本質卻要通過心的思辨肯定，加上良師益友的引導輔助，才得以表現忠信辭讓的行爲，所以荀子不輕易認可性善。儘管因擔心強調性善易導致忽略師法、禮義的重要性，寧可揭舉性易趨惡之傾向，但是從〈彊國〉所說「人之所惡何也？曰：汙漫、爭奪、貪利是也。人之所好者何也？曰：禮義、辭讓、忠信是也」可知，荀子確實認爲此本始材樸的自然本性兼具可善可惡的傾向，所

以才有「性也者，吾所不能為也，然而可化也」（〈儒效〉）之說，化性起偽也才有可能。

　　不論是由荀子本身對性偽二字的辨析，或由楊倞於〈性惡〉篇首注解的「偽，為也，矯也，矯其本性也。凡非天性而人作為之者，皆謂之偽」，都不難理解，化性起偽的「偽」並非真偽的偽，而是指與先天自然材質之性相對的後天人為動作。但是，如果我們想對荀子學說核心思想的化性起偽有更深入而全面的瞭解，必須再就〈正名〉篇首段的「散名之在人者」作進一步的探究，其文說：

> 生之所以然者謂之性。性之和所生，精合感應，不事而自然謂之性。性之好、惡、喜、怒、哀、樂謂之情。情然而心為之擇謂之慮。心慮而能為之動謂之偽。慮積焉、能習焉而後成謂之偽。正利而為謂之事。正義而為謂之行。所以知之在人者謂之知。知有所合謂之知。所以能之在人者謂之能。〔註7〕能有所合謂之能。性傷謂之病。節遇謂之命。

作為人之行為表現的「偽」與「知」、「能」皆有兩層涵義，第一層「心慮而能為之動」的「偽」，只是憑藉與生俱來而「在人者」的知與能，依循自然情欲，以個人好利惡害為標準思考抉擇而採取的行動，是對正理平治不一定有助益的「正利而為」的情事；第二層「慮積焉、能習焉而後成」的「偽」，則是反覆思慮、不斷實踐而能在人際互動上「有所合」的知與能，以整體社會公義為考量而採取的作為，是對群居和一多所助益的「正義而為」的德行。當然「聖人化性而起偽，偽起而生禮義」的「偽」無庸置疑是指人類行為表現中合乎道德禮義者。將之與〈法行〉所說「禮者，眾人法而不知，聖人法而知之」對照來看，偽不僅指合理的行為，也指禮義的創制。對「法而不知」的眾人而言，起「偽」只是依循禮義而作出合理的行為；但對「法而知之」的聖人而言，不僅「其言有類，其行有禮」（〈儒效〉），「端而言，蠕而動，一可以為法則」（〈勸學〉，亦見〈臣道〉），更應審酌時宜而修改更新既有的禮義制度，既「盡倫」又「盡制」，以為眾人所師法與奉行者。

　　釐清了「性」與「偽」的多元涵義後，其關係也就清楚了。〈禮論〉說：

> 性者，本始材朴也；偽者，文理隆盛也。無性則偽之無所加，無偽

〔註7〕「謂之知」原作「謂之智」，「所以能」上本有「智」字，皆依盧文弨說改刪。
　　　　王先謙《荀子集解》，頁413。

則性不能自美。性偽合，然後聖人之名一，天下之功於是就也。故
曰：天地合而萬物生，陰陽接而變化起，性偽合而天下治。

雖然性與偽在先天的與後天的、自然的與人為的性質方面看似對立，但在作為
行為表現的內在本質與外在作用上卻是相輔相成的。只知先天情性而不知後天
努力，則必然趨向偏險悖亂；只求人為努力卻不顧自然情性，則必然流於不切
實際，唯有「性偽合」才能正理平治。「性偽合，然後聖人之名一」似乎是脫胎
自「文質彬彬，然後君子」（《論語‧雍也》），〔註 8〕所以「起偽」的作用只是
讓自然的本性在人際互動的行為表現合乎禮義，有如在素樸的器物上添加色
彩，以達於賞心悅目而已，並非要消滅其本質而取代之。所以〈禮論〉篇一開
始雖說先王因厭惡欲求無度量分界而導致爭亂，才制訂禮義，卻接著說制禮義
的目的在「養人之欲，給人之求」。〈正名〉所謂「狀變而實無別而為異者，謂
之化」，雖然本以解說名實關係以為聖王制名原則，卻是「化」字之確詁。

（二）禮義與歷史文化

聖人及其所生之禮義法度是化性起偽的主客觀依據，勞思光說「聖人生
禮義」是「荀子思想之真糾結所在，或十分糊塗之處」，〔註 9〕但並未說明如
何糾結法，王邦雄說「既云禮義法度生於聖人之偽，又云偽的積習要合於外
在的禮義法度：顯然已陷于循環論證的困境」，可視為補充。要釐清此一問題
並不困難，只要將禮義法度放在「歷史文化的傳統」中加以檢視，亦即由荀
子對古與今、先王與後王的看法中就能理解。例如：

百王之道，後王是也。君子審後王之道而論於百王之前，若端拱〔註
10〕而議，推禮義之統，分是非之分，總天下之要，治海內之眾，若
使一人。（〈不苟〉）

聖人者，以己度者也。故以人度人，以情度情，以類度類，以說度
功，以道觀盡，古今一〔註11〕也。類不悖，雖久同理。（〈非相〉）

百王之無變，足以為道貫，一廢一起，應之以貫，理貫不亂。不知
貫，不知應變，貫之大體未嘗亡也。（〈天論〉）

禮義之統是由百王無變的「道」，一以貫之而成的。就後王而言，其生禮義而

〔註 8〕 王邦雄〈論荀子的心性關係及其價值根源〉，頁 29。
〔註 9〕 勞思光《新編中國哲學史（一）》（臺北：三民書局，1996 年 8 月），頁 334。
〔註 10〕 「拱」原作「拜」，依王念孫說改。王先謙《荀子集解》，頁 48～49。
〔註 11〕 「一」下本有「度」字，依王念孫說刪。王先謙《荀子集解》，頁 82。

起法度，是出自因應時變的因革損益，並非完全前無所承地無中生有。所以聖人在還未達於「知通統類」、「明參天地」的聖人境界時，於第一階段化性起偽所依循的乃是既有的「古」、「舊」的禮義法度；已達於「神明自得」、「曲得其宜」的聖人境界時，便可於化性起偽的第二階段，掌握通貫古今的禮義之道而對現存的禮義法度因革損益，此後的禮義法度則又成為下一個聖人第一階段化性起偽的依據，所以只有推陳出新，而無循環論證的問題。但是接踵而來的質疑將是，「第一位」先王創制禮義的依據為何？〔註12〕試想第一位先王面對剛剛成型的原始社會，以當時的生活形態與人際互動，何需繁文縟節？只需以清明之心，根據情理，公平客觀地衡量審酌，然後參考現實情況，訂定簡單原則即可，至於不夠完備周延，或因時移世易而需改革的部分，就留給下一位聖王處理吧！姑且不論禮義制度與求神祭祖的典禮儀式關係如何，兩者一開始應是順風土民情逐漸自然形成，然後在演進過程中漸漸踵事增華而日趨人文，〈禮論〉所說「凡禮，事生，飾歡也；送死，飾哀也；祭祀，飾敬也；師旅，飾威也：是百王之所同，古今之所一也，未有知其所由來者也」，正是禮義法度由自然形成而日趨人文之現象。

對荀子化性起偽主張最根本的批判來自牟宗三所說的「聖人之偽禮義法度不繫于其德性，而繫于其才能。性分中無此事，而只繫於才能，則偽禮義之聖人可遇而不可求，禮義之偽亦可遇而不可求」〔註13〕。關於此一嚴厲的質疑，我們首先應該思考的是：荀子所強調的禮義是否純然只是性外之事？〈禮論〉說：

> 凡生乎天地之間者，有血氣之屬必有知，有知之屬莫不愛其類。今夫大鳥獸則失亡其群匹，越月踰時則必反鉛過故鄉，則必徘徊焉，鳴號焉，躑躅焉，踟躕焉，然後能去之也。小者是燕爵，猶有啁噍之頃焉，然後能去之。故有血氣之屬莫知於人，故人之於其親也，至死無窮。將由夫愚陋淫邪之人與？則彼朝死而夕忘之，然而縱之，則是曾鳥獸之不若也，彼安能相與群居而無亂乎？將由夫脩飾之君子與？則三年之喪，二十五月而畢，若駟之過隙，然而遂之，則是無窮也。故先王聖人安為之立中制節，一使足以成文理，則舍之矣。

〔註12〕此一問題應不是由理想意義上來看待聖王的荀子所關心的，但往往是學者探索性惡說價值根源時的質疑，是以本文試著從生發意義上替荀子作以下的回答。

〔註13〕牟宗三《名家與荀子》，頁227。

此愛親之心不就是仁之端嗎？只是一來荀子將之視爲人與禽獸相同的「有知而無義」（〈王制〉）的部分，屬於喜、怒、哀、樂、愛、惡、欲的自然情性，而先王聖人的「立中制節」、「成文理」，才使人異於「禽獸有父子而無父子之親，有牝牡而無男女之別」（〈非相〉），符合「有氣、有生、有知，亦且有義，故最爲天下貴也」（〈王制〉）；二來荀子認爲此「感而自然，不待事而後生之者」，儘管屬「性質美而心辨知」，然而要眞正成爲有利群居和一的德行，仍有待師友的督促勉勵，方能避免被好利欲惡之情導引而流於爭、亂、窮。至於聖人創制禮義乃是「稱情而立文」，其根源內在於情性，只是經過客觀衡量而予以斷長續短，使其不至因不及而「鳥獸之不若」，亦不至因太過而「隘懾傷生」。且其「立中制節」是以「成文理」爲標準。由〈禮論〉所說「文理、情用相爲內外表裏，並行而襍，是禮之中流也」看來，禮義法度只是對人感物而生的作爲袞多益寡，以「達愛敬之文，而滋成行義之美者」，並不全然悖離牟先生所說的「然禮義究竟是價值世界事。而價值之源不能不在道德的仁義之心。其成爲禮文制度，固不離因事制宜，然其根源決不在外而在內也」〔註14〕。

其實提倡性善而「居仁由義」，與揭舉性惡而「原先王，本仁義，則禮正其經緯蹊徑」的差別，在於強調個人道德時，固然必須由四端之心契入道德主體，使人成爲道德的存在；強調社會秩序時，不得不由禮義之統凸顯理性主體，讓絕對精神退居幕後，使人成爲象徵客觀精神的理性存在。禮義對於缺乏自覺反省的大眾而言，只是化性起偽的憑藉，道德實踐因此呈現他律色彩。對於能夠「博學而日參省乎已」的士君子而言，雖是化性起偽的規範，然而因爲經過自己思辨認可，實已加入了自律的成分；對於已然神明自得的聖人而言，不再是化性的憑藉，而是因革損益而起偽的對象，所以已無強制性。〈修身〉的「有法而無志其義，則渠渠然」，是指對禮義缺乏了解的拘謹狀態，而「依乎法而又深其類，然後溫溫然」則是指充分掌握禮義之理而無所滯礙、和樂寬泰的狀態。至於百王所傳承形成的禮義之統，則是用來貞定聖王創生禮義法度的客觀性與普遍性，用以避免後王所創生的新禮義法度因過於主觀而偏離歷史文化軌跡，不切合人倫日用。

二、治氣養心與致誠愼獨

聖人有別於眾人而能化性起偽以創制禮義法度的原因，不在於與生俱來

〔註14〕牟宗三《名家與荀子》，頁226。

的天性，而在於是否願意在天賦而能擇能動的「知」、「能」，加上後天「積」、「習」的人為努力。至於願意與否的關鍵，則在於能擇能動的心是否能祛除情欲的蔽塞；而欲恢復清明本性以知道可道，則有賴於致誠慎獨以治氣養心。

（一）治氣養心與治氣養生

為何聖人能達於化性起偽的第二階段，由體察禮義之統而創制禮義法度，眾人卻僅止於化性起偽的第一階段，由遵循後王粲然明備的禮義之道而表現善良行為？由〈禮論〉所說「故先王安為之立文，尊尊親親之義至矣。故曰：祭者，志意思慕之積也，忠信愛敬之至矣，禮節文貌之盛矣，苟非聖人，莫之能知也」、〈法行〉所說「禮者，眾人法而不知，聖人法而知之」清楚可知，化性起偽的關鍵在於「能知」與否。正因為能知禮義之道與否是化性起偽的樞紐，所以荀子每每以「知之」為道德人格的最高層次，〈儒效〉的「彼學者，行之，曰士；敦慕焉，君子也；知之，聖人也」、〈解蔽〉的「嚮是而務，士也；類是而幾，君子也；知之，聖人也」，皆是其例。然而此處的「知」都不只是指認知禮義制度的內容，而是指能體察禮義制度的道理；認知意義的「知」早已存在於「行之」、「嚮是而務」之前，其後的「知」乃是來自實踐過程的反省體悟。

然而，荀子一再表示，聖人與眾人的材性知能沒有分別，為何眾人只能停留於認知階段，而聖人卻能臻至體察境界？荀子在〈性惡〉篇「塗之人可以為禹」處所給的答覆是：由於路人和大禹同樣先天具有「可以知仁義法正之質」與「可以能仁義法正之具」，按理路人也都可以成為大禹。然而，人類社會不僅沒有滿街都是聖人，甚至不世出，原因何在？在於「可以而不可使」與「皆有可也，知愚同；所可異也，知愚分」（〈富國〉），即路人之所以不能成為大禹，在於其所認可而汲汲追求的是目耳口鼻之欲，而非禮義忠信之理。舜回答堯「人情何如」所說的「人情甚不美，又何問焉？妻子具而孝衰於親，嗜欲得而信衰於友，爵祿盈而忠衰於君」，不正是荀子對現實人性深沉的感慨嗎？「足可以徧行天下，然而未嘗有能徧行天下者也」的類比，正用以說明，路人之所以未成為禹，並非由於沒有「可以」成為聖人的「知」之「質」與「能」之「具」，而是因為蔽於情欲以致「不肯」自勉，所導致的「不能」。否則一旦肯奮發自勵而「伏術為學，專心一志，思索孰察，加日縣久，積善而不息」，必能成為「通於神明，參於天地」的聖人。也就是說，要想成為聖人，必須效法駑馬十駕的鍥而不舍，不能妄圖騏驥一躍而忘真積力久之功，

然而，此真積力久鍥而不舍的動能，源自清明無蔽的知道、可道之心。

既然荀子在〈性惡〉篇再三強調本始材樸的自然情性是「聖人之所以同於眾」者，是「堯舜之與桀跖」、「君子之於小人」一致的，爲何同樣是「從其性，順其情」，卻有「制焉者理矣」（〈解蔽〉）而「能化性，能起偽」與「安恣睢，禽獸行」（〈非十二子〉）而流於貪利爭奪的分別？〈榮辱〉所說「好榮惡辱，好利惡害，是君子小人之所同也，若其所以求之之道則異矣」、〈富國〉所說「人倫並處，同求而異道，同欲而異知，生也」〔註15〕，都指出眾人之所以只能依偽而化性，聖人卻可以化性而起偽，在於所追求的方向不同，聖人嚮慕的是忠信辭讓的禮義之道，眾人致力的是目耳口鼻的性情之欲。而同求異道與同欲異知的關鍵在情然而爲之擇的「心」，「心」才是人身中能夠「知道」、「可道」、「守道以禁非道」（〈解蔽〉）的主宰，所以「養心」、「治心」、「治氣養心」，成爲修身成德的首要任務。〈解蔽〉說：

> 故人心譬如槃水，正錯而勿動，則湛濁在下而清明在上，則足以見鬚眉而察膚〔註16〕理矣。微風過之，湛濁動乎下，清明亂於上，則不可以得大形之正也。心亦如是矣。故導之以理，養之以清，物莫之傾，則足以定是非，決嫌疑矣。小物引之則其正外易，其心內傾，則不足以決麤〔註17〕理矣。

在天生人成、化性起偽的理論架構下，與生俱來具有「認知」功能的「心」雖然具有清明本性，卻極易受外物影響而遭受蒙蔽，所以荀子才用可清可濁的槃水爲喻。借槃水之鑑人清晰與否，取決於水之清濁，類比「心」之決斷正確與否，取決於心之知不知道。雖然「心」因其認知功能而有知「道」的可能；然而，一旦認知有所偏差，則可能反而「不可道而可非道」。因此，儘管心是「形之君」、「神明之主」，可以發揮「出令而無所受令」的自主功能，但是必須藉「導之以理」的工夫「養之以清」，才能「居中虛以治五官」（〈天論〉）而爲「道之工宰」（〈正名〉）；否則，不僅喪失「天君」的地位，與耳目鼻口形體同樣服務於口腹之欲，甚至成爲危害正道的姦心，如〈仲尼〉所說

〔註15〕　此處「生也」之「生」字，王念孫據楊倞注文「此人之性也」認爲「生，讀爲性」，筆者懷疑可能是「心」字之誤，即使不然，「生」字的含義也應指向心。

〔註16〕　「察」下本無「膚」字，依郝懿行說補。王先謙《荀子集解》，頁401。

〔註17〕　「麤」原作「庶」，依宋台州本改。王先謙《荀子集解》，頁401。又梁啓雄《荀子約注》（台北：世界書局，1982年12月），頁299。

「志不免乎姦心，行不免乎姦道」者。由於「心」必須經由袪蔽的工夫，才能保持大清明的狀態，所以荀子並不由「存養擴充」而言「盡心」，而自「虛壹而靜」言「養心」。用「微風過之」槃水即受干擾而清濁淆亂，比喻「小物引之」，「心」即受影響而是非不分，更足以襯托「導之以理，養之以清」的重要性與其工夫的不可間斷。

「虛壹而靜」是荀子在〈解蔽〉篇提出的養心原則，此一方針的內涵我們在上一章已詳加討論，茲不贅述；接下來讓我們由〈修身〉篇來看荀子為養心指點的具體作為，其文說：

> 治氣養心之術：血氣剛強，則柔之以調和；知慮漸深，則一之以易良；勇膽猛戾，則輔之以道順；齊給便利，則節之以動止；狹隘褊小，則廓之以廣大；卑溼、重遲、貪利，則抗之以高志；庸眾駑散，則劫之以師友；怠慢僄弃，則炤之以災禍；愚款端愨，則合之以禮樂，通之以思索。凡治氣養心之術，莫徑由禮，莫要得師，莫神一好。夫是之謂治氣養心之術也。

看到荀子所提的治氣養心，不免讓人立刻聯想到孟子主張的養氣盡心，兩者在由「氣」以成全「心」的含意上，似乎有異曲同工之妙。〔註18〕然而，不同於養氣盡心乃是存養心性內具的浩然之氣，使心能擴充善端而與道合一；治氣養心則是調理自然的血氣，使之平和，讓「心」知能在不受「氣」性干擾下知道而可道。因此，引文中列舉的九項治氣養心之術，皆是自對立相反的面向來調和個性行為上的偏差，使之趨向中和。至於獲得治氣養心方法，以避免人格偏失的最直接途徑就是學習禮義，最重要的環節在於以聖王為師法對象，最好的成效則來自全心全意的投入。

「莫徑由禮」、「莫要得師」、「莫神一好」三者對治氣養心而言，各有其重性，但或許是有感於禮壞樂崩時代重建禮樂的迫切性，所以在論述時總是對之特別強調。〈修身〉說：

> 偏善之度，以治氣養生則後彭祖，以修身自名則配堯、禹。宜於時通，利以處窮，禮信是也。凡用血氣、志意、知慮，由禮則治通，不由禮則勃亂提僈；食飲、衣服、居處、動靜，由禮則和節，不由禮則觸陷生疾；容貌、態度、進退、趨行，由禮則雅，不由禮則夷

〔註18〕楊儒賓《儒家身體觀》（臺北：中央研究院中國文哲研究所，1996年11月），頁70。

固僻違，庸眾而野。故人無禮則不生，事無禮則不成，國家無禮則
不寧。《詩》曰：「禮儀卒度，笑語卒獲。」此之謂也。

無論是養生或修身，通達或窮困，無論是材性知能的血氣、志意、知慮，或
是食衣住行的生活作息，抑或應對進退的儀態舉止，由「禮」皆融洽圓滿，
不由「禮」皆滯礙難行，禮義無疑是修身自處、待人接物、治理國家的最高
準則。

引文中「以治氣養生則後彭祖」的「後」字，不論由《韓詩外傳》作「以
治氣養性則身後彭祖」，或由楊倞注「言若用禮治氣養生，壽則不及於彭祖」
看來，「後」字之義向來被解為「不如」、「落後於」；然而王慶光卻別出心裁，
將其解為「長命過於」〔註19〕，並採取李存山「『治氣養生』是吸收了黃老派
思想」的說法，來印證荀子欲以「治氣養心」駁正「治氣養生」，以導正時代
風氣。雖然「治氣養心」與「治氣養生」的差別，誠如李存山所說：「養生之
治氣是循氣之自然，養心之治氣則必須對自然之氣進行規範」，或有如王慶光
所說：「前者才是使人『名配堯禹』的『修身』進路，而後者是袪病延年之事；
前者是文化生命，而後者是自然生命」〔註20〕。但是如果將「後」字創造性
地解為「長命過於」，則「治氣養生」的袪病延年與「治氣養心」的修身自名
並駕齊驅，不分軒輊，反而讓人容易趨向自利的養生而非立人的養心；不如
將「後」字保守地解為「不及」，較能符合荀子重「治氣養心」勝於「治氣養
生」的本懷。

何以見得荀子重養心勝於養生？首先，以引文中提及的血氣、志意、知
慮三者來說，參酌蔣年豐所說的「『知慮』是『性情的精神層面』；『志意』是
『性情的心理層面』；『血氣』是『性情的生理層面』」〔註21〕；及伍振勳所說
的「『血氣』產生欲求的動機，『志意』滿足欲求化為行動，『知慮』則提供志
意的選擇方案」〔註22〕可知，「血氣」指與生俱來的生理組織及維持其運作的
生理需求，「志意」指欲求興起後驅策動能以化為行動的心念，「知慮」則是

〔註19〕 王慶光〈荀子之駁正「黃老之學」並倡導「文化生命」〉，《興大人文學報》第
　　　　 34 期，頁 56。
〔註20〕 李存山《中國古代氣論的起源與發展》（北京：中國社會科學出版社，1990
　　　　 年 12 月），頁 180。
〔註21〕 蔣年豐〈從思孟後學與荀子對「內聖外王」的詮釋論形氣的角色與意涵〉，《文
　　　　 本與實踐（一）》（臺北：桂冠圖書公司，2000 年 8 月），頁 168。
〔註22〕 伍振勳〈從語言、社會面向解讀荀子的「化性起偽」說〉，《漢學研究》第 26
　　　　 卷第 1 期，頁 38。

衡量取捨是否行動，與如何行動的理性思維。三者之中，血氣偏於養生的範疇，志意與知慮兼及養心的範疇，所以「血氣和平」是治氣養心的基礎，血氣調理得當則「貧窮而志廣，富貴而體恭，安燕而血氣不惰，勞勳而容貌不枯」(〈修身〉)、「血氣和平，志意廣大，行義塞於天地之間，仁知之極也」(〈君道〉)、「耳目聰明，血氣和平，移風易俗，天下皆寧」(〈樂論〉)；血氣和平相當於「虛壹而靜」的「靜」，只完成「精合感應，不事而自然」之調理，要養心則尚需就「情然而心為之擇」與「心慮而能為之動」的部分加以整治。一旦完成，則「志意致修，德行致厚，智慮致明，是天子所以取天下也」(〈榮辱〉)、「志意修，德行厚，知慮明，是榮之由中出者也」(〈正論〉)；「志意致修，智慮致明」即是「積思慮，習偽故」之有所成者，亦即治氣養心而達於化性起偽，然而志意修、偽故習畢竟有賴於大清明的心知，所以荀子於〈賦〉篇即謂心知是「血氣之精也，志意之榮也」。

其次，就「禮」的效用而言，養心的功能亦重於養生的功能。既然民眾的特性是「以從俗為善，以貨財為寶，以養生為己至道」(〈儒效〉)，而「等賦、政事，裁萬物，所以養萬民」又是君王的職責，那麼作為治國依據的禮義制度，也必須能透過完善的規畫，滿足養生的基本需求。〈禮論〉所說「芻豢稻粱，五味調盉，所以養口也；椒蘭芬苾，所以養鼻也；雕琢、刻鏤、黼黻、文章，所以養目也；鍾鼓、管磬、琴瑟、竽笙，所以養身也；疏房、檖貌、越席、牀笫、几筵，所以養體也。故禮者，養也」，即在說明各種文物制度都有「養人之欲，給人之求」的養生功能。〈王霸〉說「夫人之情，目欲綦色，耳欲綦聲，口欲綦味，鼻欲綦臭，心欲綦佚。此五綦者，人情之所必不免也。養五綦者有具，無其具則五綦者不可得而致也」，其中滿足「五綦」之「具」即指向禮義，所以荀子於〈彊國〉篇指出「人莫貴乎生，莫樂乎安，所以養生安樂者莫大乎禮義」。然而除了消極地滿足養生方面的情欲血氣外，禮義當然更需積極地滿足養心部分的意志知慮，所以荀子在上引「禮者，養也」之下接著提出「君子既得其養，又好其別」，藉「貴賤有等，長幼有差，貧富輕重皆有稱」使眾人於各安其分位等級中培養意志；然後以天子為例，既在血氣方面有「大路越席，所以養體也；側載睪芷，所以養鼻也；前有錯衡，所以養目也；和鸞之聲，步中武象，趨中韶護，所以養耳也」，又在意志方面有「龍旗九斿，所以養信也；寢兕、持虎、蛟韅、絲末、彌龍，所以養威也；故大路之馬必倍至教順，然後乘之，所以養安也」。因為禮義制度既能

在生理方面「出死要節」「以養生」、「出費制用」「以養財」，又能在心理方面「恭敬辭讓」「以養安」、「禮義文理」「以養情」，所以說「一之於禮義，則兩得之矣」，亦即〈天論〉所說「其行曲治，其養曲適，其生不傷」；反之，不知禮義足以涵養血氣、意志，一味順從好利欲得的欲求，則「苟生之爲見」而「必死」，「苟利之爲見」而「必害」，「苟怠惰偷懦之爲安」而「必危」，「苟情說之爲樂」而「必滅」，正所謂「欲養其欲而縱其情，欲養其性而危其形，欲養其樂而攻其心，欲養其名而亂其行」，本求「養生」卻適其反而「粥壽」。

　　不過，禮義雖有護養血氣、培養意志的功效，但其終極目標其實在於涵養精神層面的心知。希望藉由積學師法、能習慮積，使其知慮能以道爲衡，而如〈勸學〉所說，先是「除其害者以持養之，使目非是無欲見也，使耳非是無欲聞也，使口非是無欲言也，使心非是無欲慮也」；接著「及其致好之也，目好之五色，耳好之五聲，口好之五味，心利之有天下」，莫不合乎禮義，而達於身心和諧；如此則禮義皆內化深化爲「權利不能傾」、「群眾不能移」、「天下不能蕩」的精神價值，成爲「生乎由是，死乎由是」的「德操」。於是待人接物必如〈修身〉所說，「志意修則驕富貴，道義重則輕王公，內省而外物輕矣」，雖「身勞而心安，爲之；利少而義多；爲之」。能夠涵養心知而「重己役物」，自然能超越事物外在形相而以主體精神感受爲重，則如〈正名〉所說，「心平愉，則色不及傭而可以養目，聲不及傭而可以養耳，蔬食菜羹而可以養口，麤布之衣、麤紃之履而可以養體，局室、蘆簾、槀蓐、尙机筵而可以養形」。反之，一味養生而不知養心，將導致「以己爲物役」，而「志輕理」「外重物」的結果，則如〈正名〉所說，「心憂恐，則口銜芻豢而不知其味，耳聽鐘鼓而不知其聲，目視黼黻而不知其狀，輕煖平簟而體不知其安」。

（二）致誠、慎獨、神明、天德

　　保養血氣以滿足生理欲求爲手段，培養意志以激發心理動能爲方法，至於涵養心知則以凝聚精神爲要務。如何凝聚精神？〈不苟〉說：

> 君子養心莫善於誠，致誠則無它事矣，唯仁之爲守，唯義之爲行。
> 誠心守仁則形，形則神，神則能化矣；誠心行義則理，理則明，明
> 則能變矣。變化代興，謂之天德。天不言而人推高焉，地不言而人
> 推厚焉，四時不言而百姓期焉。夫此有常，以至其誠者也。君子至
> 德，嘿然而喻，未施而親，不怒而威。夫此順命，以慎其獨者也。
> 善之爲道者，不誠則不獨，不獨則不形，不形則雖作於心，見於色，

出於言，民猶若未從也，雖從必疑。天地爲大矣，不誠則不能化萬物；聖人爲知矣，不誠則不能化萬民；父子爲親矣，不誠則疏；君上爲尊矣，不誠則卑。夫誠者，君子之所守也，而政事之本也。唯所居以其類至，操之則得之，舍之則失之。操而得之則輕，輕則獨行，獨行而不舍則濟矣。濟而材盡，長遷而不反其初則化矣。

這段文字牟宗三說是「荀子書中最特別之一段」〔註23〕，首先，「誠心守仁則形」至「謂之天德」這一小段，與《中庸》第二十三章的「誠則形，形則著，著則明，明則動，動則變，變則化。唯天下至誠爲能化」，不僅句型相似，而且意義雷同。其次，「至其誠」、「愼其獨」也與《大學》第六章的「所謂誠其意者：毋自欺也，如惡惡臭，如好好色，此之謂自謙，故君子必愼其獨也……此謂誠於中，形於外，故君子必愼其獨也」，《中庸》首章的「莫見乎隱，莫顯乎微，故君子必愼其獨也」，《禮記·禮器》的「禮之以少爲貴者，以其內心者也。德產之致也精微，天下之物無可稱其德者，如此則得不以少爲貴乎？是故君子愼其獨也」，簡帛《五行篇·經七》的「能爲一然後能爲君子，君子愼其獨……能差池其羽然〔後能〕至哀，君子愼其獨也」等有相通之處。此外，將此處的誠中形外並〈勸學〉所說「君子之學也，入乎耳，著乎心，布乎四體，形乎動靜」合看，與孟子所說「仁義禮智根於心，其生色也，睟然見於面，盎於背，施於四體，四體不言而喻」（〈盡心上〉）多麼相似。如此看來，由致誠愼獨而變化代興的「天德」，與「天行有常」的純就自然面立論，不具有形上意味而成爲「天生人成」中被治的天迥然有別。可惜的是，荀子並沒有據此立論，不免令人有「荀子若由此而悟出本原，則其『禮義之統』不徒爲外在，而亦有大本之安頓矣」的感慨，與「若由此能如孟子所說：『反身而誠，樂莫大焉，』則本原之天德即呈露于本心，何至斥孟子之性善哉」的質疑。〔註24〕爲何荀子不直接秉持此變化代興的天德，貫通心性天而言性善，反而在〈天論〉篇將天拉回而爲「不爲堯存，不爲桀亡」的自然規律，並在〈儒效〉篇強調「道者，非天之道，非地之道，人之所以道也，君子之所道也」？或許是荀子已經看到思孟後學由於太過專注內聖，一味用力朝主觀解悟發掘深度，而忽略於客觀制度開展廣度，不免陷溺其中，而無法在現實生活中建立外王格局。迫使荀子不得不改弦易轍，扭轉「由內聖開出外王」

〔註23〕牟宗三《名家與荀子》，頁197。
〔註24〕牟宗三《名家與荀子》，頁198。

的模式爲「在立外王中成就內聖」，以解決所面臨的時代困境。於是一方面呼籲法後王來肯定禮義法度，以重建即將崩解的社會秩序；一方面提出由禮義法度來「原先王，本仁義」，由客觀制度回歸主觀道德。在「不以夫一害此一」的統合下，客觀理性的治氣與主觀解悟的養心相持而長。不過，既然要由安立客觀外王出發，就必須先暫時擱置主體內聖，以禮義法度的治氣養心，代替四端之心的存養擴充，否則，又將重蹈思孟後學的覆轍。正如爲強調「人之所以道」，就不得不擱置天道而說「唯聖人爲不求知天」。以上推論若皆屬實，究竟荀子是否眞的高明不足而不解孟子，以致「本源不透」、「大本不立」，還是他選擇的是類似「良知自我坎陷」的實踐進路，值得深思！

　　至於要澈底了解引文的意義，以區別荀子與孟子、《大學》、《中庸》、《禮記》及帛書《五行篇》的同中之異，必須釐清「誠」、「愼獨」、「神」三個關鍵詞語的含意。首先，就「誠」字而言，既可從其與「僞」、「夸誕」對舉，如〈樂論〉的「著誠去僞，禮之經」、〈不苟〉的「誠信生神，夸誕生惑」，可知「誠」字取與虛僞、夸大不實相反的「眞實」義；亦可從與信、忠連用，如〈修身〉的「端愨誠信，拘守而詳」、〈堯問〉的「忠誠盛於內，賁於外」，可知誠字與信、忠一致而有發自內心的眞實義。所以「誠」即眞心誠意，指發自內心的眞實狀態；而「誠心」指眞實充滿心中，即眞心不僞與全心全意。因爲全心全意、全神貫注，所以「致誠則無它事矣」；因爲出自眞心全意，足以成爲感動他人的力量，所以「嘿然而喻，未施而親，不怒而威」。而此變化代興的感人力量，來自「誠心守仁，誠心行義」，即積善全盡的結果。

　　其次，就「愼其獨」而言，「愼」字字形由心與眞組合而成，郝懿行據《爾雅·釋詁》的「愼，誠也」，糾正楊注之誤，是也。〔註25〕帛書《五行篇·經七》引《詩·曹風·尸鳩》「尸鳩在桑，其子七兮。淑人君子，其儀一兮」後接著說「能爲一然後能爲君子，君子愼其獨」；而荀子於〈勸學〉同樣引〈尸鳩〉且多引「其儀一兮，心如結兮」二句，然後說「故君結於一也」，來印證「積善成德，而神明自得，聖心備焉」，必須如「螾無爪牙之利，筋骨之強，上食埃土，下飲黃泉，用心一也」。由此可見「愼其獨」的獨字當解爲「專一」〔註26〕，俞樾解「不誠則不獨」爲「不能誠實則不能專一於內」〔註27〕是也。由此看來，「愼其

〔註25〕王先謙《荀子集解》，頁 47。

〔註26〕蔡仁厚《孔孟荀哲學》（臺北：臺灣學生書局，1988 年 2 月），頁 488。

〔註27〕王先謙《荀子集解》，頁 47。

「獨」的解釋即為「真心誠意而精神專一」，所以修身能「致誠」「則無它事」，則「唯仁之為守，唯義之為行」，聖人以之治國則可以「化萬民」。

其三，關於「神」字，「形則神，神則能化」、「積善成德，而神明自得」之「神」與「神明」，當然不同於「百姓貴之如帝，高之如天，親之如父母，畏之如神明」（〈彊國〉）、「君子以為文，而百姓以為神」（〈天論〉）之「神明」與「神」，因為後者指向宗教意義的神祇與其神秘作用，而前者只是用來形容養心及守仁行義的完美高妙境界。前引治氣養心之術三大要件中「莫徑由禮」與「莫要得師」是向己身之外去認取，「莫神一好」則是於己身之內用功，「一好」即是「致誠」，即是「慎獨」，而「神」即是指精誠專一所達致的完美境界。能夠一好，就能如〈性惡〉所說「專心一志，思索孰察，加日懸久，積善而不息，則通於神明，參於天地矣」、〈勸學〉所說「積善成德，而神明自得，聖心備焉」，亦即〈成相〉所說「好而壹之神以成。精神相及，一而不貳為聖人」。用於治國則可達於「天之所覆，地之所載，莫不盡其美，致其用，上以飾賢良，下以養百姓」（〈王制〉）的「大神」境界，而「其民之化道也如神」（〈正名〉）；用於征戰則慎行「六術、五權、三至、五無壙」，而成為「通於神明」的「天下之將」，而此「愛人、循理」的仁義之兵，「所存者神，所過者化」（〈議兵〉）。此神妙不測的境界如同上天之使「萬物各得其和以生，各得其養以成，不見其事而見其功」，因此稱之為「神」，而此神在荀子思想終究需落實於外王事功，所以說「盡善挾治之謂神」（〈儒效〉），而致誠慎獨亦為「君子之所守也，而政事之本也」。

由致誠慎獨則「唯仁之為守，唯義之為行」可知，荀子既以守仁涵養主體的善質，又以行義成就客觀的制度。能精誠專一地守仁，則必能體現為完美的人格，變化氣質而「長遷而不反其初」，此謂之「化」；能精誠專一地行義，則必然能於實踐中通貫其理而知慮清明，故而能因革損益，修訂禮樂，此謂之「變」。既能涵養主體心性臻於「化」，又能成就客觀禮義通其「變」，才是荀子心目中終極的理想目標，所以說「變化代興，謂之天德」。

第二節　凡民由師法積學而化性

有別於由治氣養心而體察禮義之本，並審酌時宜、因革損益、而豐富與活化禮義法度，以利眾人遵行；由致誠慎獨而守仁行義，不僅以身作則，為

民模範，而且於變化代興中完成參贊化育的第二階段化性起偽，專屬於聖人工夫。化性起偽第一階段的依循禮義法度導化自然本性，而表現出完善行為的部分，則是不分聖凡之所有人皆應致力的實踐工夫。

一、積學師法與環境習俗

化性起偽第一階段的重點，就只求生活富足安樂的平民百姓而言，在於由禮義法度認知自我本分，然後遵循規範而謹守其分，以形成忠厚樸實的善良風氣。則情欲既不致流於無所節制，而導致爭亂；又可於和諧團結中，因分工合作得到較多的滿足。對想要進而於內在道德有所涵養的有志之士而言，則除了由學習以認知禮義法度外，更需實踐力行以體悟禮義精神。而在專心一志努力積學的過程中，良師的導引尤其可收事半功倍之效，此外，益友的切磋與社會習俗的浸染，也都有不容小覷的影響。

（一）積學與得師

由於荀子賦予「性」的是「本始材樸」的材質義，而非強調內具善端的種子義，因此欲導化自然之性以產生符合社會秩序的美好行為，不能只由主體心性的反省擴充而獲得，必須更由客觀規範加以型塑始能完成。而此一為完成人格型塑而認知、認可客觀規範的過程，即是人類主體心知對禮義法度的學習活動。正因為學習是知道、可道而化性起偽的不二法門，所以《荀子》一書便置〈勸學〉篇於卷首，以彰顯學習在整個學說的重要性，其文開宗明義說：

> 君子曰：學不可以已。青，取之於藍而青於藍；冰，水為之而寒於水。木直中繩，輮以為輪，其曲中規，雖有槁暴，不復挺者，輮使之然也。故木受繩則直，金就礪則利，君子博學而日參省乎己，則知明而行無過矣。故不登高山，不知天之高也；不臨深谿，不知地之厚也；不聞先王之遺言，不知學問之大也。干、越、夷、貉之子，生而同聲，長而異俗，教使之然也。《詩》曰：「嗟爾君子，無恆安息。靖恭爾位，好是正直。神之聽之，介爾景福。」神莫大於化道，福莫長於無禍。吾嘗終日而思矣，不如須臾之所學也；吾嘗跂而望矣，不如登高之博見也。登高而招，臂非加長也，而見者遠；順風而呼，聲非加疾也，而聞者彰。假輿馬者，非利足也，而致千里；假舟楫者，非能水也，而絕江河。君子生非異也，善假於物也。

引文中荀子既以藍、水與中繩直木比喻人的自然本性，以青、冰與中規曲輪比喻人的努力結果，以青於藍、寒於水與不復挺比喻學習的功用；又借登高而招、順風而呼、假輿馬、假舟檝等利用形勢器物來比喻學習的優點，借見者遠、聞者彰、致千里、絕江河等來比喻所達致的成果，一再凸顯學習於化性起偽之道德實踐的重要性。換言之，願意學習與否成爲躋身聖賢或淪於平庸的關鍵，無論〈修身〉篇中「彼人之才性相縣也，豈若跛鱉之與六驥足哉？然而跛鱉致之，六驥不致，是無他故焉，或爲之，或不爲爾」的隱喻，抑或〈性惡〉篇中「小人、君子者，未嘗不可以相爲也，然而不相爲者，可以而不可使也」的直陳，導致跛鱉致之、六驥不致的「爲之或不爲」與小人君子不相爲的「可以而不可使」，皆指學習與否而言。所以只要肯學習，即使是塗之人，亦可如荀子於〈性惡〉篇所言，稟其與生俱來的「可以知仁義法正之質」與「可以能仁義法正之具」，「專心一志，思索孰察，加日縣久，積善而不息」，成爲「通於神明，參於天地」的聖人。

學習爲何會在荀子化性起偽的系統中肩負如此重大責任？因爲荀子所關注的是重建人際互動的倫理規範，而非體悟內在心性的道德良知。倫理規範固然應以道德良知爲基礎，但是在道德良知轉化爲外在具體行爲時，卻不能只憑自我主觀意願，而需注意對方感受。因此，必須兼具客觀認知，了解對方的眞正需求與周遭之人的反應。換言之，人際互動必須顧及對象與時空環境的差異性，而不能一廂情願地自以爲是。至於要折衷個別差異的特殊性，以建立普遍性，使其能成爲大家共同遵守的倫理規範，所需斟酌衡量的客觀條件更爲廣泛，不是單憑一己經驗所能涵括，所以「吾嘗終日而思矣，不如須臾之所學也」，唯有借助學習，吸收他人經驗，方能增廣見聞，所以「吾嘗跂而望矣，不如登高之博見也」。一旦跳離主觀的囿限，即能充分體會「不登高山，不如天之高也；不臨深谿，不知地之厚也；不聞先王之遺言，不知學問之大也」，進而認眞學習，如「木受繩則直，金就礪則利」般，依循聖王傳承的禮義之統而化性起偽，於是即可「知明而行無過矣」。

因爲可以學、事與否是性與偽的分界，所以在化性起偽的道德實踐中，若想「知明而行無過」，甚至「通於神明，參於天地」，不可不學習，〈大略〉於是說，「不學不成：堯學於君疇，舜學於務成昭，禹學於西王國」。既然才能如「六驥」的聖賢必須學習，才能似「跛鱉」的庶民若想要有所作爲更應該學習，〈儒效〉即說，「我欲賤而貴，愚而智，貧而富，可乎？曰：其唯學

乎」，只要肯學習，「上爲聖人，下爲士君子，孰禁我哉」；〈王制〉則說，「雖王公士大夫之子孫，不能屬於禮義，則歸之庶人。雖庶人之子孫也，積文學，正身行，能屬於禮義，則歸之卿相士大夫」；〈大略〉更表示，「人之於文學，猶玉之於琢磨」，即由學習而積慮習能的結果，可使人知、行煥發光釆，所以「子贛、季路，故鄙人也，被文學，服禮義，爲天下列士」。反之，若不願意由學習而化性起偽，則永遠不可能成爲道禮義的君子，只能是違禮義小人，所以〈儒效〉即以「不學問，無正義，以富利爲隆」爲俗人的特質，以「縱性情而不足問學」爲小人的特質。由於學習與否是君子、小人的分野，所以〈宥坐〉、〈法行〉兩篇中所引孔子語，分別有「幼不能彊學，老無以教之，吾恥之」、「君子少思長則學，老思死則教」。

　　荀子化性起偽系統中的「學習」具有三大特色，〈勸學〉說：

> 學惡乎始？惡乎終？曰：其數則始乎誦經，終乎讀禮；其義則始乎爲士，終乎爲聖人。眞積力久則入，學至乎沒而後止也。故學數有終，若其義則不可須臾舍也。爲之，人也；舍之，禽獸也。

「終乎讀禮」說明了學習以禮義爲主要內容，「終乎爲聖人」說明了學習以成聖爲終極目標，「眞積力久則入」說明了學習以積久爲至善工夫。首先，就以禮義爲主要內容而言，禮義法度是歷代聖王因革損益、踵事增華傳承而來，其理如〈禮論〉所說，「誠深矣，堅白、同異之察入焉而溺」、「誠大矣，擅作典制辟陋之說入焉而喪」、「誠高矣，暴慢、恣睢、輕俗以爲高之屬入焉而隊」。因爲「禮」是爲人處世的典範，所以荀子不止在〈勸學〉指出，「學至乎禮而止矣。夫是之謂道德之極」，又於〈修身〉表示，「人無禮則不生，事無禮則不成，國家無禮則不寧」〔註28〕。既然學習爲的是化性起偽，而「禮」又「所以正身也」，所以〈修身〉逕謂，「學也者，禮法也」。因此不僅「無用之辨，不急之察」的怪說琦辭應「棄而不治」（〈天論〉），天地萬物生成變化之理亦「大智在所不慮」（〈天論〉），甚至「農分田而耕，賈分貨而販，百工分事而勸」（〈王霸〉）等維持生計的技能，也非其所關注者，以致「匹夫問學不及爲士，則不教也」（〈儒效〉）。君子之學與小人之學之所以有「以美其身」與「以爲禽犢」之差別（〈勸學〉），正在於是否以禮義爲主要內容而化性起偽。

　　其次，就以成聖爲終極目標而言。〈勸學〉所說「君子之學也，入乎耳，箸乎心，布乎四體，形乎動靜，端而言，蝡而動，一可以爲法則」，不正是聖

〔註28〕亦見《大略》。

人轉化自然本性，一切言行舉止皆合於禮義而足爲眾人模範的具體寫照？所以〈禮論〉即說：「聖人者，道之極也。故學者固學爲聖人也，非特學爲無方之民也」。

其三，就以積久爲至善工夫而言。荀子在〈勸學〉篇中不僅再三以「學不可以已」、「積善成德，而神明自得」、「學至乎沒而後止也」等直陳方式明白指出，持續積累而不間斷對學習的重要性，同時不斷藉由「積土成山，風雨興焉；積水成淵，蛟龍生焉」、「瓠巴鼓瑟而流魚出聽，伯牙鼓琴而六馬仰秣」、「玉在山而草木潤，淵生珠而崖不枯」等類比方式印證，只要肯積跬步，必能致千里，只要肯積學爲善，必能獲得明顯成效。而要導化自然本性爲「權利不能傾」、「群眾不能移」、「天下不能蕩」的「德操」，此積善全盡工夫必須一以貫之而無有遺漏，所以〈勸學〉說：

> 百發失一，不足謂善射；千里跬步不至，不足謂善御；倫類不通，仁義不一，不足謂善學。學也者，固學一之也。一出焉，一入焉，涂巷之人也。其善者少，不善者多，桀、紂、盜跖也。全之盡之，然後學者也。君子知夫不全不粹之不足以爲美也，故誦數以貫之，思索以通之，爲其人以處之，除其害者以持養之，使目非是無欲見也，使耳非是無欲聞也，使口非是無欲言也，使心非是無欲慮也。

「一之」即「全之盡之」，指心無旁騖地專注不間斷於學習禮義，以積善成德，不使個人私情私欲干擾社會公義公利。「一出焉，一入焉」即「不全不粹」，指未能專注而不間斷地學習禮義以化性起偽，時而公義勝私欲，時而私欲蔽公義。爲求積善全盡以成就群居和一之美，在慮積焉以求「神明自得，聖心備焉」方面，則「誦數以貫之」、「思索以通之」；在能習焉以求「積善成德」而化性起偽方面，則「爲其人以處之」、「除其害者以持養之」，如此知行合一自能成就德操，而有益於正理平治。至於「使目非是無欲見也」等四句正與孔子所言「非禮勿視，非禮勿聽，非禮勿言，非禮勿動」（《論語·顏淵》）同意。

學習是化性起偽由凡入聖的不二法門，是否願意學習則是君子與小人的分界點。然而學習除了涉及內容方向與態度外，還有一項影響至鉅的重要因素——老師，〈勸學〉說：

> 學莫便乎近其人。《禮》、《樂》法而不說，《詩》、《書》故而不切，《春秋》約而不速。方其人之習君子之說，則尊以徧矣，周於世矣。故

> 曰學莫便乎近其人。學之經莫速乎好其人，隆禮次之。上不能好其
> 人，下不能隆禮，安特將學雜識志，順《詩》、《書》而已耳，則末
> 世窮年，不免爲陋儒而已。

學習固然以誦讀《禮》、《樂》、《詩》、《書》、《春秋》爲主要內容，藉由「誦
數以貫之，思索以通之」而「慮積焉，能習焉」，按部就班以達「積善成德」
而「聖心備焉」。然而經典文字所記載的，或許只及於制度儀式以致「法而不
說」，或許因主客時空因素以致「故而不切」，或許因爲文義隱約以致「約而
不速」；因此，追隨通曉其精神大義與時空主客差異的「君子」學習，則能速
曉其義而因事制宜，面面俱到，且切合時用，所以「尊以徧矣，周於世矣」。
因爲追隨好老師學習，可以避免獨自埋首書堆閉門造車，以致或買櫝還珠，
誤末節爲重點，取其糟粕而遺其精華；或誤入歧途，花費太多時間摸索，以
致事倍功半。所以就學習而言，「隆禮」固然重要，但也只能居次爲下，而足
以爲首居上的則是「好其人」而近之。

　　〈王制〉說：「禮義者，治之始也；君子者，禮義之始也」，簡單扼要地
由君子與禮義的創制關係說明了親師、隆禮的優先順序；〈君道〉說：「法者，
治之端也；君子者，法之原也。故有君子則法雖省，足以徧矣，無君子則法
雖具，失先後之施，不能應事之變，足以亂矣。不知法之義而正法之數者，
雖博，臨事必亂」，則較詳細地由君子能充分理解掌握禮義內在精神的「法之
義」，不至於囿限於禮義外在形式的「法之數」，所以臨事能因時制宜而以「義」
應變，因爲能不「失先後之施」，所以在人法互動中，如果一定要在親師隆禮
二者間比較輕重，則親師必優先於隆禮。而《荀子》書中對於師禮關係最明
確的說明見諸〈修身〉：

> 禮者，所以正身也；師者，所以正禮也。無禮，何以正身？無師，
> 吾安知禮之爲是也？禮然而然，則是情安禮也；師云而云，則是知
> 若師也。情安禮，知若師，則是聖人也。故非禮，是無法也；非師，
> 是無師也。不是師法而好自用，譬之是猶以盲辨色，以聾辨聲也，
> 舍亂妄無爲也。故學也者，禮法也。夫師，以身爲正儀而貴自安者
> 也。《詩》云：「不識不知，順帝之則。」此之謂也。

由於爲人師的君子「端而言，蝡而動，一可以爲法則」，所以是「以身爲正儀
而貴自安者」；由於唯有君子才能充分理解禮內在之「義」而評斷修正禮外在
之「數」，所以「無師」則「安知禮之爲是」。而爲學修身之所以必須隆禮與

親師，除了在於避免事半功倍，或取其糟粕而遺其精華外，更重要的是，避免「以盲辨色」、「以聾辨聲」而誤是為非、以亂為正。

師與法的互動關係密切而複雜，荀子於〈禮論〉指出，儘管為人師的君子、聖人因能掌握禮義之理以因應時變而為「道之極」；然而歷代聖王所因革損益的禮義法度，實是「文理、情用相為內外表裏」，於形式中已蘊涵誠深、誠高、誠大之理而為「人道之極」。所以，聖人之於禮義，除了「能慮」之外，亦須「能固」與「加好」。因為「治氣養心之術」，既須「得師」，亦須「由禮」。因此，荀子有時往往師法並稱，不刻意強調孰先孰後，只彰顯其一致性與重要性。〈儒效〉說：

> 故人無師無法而知則必為盜，勇則必為賊，云能則必為亂，察則必為怪，辯則必為誕。人有師有法而知則速通，勇則速威，云能則速成，察則速盡，辯則速論。故有師法者，人之大寶也；無師法者，人之大殃也。人無師法則隆性矣，有師法則隆積矣……

「知則必為盜」等五種情況可視為「不是師法而好自用」的例證。由於缺乏師法的引導，誤入歧途，以非為是，有才有能反而助長妄亂的作為，所以稱之為「人之大殃」。反之，有才有能，又得到師法的引導，則各項材知能力即成為加速達成目標的助力，所以師法可謂「人之大寶」。〈榮辱〉所說「人之生固小人，無師無法則唯利之見耳」，「則其心正其口腹也」，可視為「人無師法則隆性矣」的註解。即人在沒有師法引導情況下，只知追逐好利惡害的自然之性，在心知為口腹之欲蒙蔽下，未能發揮天君之功能，而與耳目口鼻同樣隨順本能而放縱性情。〈性惡〉所說「必將有師法之化，禮義之道，然後出於辭讓，合於文理，而歸於治」，則可視為「有師法則隆積矣」的補充說明。即在有師法導化情況下，心知就能保持清明，發揮積思慮與習偽故的功能，積善成德而化性起偽。

將皆出自〈性惡〉的「必將有師法之化，禮義之道，然後出於辭讓，合於文理，而歸於治」與「必將待聖王之治，禮義之化，然後皆出於治，合於善也」對照看來，「聖王之治」似乎等同「師法之化」。也就是說，從社會秩序的正理平治而言，荀子理想中的人師其實是聖王，〈正論〉所說「凡言議期命，是非以聖王為師」是為明證。然而，更完整的論述則見諸〈解蔽〉，其文說：

> 故學也者，固學止之也。惡乎止之？曰：止諸至足。曷謂至足？曰：

聖王〔註29〕也。聖也者，盡倫者也；王也者，盡制者也。兩盡者，
足以為天下極矣。故學者，以聖王為師，案以聖王之制為法，法其
法，以求其統類，以務象效其人。嚮是而務，士也；類是而幾，君
子也；知之，聖人也。

聖人與聖王的差別在於，聖人是道德倫理的典範，所謂「盡倫者」，而聖王則同時是道德倫理與政治秩序的典範，既是「盡倫者」，又是「盡制者」。換句話說，聖王是有權力位勢的聖人，而在荀子的理想中，也只有備道全美的聖人才有資格成為王，〈正論〉所說「至彊」、「至辨」、「至明」三者「非聖人莫之能盡，故非聖人莫之能王」，即為明證。因此，王者自然亦有責任以政化民而為天下人之「師」，即〈儒效〉所說「近者歌謳而樂之，遠者竭蹙而趨之，四海之內若一家，通達之屬莫不從服，夫是之謂人師」〔註30〕。

　　荀子之所以揭舉性惡而以化性起偽作為道德實踐工夫，基本上是緣於注意到人的社會性，即「個體的心靈表現不能與社會過程脫離」，而企圖「將個體從『自然人』狀態轉化為『社會人』狀態」。〔註31〕若取孟荀二子對「師法」重視程度做一比較，亦可見二人立基內聖或外王的差異。《孟子·告子下》說：

曹交問曰：「人皆可以為堯舜，有諸？」孟子曰：「然。」「……如何
則可？」曰：「奚有於是？亦為之而已矣。……徐行後長者謂之弟，
疾行先長者謂之不弟。夫徐行者，豈人所不能哉？所不為也。堯舜
之道，孝弟而已矣。子服堯之服，誦堯之言，行堯之行，是堯而已
矣；子服桀之服，誦桀之言，行桀之行，是桀而已矣。」曰：「交得
見於鄒君，可以假館，願留而受業於門。」曰：「夫道，若大路然，
豈難知哉？人病不求耳。子歸而求之，有餘師。」

由於孟子將外王視為內聖的延伸，內聖只是善端的存養擴充。因此，無論個人道德的涵養或社會秩序的和諧，完全在於盡心知性的內在反省，而無需外求。如此則其事甚易，只有反求諸己的為與不為，而無能與不能的問題；其理甚簡，只要求放心即可充分體悟，不必刻意從師問學。因為「歸而求之」即「有餘師」，師法學習不是那麼重要；因為「服堯之服，誦堯之言，行堯之行」，只不過儀容言行「是堯而已」，禮義法度顯得多餘。這與荀子重視透過

〔註29〕「聖」下本無「王」字，依楊倞注補。王先謙《荀子集解》，頁407。

〔註30〕「夫是之謂人師」等語亦見於〈王制〉、〈議兵〉二篇。

〔註31〕伍振勳〈從語言、社會面向解讀荀子的「化性起偽」說〉，頁57、51。

師法學習作為社會規範的禮義法度，並藉由習慣之身體力行，將道德意識由個體主觀情境轉化為社會客觀情境，因而提出的「以聖王為師，案以聖王之制為法，法其法，以求其統類，以務象效其人」，雖不能說南轅北轍，但差別頗大，這正是荀子於〈性惡〉篇以「去聖王，息禮義」反駁孟子「性善」主張的原因。

（二）擇鄉與就士

　　荀子除了以聖王與禮義為成就學習的主要因素，還注意到環境對學習成效的巨大影響力。所以〈勸學〉首段在強調完學習的重要性後，緊接著便說明慎選環境的重要：

> 南方有鳥焉，名曰蒙鳩，以羽為巢而編之以髮，繫之葦苕，風至苕折，卵破子死。巢非不完也，所繫者然也。西方有木焉，名曰射干，莖長四寸，生於高山之上而臨百仞之淵；木莖非能長也，所立者然也。蓬生麻中，不扶而直。蘭槐之根是為芷，其漸之滫，君子不近，庶人不服，其質非不美也，所漸者然也。故君子居必擇鄉，遊必就士，所以防邪僻而近中正也。物類之起，必有所始。榮辱之來，必象其德。肉腐出蟲，魚枯生蠹。怠慢忘身，禍災乃作。強自取柱，柔自取束。邪穢在身，怨之所構。施薪若一，火就燥也；平地若一，水就濕也。草木疇生，禽獸群焉，物各從其類也。是故質的張而弓矢至焉，林木茂而斧斤至焉，樹成陰而眾鳥息焉，醯酸而蜹聚焉。
> 故言有召禍也，行有招辱也，君子慎其所立乎！

除非有人自幼生長山林而離群索居，否則行為舉止、思想意識很難脫離所居處環境的影響。蒙鳩繫巢葦苕而「卵破子死」，與漸芷於滫而「君子不近，庶人不服」，皆足以說明環境的負面影響；射干莖長四寸卻能臨「百仞之淵」，與「蓬生麻中，不扶而直」二者，則是比喻環境的正面影響。

　　環境對人的影響有兩種情況：一是同處此一區域的人，一是此一區域的習俗文化。君子如欲「防邪僻而近中正」，對於後者應當「居必擇鄉」，對於前者則須「遊必就士」。〈性惡〉說：

> 夫人雖有性質美而心辯知，必將求賢師而事之，擇良友而友之。得賢師而事之，則所聞者堯、舜、禹、湯之道也；得良友而友之，則所見者忠信敬讓之行也。身日進於仁義而不自知也者，靡使然也。
> 今與不善人處，則所聞者欺誣詐偽也，所見者汙漫、淫邪、貪利之

行也。身且加於刑戮而不自知者，靡使然也。傳曰：「不知其子視其友，不知其君視其左右。」靡而已矣，靡而已矣。

與人相「靡」而使其「身日進於仁義而不自知」的善人，包括從學的「賢師」與共遊的「良友」。就師友而言，「非我而當者，吾師也；是我而當者，吾友也；諂諛我者，吾賊也。故君子隆師而親友，以致惡其賊」（〈修身〉），師使人「見不善，愀然必以自省」、「不善在身，菑然必以自惡」；友使人「見善，修然必以自存」、「善在身，介然必以自好」，師是尊隆的對象，而友是親愛的對象。

楊倞於〈榮辱〉「靡之儇之」下注「靡」爲「順從」；於〈儒效〉「積靡使然也」下注「靡」爲「順」，並謂「順其積習，故能然」，皆不妥；於此「靡使然也」下除仍以「相順從」釋「靡」外，又引或曰所云「磨切也」，稍得之。〔註32〕「靡」指人與人之間的相激互盪、切磋琢磨，適用於「遊必就士」；用於「居必擇鄉」則應取意謂浸潤習俗之中，受其熏染的「漸」字。〈勸學〉所說「蘭槐之根是爲芷。其漸之滫，君子不近，庶人不服，其質非不美也，所漸者然也」，〈大略〉引晏嬰贈語曾子的「蘭茝、槀本，漸於蜜醴，一佩易之。正君漸於香酒，可讒而得也。君子之所漸不可不愼也」，諸「漸」字皆用以說明環境習俗對人品德言行的影響。

「漸」與「靡」是荀子用來形容人在環境中所受的影響，前者用於時間中累積而成的文化習俗，後者用於空間中共同存在的其他個體。然而無論是浸漬其中而潛移默化，或相互觀摩而磨練實行，「積」的工夫皆不可少，〈儒效〉說：

性也者，吾所不能爲也，然而可化也；積〔註33〕也者，非吾所有也，然而可爲也。注錯習俗，所以化性也；并一而不二，所以成積也。習俗移志，安久移質，并一而不二則通於神明，參於天地矣。故積土而爲山，積水而爲海，旦暮積謂之歲。至高謂之天，至下謂之地，宇中六指謂之極；涂之人百姓積善而全盡謂之聖人。彼求之而後得，爲之而後成，積之而後高，盡之而後聖。故聖人也者，人之所積也。人積耨耕而爲農夫，積斲削而爲工匠，積反貨而爲商賈，積禮義而爲君子。工匠之子莫不繼事，而都國之民安習其服。居楚而楚，居

〔註32〕以上所引楊倞注分別見王先謙《荀子集解》，頁65、144、449。

〔註33〕「積」原作「情」，依楊注或曰改。王先謙《荀子集解》，頁144。

　　越而越，居夏而夏，是非天性也，積靡使然也。故人知謹注錯，慎

　　習俗，大積靡，則爲君子矣；縱性情而不足問學，則爲小人矣。

依楊倞「猶措置也」的注解，「注錯」一詞若就事物而言，指設置或施行的制度或活動；若針對人而言，則是指所採取的行爲舉止。〈榮辱〉所說「小人莫不延頸舉踵而願曰：『知慮材性，固有以賢人矣。』夫不知其與己無以異也，則君子注錯之當，而小人注錯之過也」，「注錯」當指「行爲舉止」無疑。「習俗」一詞，固然可以用來指謂某一地域之人所共同遵循的社會風俗或習慣；但是亦可由之引申爲受其影響下的個人生活習慣。儘管〈榮辱〉說：「越人安越，楚人安楚，君子安雅，是非知能材性然也，是注錯習俗之節異也」，其中與「知能材性」對舉的「習俗」，以社會風俗與個人習慣釋之亦皆可通。不過，此處「所以化性」的「習俗」著重於個人的生活習慣。「注錯」與「習俗」皆是「積」所以「可爲」的憑藉，屬人爲的努力而「非天性」。行爲習慣雖然是化性起僞的憑藉，但其完成則有賴專注不懈、「并一而不二」的努力，與師友間的激盪扶持，所以「居楚而楚，居越而越，居夏而夏」乃「積靡使然也」。

　　由於荀子所關心者是外王實現如何完成，而非內聖成德如何可能，所以割捨存養擴充以盡心知性的進路，改採虛壹而靜以養心，與積善成德以化性的進路。荀子認爲在禮義教化的涵養下，由於良好行爲習慣的不斷持續，加上清明之心的反覆思索判斷，積慮與學習的結果，自能逐漸將外在的社會倫理規範，內化爲自身的價值意識，即所謂「習俗移志，安久移質」。於是，既能不自覺地遵守禮義法度，又能把握禮義內涵而應變制宜，成爲「通於神明，參於天地」的聖人。

　　行爲習慣雖然可以化性，但是積而全盡的結果是好是壞，還是得視其所依據而定。〈榮辱〉指出，同樣是「注錯習俗之所積」，然而「可以爲堯、禹，可以爲桀、跖，可以爲工匠，可以爲農賈」。「人積耕耨而爲農夫，積斲削而爲工匠，積反貨而爲商賈，積禮義而爲君子」指出，要想成爲積善全盡的聖人，行爲習慣所依據的是禮義。〈勸學〉說：「干、越、夷、貉之子，生而同聲，長而異俗，教使之然也」，顯示「注錯習俗」的差異，是君師教化的結果。可見在「性相近，習相遠」(《論語‧陽貨》)的常態下，聖王之治與禮義之化對化性起僞的重要性，而且唯有在有師有法的情況下，行爲習慣方能積善成德而化性。

二、終乎讀禮與終乎爲聖人

荀子鼓勵眾人向學，因爲學習是自然人轉變爲社會人的主要途徑，亦即是積善成德而化性起偽的不二法門。然而學習的方法、內容與過程、目標爲何？〈勸學〉說：「其數則始乎誦經，終乎讀禮」與「其義則始乎爲士，終乎爲聖人」。

（一）隆禮義而殺詩書

就「始乎誦經，終乎讀禮」來看，學者初步的學習是「誦數以貫之」，以儒家經典爲主要內容。何以必須以六經爲學習內容？〈榮辱〉說：「先王之道，仁義之統，《詩》、《書》、《禮》、《樂》之分乎。彼固天下之大慮也，將爲天下生民之屬長慮顧後而保萬世也」，〈儒效〉說：「聖人也者，道之管也。天下之道管是矣，百王之道一是矣，故《詩》、《書》、《禮》、《樂》之歸是矣」，意即聖人傳承的六經中已蘊涵百王正理平治的治國之道，足以爲黎民百姓謀求長厚深遠的萬世福澤。然而六經有何特色，何以能夠產生「以治情則利，以爲名則榮，以群則和，以獨則足」（〈榮辱〉）的效用？荀子說：

> 故《書》者，政事之紀也；《詩》者，中聲之所止也；《禮》者，法之大分，類之綱紀也，故學至乎《禮》而止矣。夫是之謂道德之極。（〈勸學〉）

> 《禮》之敬文也，《樂》之中和也，《詩》、《書》之博也，《春秋》之微也，在天地之閒者畢矣。（〈勸學〉）

> 《禮》、《樂》法而不說，《詩》、《書》故而不切，《春秋》約而不速。方其人之習君子之說，則尊以徧矣，周於世矣。故曰學莫便乎近其人。（〈勸學〉）

> 天下之道管是矣，百王之道一是矣，故《詩》、《書》、《禮》、《樂》之歸是矣。《詩》言是，其志也；《書》言是，其事也；《禮》言是，其行也；《樂》言是，其和也；《春秋》言是，其微也。（〈儒效〉）

> 不足於行者說過，不足於信者誠言。故《春秋》善胥命，而《詩》非屢盟，其心一也。善爲《詩》者不說，善爲《易》者不占，善爲《禮》者不相，其心同也。（〈大略〉）

《詩》的本質在抒發內在的情「志」，所以是「中聲之所止」；因爲包含與喜、怒、哀、樂相關的各種情事，範圍廣「博」；所述之事與《春秋》雖「其心一也」，但年代較久遠，且表現手法不同，所以缺乏老師指引會有「故而不切」

的問題。《書》的本質爲君王施政「事」務的紀錄，所以是「政事之紀」；其所涉及事務層面種類甚廣「博」，而所包含年代又比《詩》更久遠，所以同樣產生「故而不切」的問題。《禮》的本質是「行」事的規範，是親師取友的根據，所以是「法之大分，類之綱紀」；其表現著重揖讓之「敬」與器物之「文」；若一味效法而行，卻不能理解其原由，則產生「法而不說」的瑕疵。《樂》的本質在於促進「和」諧，使共同聆賞之人莫不「和敬、和親、和順」（〈樂論〉）；其表現著重發乎「中」而使人「和」悅；若只能得其節奏，而無法體會其內涵，同樣會有「法而不說」的瑕疵。《春秋》本爲魯史，經過孔子筆削而寓有「微」言大義，其褒善貶惡的用語隱微不明，未得老師指引，難以速曉其意，易導致「約而不速」的缺失。《易》本是占卜之書，自孔門取以爲教科書，讀易的重點在於如何進德修業而非純粹只求趨吉避凶，所以「善爲《易》者不占」。

　　儘管六經各以其「敬文、中和、博、微」的特色，統合內外鉅細，而使「在天地之間者畢矣」。然而，基於化性起僞的道德實踐係由培養良好行爲習慣著手，而必須提昇《禮》的地位，以爲主導，融攝其他諸經，所以在教材上便特重《禮》主張「終乎讀《禮》」、「學至乎《禮》而止矣」。

　　《禮》之所以居於主導地位，在於禮是一切人事規範的總稱。在爲人處世方面，〈修身〉說，不僅治氣養心「莫徑由禮」，連儀態舉止亦「由禮則雅」，食衣住行皆「由禮則和節」；在治國平天下方面，不僅如〈富國〉所說，治民須「明禮義以壹之」，經濟上須「節用以禮，裕民以政」，軍事上「不隆禮則兵弱」，且如〈君道〉所謂，任人須「參之以禮」、「行義動靜，度之以禮」。總之，一切人事作爲皆須以禮爲規矩繩墨，否則即如〈修身〉所說，「人無禮則不生，事無禮則不成，國家無禮則不寧」。何況，在荀子眼中，如〈禮論〉所說，「禮」除了是「人道之極也」外，更由人文秩序擴及宇宙秩序，足使「天地以合，日月以明，四時以序，星辰以行，江河以流，萬物以昌」。

　　《荀子》除了有與《禮》密切相關的〈禮論〉外，並有與《樂》相關的〈樂論〉看來，《樂》在荀子心目中的分量亦不容小覷。用音樂來感動人，可收「入人也深」、「化人也速」的效果。先王製作「中平」、「肅莊」的樂章舞曲，不僅在行爲修養方面，使人「志意得廣」、「容貌得莊」；在軍事國防方面，既可使「行列得正」、「進退得齊」而利於征誅，又可使「民和齊則兵勁城固，敵人不敢嬰」。不過，最重要的是，樂可與禮分別發揮「合同」、「別異」的效

果，相輔而相成，「樂行而志清，禮脩而行成，耳目聰明，血氣和平，移風易俗，天下皆寧」。禮樂當合用，而謂「先王之道，禮樂正其盛也」、「先王導之以禮樂而民和睦」、「禮樂之統，管乎人心矣」。〈大略〉將禮樂與仁義並舉，說「仁、義、禮、樂，其致一也」，尤能凸顯荀子對「樂」的重視。此外，《樂》與《詩》的關連亦頗密切，〈樂論〉說「先王惡其亂也，故制〈雅〉、〈頌〉之聲以道之」、「聽其〈雅、頌〉之聲，而志意得廣焉」、「鄭、衞之音，使人之心淫」可見「樂」的教化功能。

　　荀子重視《禮》、《樂》於化性起偽過程中的功能，而強調「隆禮義」，並不令人意外；但因此而一方面提出「殺詩書」，一方面又大量引用《詩》、《書》，則不免令人困惑。其實「殺」字之義涵，〈修身〉說：「富貴而體恭，殺埶也」、〈禮論〉說：「以多少爲異，以隆殺爲要」、〈大略〉說：「親親、故故、庸庸、勞勞，仁之殺也」，楊倞注：「減權埶之威」、「殺，減降也」、「殺，差等也」，其義只是等級的「減省降低」，而非價值的「抹煞貶抑」。〈樂論〉說：

> 主人親速賓及介，而眾賓皆從之；至于門外，主人拜賓及介而眾賓皆入，貴賤之義別矣。三揖至于階，三讓以賓升，拜至，獻酬，辭讓之節繁；及介省矣；至於眾賓，升受，坐祭，立飲，不酢而降，隆殺之義辨矣。工入，升歌三終，主人獻之；笙入三終，主人獻之；間歌三終，合樂三終，工告樂備，遂出。二人揚觶，乃立司正。焉知其能和樂而不流也。賓酬主人，主人酬介，介酬眾賓，少長以齒，終於沃洗者。焉〔註34〕知其能弟長而無遺也。降，說屨，升坐，脩爵無數。飲酒之節，朝不廢朝，莫不廢夕。賓出，主人拜送，節文終遂。焉知其能安燕而不亂也。

由鄉飲酒時主人與賓「辭讓之節繁」，至介「省矣」，以及眾賓「不酢而降」之互動繁簡有別，荀子稱之爲「隆殺之義辨矣」，可見「隆」爲「推尊增加」，「殺」爲「降低減少」之意思。若由〈禮論〉「君子上致其隆，下盡其殺，而中處其中」的「致其隆」指「文理繁」，「盡其殺」指「文理省」，則更清楚了。

　　釐清隆、殺二字的含意後，則可明白「隆禮義而殺《詩》《書》」並非只指推崇肯定禮義而抹殺忽略《詩》《書》。事實上，從《荀子》徵引《詩》《書》次數近百次，以及〈樂論〉所說「先王惡其亂也，故制〈雅〉、〈頌〉之聲以

〔註34〕　「焉」字原屬上句，依王念孫據劉台拱《經傳小記》改。王先謙《荀子集解》，頁384。又梁啓雄《荀子約注》，頁284。

道之，使其聲足以樂而不流，使其文足以辨而不諰」、〈大略〉所說「〈國風〉之好色也，傳曰：『盈其欲而不愆其止。其誠可比於金石，其聲可內於宗廟。』〈小雅〉不以於汙上，自引而居下，疾今之政，以思往者，其言有文焉，其聲有哀焉」看來，顯然荀子對《詩》《書》仍是肯定的。只不過「博」而無統、「故而不切」的特質，有可能導致錯誤行為，不利於化性起偽，所以須以禮義為主導而加以簡別而已。〈勸學〉的「上不能好其人，下不能隆禮，安特將學雜識志，順《詩》、《書》而已耳，則末世窮年，不免為陋儒而已」、「不道禮憲，以《詩》、《書》為之，譬之猶以指測河也，以戈舂黍也，以錐飡壺也，不可以得之矣」，不正指出若不能尊隆禮義，以之為主導，只知「順《詩》、《書》」的結果，不是博雜而愚陋，即是事倍而功半。而由〈儒效〉俗儒「繆學雜舉，不知法後王而一制度，不知隆禮義而殺《詩》、《書》，其衣冠行偽已同於世俗矣」，與雅儒「法後王，一制度，隆禮義而殺《詩》、《書》，其言行已有大法矣」的對比，可見隆禮義與否成為是雅、俗的關鍵。由於仍然肯定《詩》、《書》的教化功能，又要避免其缺失對社會的負面影響，欲以禮義為主導以統合《詩》《書》。因此，「隆禮義而殺《詩》、《書》」的義涵，即是「以禮解詩」、「以詩教將就禮教」，〔註35〕這是荀子重視外王事功之社會倫理價值的必然結果。

因為是以禮義教化的觀點去理解詮釋《詩》、《書》，所以合於教化的《詩》、《書》文句反過來可以印證禮義的重要性，這即是《荀子》一書徵引《詩》、《書》近百次的原因及其作用。〈儒效〉說：

> 故〈風〉之所以為不逐者，取是以節之也；〈小雅〉之所以為小雅者，取是而文之也；〈大雅〉之所以為大雅者，取是而光之也；〈頌〉之所以為至者，取是而通之也，天下之道畢是矣。

荀子引《詩》八十三次中，扣除逸詩七次，篇數逾半的〈國風〉只有十一次，篇數近四分之一的〈小雅〉計有二十五次，篇數未達十分之一的〈大雅〉卻佔三十二次，篇數介於七分之一與八分之一間的〈頌〉則有八次。何以偏好〈雅〉、〈頌〉？當然跟禮義教化的觀點密不可分。此除了可由〈樂論〉的「先王惡其亂也，故制〈雅〉、〈頌〉之聲以道之」得到印證外，如果我們將引文〈風〉、〈小雅〉、〈大雅〉、〈頌〉的《詩經》四分，與稍前於引文的民、士、君子、聖人的人品四分作一類比，可以得到一個有趣，卻非穿鑿附會的發現。

〔註35〕蔣年豐〈荀子「隆禮義而殺詩書」涵義之重探〉，《海洋儒學與法政主體》（臺北：桂冠圖書公司，2005 年 3 月），頁 237。

以「民德」的「以從俗爲善，以貨財爲寶，以養生爲己至道」來看〈國風〉的「之所以爲不逐者，取是以節之也」，採自民間的〈國風〉以抒發感性情緒爲主，有如平民追求自然本能欲望，如果不以禮義導化節制，將流於爭亂，而〈國風〉中的詩篇之所以沒有全數淪爲「鄭、衞之音，使人之心淫」（〈樂論〉），而仍能獲得「好色而不淫」、「盈其欲而不愆其止」（〈大略〉）的評價，亦是能以聖王所創制的禮義節制的結果。以「勁士」的「行法至堅，不以私欲亂所聞」來看〈小雅〉的「之所以爲小雅，取是而文之也」，〈小雅〉是宴饗樂曲，雖亦有宣洩情緒如〈國風〉者，但因出自士大夫之手，畢竟有一定的分寸，即使「疾今之政，以思往者」亦兼顧「其言有文焉，其聲有哀焉」（〈大略〉），如同士之能行法而以禮義文飾其身，〈小雅〉亦以禮義文飾其辭所以近於正。以「篤厚君子」的「上則能大其所隆，下則能開道不己若者」來看〈大雅〉的「之所以爲大雅者，取是而光之也」，〈大雅〉既然是宮廷朝會樂曲，想必出自卿大夫之所爲，其文辭合於雅正自無庸待言，所以「聽其〈雅〉、〈頌〉之聲，而志意得廣焉」（〈樂論〉），猶如君子既能隆禮義而正身，又能開導人以光大之。以「聖人」的「修百王之法若辨黑白，應當時之變若數一二，行禮要節而安之若生四枝，要時立功之巧若詔四時，平正和民之善，億萬之眾而博若一人」來看〈頌〉的「之所以爲至者，取是而通之也」，〈頌〉作爲祭祀先王的樂曲，在「正聲感人而順氣應之」的情況下，不僅能夠「感動人之善心」，甚至「順氣成象而治生焉」（〈樂論〉），猶如聖人因「積善成德，而神明自得，聖心備焉」，於是能通達古今而因時制宜，裁官萬物而參於天地。

　　〈勸學〉中提及的儒學經典除了《禮》、《樂》、《詩》、《書》外，尚有《春秋》。《春秋》本是編年紀事的魯史，自從孔子選爲教科書，即以修改增刪字句的方式寄託褒善貶惡的微言大義。然而由於《春秋》所記錄之人事，原本即是與人群社會關聯密切的政治，所以善惡無非即是正理平治與偏險悖亂，而褒善貶惡的根據自然非禮義莫屬。既然禮義已蘊涵在褒善貶惡中，只要找到理想的老師，將「約而不速」的微言大義揭露出來，即可由誦讀史事中習得禮義。因此，《春秋》亦可視爲《禮》的翼輔，而《荀子》書中所引春秋時代的人事，亦在於證成其隆禮義的主張。

　　至於《易》，雖然其「變」、「時」、「中」等重要觀點，同樣爲荀子所重視，在其隆禮義的思想體系中有舉足輕重的地位，如〈非十二子〉說：「宗原應變，曲得其宜，如是，然後聖人也」，〈儒效〉說：「其舉事無悔，其持險應變曲當，

與時遷徙，與世偃仰，千變萬化，其道一也。是大儒之稽也」，〈君道〉說：「貧窮而不約，富貴而不驕，並遇變態而不窮，審之禮也」，均以能應變得宜爲審知禮義的聖人、大儒的特質。〈不苟〉說：「與時屈伸，柔從若蒲葦」，〈非相〉說：「遠舉而不繆，近世而不傭，與時遷徙，與世偃仰」，〈仲尼〉說：「君子時詘則詘，時伸則伸也」，均以言行舉止能因時制宜爲君子特質。〈不苟〉說：「然而君子不貴者，非禮義之中也」，〈非相〉說：「言而非仁之中也，則其言不若其默也，其辯不如其吶也」，〈禮論〉說：「禮之中焉能思索，謂之能慮；禮之中焉能勿易，謂之能固」，皆以是否得中爲言行舉止之判斷標準。但是，《易》於《荀子》一書不僅只在〈大略〉篇被提及二次，在〈非相〉、〈大略〉二篇各被徵引文句一次；而且除在〈大略〉篇與《詩》、《禮》並列外，〈勸學〉中論及群經時，每每被略而不論，這或許與《易》本是占筮之書，荀子反對怪力亂神所致，所以既於〈非相〉篇貶斥「相人之形狀顏色而知其吉凶妖祥」，更於〈大略〉篇中明白指陳「善爲《易》者不占」。

除了以六經爲學習的主要教材外，學者是否還需旁涉其他書籍？由〈解蔽〉所說「兼陳萬物而中縣衡焉」、「不以所已藏害所將受」、「不以夫一害此一」的觀點推論，只要能符合禮義之中而一以貫之者，是可以兼容並蓄的。揆諸荀子本人思想亦有擷取諸子之處，此一推論應可成立。不過一旦旁涉諸子，萬一根基不固而誤入歧途，則將因「蔽」而背離「聖王之治，禮義之化」，以致不能積善成德，化性起僞。由荀子稱《禮》、《樂》、《詩》、《書》、《春秋》爲「在天地之閒者畢矣」看來，顯然並不認爲學者在達於「神明自得，聖心備焉」前，有誦讀儒家以外典籍的必要。

（二）聖人的知、言、行

學習的內容，如上所述，是以禮義爲最高標準去統攝六經；至於學習的方向，則是以聖人爲究竟目的。然而在「始乎爲士，終乎爲聖人」的過程中，是否只有士與聖人兩階段？就《荀子》一書人格等級的分類來看，有簡單以君子、小人二分者，如：

> 君子之學也，以美其身；小人之學也，以爲禽犢。（〈勸學〉）
> 故君子敬其在己者，而不慕其在天者；小人錯其在己者，而慕其在天者。（〈天論〉）
> 故君子可以有埶辱，而不可以有義辱；小人可以有埶榮，而不可以有義榮。（〈正論〉）

或有以聖人、士君子、小人三分者，如：

> 故多言而類，聖人也；少言而法，君子也；多少無法而流湎然，雖辯，小人也。(〈非十二子〉)〔註36〕

> 人有是，士君子也；外是，民也；於是其中焉，方皇周挾，曲得其次序，是聖人也。(〈禮論〉)

亦有以聖人、君子、士、民四分者，如：

> 以從俗爲善，以貨財爲寶，以養生爲己至道，是民德也。行法至堅，不以私欲亂所聞，如是，則可謂勁士矣。行法至堅，好修正其所聞以橋飾其情性，其言多當矣而未諭也，其行多當矣而未安也，其知慮多當矣而未周密也，上則能大其所隆，下則能開道不己若者，如是，則可謂篤厚君子矣。修百王之法若辨白黑，應當時之變若數一二，行禮要節而安之若生四枝，要時立功之巧若詔四時，平正和民之善，億萬之眾而博若一人，如是，則可謂聖人矣。(〈儒效〉)

> 故上賢祿天下，次賢祿一國，下賢祿田邑，愿慤之民完衣食。(〈正論〉)

甚至有以大聖、賢人、君子、士、庸人五分者，如：

> 孔子曰：「人有五儀：有庸人，有士，有君子，有賢人，有大聖。」哀公曰：「敢問何如斯可謂庸人矣？」孔子對曰：「所謂庸人者，口不能道善言，必不知色色；不知選賢人善士託其身焉以爲己憂，勤行不知所務，止交不知所定；日選擇於物，不知所貴；從物如流，不知所歸；五鑿爲正，心從而壞：如此，則可謂庸人矣。」哀公曰：「善！敢問何如斯可謂士矣？」孔子對曰：「所謂士者，雖不能盡道術，必有率也；雖不能偏美善，必有處也。是故知不務多，務審其所知；言不務多，務審其所謂；行不務多，務審其所由。故知既已知之矣，言既已謂之矣，行既已由之矣，則若性命肌膚之不可易也。故富貴不足以益也，卑賤不足以損也，如此，則可謂士矣。」哀公曰：「善！敢問何如斯可謂之君子矣？」孔子對曰：「所謂君子者，言忠信而心不德，仁義在身而色不伐，思慮明通而辭不爭，故猶然如將可及者，君子也。」哀公曰：「善！敢問何如斯可謂賢人矣？」孔子對曰：「所謂賢人者，行中規繩而不傷於本，言足法於天下而不

〔註36〕亦見〈大略〉，唯「多少無法而流湎然」作「多言無法而流喆然」。

傷於身，富有天下而無怨財，布施天下而不病貧，如此，則可謂賢
人矣。」哀公曰：「善！敢問何如斯可謂大聖矣？」孔子對曰：「所
謂大聖者，知通乎大道，應變而不窮，辨乎萬物之情性者也。大道
者，所以變化遂成萬物也；情性者，所以理然不、取舍也。是故其
事大辨乎天地，明察乎日月，總要萬物於風雨，繆繆肫肫，其事不
可循，若天之嗣，其事不可識，百姓淺然不識其鄰，若此，則可謂
大聖矣。」哀公曰：「善！」（〈哀公〉）

就以上四種分法而言，君子與小人的對立分判，儘管在《荀子》一書出現最
多，最方便用來區別隆禮義、大積靡的有德之人與不學問、無正義的無德之
民，然而卻不足以顯示學習的過程。若是爲了譎德定次以利進德修業，聖人、
君子、士或上賢、次賢、下賢之分實已足夠。儘管荀子有時亦將〈正論〉、〈君
道〉中「祿天下」、「爲三公」的上賢，「祿一國」、「爲諸侯」的次賢，與「祿
田邑」、「爲士大夫」的下賢，簡化成〈儒效〉中爲「天子三公」的大儒，與
爲「諸侯大夫士」的小儒；或將士與君子合併爲「士君子」，而謂「上爲聖人，
下爲士君子」（〈儒效〉）。然而士與君子分而爲二，畢竟比合而爲一，更有利
強調積漸工夫，相信王先謙亦是有鑑於此，於是在「始乎爲士，於乎爲聖人」
處注說：「荀書以士、君子、聖人爲三等」。

　　既然分士、君子、聖人爲三等最能凸顯學習的進程，那麼，各階段的特
色爲何？茲試以上引四分法中〈儒效〉之例與《荀子》中另三段典型的敘述
爲代表，分析其特色如下，其文說：

好法而行，士也；篤志而體，君子也；齊明而不竭，聖人也。（〈修
身〉）

彼學者，行之，曰士也；敦慕焉，君子也；知之，聖人也。（〈儒效〉）

嚮是而務，士也；類士而幾，君子也；知之，聖人也。（〈解蔽〉）

由上引文所謂「好法而行」、「行之」、「行法至堅，不以私欲亂所聞」、「嚮是
而務」可知，士階段的學習特色在於「力行」，即將學習所得的內容不僅「入
乎耳，箸乎心」，更須「布乎四體，形乎動靜」（〈勸學〉），由具體實踐中凝聚
意志與培養良好的行爲習慣。何以學習首重力行？此因道德實踐不同於一般
的知識技能，乃是「道雖邇，不行不至；事雖小，不爲不成」（〈修身〉），而
「不聞不若聞之，聞之不若見之，見之不若知之，知之不若行之，學至於行
之而止矣。行之，明也。明之爲聖人」（〈儒效〉），亦在於說明道德實踐「行」

重於「知」。不過，「知之不若行之」之「知」屬客觀的表面認知，「行之，明也」之「知」才是主觀的深刻體悟禮義精神，由深刻的體悟而知類通達已是聖人境界，士的階段重在力行以養成好習慣。至於所行、所務的內容，毫無疑問是指禮義，所謂「法禮足禮，謂之有方之士」（〈禮論〉），「隆禮，雖未明，法士也」（〈勸學〉），皆可為證；而「匹夫問學不及為士，則不告也」（〈儒效〉），正是指問學的內容只及於生活技能卻不及禮義而言。王先謙於「好法而行」處謂「法即禮也」，正與〈大略〉「夫行也者，行禮之謂也」相呼應。

　　《荀子》書中的「君子」一詞，實有廣義、狹義兩種用法。與小人對舉的君子屬廣義，泛指士、君子、聖人而言，如〈不苟〉「君子，小人之反也。君子大心則敬［註37］天而道，小心則畏義而節；知則明通而類，愚則端愨而法」中，「敬天而道」、「明通而類」的君子即為聖人，「畏義而節」、「端愨而法」的君子即是士，一般君子則介於二者間。有時則更進一步指德位兼備的聖王，如〈王制〉中「天地生君子，君子理天地」，為「天地之參」、「萬物之揔」、「民之父母」的君子；〈富國〉中「君子以德，小人以力」，而「百姓之力、群、財、埶、壽」，「待之而後功、如、聚、安、長」的君子，皆不止是有德無位的聖人而已，所以於〈性惡〉中荀子便將之與堯、禹並列，而謂「凡所貴堯、禹、君子者，能化性，能起偽，偽起而生禮義」。至於與士、聖人三分而為學習過程第二階段的君子則屬狹義，此時君子的特色已由純粹的遵循禮義且力行不惑，進而堅定其意志，因企慕嚮往而奮發自勉，不僅力行禮義，且能加以反省修正，雖然言行知慮還未完全達到聖人的通達周密，但是已能肩負起開導教化的責任。

　　經過士、君子階段的歷練，一旦具備「齊明而不竭」、「修百王之法若辨白黑，應當時之變若數一二」的條件，即已躋升為聖人。正因為「知」是聖人階段的主要特色，所以《荀子》書中聖知往往連用，如「聰明聖知不以窮人」（〈非十二子〉）、「賢良知聖之士案自進矣」（〈王制〉）、「聖知不用愚者謀」（〈成相〉）、「聰明聖知，守之以愚」（〈宥坐〉）等皆是其例。而且此知是「行之，明也」的深刻理解，而非知而不行的表相認知，〈儒效〉的「井井兮其有理也，嚴嚴兮其能敬己也，分分兮其有終始也，猒猒兮其能長久也，樂樂其執道不殆也，炤炤兮其用知之明也，脩脩兮其統類之行也，綏綏全其有文章

〔註37〕「敬」字依盧文弨、王念孫說據《韓詩外傳》補。王先謙《荀子集解》，頁42
　　　～43。

也，熙熙兮樂人之臧也，隱隱兮其恐人之不當也」所描述者，正是聖人發揮其「用知之明」而實踐其「統類之行」的情況。因為行而用知，所以行時其事「有理」、「有終始」、「能長久」，其人「能敬己」而「執道不殆」；因為知而能行，所以不僅本身「有文章」以美其身，而且推己及人，樂人之善，憂人之過。至於〈法行〉說：「禮者，眾人法而不知，聖人法而知之」，亦正凸顯聖人不同於眾人者，在於除了效法而行外，更能對禮義有深刻的體悟；而〈禮論〉說：「祭者，志意思慕之情也，忠信愛敬之至矣，禮節文貌之盛矣，苟非聖人，莫之能知也。聖人明知之，士君子安行之，官人以為守，百姓以成俗」，亦明白指出聖人所知不止是禮義法度的條文儀式，而是其內在的精神意義，此若非積思慮，習偽故，知行並用，不能達致。正因為「使本末終始莫不順比，足以為萬世則」的禮義，「非順孰脩為之君子莫之能知也」（〈禮論〉），所以荀子才會強調「行之，明也。明之為聖人」；正因為由「順孰脩為」的力行實踐中才能切實明白為人處世的道理，使言行舉止皆合乎禮義法度，所以才說「聖人也者，本仁義，當是非，齊言行，不失豪釐，無它道焉，已乎行之矣」（〈儒效〉）。既然篤行是真知的基礎，所以士君子階段以安行為主，而知之是行之淬煉昇華的結果，理所當然是聖人有別於士君子的主要特色。

荀子之所以以「知之」為聖人主要特質，由前引〈儒效〉文可知其原因有二：一是求安，一是求變。首先，就求安而言，不僅個人內心因瞭解禮義的內涵而能隨順本性安行之，即「行禮要節而安之，若生四枝」；而且其作為能順時應變切合時宜，一切如此自然，即「要時立功之巧，若詔四時」；更重要的是領導眾人時，能因知類通達，以情度情，而體貼民意，所以「平正和民之善，億萬之眾而博若一人」。

安與不安差別何在？〈儒效〉說：

> 志不免於曲私而冀人之以己為公也，行不免於汙漫而冀人之以己為修也，其愚陋溝瞀而冀人之以己為知也，是眾人也。志忍私然後能公，行忍情性然後能修，知而好問然後能才，公修而才，可謂小儒矣。志安公，行安修，知通統類，如是則可謂大儒矣。大儒者，天子三公也。小儒者，諸侯大夫士也。眾人者，工農商賈也。

其中大儒等同聖人，小儒等同士君子。小儒雖然有別於眾人的不公、不修、不知，而達於「公修而才」，但是其知尚未及於知通統類，所以其才能表現是好問勤學的結果，而其志行的能公能修則是刻意違矯其本性的結果。至於大

儒，其性情已由治氣養心的工夫，「長遷而不反其初」（〈不苟〉），所以能「志安公，行安修」，即心志之安於公義與德行之樂於修爲，一切出乎自然，毫無勉強造作。與〈解蔽〉所言虛壹靜的治心之道合觀，此「知通統類」之心，可使聖人、大儒「從其欲，兼其情，而制焉者理矣」，無需如小儒之「闢耳目之欲而遠蚊蝱之聲」、「惡敗而出妻」、「惡臥而焠掌」。既然順性情自然能合於禮義，則「聖人之思也樂」與「聖人之行道也，無彊也」，正可作爲知而安行的註腳。〈榮辱〉的「志意致修，德行致厚，智慮致明，是天子之所以取天下也」、〈天論〉的「若夫志意修，德行厚，知慮明，生於今而志乎古，則是其在我者也，故君子敬其己在者，而不慕其在天者」、〈正論〉的「志意修，德行厚，知慮明，是榮之由中出者也，夫是之謂義榮」等，不僅再三證明心知與行安相輔相成，同時顯示知行並重於修身治國的重要性。

　　其次，就求變而言，因爲本乎人情的禮義法度必須與時俱進，隨人類時代環境的變遷而有所斟酌損益，所以唯有能知類明統，才能「修百王之法」以「應當時之變」。「知」與「變」的關係，可由〈不苟〉的「以義變應，知當曲直故也」、〈非十二子〉的「宗原應變，曲得其宜，如是，然後聖人也」明白得知。不僅聖人之知是「多言則文而類，終日議其所以，言之千舉萬變，其統類一也」（〈性惡〉）；聖人之辯是「不先慮，不早謀，發之而當，成文而類，居錯遷徙，應變不窮」（〈非相〉）。而且大儒之稽在於「其言有類，其行有禮，其舉事無悔，其持險應變曲當，與時遷徙，與世偃仰，千舉萬變，其道一也」（〈儒效〉）；聖君治理天下須使「萬物得宜，事變得應，上得天時，下得地利，中得人和」（〈富國〉）；王者之人則需具備「飾動以禮義，聽斷以類，明振毫末，舉措應變而不窮。夫是之謂有原」（〈王制〉）。凡此皆可見荀子之所以強調心知之清明，莫不是爲了成全志行之合宜，「宗原應變」的結果不僅使聖人、大儒、天子、三公本身得以行事合宜，而且得以「與時遷徙」而修百王之法，以作爲眾人百姓行事依循的準則。

　　從大儒、聖人皆能知通統類與應變無窮，以及〈儒效〉首段稱美周公「非聖人莫之能爲，夫是之謂大儒之效」，同時將〈非十二子〉的「是聖人之不得執者也，仲尼、子弓是也」、〈儒效〉的「非大儒莫之能立，仲尼、子弓是也」等合併看來，聖人與大儒名異實同，「實是一而二，二而一的，並無何區別」〔註38〕。至於聖人與聖王的情況又如何呢？從〈正論〉所謂「天下者，至重

〔註38〕施銘燦〈荀子思想中之聖人〉，《孔孟月刊》第 21 卷第 10 期，頁 47。

也，非至彊莫之能任；至大也，非至辨莫之能分；至眾也，非至明莫之能和。此三至者，非聖人莫之能盡。故非聖人莫之能王。聖人備道全美者也，是縣天下之權稱也……天下者，至大也，非聖人莫之能有也」可知，荀子心目中理想的王者應是聖人，所以謂之聖王。然而現實中的王者未必是聖人，而聖人也往往無緣成為王者，因此，對照〈非十二子〉的「是聖人之不得執者也，仲尼、子弓是也」與「則聖人之得執者，舜、禹是也」可知，聖王與聖人的差別在於得執與否，只具備道德而無權位的稱為聖人，既有道德又有權位的則是聖王。

就個人修身的學習而言，至能「積思慮，習偽故，以生禮義而起法度」的聖人階段已屬圓滿，所以荀子於〈勸學〉中即說：「終乎為聖人」。既然如此，為何又於〈解蔽〉中說：「學也者，固學止之也。惡乎止之？曰：止諸至足」，且以「聖也者，盡倫者也；王也者，盡制者也。兩者盡，足以為天下極矣」？這當然與荀子所強調的禮義與人群社會休戚與共有關。誠如〈榮辱〉所說：「人之生固小人，無師無法則唯利之見耳」，即在現實的人際互動中，好利惡惡的自然本性若缺乏師法禮義的引導，往往導致爭奪；何況「又以遇亂俗，是以小重小，以亂得亂也」，即本已流於爭亂的本性在動盪的時局，缺乏善良風俗陶冶下更變本加厲；所以「君子非得執以臨之，則無由得開內焉」，即在禮義師法外，必須再加上政治力量，才能克盡教化之功。因此，由獨善其身轉而兼善天下，則須如〈性惡〉所說：「故古者聖人以人之性惡，以為偏險而不正，悖亂而不治，故為之立君上之執以臨之，明禮義以化之，起法正以治之，重刑罰以禁之，使天下皆出於治，合於善也」。既然如此，除了重視聖人「以盡倫」外，尚需強調王者「以盡制」。一方面藉以期許王者亦能具備聖人之德，一方面期盼聖德之人能獲得王者之位。

聖人如果獲得王者之位，或王者如果具備聖人之德，則自然可以無所滯礙地推動其因革損益的禮義法度，以成就聖王之治。聖人如果不具有王者勢位，卻仍堅持禮義教化，又當如何？〈正名〉所說：「故明君臨之以執，道之以道，申之以命，章之以論，禁之以刑，故其民之化道也如神，辨說惡用矣哉！今聖王沒，天下亂，姦言起，君子無執以臨之，無刑以禁之，故辨說也」，不正指出對於沒有政令刑罰可資利用的聖人而言，言詞辯說是其宣揚理念唯一的憑藉。〈王霸〉的「仲尼無置錐之地，誠義乎志意，加義乎身行，著之言語」，即以孔子為例，說明沒有位勢的聖人大儒是藉由言語辨說來宣揚其身體

力行的理念。而〈非十二子〉的「總方略，齊言行，壹統類，而群天下之英傑而告之以大古，教之以至順，奧窔之閒，簟席之上，斂然聖王之文章具焉，佛然平世之俗起焉」，則更以孔子藉由作育英才以宣揚理念，使聖王教化得以推行，以證明言詞辯說是大儒聖人平息異端邪說的憑藉。

　　由於言說論辯成爲聖人撥亂反正成就治道的僅存憑藉，所以荀子於〈非相〉篇中，不僅以「法先王，順禮義，黨學者，然而不好言，不樂言，則必非誠士也」指出言說的重要性，並且強調君子必辯，其文說：

> 君子必辯。凡人莫不好言其所善，而君子爲甚焉。是以小人辯言險而君子辯言仁也。言而非仁之中也，則其言不若其默也，其辯不若其吶也；言而仁之中也，則好言者上矣，不好言者下也。故仁言大矣。起於上所以道於下，正令是也；起於下所以忠於上，謀救是也。故君子之行仁也無厭。志好之，行安之，樂言之，故〔註39〕君子必辯。小辯不如見端，見端不如〔註40〕本分。小辯而察，見端而明，本分而理，聖人士君子之分具矣。有小人之辯者，有士君子之辯者，有聖人之辯者：不先慮，不早謀，發之而當，成文而類，居錯遷徙，應變不窮，是聖人之辯者也。先慮之，早謀之，斯須之言而足聽，文而致實，博而黨正，是士君子之辯者也。聽其言則辭辯而無統，用其身則多詐而無功，上不足以順明王，下不足以和齊百姓，然而口舌之均，噡唯則節，足以爲奇偉偃卻之屬，夫是之謂姦人之雄，聖王起，所以先誅也。然後盜賊次之。盜賊得變，此不得變也。

雖說「剛毅木訥近仁」（《論語·子路》），但「君子辯言仁」，是「智者利仁」（《論語·里仁》）的具體表現。儘管荀子也說「默而當，亦知也。故知默猶知言也」（〈非十二子〉），然而更肯定「言而當」之「知」，所以緊接著便說「故多言而類，聖人也；少言而法，君子也」。何以如此？在於「言而仁之中也，則好言者上矣，不好言者下也」。不過，一旦「言而非仁之中」，則結果恰好相反，「其言不若其默也，其辯不若其吶也」，因爲君子之所以好言其所善之仁，爲宣揚禮義以促進社會之群居和一與正理平治；而姦人之雄雖然舌燦蓮花能言善道，可是言辯內容瑣碎苛察而無根本，「上不足以順明王，下不足以和齊百姓」，不僅無助於社會和諧，反而有可能導致政局混亂，與君子所汲汲

〔註39〕　「故」下本有「言」字，依王念孫說刪。王先謙《荀子集解》，頁87。
〔註40〕　「本分」上本有「見」字，依王引之說刪。王先謙《荀子集解》，頁87～88。

努力者適得其反。難怪在荀子的心目中，姦人之雄比一般盜賊更加可惡，成為聖王應該首先誅除的對象。

又引文中「志好之，行安之，樂言之」改變了「志安公，行安修，知通統類」（〈儒效〉）中志、行、知鼎立的情況，而由言取代知。這意味荀子認為知者必有言，所以在〈性惡〉論及知的等級時，便以「多言則文而類，終日議其所以，言之千舉萬變，其統類一也」來稱美「聖人之知」，而「少言則徑而省，論而法，若佚之以繩」則用以形容「士君子之知」。然而言詞辯說的最終目的是用來宣揚道德禮義，所以在〈正名〉論名實問題時，荀子便說「辯說也者，心之象道也」，「心合於道，說合於心，辭合於說」，「辨說也者，用之大文也，而王業之始也」。由於聖人辯說的目的是「以正道而辨姦」，而使「邪說不能亂，百家無所竄」，因此，既不會像小人之辯的「多少無法而流湎然」（〈非十二子〉），即不致如小人為不合禮義的邪說所蒙蔽而陷溺其中；亦有別於役夫之知的「齊給、便敏而無類，雜能、旁魄而無用，析速、粹孰而不急，不恤是非，不論曲直，以其勝人為意」，即不致如役夫，不論是非曲直，只求以敏捷辯才與琦辭怪說勝人之口；而是「辨異而不過，推類而不悖，聽則合文，辨則盡故」，「有兼聽之明而無奮之容，有兼覆之厚而無伐德之色。說行則天下正，說不行則白道而冥窮」，即聖人的辯說並非用來誇耀才思，而是藉清明理智的公心、仁心來推行禮義教化，以實現正理平治、群居和一。

由此可見，聖人以「齊明」之「知」為其主要特色，表現於待人接物上為「變」而「不竭」，表現於個人舉止上則為「安行」與「樂言」，而知明、變應、行修、言辯的目的，莫不在於成就聖王之治與禮義之化。

總上所述，雖然荀子賦予性的是可善可惡的中性材質義，但是因為此本始材樸的自然本性易受情欲好惡的導引而趨向惡，所以在道德實踐上必須有賴人為的努力使之轉而趨向善，以成就人倫治道。而此「化性起偽」的道德實踐過程可以劃分為兩個階段，在第一階段時，包括聖人在內的所有人，皆需依禮義師法導化自然本性，表現出合乎人倫分際的行為；在第二階段時，已經完成化性而道德全備的聖人，則須因革損益已有的規範，建立合於時宜的新法度。其中禮義與人的互動關係是，第一階段由禮義取得主導地位，第二階段則由聖人取得主導地位。在第二階段聖人察禮義之統以起偽的過程，聖人必須經由治氣養心與致誠慎獨的工夫，使自己不僅能成為主觀的道德存在，同時成為客觀的理性存在。聖人之所以不同於一般人而能創制禮義，即

在於能由虛壹而靜的工夫治氣養心，使其依禮義滿足情欲以養身時，不忘涵
養心知意志，在慮積能習的不斷努力下，使禮義內化爲德操而達於身心和諧。
且在致誠愼獨的工夫中，既以守仁涵養主體的善質，又以行義成就客觀的制
度，兼顧人我古今而稱情立文、因革損益，以化民成俗與參贊化育。至於第
一階段凡民由師法積學而化性的部份，就只求生活富足安樂，無暇或不願學
習的平民百姓而言，遵守禮義法度而謹守自我本分，以形成忠厚樸實的善良
風氣就已足夠，能如此，情欲即不致無所節制而導致爭亂，且可於分工合作
中得到更多的滿足。就有志成聖成賢之士而言，不斷地學習以認知客觀規範
的形式，進而體察其背後的意義與價值，是知道、可道的不二法門。然而學
習不能缺乏良師的指導，否則可能事倍功半，甚至誤入歧途而可非道。此外，
益友的切磋互勉與習俗的浸潤熏染，亦對學習有不容小覷的影響。

第六章　群居和一：政治理想

　　除非不追求外王事功，徒以內聖涵養爲滿足，否則，即使是由盡心知性以凸顯道德主體的孟子，其存養擴充工夫的圓滿完成，終究必須落實在客觀存在的現實世界。始終將思想學說聚焦在謀求社會和諧、政治安定的荀子，正理平治、群居和一自然成爲其努力的目標。爲了達成此一目標，必須以主觀的個人道德爲動力資源，強化客觀的社會規範，將作爲道德根源的善端還原爲感性的知覺，然後由理性的心知來權衡取捨，以建立共同遵守的客觀禮義。亦即減損絕對精神的高度，擴展相對精神的廣度。在此情況下，人性雖然有善質且心辨知，亦不得不在社會規範、禮義法度前，以本始質樸而具可塑性的材質向「成人」〔註1〕方向努力。以禮義爲主導所完成的外王理想，首先在領導者方面，必須是既能盡倫又能盡制的聖王，由尊君與尚賢以達正理平治；其次在具體施政上，要求君王必須平政愛民，由養民與教民以達成群居和一；然後在國防軍事上，強調以修政壹民的王者之師，來促使國固兵強。

第一節　聖人爲王

　　聖人爲王是荀子的政治理想，因爲唯有既能盡倫又能盡制的聖王，才是正理平治的最佳保障。〔註2〕而要成爲人民表率的聖王，首重修身，百姓因君

〔註1〕《荀子‧勸學》：「生乎由是，死乎由是，夫是之謂德操。德操然後能定，能定然後能應，夫是之謂成人。」《論語‧憲問》：「臧武仲之知，公綽之不欲，卞莊子之勇，冉求之藝，文之以禮樂，亦可以爲成人矣。」
〔註2〕雖然陳弱水引用林毓生「人爲構成說」而認爲孔孟的聖王思想，不是建立合理政治、社會的適切途徑。因爲，其不僅在理論上，忽略了創造性的個人行

主之德而尊其位。其次，君主必須任用賢能以為佐助，賢臣則需竭智盡能以輔弼君主。此外，荀子一則有別孔孟，提出通於神明的聖王無所謂禪讓的主張；一則承續孔孟，由行權的角度肯定革命的意義。

一、君德與君勢

寄託政治理想於聖王在位的荀子學說，其君道思想具有責任重於權利、人治重於法治、修身重於治國、道德重於勢位等四大特色，茲分述如下：

（一）責任重於權利

在主權在民思想尚無萌發條件的春秋戰國時代，古聖先哲往往只能遷就當時的現實狀況，以以民為本的聖王為理想政治的典範。提倡「師法之化，禮義之道」的荀子更是特別強調「非聖人莫之能王」，〈正論〉說：

> 天下者，至重也，非至彊莫之能任；至大也，非至辨莫之能分；至眾也，非至明莫之能和。此三至者，非聖人莫之能盡，故非聖人莫之能王。聖人備道全美者也，是縣天下之權稱也。

聖人為王的觀點很能彰顯儒家民本政治思想的特色，責任重於權利便是其中之一，所以於引文中荀子一方面期待王者具有「備道全美」的品德，一方面要王者具有「至強、至辨、至明」的才智，以便面對責任至重、涵括至大、人數至眾的天下時，能夠充分肩負起「能任、能分、能和」的責任。而「非聖人莫之能盡」一語更充分顯示，荀子與古聖先哲思考政治問題時，不但沒有將重心放在權利與權力上，所關懷的反而始終是責任與義務。錢穆認為，中國傳統政治理論「並不是政治上主權應該誰屬的問題，而是政治上責任應該誰負的問題」，所以人民與君主之間並非對立與監督的「契約」關係，而是放任與期待的「信託」關係〔註3〕，所言甚是。重視君王責任與強調人民權利正是民本與民主差異所在，因為將治理國家的重責大任完全託付聖王，所以就理想言，主權在民的意識當然沒有發展的空間及必要性。

為何須將正理平治的責任完全交付給聖王，而導致「君相擔負過重，庶

為與演進式的社會行動的區別，混淆了個人的自我實現與個人政治行為；而且在經驗上，往往是專制君王披上了道德的外衣，以「內聖外王」為護身符，結果聖人沒有當上帝王，帝王卻盡成了聖人。《公共意識與中國文化》（臺北：聯經出版事業公司，2005年9月），頁340~350。但是若就當時現實情況而言，聖王德治除了代表一種治道理想外，在期許中同時也隱含對時政的批判。

〔註3〕錢穆《國史新論》（臺北：東大圖書公司，1989年3月），頁72、100。

民擔負過輕，甚至一無負擔」的現象？〔註4〕關鍵當然在於聖人與眾庶德能的差異。〈君道〉說：

> 故君子之於禮，敬而安之；其於事也，徑而不失；其於人也，寡怨寬裕而無阿；其所爲身也，謹修飾而不危；其應變故也，齊給便捷而不惑；其於天地萬物也，不務説其所以然而致善用其材；其於百官之事，技藝之人也，不與之爭能而致善用其功；其待上也，忠順而不懈；其使下也，均徧而不偏；其交遊也，緣義而有類；其居鄉里也，容而不亂。是故窮則必有名，達則必有功，仁厚兼覆天下而不閔，明達周〔註5〕天地、理萬變而不疑，血氣和平，志意廣大，行義塞於天地之間，仁知之極也。夫是之謂聖人。審之禮也。

相較於對禮有透徹了解領悟，並以之爲言行準則，而達於動無不當的聖人而言，眾庶百姓基本上是「以從俗爲善，以貨財爲寶，以養生爲己至道」（〈儒效〉）。因此人民的生活目標不外乎「軥錄疾力，以敦比其事業而不敢怠懈」，以求「煖衣飽食，長生久視」（〈榮辱〉）而已。由於欠缺禮義的認知與涵養，只能是「不學問，無正義，以富利爲隆」（〈儒效〉）的凡夫俗子，所以不僅因缺乏知能而在言行舉止方面「其言也諮，其行也悖，其舉事多悔」（〈性惡〉），而且因缺乏道德，又一味追求衣食飽煖，而導致「從其性，順其情，安恣睢，以出乎貪利爭奪」（〈性惡〉）。既然只圖滿足生存需求的眾庶百姓，因順性任情而導致言行知能皆無益於正理平治，則群居和一的重責大任，當然只能交付給「道德純備，智惠甚明」（〈正論〉）的聖王。此亦民智未開之時，不得不寄望於聖王在位的原因。

（二）治人重於治法

治人重於治法是聖人爲王所表現的特色之二。爲了成就群居和一、正理平治的外王事功，荀子充分肯定禮義法度的價值與功能。在生理需求方面，荀子認爲，聖王創制禮義法度的目的在於「養人之欲，給人之求」（〈禮論〉），使眾庶百姓既不必因寡欲去欲、粗衣惡食而隘慄傷生，亦不致因縱欲任情、貪得無厭而流於爭亂。在言行舉止方面，荀子認爲，禮義法度是衡量人情長短而創制，在立中制節、情文俱盡的原則下，既可達愛敬之文，更可滋成行義之美。在社

〔註4〕牟宗三《名家與荀子》（臺北：臺灣學生書局，1985年3月），頁237。
〔註5〕「周」原作「用」，依王念孫説改。王先謙《荀子集解》（北京：中華書局，1997年10月），頁234。

會秩序方面，荀子認為，禮義法度的制訂，使眾庶百姓皆有言行規範可資遵循而謹守其分，在各取所需、各盡其責的情況下，順利而迅速地達成安定和諧的目標。在人君施政方面，荀子認為，禮義法度的制訂有助明分使群與設官分職，而以禮節用、隆禮尊賢，可使近悅遠來，稱王天下。就個人而言，不僅「凡用血氣、志意、知慮，由禮則治通，不由禮則勃亂提僈」、「凡治氣養心之術，莫徑由禮」，而且「食飲、衣服、居處、動靜，由禮則和節，不由禮則觸陷生疾；容貌、態度、進退、趨行，由禮則雅，不由禮則夷固僻違、庸眾而野」（〈修身〉），因此說「禮者，所以正身也」（〈修身〉）。就國家而言，「禮者，治辨之極也，強固〔註6〕之本也，威行之道也，功名之總也。王公由之，所以得天下也；不由，所以隕社稷也」（〈議兵〉），因此說「國之命在禮」（〈彊國〉）、「國家無禮則不寧」（〈修身〉）。禮不僅是「人道之極也」，甚至可以擴及自然現象，所謂「天地以合，日月以明，四時以序，星辰以行，江河以流，萬物以昌」（〈禮論〉）是也。

　　就禮義是聖人與眾庶化性起偽的依據而言，固然可說「禮義者，治之始也」（〈王制〉），但若就禮義法度出自聖人的創制而言，則又進一步指出「君子者，禮義之始也」（〈王制〉）。儘管因禮義為施政治國的權衡繩墨，而強調「國無禮則不正」（〈王霸〉），然而繩墨權衡畢竟需要有人操作，否則「天地不理，禮義無統」（〈王制〉）。此皆足以顯示荀子雖然重視達治之法，但是更重視能治之人。〈君道〉說：

> 有亂君，無亂國；有治人，無治法。羿之法非亡也，而羿不世中；禹之法猶存，而夏不世王。故法不能獨立，類不能自行，得其人則存，失其人則亡。法者，治之端也；君子者，法之原也。故有君子則法雖省，足以徧矣；無君子則法雖具，失先後之施，不能應事之變，足以亂矣。不知法之義而正法之數者，雖博，臨事必亂。故明主急得其人，而闇主急得其執。急得其人，則身佚而國治，功大而名美，上可以王，下可以霸；不急得其人而急得其執，則身勞而國亂，功廢而名辱，社稷必危。故君人者勞於索之，而休於使之。《書》曰：「惟文王敬忌，一人以擇。」此之謂也。

所謂「有治人，無治法」並非否定法的重要性，因為法者畢竟是「治之端」，而是強調人的優先性，因為君子乃是「法之原」。而能治之人所以優先於達治之法，一方面固然由於聖人君子是禮義法度的創制者、執行者，另一方面是

〔註6〕「固」原作「國」，依王先謙據《史記》改。王先謙《荀子集解》，頁281。

由於聖人君子能充分掌握禮義法度的內在精神原理而通權達變。所以只要有知類通達的君子，即使禮法簡略，亦足以應變無窮；反之，即使禮法完善，但執行者或捨本逐末、或固執不知變通，不僅無益於治，反而有助於亂。〈致士〉所說「君子也者，道法之摠要也，不可少頃曠也。得之則治，失之則亂；得之則安，失之則危；得之則存，失之則亡。故有良法而亂者有之矣；有君子而亂者，自古及今，未嘗聞也」，正是此意。而禮法之所以「不能獨立」，類理之所以「不能自行」，皆由於未得治人去推動。治人與非治人的差別，在於治人能完全掌握「法之義」而以理貫通「法之數」，故不亂；非治人則謹守法之數而不知變通，雖然所誦記的條文博多，但因不能靈活運用，不僅無助於處理實際事物，甚至往往致亂。總之，作為治法的禮義，雖然其理深、大、高而為「人道之極」；但是，能把握禮義之中而思索應變的聖人則是「道之極」（〈禮論〉）。正因為君子是「道法之摠要」、「得之則治，失之則亂」，所以日理萬機的明主，除了一方面得致力積思慮、習偽故，使自己成為「管分之樞要」（〈富國〉），另一方面須積極尋求賢佐，如此方能成為「身佚而國治，功大而名美」的聖王，不致因貪圖勢位而淪為「身勞而國亂，功廢而名辱」的亂君，此即「有治人，無治法」的雙重意義。

（三）修身重於治國

修身重於治國是聖人為王所涵蘊的第三個特色。〈君道〉說：

> 請問為國？曰：聞修身，未嘗聞為國也。君者，儀也，儀正而景正；
> 君者，槃也，槃圓而水圓；君者，盂也，盂方而水方。君射則臣決。
> 楚莊王好細腰，故朝有餓人。故曰：聞修身，未嘗聞為國也。

「聞修身，未嘗聞為國也」與「有治人，無治法」的意涵相同，並非否定君王治國時能力方法的重要性，只是相對而言，修養品德以建立典範更具有優先性。從「君者、儀也，儀正而景正」到「楚莊王好細腰，故朝有餓人」的比喻或故事中，荀子所欲表示者，無非就是君德對庶民百姓的影響力遠勝於君術，所以才以修身答覆治國之問。

然則君王以何修養品德而成為人民效法的典範？〈彊國〉說：

> 凡姦人之所以起者，以上之不貴義，不敬義也。夫義者，所以限禁
> 人之為惡與姦者也。今上不貴義，不敬義，如是，則下之人百姓皆
> 有棄義之志，而有趨姦之心矣，此姦人之所以起也。且上者，下之
> 師也，夫下之和上，譬之猶響之應聲，影之像形也。故為人上者不

可不慎也。夫義者，內節於人而外節於萬物者也，上安於主而下調
於民者也。內外上下節者，義之情也。然則凡爲天下之要，義爲本
而信次之，古者禹、湯本義務信而天下治，桀、紂棄義倍信而天下
亂，故爲人上者必將慎禮義，務忠信然後可。此君人者之大本也。

「響之應聲，影之像形」與「儀正而景正」，「槃圓而水圓」同樣是比喻上行
則下效，藉以告知爲「下之師」的在上位者不可不順禮義而自修身。之所以
必須依循禮義來修養品德，只因聖人創制禮義的目的本爲避免人性趨惡，進
而導致社會秩序流於爭亂。所以依據德能訂定分位，使眾人在各安其分的情
況下，欲求得到合理適度的滿足，財貨器物亦不致匱乏，此即所謂「內節於
人而外節於萬物」，亦即〈禮論〉「欲必不窮乎物，物必不屈於欲」之意。由
於人人謹守分位，社會秩序自然和諧，主安於上而民調於下。既然禮義是治
天下之根本，因此在上位的君王尤應貴禮敬義以爲下民模範，風行草偃的結
果，百姓亦會致力禮義，趨心向善，〈致士〉所謂「禮及身而行修，義及國而
政明」，即是此意。又〈君道〉亦說：

> 合符節，別契券者，所以爲信也；上好權謀，則臣下百吏誕詐之人
> 乘是而後欺。探籌、投鉤者，所以爲公也；上好曲私，則臣下百吏
> 乘是而後偏。衡石、稱縣者，所以爲平也；上好傾覆，則臣下百吏
> 乘是而後險。斗、斛、敦、槩者，所以爲情也；上好貪利，則臣下
> 百吏乘是而後豐取刻與，以無度取於民。故械數者，治之流也，非
> 治之原也；君子者，治之原也。官人守數，君子養原，原清則流清，
> 原濁則流濁。故上好禮義，尚賢使能，無貪利之心，則下亦將綦辭
> 讓、致忠信而謹於臣子矣。如是則雖在小民，不待合符節、別契券
> 而信，不待探籌、投鉤而公，不待衡石、稱縣而平，不待斗、斛、
> 敦、槩而嘖。故賞不用而民勸，罰不用而民服，有司不勞而事治，
> 政令不煩而俗美，百姓莫敢不順上之法，象上之志，而勸上之事，
> 而安樂之矣。故藉斂忘費，事業忘勞，寇難忘死，城郭不待飾而固，
> 兵刃不待陵而勁，敵國不待服而詘，四海之民不待令而一。夫是之
> 謂至平。《詩》曰：「王猶允塞，徐方既來。」此之謂也。

荀子於此表示，與其致力於治之流的器物制度，欲藉符節契券、探籌投鉤、
衡石稱縣、斗斛敦槩以實現公平信實，不如君王本身崇尚禮義以養原，更能
達到化民成俗的成效。只要在上位的君王能正本清源而不喜好權謀曲私、傾

覆貪利，在「源清則流清，原濁則流濁」的情況下，不僅臣下百吏極辭讓忠信而謹守職分，百姓亦皆無需制度器物規範而自然公平信實，任事自動自發且無怨無尤，不僅城固兵強，甚至四方來歸。一切皆在「不待」、「不用」中自然完美，不正是儒家德治的理想境界？

聖人為王何以能達到上述的完美境界？不正是因為聖王除了能運用其知能以「盡制」外，更能涵養道德以「盡倫」？〈解蔽〉說：

> 聖也者，盡倫者也；王也者，盡制者也。兩者盡，足以為天下極矣。
> 故學者，以聖王為師，案以聖王之制為法，法其法，以求其統類，
> 以務象效其人。

雖然荀子因注重外王事功而強調在禮義法度方面的「盡制」，但是並未因此而忽略涵養內在於禮義法度的道理以求「盡倫」。所以聖王治國以修身為首要項目，而百姓學者之以聖王為仿效學習對象時，亦不只是就客觀制度面「順上之法」、「以聖王之制為法」而已，更要求就主體精神上「象上之志」、「法其法，以求其統類，以務象效其人」。

由於聖王是人民的典範，是百姓效法的對象，既作之君又作之師，所以荀子往往君師合稱，〈王制〉說「無君子則天地不理，禮義無統，上無君師，下無父子，夫是之謂至亂」，〈正論〉說「天下無君，諸侯有能德明威積，海內之民莫不願得以為君師」，〈禮論〉說「禮有三本：天地者，生之本也；先祖者，類之本也；君師者，治之本也」，皆是其例。若徒具位勢而以知能治國，然其德不足為天下表率，則只能稱其為君為王，必兼備德能者始得稱為君師，而且有時為了凸顯其德足堪學習效法，亦可以師代君而稱為「人師」，〈儒效〉說「故近者歌謳而樂之，遠者竭蹶而趨之，四海之內若一家，通達之屬莫不從服，夫是之謂人師」，王先謙謂「人師，猶言人君矣」〔註7〕；〈王制〉說「四海之內若一家，故近者不隱其能，遠者不疾其勞，無幽閒隱僻之國莫不趨使而安樂之。夫是之謂人師」，楊倞注「師，長也。言為政如此，乃可以長人也。師者，亦使人法效之者也」〔註8〕。綜合王、楊二人之說可知，君、師、長三者可以互通，然而以師代君，正足以顯示治國首重修身的聖王，其仁德有值得百姓效法者。

（四）道德重於勢位

〔註7〕王先謙《荀子集解》，頁121。
〔註8〕王先謙《荀子集解》，頁161。

　　道德重於勢位是聖人為王所涵蘊的第四個特色。修身以為典範固然是儒家德治理想中治國平天下的主要方法。但是，若空有其德而為聖人，卻無其位以為君王，則其知能無法充分發揮，外王事功亦終究難以達成。因此，勢位是完成德治理想不可欠缺的輔助因素，荀子並未忽略勢位的重要：

> 人之生固小人，無師無法則唯利之見耳。人之生固小人，又以遇亂世，得亂俗，是以小重小也，以亂得亂也。君子非得埶以臨之，則無由得開内焉。（〈榮辱〉）

> 夫民易一以道而不可與共故，故明君臨之以埶，道之以道，申之以命，章之以論，禁之以刑。故其民之化道也如神，辨埶惡用矣哉！今聖王沒，天下亂，姦言起，君子無埶以臨之，無刑以禁之，故辨說也。（〈正名〉）

> 故古者聖人以人之性惡，以為偏險而不正，悖亂而不治，故為之立君上之埶以臨之，明禮義以化之，起法正以治之，重刑罰以禁之，使天下皆出於治，合於善也。是聖王之治，而禮義之化也。（〈性惡〉）

荀子明白指出，聖人雖然知道要平治天下，除了必須修身立德以為百姓「師」，創制禮義以為眾人「法」外，若要避免人民因「唯利之見」而流於偏險不正、悖亂不治，最有效且神速的途徑莫過於憑著君上的勢位，藉由政令刑罰的強制力量，輔助道德仁義的柔性教化。而荀子之所以強調位勢的重要性，一方面固由於民智未開，不能只憑禮樂教化來宣揚道德仁義，否則大費周章卻事倍功半，所謂「民易一以道而不可與共故」正可作為「民可使由之，不可使知之」（《論語·泰伯》）的註腳。另一方面則於世道衰亂，不運用強制力輔助禮義的推行，人民將受姦言邪說、惡習亂俗的影響，使原本即易流於惡的情欲更加無所節制，恣意妄為而亂上加亂。

　　儘管荀子肯定位勢在實際施政上的重要性，不過並未因此將之視為最高準則，而是始終將其設定為道的從屬，以下三段歷史教訓即為明證：

> 文王載百里地而天下一，桀、紂舍之，厚於有天下之埶而不得以匹夫老。故善用之，則百里之國足以獨立矣；不善用之，則楚六千里而為讎人役。故人主不務得道而廣有其埶，是其所以危也。（〈仲尼〉）

> 國者，天下之〔註9〕利用也；人主者，天下之利埶也。得道以持之，則大安也，大榮也，積美之源也。不得道以持之，則大危也，大累

〔註9〕「之」下本有「制」字，依楊注刪。王先謙《荀子集解》，頁202。

也，有之不如無之，及其綦也，索爲匹夫不可得也，齊湣、宋獻是
也。故人主，天下之利埶也，然而不能自安也，安之者必將道也。
故用國者，義立而王，信立而霸，權謀立而亡。(〈王霸〉)

處勝人之埶，行勝人之道，天下莫忿，湯、武是也；處勝人之埶，
不以勝人之道，厚於有天下之埶，索爲匹夫不可得也，桀、紂是也。
然則得勝人之埶者，其不如勝人之道遠矣。(〈彊國〉)

位勢固然重要，道義才是施政成功，保有天下的主要憑藉。位勢的穩固與擴
充，人主的安危與榮辱，莫不取決於道義，道義才是「積美之源」。有道義爲
其本質的位勢，即使是百里之國，亦將因深獲民心、近悅遠來而稱王天下；
無道義爲其內涵的位勢，範圍越大反而越易因暴虐無道、不得民心而招來更
多的反抗，更易導致危亡。也就是說，對於不行道義的暴君闇主如夏桀、商
紂、齊湣、宋獻而言，位勢不但沒有助益，反而是牽累。

　　由於「人主不務得道而廣有其埶」是危險的，所以荀子反對爲鞏固君王
位勢所提倡的「主道利周」，〈正論〉說：

主者，民之唱也；上者，下之儀也。彼將聽唱而應，視儀而動。唱
默則民無應也，儀隱則下無動也。不應不動，則上下無以相胥〔註10〕
也。若是，則與無上同也，不祥莫大焉。故上者，下之本也；上宣
明則下治辨矣，上端誠則下愿愨矣，上公正則下易直矣。治辨則易
一，愿愨則易使，易直則易知；易一則彊，易使則功，易知則明：
是治之所由生也。上周密則下疑玄矣，上幽險則下漸詐矣，上偏曲
則下比周矣。疑玄則難一，漸詐則難使，比周則難知；難一則不彊，
難使則不功，難知則不明：是亂之所由作也。故主道利明不利幽，
利宣不利周。故主道明則下安，主道幽則下危。故下安則貴上，下
危則賤上。故上易知則下親上矣，上難知則下畏上矣。下親上則上
安，下畏上則上危。故主道莫惡乎難知，莫危乎使下畏己。傳曰：「惡
之者眾則危。」《書》曰：「克明明德。」《詩》曰：「明明在下。」
故先王明之，豈特玄之耳哉！

在荀子看來，爲鞏固君王位勢而主張「周密」，以利施行「幽險」、「偏曲」的
權謀法術，只會陷臣下百姓於疑惑而不知所從的情境，以致爲求自保而趨向
虛僞不實、懷私親比，如此所產生的負面效應，非徒無益於爲治，直將導致

〔註10〕「胥」原作「有」，依王先謙說改。王先謙《荀子集解》，頁321。

爭亂覆亡，所以說「不祥莫大焉」。荀子所欲破斥的世俗之說顯然即是法家之說。法家視人性純然為惡，毫無光明面可言，將人際關係建立在奸偽巧詐的猜忌鬥爭上，於是君王為鞏固位勢以防篡奪，不得不一方面以嚴刑峻罰箝制人民，一方面以陰謀權術操控臣下。荀子學說雖未直接肯定性善，只由本始材樸的自然情性立論，然而其政治理想仍是採取聖王教化的德治模式，所以主張君上必須「宣明」以為「民之唱」、「下之儀」，即以「端誠」、「公正」建立楷模，使人民皆能有所遵循，既能安於下又能親於上，則正理平治不難達成。而此重君德與重君術的差異，正是荀子與法家最大區別所在。〈天論〉所謂「治民者表道，表不明則亂」，亦是此處「主道利明不利幽」之意，差別在於此處所重在君德，故引《書》「克明明德」一語為證，〈天論〉則在強調客觀制度，既以禮義為道的客觀化，遂謂「禮者，表也。非禮，昏世也。昏世，大亂也」。然合二者而言，則聖王既以其德為人民典範而「盡倫」，又以其位創制禮義教化人民而「盡制」，此即〈正論〉以「道德純備，智惠甚明」，說明天子位勢至尊，無敵於天下的理由。

　　既能居勝人之勢又能行勝人之道而為聖王，固然可取，然而更值得稱許的則是，雖無勝人之勢卻勉力行勝人之道的聖人，荀子實亦以此自期。〈非十二子〉說：

> 若夫總方略，齊言行，壹統類，而群天下之英傑而告之以大古，教之以至順，奧窔之間，簟席之上，斂然聖王之文章具焉，佛然平世之俗起焉，六說者不能入也，十二子者不能親也，無置錐之地，而王公不能與之爭名，在一大夫之位則一君不能獨畜，一國不能獨容，成名況乎諸侯，莫不願以為臣，是聖人之不得埶者也，仲尼、子弓是也。
>
> 一天下，財萬物，長養人民，兼利天下，通達之屬，莫不從服，六說者立息，十二子者遷化，則聖人之得埶者，舜、禹是也。
>
> 今夫仁人也，將何務哉？上則法舜、禹之制，下則法仲尼、子弓之義，以務息十二子之說，如是則天下之害除，仁人之事畢，聖王之跡著矣。

與兼具德位的聖王比較起來，聖人之所以更加難能可貴在於，聖王具有位勢，可以透過政令刑罰等強制力量來推行禮義教化，所以能迅速有效地使各種不合聖王之治的理論學說停止流傳；但是無位勢的聖人卻只能靠著教學與辯

說，雖然其自勵奮發的成效，不如有位勢者如騏驥一躍而「六說者立息」，至少可以如駑馬十駕使「六說者不能入」，功名遠勝於一般有位無德的在位者。因此，在聖王不再的戰國後期，荀子只能以「上則法舜、禹之制，下則法仲尼、子弓之義」與有志成就聖王之治、禮義之化而無位勢的仁人共勉。

〈儒效〉亦說：

> 儒者法先王，隆禮義，謹乎臣子而致貴其上者也。人主用之，則埶在本朝而宜；不用，則退編百姓而愨，必爲順下矣。雖窮困凍餒，必不以邪道爲貪；無置錐之地而明於持社稷之大義。嗚呼而莫之能應，然而通乎財萬物、養百姓之經紀。埶在人上則王公之材也；在人下則社稷之臣，國君之寶也。雖隱於窮閻漏屋，人莫不貴，貴道誠存也。仲尼將爲司寇，沈猶氏不敢朝飲其羊，公慎氏出其妻，慎潰氏踰境而徙，魯之粥牛馬者不豫賈，必蚤正以待之也。居於闕黨，闕黨之子弟，罔不分，有親者取多，孝弟以化之也。儒者在本朝則美政，在下位則美俗。儒之爲人下如是矣。

儒之爲人上者即是得位勢的聖王，儒之爲人下者即是不得位勢的聖人。在人下的儒者、聖人，若有人主用之，則必本其道德知能輔佐君主，使朝政趨於美善，故爲社稷之臣，國君之寶；若未得人主賞識，即使窮困凍餒，仍不改其一貫志節，以其風範典型影響鄉里，使風俗趨於美善，故雖隱居於窮閻漏屋，人莫不貴之。〈堯問〉所說：「孫卿迫於亂世，鰌於嚴刑，上無賢主，下遇暴秦，禮義不行，教化不成，仁者絀約，天下冥行」，窮困凍餒可能是荀子現實情況的寫照，然而，無置錐之地的荀子，始終鍥而不捨地爲實現正理平治、群居和一而努力，自比爲能由美俗進而美政的大儒，對於是否能進而取得在人上的位勢，恐怕不是他所關懷在意的吧！

二、民本與禪讓

儒家之尊君與法家之尊君，表面上看來皆有鞏固君權的面向，細究其內涵則知其實大異其趣。儒家所尊者在於君之德能，法家所尊者在於君之位勢；法家以賊民爲手段來達成尊君的目的，儒家則以尊君爲手段來達成愛民的目的。既然儒家的政治理想在於透過聖王之德行以教民，藉由聖王之知能以養民，則身爲先秦儒家後勁的荀子亦不例外。

（一）善群所以愛民

君德部分已如上述，至於君能，簡單地說就是要能「善群」，即管理好群居的眾庶百姓。〈王制〉說：

> 力不若牛，走不若馬，而牛馬爲用，何也？曰：人能群，彼不能群也。人何以能群？曰：分。分何以能行？曰：義。故義以分則和，和則一，一則多力，多力則彊，彊則勝物，故宮室可得而居也。故序四時，裁萬物，兼利天下，無它故焉，得之分義也。故人生不能無群，群而無分則爭，爭則亂，亂則離，離則弱，弱則不能勝物，故宮室不可得而居也，不可少頃舍禮義之謂也。

群居的動物不只人類，而人類之所以能凌駕其他群居的動物而成爲萬物的主宰，在於能在和諧中凝聚團結的力量。而人類之所以能克服萬難，主宰萬物，參贊天地化育，在於人類覺知唯有分工合作才能發揮群體最大的力量。〈富國〉所說「百技所成，所以養一人也。而能不能兼技，人不能兼官，離居不相待則窮」即指出，唯有分工，人們的日常生活才不致因事必親爲而技有未逮或事倍功半。而分工的依據則在於禮義，因此君王的主要知能即在於依循禮義而明分使群，以免人民不僅未蒙群居和一之利，反受爭亂離弱之害。

爲何必須依循禮義做出等差分別才能避免爭奪混亂，達於群居和一？〈榮辱〉說：

> 夫貴爲天子，富有天下，是人情之所同欲也。然則從人之欲則執不能容，物不能贍也。故先王案爲之制禮義以分之，使有貴賤之等，長幼之差，知愚、能不能之分，皆使人載其事而各得其宜，然後使穀祿多少厚薄之稱，是夫群居和一之道也。故仁人在上，則農以力盡田，賈以察盡財，百工以巧盡械器，士大夫以上至於公侯，莫不以仁厚知能盡官職，夫是之謂至平。故或祿天下而不自以爲多，或監門、御旅、抱關、擊柝而不自以爲寡。故曰：「斬而齊，枉而順，不同而一。」夫是之謂人倫。

群居而無分別之所以必然導致爭亂，在於人有慾望，必須追逐事物以獲得滿足，然而越美好的事物數量一定越稀少，在僧多粥少、需求大於供給的情況，爭奪混亂成爲無可避免。解決之道在於論德量能、劃分其位，使貴賤、長幼、知愚、賢不肖，皆能各安其分而各取所需，各盡其責而各得其宜，發揮群居和一的最大效能。虎豹雖猛，「然君子剝而用之」（〈王制〉），只因不能群；猩猩雖能群且形貌似人，「然而君子啜其羹，食其胾」（〈非相〉），只因不知分；

人能群知分，所以能「序四時，裁萬物」而「最爲天下貴」（〈王制〉）。

　　然而明分使群的任務必須何人才能完成？〈君道〉說：

> 若夫重色而成文章，重味而備珍怪，是所衍也。聖王財衍以明辨異，
> 上以飾賢良而明貴賤，下以飾長幼而明親疏，上在王公之朝，下在
> 百姓之家，天下曉然皆知其非以爲異也，將以明分達治而保萬世也。
> 故天子諸侯無靡費之用，士大夫無流淫之行，百吏官人無怠慢之事，
> 眾庶百姓無姦怪之俗，無盜賊之罪，其能以稱義徧矣。故曰：「治則
> 衍及百姓，亂則不足及王公。」此之謂也。

「所衍」二字說明了「文章」、「珍怪」是目、口滿足基本生理需求後，進一
步「重色」、「重味」的心理需求。聖王創制禮義時，即據之爲藩飾，以區分
貴賤親疏，於是，上至天子諸侯，下至眾庶百姓，皆能符合禮義而安守本分，
節制情欲，在沒有傷風敗俗之邪行亂事的情況下，自然可以明分達治而保萬
世。

　　不產生「靡費之用」等邪行亂事，只是明分使群的消極功能；其積極作
用則表現爲生活的安養和樂，〈王制〉說：

> 能以事親謂之孝，能以事兄謂之弟，能以事上謂之順，能以使下謂
> 之君。君者，善群也。群道當則萬物皆得其宜，六畜皆得其長，群
> 生皆得其命。故養長時則六畜育，殺生時則草木殖，政令時則百姓
> 一，賢良服。聖王之制也，草木榮華滋碩之時則斧斤不入山林，不
> 夭其生，不絕其長也；黿鼉、魚鱉、鰍鱣孕別之時，罔罟毒藥不入
> 澤，不夭其生，不絕其長也；春耕、夏耘、秋收、冬藏四者不失時，
> 故五穀不絕而百姓有餘食也；汙池、淵沼、川澤謹其時禁，故魚鱉
> 優多而百姓有餘用也；斬伐養長不失其時，故山林不童而百姓有餘
> 材也。聖王之用也，上察於天，下錯於地，塞備天地之間，加施萬
> 物之上，微而明，短而長，狹而廣，神明博大以至約。故曰：一與
> 一是爲人者謂之聖人。

由於引文是承接「不可少頃舍禮義之謂也」而來，楊注謂「能以，皆謂能以
禮義也」。則「政令時則百姓一，賢良服」，即是指君主能以禮義制定合宜的
政令，因此能明分使群而達於群居和一。群居和一則有賴養長六畜、殺生草
木的合宜得時，以使百姓日常生活物資不虞匱乏。此維持生命基本欲望的滿
足，即是聖人先王制定禮義的原始目的之一，明分使群以至參贊化育亦以之

為基礎。

創制禮義以明分使群固然建立在「養人之欲，給人之求」的基礎上，所以〈禮論〉即謂「禮者，養也」。但是其目標之達成，有賴「貴賤有等，長幼有差，貧富輕重皆有稱」，所以〈禮論〉又謂「君子既得其養，又好其別」。此「養」與「別」的具體作為合稱「四統」，〈君道〉說：

> 道者何也？曰：君之所道〔註11〕也。君者何也？曰：能群也。能群也者何也？曰：善生養人者也，善班治人者也，善顯設人者也，善藩飾人者也。善生養人者人親之，善班治人者人安之，善顯設人者人樂之，善藩飾人者人榮之。四統者俱而天下歸之，夫是之謂能群。不能生養人者人不親也，不能班治人者人不安也，不能顯設人者人不樂也，不能藩飾人者人不榮也。四統者亡而天下去之，夫是之謂匹夫。故曰：道存則國存，道亡則國亡。
>
> 省工賈，眾農夫，禁盜賊，除姦邪，是所以生養之也。天子三公，諸侯一相，大夫擅官，士保職，莫不法度而公，是所以班治之也。論德而定次，量能而授官，皆使〔註12〕人載其事而各得其所宜。上賢使之為三公，次賢使之為諸侯，下賢使之為士大夫，是所以顯設之也。修冠弁、衣裳、黼黻、文章、彫琢、刻鏤皆有等差，是所以藩飾之也。
>
> 故由天子至於庶人也，莫不騁其能，得其志，安樂其事，是所同也。
>
> 衣煖而食充，居安而游樂，事時制明而用足，是又所同也。

荀子指出，當禮義的內涵「養」與「別」落實於治理天下時，表現為「善生養人」、「善班治人」、「善顯設人」、「善藩飾人」等四大功能。其中「善生養人」是指能夠滿足人民物資需求而生活安定，即以「省工賈，眾農夫，禁盜賊，除姦邪」的政策措施，使百姓皆能「衣煖而食充，居安而游樂，事時制明而用足」。「善班治人」是指君主能充分了解治國具體事務繁瑣，非一人之才智足以勝任，於是精心規劃設官分職，在眾人皆「法度而公」的情形下完成此一重責大任。「善顯設人」是指設官分職時能度德量能，使臣下百吏皆依其智愚賢不肖得其高低分位，於適宜的分位中發揮才德知能而完成職務。「善藩飾人」是指衣服器用宮室等皆能依分位高低而有貴賤尊卑的差別，在「德

〔註11〕「道」上本無「之所」二字，依王念孫說補。王先謙《荀子集解》，頁237。
〔註12〕「使」下本有「其」字，依王念孫說刪。王先謙《荀子集解》，頁237。

必稱位，位必稱祿，祿必稱用」（〈富國〉）的榮譽感驅使激勵下，「莫不騁其能，得其志，安樂其事」，如此即可明分使群而達於正理平治。綜而言之，四統中的「生養」是「班治」、「顯設」、「藩飾」的基礎，而「班治」、「顯設」、「藩飾」的目的則在「生養」。換句話說，「養」是「別」的目的，而「別」是「養」的手段。君主能行此四統則庶人百官得以親、安、樂、榮，自然能長治久安；反之，則百官庶民離心離德，國君成為孤立無援的匹夫，國家必致滅亡。

荀子之所以強調尊君，一方面是由於聖王之德足以為民表率而化性起偽，另一方面則由於聖王之能足以明分使群而生養人民。既能作之師，又能作之君，而為「治之本」，所以為保障群居和一與正理平治的完成，基於「兩貴之不能相事，兩賤之不能相使」（〈王制〉）的考量，才提出「君者，國之隆也；父者，家之隆也」，使君王必須負起長養人民「如保赤子」（〈富國〉、〈王霸〉並見）的責任。〈富國〉說：

> 人之生，不能無群，群而無分則爭，爭則亂，亂則窮矣。故無分者，人之大害也；有分者，天下之大利〔註13〕也；而人君者，所以管分之樞要也。故美之者，是美天下之本也；安之者，是安天下之本也；貴之者，是貴天下之本也。
>
> 古者先王分割而等異之也，故使或美或惡，或厚或薄，或佚或樂，或劬或勞，非特以為淫泰夸麗也〔註14〕，將以明仁之文，通仁之順也。故為之雕琢、刻鏤、黼黻、文章，使足以辨貴賤而已，不求其觀；為之鐘鼓、管磬、琴瑟、竽笙，使足以辨吉凶，合歡定和而已，不求其餘；為之宮室臺榭，使足以避燥溼，養德辨輕重而已，不求其外。《詩》曰：「雕琢其章，金玉其相。亹亹我王，綱紀四方。」此之謂也。
>
> 若夫重色而衣之，重味而食之，重財物而制之，合天下而君之，非特以為淫泰也，固以為一〔註15〕天下，治萬變，材萬物，養萬民，兼利天下者，為莫若仁人之善也夫！故其知慮足以治之，其仁厚足以安之，其德音足以化之，得之則治，失之則亂。百姓誠賴其知也，

〔註13〕 「大」原作「本」，依楊倞注改。王先謙《荀子集解》，頁179。

〔註14〕 「也」原作「之聲」，依俞樾說改。王先謙《荀子集解》，頁180。

〔註15〕 「一」原作「王」，依王先謙說改。王先謙《荀子集解》，頁180。

故相率而爲之勞苦以務佚之，以養其知也；誠美其厚也，故爲之出死斷亡以覆救之，以養其厚也；誠美其德也，故爲之雕琢、刻鏤、黼黻、文章以藩飾之，以養其德也。故仁人在上，百姓貴之如帝，親之如父母，爲之出死斷亡而不〔註16〕愉者，無它故焉，其所是焉誠美，其所得焉誠大，其所利焉誠多。《詩》曰：「我任我輦，我車我牛，我行既集，蓋云歸哉！」此之謂也。

故曰：君子以德，小人以力。力者，德之役也。百姓之力，待之而後功；百姓之群，待之而後和；百姓之財，待之而後聚；百姓之埶，待之而後安；百姓之壽，待之而後長。父子不得不親，兄弟不得不順，男女不得不歡，少者以長，老者以養。故曰：「天地生之，聖人成之。」此之謂也。

今之世而不然：厚刀布之斂以奪之財，重田野之稅以奪之食，苛關市之征以難其事。不然而已矣，有掎挈伺詐，權謀傾覆，以相顛倒，以靡敝之，百姓曉然皆知其汙漫暴亂而將大危亡也。是以臣或弒其君，下或殺其上，粥其城，倍其節，而不死其事者，無它故焉，人主自取之。《詩》曰：「無言不讎，無德不報。」此之謂也。

引文第一段明白指出，其所以尊隆君師並非因爲人主的權勢，而是因爲聖王是明分使群的關鍵，是因爲他創制禮義，尚賢使能而成爲養天下之本。第二段則說明，先王依德能而區分貴賤高低，無論是藩飾的美醜、位祿的厚薄、形體的佚勞，都僅止於分辨差異，而非追求淫泰夸麗。第三段接著說明，既然如此，何以聖王能在各方面的物質享受都加重之而「居如大神，動如天帝」（〈正論〉）？其原因即在於聖王的德行知慮足以長養萬民、造福百姓，所以庶民百姓「貴之如帝，親之如父母」，亦樂於奉獻勞力，甚至不惜犧牲生命，以使聖王有更多心力來爲天下謀求更大利益。由此可見，荀子之所以主張「天子者，埶至重而形至佚，心至愉而志無所詘，而形不爲勞，尊無上矣」（〈正論〉），並非就權利的角度來肯定君主位勢，以養君之欲，而是就責任的角度來要求君王明分使群，以養民之欲。第四段繼續說明，聖王雖然有百姓之勞力爲其役使支配，然而形佚勢重的目的，始終是爲以其知能才德造福百姓。第五段則於與前文的古今對比中，除了寄寓對現實的無奈感慨外，由百姓不爲橫徵暴斂的亡國之君「死其事」，來印證未能明分使群，善盡養民責任的君

〔註16〕「愉」上本無「不」字，依王念孫說改。王先謙《荀子集解》，頁181。

主，根本得不到人民的親愛尊崇，而且正如上引〈君道〉所說，「四統者亡而天下去之」。由此可見，荀子的尊君是尊能養民的聖王，是以明分使群為前提，而不是無條件地絕對尊君。

可惜一般人只表面地注意到荀子提倡尊君，而未能深入肯綮地了解其真正目的在於養民。〈大略〉說：

> 天之生民，非為君也。天之立君，以為民也。故古者列地建國，非
> 以貴諸侯而已；列官職，差爵祿，非以尊大夫而已。

比起孟子的「民為貴，社稷次之，君為輕」，荀子的民本思想毫不遜色，敘述卻更為詳細清楚。明末清初的黃宗羲常被讚譽為近代中國民主思想的啟蒙者，其〈原君〉一文中廣為世人稱頌的兩句話，「天之生民，非為君也。天之立君，以為民也」與「興天下之同利，除天下之同害」皆原於《荀子》，前者出自〈大略〉篇，已見上引，後者出自〈正論〉篇，其文如下：

> 能用天下之謂王。湯、武非取天下也，修其道，行其義，興天下之
> 同利，除天下之同害，而天下歸之也。桀、紂非去天下也，反禹、
> 湯之德，亂禮義之分，禽獸之行，積其凶，全其惡，而天下去之也。
> 天下歸之之謂王，天下去之之謂亡。

「興天下之同利，除天下之同害」與「天下歸之之謂王，天下去之之謂亡」亦見於〈王霸〉篇。以天下歸之證明湯、武非取天下，以天下去之論證桀、紂非去天下，以此反對堯、舜禪讓之說，而謂「有擅國，無擅天下」（〈正論〉），與孟子所謂「天子不能以天下與人」（〈萬章上〉）、「得天下有道，得其民，斯得天下矣」（〈離婁上〉），隱然皆否定天子對天下有擅自可以取與的所有權，決定天下歸屬的是民意，人民才是天下的主人。〔註17〕

關於政權的安危存亡取決於民意的向背，荀子在〈王制〉篇中有傳神的比喻，其文說：

> 馬駭輿則君子不安輿，庶人駭政則君子不安位。馬駭輿則莫若靜之，
> 庶人駭政則莫若惠之。選賢良，舉篤敬，興孝弟，收孤寡，補貧窮，
> 如是，則庶人安政矣。庶人安政，然後君子安位。《傳》曰：「君者，
> 舟也；庶人者，水也。水則載舟，水則覆舟。」此之謂也。

載舟覆舟的說法於〈哀公〉篇中，孔子亦曾引用來答覆魯哀公，此處則用來印證君子治理天下國家，必先使人民獲得滿足，而認同君主政策措施，然後

〔註17〕徐復觀《學術與政治之間》（臺北：臺灣學生書局，1985年4月），頁200。

君子才能安於其位，好好施政。由庶民安政與君子安位的優先順序可知，位勢只是聖王治理天下的工具，尊君只是利於施政的手段，而讓人民物資充裕、不虞匱乏，才是群居和一、正理平治的目的。雖然荀子一方面以德能爲主，位勢爲輔；一方面以尊君爲手段，愛民爲目的的政治思想，可謂兼顧理想與現實，本可有助儒家民本德治思想的實現。豈料秦漢以來的專制政權陽儒陰法〔註18〕，顚倒主從，在絕對尊君重勢的訴求下，尙德愛民成爲點綴裝飾。譚嗣同竟然因此認定「兩千年來之政，秦政也，皆大盜也；二千年來之學，荀學也，皆鄉愿也，惟大盜利用鄉愿，惟鄉愿工媚大盜」〔註19〕。將荀子學說說成是工媚大盜的鄉愿，其實是未能全盤了解荀子思想的誤解。試想乘坐馬車時若有兩位以上的駕馭者，且各有要求的方向或路徑，則馬匹要聽從何者的命令？以現代民主的解決方式，應是請這兩位以上的駕馭者討論以取得共識，如果辯論協調沒有結果則動用表決。而儒家的解決途徑是比較德才知能，誰的經驗豐富且判斷力強，其他的駕馭者就必須聽從他的意見。荀子的問題其實不在於尊君，而在於如何保證所尊之君是仁知兼備的聖人，亦即讓聖人登上君位的客觀制度爲何？現代民主制度的眞正問題不在取得共識的方式，而在於如何保證參與討論的政府官員與民意代表都能秉持公心仁德，取得最合乎公平正義的共識。

（二）不禪讓的涵義

荀子由聖人爲王所涵蘊的德治與民本思想與孔孟並無二致，唯一的差別在於「天子不禪讓」。〈正論〉說：

> 世俗之爲說者曰：「堯、舜擅讓。」是不然。天子者，埶位至尊，無敵於天下，夫有誰與讓矣？道德純備，智惠甚明，南面而聽天下，生民之屬莫不振動從服以化順之，天下無隱士，無遺善，同焉者是也，異焉者非也， 夫有惡擅天下矣？

由此可知，荀子是從聖王的客觀勢位與主體道德智慧兩方面來論述禪讓問題。荀子心目中理想的天子由於能化性起僞而「道德純備」，能虛壹而靜，故「智惠甚明」，既能盡倫而爲人民「師」，又能盡制而爲百姓「君」，所以「埶位至尊」而爲治之本。而天子之所以擁有此「無敵於天下」的勢位，並非純然來自宗法血緣關係，因爲「有埶藉者」若「罷不足以縣天下」，即德行智能

〔註18〕或可謂其實是黃老思想。
〔註19〕譚嗣同《仁學》（臺北：臺灣學生書局，1998年10月），頁58。

不足以使百姓「振動從服以化順之」，則人民將另外選擇「有能德明威積」的諸侯取而代之。換句話說，天子是在「無形中」接受人民託付以治理天下，造福百姓，因此「執位至尊」背後代表的是責任，基於此一責任，不應，也不可隨意禪讓。

〈正論〉又說

> 曰：「死而擅之。」是又不然。聖王在上，決德而定次，量能而授官，皆使民載其事而各得其宜，不能以義制利，不能以偽飾性，則兼以為民。聖王已沒，天下無聖，則固莫足以擅天下矣。天下有聖而在後子〔註20〕者，則天下不離，朝不易位，國不更制，天下厭然與鄉無以異也，以堯繼堯，夫又何變之有矣？聖不在後子而在三公，則天下如歸，猶復而振之矣，天下厭然與鄉無以異也，以堯繼堯，夫又何變之有矣？唯其徙朝改制為難。故天子生則天下一隆，致順而治，論德而定次；死則能任天下者必有之矣。夫禮義之分盡矣，擅讓惡用矣哉？

本段引文荀子傳達了兩項訊息：其一，天子傳位的原則在於德行智能，如果天子的子嗣本身即具有克堪承此重責大任的聖德，即傳位於後子；如果子嗣並不合適，則由三公中具有聖德者繼位，此與孟子「天與賢則與賢，天與子則與子」（〈萬章上〉）的主張，可謂異曲同工〔註21〕。「以堯繼堯」說明了前後天子德行知能的一致性；先考慮後子，次考慮三公，除了考量徙朝改制所耗費的成本，同時也兼顧了「賢齊則其親者先貴，能齊則其故者先官」（〈富國〉）的親親原則，在「朝不易位，國不更制」以免擾民的訴求下，後子當然先於三公列入考量。其二，天子在位時若能確實做好「圖德而定次，量能而授官」，則聖人必能躋升三公之位，一旦天子駕崩，具備能任天下聖德的後子或三公必有一人能順利繼承其位，所以根本不需於生前費心禪讓之事。其實，荀子的無讓說，一方面凸顯了君王不應將天下視為一己私產，另一方面則以聖人為王的原則，開放兩種選擇，若三公中無聖賢，則由後子世襲，若後子無德才，則由三公繼位。換句話說，依據禮義之道來論德使能，使上賢大儒能位列三公以為天子儲備人選，而由民意作最後裁斷，即是荀子為王位傳承所規劃的方案。然而此一方案畢竟仍嫌理想化，尚未完全脫離人治而為客觀

〔註20〕「後」下本無「子」字，依俞樾說補。王先謙《荀子集解》，頁332。
〔註21〕姜尚賢《荀子思想體系》（高雄：復文圖書出版社，1990年10月），頁218。

的間接形態，無怪牟宗三認為「孔孟以天下為公之禪讓說，在原則上，實比荀子無讓說為高」〔註22〕。

〈正論〉繼續表示：

> 曰：「老衰而擅。」是又不然。血氣筋力則有衰，若夫智慮取舍則無
> 衰。曰：「老者不堪其勞而休也。」是又畏事者之議也。天子者，埶
> 至重而形至佚，心至愉而志無所詘，而形不為勞，尊無上矣。衣被
> 則服五采，雜間色，重文繡，加飾之以珠玉；食飲則重大牢而備珍
> 怪，期臭味，曼而饋，伐〔註23〕皋而食，雍而徹乎五祀，執薦者百
> 人侍西房；居則設張容，負依而立〔註24〕，諸諸趨走乎堂下；出戶
> 而巫覡有事，出門而宗祝〔註25〕有事；乘大路、趨越席以養安；側
> 載睪芷以養鼻；前有錯衡以養目；和鸞之聲，步中武、象，趨中韶、
> 護以養耳；三公奉軛持納，諸侯持輪挾輿先馬，大侯編後，大夫次
> 之，小侯、元士次之，庶士介而夾道，庶人隱竄，莫敢視望；居如
> 大神，動如天帝，持老養衰，猶有善於是者與不？老者，休也，休
> 猶有安樂恬愉如是者乎！故曰：諸侯有老，天子無老，有擅國，無
> 擅天下。古今一也。
>
> 夫曰堯、舜擅讓，是虛言也，是淺者之傳，陋者之說也，不知逆順
> 之理，小大、至不至之變者也，未可與及天下之大理者也。

對於主張天子基於年老氣衰而有禪讓必要的說法，荀子亦由兩方面加以反駁。首先，荀子心目中能以誠養心而積善成德的聖王，由於已能「通於神明，參於天地」（並見於〈儒效〉、〈性惡〉），具有「變化代興」（〈不苟〉）的天德，可謂與道同質而為道在現實世界的化身。此即表示天子「以理定，不以氣定」〔註26〕，此時體力強弱與治理天下無關，所以即使血氣筋力因年紀衰退，智慮取捨卻不受影響。其次，由於百姓因愛戴聖王，而願意在食衣住行各方面提供完善而充足的物資以供其養護身心，使其「埶至重而形至佚，心至愉而志無所詘」，所以與靠功勞才能而成為諸侯者比較，天子根本沒有因年老而不堪負荷的問題。至於荀子所稱「畏事者」，應該包括不知「君子以德，小人以

〔註22〕牟宗三《名家與荀子》，頁233。
〔註23〕「伐」原作「代」，依劉台拱、王念孫說改。王先謙《荀子集解》，頁333。
〔註24〕「立」原作「坐」，依王念孫說改。王先謙《荀子集解》，頁334。
〔註25〕「祝」原作「祀」，依楊倞說改。王先謙《荀子集解》，頁334。
〔註26〕牟宗三《名家與荀子》，頁230。

力」（〈富國〉），而提倡與民並耕之類主張，以致陷君王於勞苦不休的學者。

　　總之，荀子反對禪讓，實是反對王位傳承出自天子一人的主觀意志，而是要回歸「同焉者是也，異焉者非也」的整體客觀民意。當君主本身是大公無私的聖王時，其主觀意志與客觀民意將會是一致的，這部分不是荀子所反對的。然而現實的君主往往不是聖王，何況一旦君主是大私無公的昏君時，其主觀意志只是個人私慾的反映，將與客觀民意背道而馳，這部分才是荀子所反對的。所以，荀子反對禪讓並非否定讓賢，相反地在於成就天下為公。

第二節　尚賢使能

　　尚賢使能可說是儒墨二家的共識。《論語》中記載，當仲弓為季氏宰而問政於孔子時，孔子告之以「舉賢才」（〈子路〉）；又曾告訴子貢「居是邦也，事其大夫之賢者，友其士之仁者」（〈衛靈公〉）。孟子亦再三申說「賢者在位，能者在職，國家閒暇」（〈公孫丑上〉）、「尊賢使能，俊傑在位」（同上）、「仁者無不愛也，急親賢之為務」（〈盡心上〉）。《墨子》一書則直接以「尚賢」名篇，並謂「國有賢良之士眾，則國家之治厚。賢良之士寡，則國家之治薄」（〈尚賢上〉）、「古者聖王為政，列德而尚賢」（同上）、「古者聖王甚尊尚賢而任使能」（〈尚賢中〉）。既然尚賢使能是國家安定的基礎，尋求賢佐是君王治理天下國家的要務，則重視外王事功的荀子，對此自是宣揚不遺餘力。

一、任賢與取相

　　尚賢使能在荀子看來是君主治理天下國家必備的才能，茲就其理由與具體作法分四部分論述如下：

（一）任賢而無為

　　荀子於〈君道〉篇所提君王能群「四統」中，除了「善生養人」是以平民百姓為主要對象外，「善班治人」、「善顯設人」、「善藩飾人」等三項的主要對象都是賢能之士，由於君王治理國家、稱王天下亦不外愛民與尚賢二事，而要實現平政愛民，又必須於設官分職時論德量能方能畢其功。因此，尚賢使能一詞，在《荀子》關於治道的幾篇文章中屢見不鮮。茲舉數例如下：

　　　　故君人者欲安則莫若平政愛民矣，欲榮則莫若隆禮敬士矣，欲立功
　　　　名則莫若尚賢使能矣，是君人者之大節也。三節者當，則其餘莫不

當矣；三節者不當，則其餘雖曲當，猶將無益也。(〈王制〉)

故先王明禮義以壹之，致忠信以愛之，尚賢使能以次之，爵服慶賞
以申重之，時其事、輕其任以調齊之，潢然兼覆之，養長之，如保
赤子。(〈富國〉)〔註27〕

至道大形，隆禮至法則國有常，尚賢使能則民知方，纂論公察則民
不疑，賞克罰偷則民不怠，兼聽齊明則天下歸之。(〈君道〉)

故明主好同而闇主好獨，明主尚賢使能而饗其盛，闇主妒賢畏能而
滅其功。罰其忠，賞其賊，夫是之謂至闇，桀、紂所以滅也。(〈臣
道〉)

故尊聖者王，貴賢者霸，敬賢者存，慢賢者亡，古今一也。故尚賢
使能，等貴賤，分親疏，序長幼，此先王之道也。(〈君子〉)

愛民與尚賢是君道兩大要項，而尚賢使能是平政愛民的必須作為。其原因，
一方面在於爵服慶賞的藩飾與貴賤尊卑的顯設，足以使百姓獲知努力方
向，克盡本分，而得到養生上的滿足；另一方面由設官分職的班治中，臣
下百吏奉公守法盡忠職務，而君主於是順利完成保民而王、天下歸心的盛
德大業。

因為尚賢使能是王道的基石，所以不能尚賢使能的桀、紂，即使原本繼
承廣土眾民，握有重勢大權，終將因喪失民心而不能以匹夫終老其身，反之，
能尚賢使能的湯、武，即使原本只有百里之地，亦足以使天下之民心嚮往之，
〈王霸〉說：

取天下者，非負其土地而從之之謂也，道足以壹人而已矣。彼其人
苟壹，則其土地且奚去我而適它？故百里之地，其等位爵服足以容
天下之賢士矣，其官職事業足以容天下之能士矣，循其舊法，擇其
善者而明用之，足以順服好利之人矣。賢士一焉，能士官焉，好利
之人服焉，三者具而天下盡，無有是其外矣。

此即說明，尚賢使能不僅使賢士因君主善於顯設藩飾而無有二心，能士因君
主善於班治而各得其所；而且在君主明用善法，賢士能士齊心協力貫徹下，
好生養之利的百姓因需求滿足而順服。一旦天下民心向己而足以為王，則
諸侯亦將爭相歸附，如此則「普天之下，莫非王土；率土之濱，莫非王臣」

〔註27〕亦見於〈王霸〉、〈議兵〉，唯文字稍異。

〔註28〕，何需窮兵黷武強取豪奪。

何以尚賢使能是成為聖王的必要條件？〈王霸〉說：

> 人主者，以官人為能者也；匹夫者，以自能為能者也。人主得使人為之，匹夫則無所移之。百畝一守，事業窮，無所移之也。今以一人兼聽天下，日有餘而治不足者，使人為之也。大有天下，小有一國，必自為之然後可，則勞苦耗顇莫甚焉；如是，則雖臧獲不肯與天子易執業。以是縣天下，一四海，何故必自為之？為之者，役夫之道也，墨子之說也。論德使能而官施之者，聖王之道也，儒之所謹守也。《傳》曰：「農分田而耕，賈分貨而販，百工分事而勸，士大夫分職而聽，建國諸侯之君分土而守，三公摠方而議；則天子共己而止矣〔註29〕。」出若入若，天下莫不平均，莫不治辨，是百王之所同也，而禮法之大分也。

聖王治理家國天下之所以必須尚賢使能，一來由於人的天賦才能各異，不可能精通所有事物，即使至強、至辨、至明的聖王亦復如此；二來由於人的時間精力有限，既不可能也不需要事必躬親，治理至重、至大、至眾的天下尤其如此。以人類日常生活而言，食衣住行所需的各項物資，係集合農工商賈各種技藝所完成，如果有人打算鉅細靡遺事事物物全憑己力完成，縱然是天縱英才，也必然事倍功半。至於聖王治理天下，除了不需將聰明才智與時間精力浪費在繁雜瑣碎的生活小事，在主持政務方面亦切忌事必親為，因為以天下之大、事務之多，不是憑一己的耳目手足能夠包辦的。所以必須延攬賢士、能士，成為耳目手足，而自己則只需居於上位，發揮其論德量能的專長，設官分職，使士、農、工、商各安其位而致力本務，「萬物得其宜，事變得其應」（〈儒效〉），此即〈榮辱〉所說，「仁人在上，則農以力盡田，賈以察盡財，百工以巧盡械器，士大夫以上至於公侯，莫不以仁厚知能盡官職」。倘能尚賢使能而分層負責，則治理天下既無做繭自縛而「勞苦耗顇莫甚」的缺失，而且可因「不視而見，不聽而聰，不慮而知，不動而功，塊然獨坐而天下從之如一體，如四肢之從心」（〈君道〉），享有「執至重而形至佚，心至愉而志無所詘，而形不為勞，尊無上矣」（〈正論〉）〔註30〕的樂趣與榮耀。

〔註28〕《詩‧小雅‧北山》語，〈君子〉篇引之。
〔註29〕「止矣」原作「已」，依王先謙說改。王先謙《荀子集解》，頁214。
〔註30〕亦見於〈君子〉，而文字小異。

（二）論德與量能

如何才能眞正落實尚賢使能，使君王勢位至尊而無敵於天下？荀子以爲設官分職時必須徹底運用道德智慧，論德量能，他說：

> 相高下，視墝肥，序五種，君子不如農人；通財貨，相美惡，辯貴賤，君子不如賈人；設規矩，陳繩墨，便備用，君子不如工人；不卹是非然不然之情，以相薦撙，以相恥怍，君子不若惠施、鄧析。若夫謫〔註31〕德而定次，量能而授官，使賢不肖皆得其位，能不能皆得其官，萬物得其宜，事變得其應，慎、墨不得進其談，惠施、鄧析不敢竄其察，言必當理，事必當務，是然後君子之所長也。（〈儒效〉）

> 論德而定次，量能而授官，皆使人載其事而各得其宜。上賢使之爲三公，次賢使之爲諸侯，下賢使之爲士大夫，是所以顯設之也。（〈君道〉）

> 聖王在上，圖德而定次，量能而授官，皆使民載其事而各得其宜，不能以義制利，不能以僞飾性，則兼以爲民。（〈正論〉）

聖王設官分職必須「論德而定次，量能而授官」，即以道德的賢不肖程度決定三公、諸侯、士大夫的高下位次，以才能的差異，授予不同類別的官職。一旦發現有不能先公後私，造福人民，不能化性起僞，教化人民，便應將之降爲平民百姓，使致力於農工商賈之事。

若不能落實論德量能、定次授官，將導致何種結果？荀子說：

> 故能小而事大，辟之是猶力之少而任重也，舍粹折無適也。身不肖而誣賢，是猶傴僂〔註32〕而好升高也，指其頂者愈眾。故明主譎德而序位，所以爲不亂也；忠臣誠能然後敢受職，所以爲不窮也。分不亂於上，能不窮於下，治辯之極也。（〈儒效〉）

> 凡爵列、官職、賞慶、刑罰，皆報也，以類相從者也。一物失稱，亂之端也。夫德不稱位，能不稱官，賞不當功，罰不當罪，不祥莫大焉。（〈正論〉）

> 上以無法使，下以無度行，知者不得慮，能者不得治，賢者不得使。若是，則上失天性，下失地利，中失人和，故百事廢，財物詘而禍亂起。（〈正論〉）

〔註31〕「譎」原作「謫」，依王念孫說改。王先謙《荀子集解》，頁214。
〔註32〕「僂」原作「伸」，依劉台拱說改。王先謙《荀子集解》，頁129。

論德量能的目的當然在使居位者必是有德者，方能以德化民而受人肯定；受官者必是有能者，始克以能盡責而行力就列。一旦設官分職違反此一原則，則原本該居高位的賢者，卻委屈沈潛於低位而不能使民；原本該居下位的不肖者，竟僥倖僭居於上位以致倍受譏評。原本才盛能大該授重任者，卻被委以小事而才非其用；原本才薄能小只宜委以小事者，被授以重任以致不堪負荷。賢者、能者屈居下位而無法伸展抱負、貢獻才能，必失人和；不肖者、不能者僥倖攝高位而欠缺德能，不足以成事服眾，必然導致百事廢。於是禍亂起，故謂「不祥莫大焉」。

人主設官分職之所以導致「德不稱位」、「身不肖而誣賢」與「能不稱官」、「能小而事大」，一則固然可能由於人主本身是智能昏庸的闇主，以致不知或不能以禮義法度論德量能；二則在於人主無心用賢，〈致士〉說：

> 人主之患，不在乎不言用賢，而在乎不〔註33〕誠必用賢。夫言用賢
> 者口也，卻賢者行也，口行相反而欲賢者之至，不肖者之退也，不
> 亦難乎！夫耀蟬者務在明其火，振其樹而已，火不明，雖振其樹，
> 無益也。今人主有能明其德，則天下歸之，若蟬之歸明火也。

「不在乎不言用賢」並非表示人主因此可以忽略尚賢使能，而是藉由「誠必用賢」的對比，彰顯發自內在的真心用賢遠比虛與委蛇的口頭敷衍來得重要。否則，口行相反，口頭上雖表示要任用賢能，實際作為上卻放任愚不肖者居其上位加以禁限、批評、質疑。愚不肖者不退，賢能者豈肯受其屈辱而至。所以，人主必須修明其德而誠心用賢，使「卑不得以臨尊，輕不得以縣重，愚不得以謀知」（〈君道〉），則賢能君子必如蟬之趨火，爭相投靠。能隆禮敬士以使聖賢駢至，則人主尊於上而百姓安於下；背道卑賢以致賢能隱伏逃遁，則國家亂亡指日可待。〈君道〉所謂「尊聖者王，貴賢者霸，敬賢者存，慢賢者亡」，除了說明怠慢輕忽賢者的危險外，並由敬存、貴霸、尊王遞增的效益中，凸顯誠心用賢的重要性與影響力。

除了不知、不能、不誠外，人主不願遵守「取人之道，參之以禮；用人之法，禁之以等」（〈君道〉），致所貴者不賢，任治者不能，原因在不公，〈王霸〉說：

> 故人之情，口好味而臭味莫美焉，耳好聲而聲樂莫大焉，目好色而
> 文章致繁婦女莫眾焉，形體好佚而安重閒靜莫愉焉，心好利而穀祿

〔註33〕「乎」下本無「不」字，依王念孫說補。王先謙《荀子集解》，頁261。

莫厚焉；合天下之所同願兼而有之，皋牢天下而制之若制子孫，人苟不狂惑戇陋者，其誰能睹是而不樂也哉！欲是之主並肩而存，能建是之士不世絕，千歲而不合，何也？曰：人主不公，人臣不忠也。人主則外賢而偏舉，人臣則爭職而妒賢，是其所以不合之故也。人主胡不廣焉，無卹親疏，無偏貴賤，唯誠能之求？若是，則人臣輕職〔註34〕讓賢而安隨其後；如是，則舜、禹還至，王業還起，功壹天下，名配舜、禹，物由有可樂如是其美焉者乎？

「欲是之主並肩而存」指歷代君主沒有不希望位尊形佚、心愉志伸，「能建是之士不世絕」指足以協助君主安定社稷的聖賢也不乏其人，因此，只要君主能夠任賢用能，即可兼有天下，使各方需求得到最大滿足。可惜君主往往因私心作祟而不公，導致臣下氣餒而不忠，所以「千歲而不合」。儘管荀子曾在親親原則下提出序位授官時親人與故舊可以優先的主張，然而其前提必須是德行才智相同；所以在才智德行並不符合的情況下，君主只能以贈送金石珠玉表達親親之情，而不能任意賜以官職事業，否則一旦將公器私與才德不足之人，愛之反而害之。因此，人主治國求賢，必須「內不可以阿子弟，外不可以隱遠人」（〈君道〉）以力求公正，唯有以德行才智優先，暫不考慮親疏貴賤，才能成就王業，而所親比偏愛之人亦得享其蔭庇而封官受爵，此即〈君道〉所說，「唯明主為能愛其所愛，闇主則必危其所愛」。

（三）舉賢不待次

最能凸顯設官分職以才德優先的論述出現在〈王制〉篇首：

請問為政？曰：賢能不待次而舉，罷不能不待須而廢，元惡不待教而誅，中庸民不待政而化。分未定也則有昭繆。雖王公士大夫之子孫也，不能屬於禮義，則歸之庶人。雖庶人之子孫也，積文學，正身行，能屬於禮義，則歸之卿相士大夫。

「分未定也則有昭繆」，楊注以為「言為政當分未定之時，則為之分別，使賢者居上，不肖居下，如昭穆之分別然，不問其世族」，其中「不問其世族」確為本段引文精神所在，至於其他部分則有待商確。尋繹上下文義，筆者以為，應理解為：在尚未能就德行才智分別高下前，則暫據昭穆親疏論其長幼貴賤。言外之意，即若能分別才智德行高下，則可不論親疏長幼，全憑賢能高下授

〔註34〕「職」下本無「業」字，依王念孫說刪。王先謙《荀子集解》，頁218。

與尊卑位次；亦即設官分職只需論德量能，無需理會原本由世族血緣關係而具有的長幼親疏。由於先王創制禮義法度的目的，是要藉由分位等差避免社會國家產生爭亂，因此，如果不能奉行禮義，於其分位克盡其職責，即使貴為王公士大夫之子孫，亦應貶謫為平民；反之，雖然只是平凡百姓子孫，只要努力學習以修養品德，而言行合於禮義，才能有助正理平治，則可不限於出身卑微，直接拔擢為卿相士大夫。

荀子「賢能不待次而舉，罷不能不待須而廢」的主張，固然受到當時封建宗法制度遭到破壞，及布衣卿相屢見不鮮影響，但亦可能是由歷史教訓而對世襲制度的深刻反省。〈君子〉說：

> 故一人有罪而三族皆夷，德雖如舜，不免刑均，是以族論罪也。先祖當賢，後子孫必顯，行雖如桀、紂，列從必尊，此以世舉賢也。以族論罪，以世舉賢，雖欲無亂，得乎哉！《詩》曰：「百川沸騰，山冢崒崩；高岸為谷，深谷為陵。哀今之人，胡憯莫懲！」此之謂也。

荀子引《詩·小雅·十月之交》語句，正用以比況東周末季禮壞樂崩、宗法陵夷的現狀，然而此一變動振盪的混亂情況，不正是由於「以族論罪」、「以世舉賢」的桎梏，僵化「列地建國，非以貴諸侯；列官職，差爵祿，非以尊大夫而已」（〈大略〉）的宗法封建精神所產生的結果。所以荀子試圖以「刑不過罪，爵不踰德」（〈君子〉）為良方妙藥，為重建禮樂注入源頭活水。

企圖重建禮樂制度的荀子，並沒有讓尚賢使能的理想只停留在理論階段，而已務實地展開設官分職的具體規劃。〈君道〉說：

> 材人：愿愨拘錄，計數纖嗇而無敢遺喪，是官人使吏之材也。修飭端正，尊法敬分而無傾側之心；守職循業，不敢損益，可傳世也，而不可使侵奪，是士大夫官師之材也。知隆禮義之為尊君也，知好士之為美名也，知愛民之為安國也，知有常法之為一俗也，知尚賢使能之為長功也，知務本禁末之為多材也，知無與下爭小利之為便於事也，知明制度、權物稱用之為不泥也，是卿相輔佐之材也。未及君道也。能論官此三材者而無失其次，是謂人主之道也。若是，則身佚而國治，功大而名美，上可以王，下可以霸，是人主之要守也。

謹守本分而克盡己職是荀子賦予上述三種人才共通的特質，至於其差別則在

德行才智的高下。由「愿愨拘錄」、「無敢遺喪」的謹慎敬畏態度看來,「官人使吏之材」相當於現代的基層公務員;由「修飭端正」、「守職循業」看來,「士大夫官師之材」雖然不敢擅自損益變更,但已能裁斷修飾,相當於現代公務員中的中下階主管;至於「知明制度」且能「權物稱用」而不拘泥的「卿相輔佐之材」,則已能通權達變而獨當一面,相當於現代各公務行政部門的首長。然而卿相輔佐者與人主的唯一差別,在於後者多了一項知人善任。

有別於〈君道〉篇「材人」一節,由德行才智所作的高低區分;〈王制〉篇「序官」一節,則由才德智能的差異加以別類,茲條列如下:

宰爵:知賓客、祭祀、饗食、犧牲之牢數。

司徒:知百宗、城郭、立器之數。

司馬:知師旅、甲兵、乘白之數。

大師:修憲命,審詩商,禁淫聲,以時順修,使夷俗邪音不敢亂雅,大師之事也。

司空:修隄梁、通溝澮,行水潦,安水臧,以時決塞;歲雖凶敗水旱,使民有所耘艾,司空之事也。

治田:相高下,視肥墝,序五種,省農功,謹蓄藏,以時順修,使農夫樸力而寡能,治田之事也。

虞師:修火憲,養山林藪澤草木魚鱉百素〔註35〕,以時禁發,使國家足用而財物不屈,虞師之事也。

鄉師:順州里,定廛宅,養六畜,閒樹藝,勸教化,趨孝弟,以時順修,使百姓順命,安樂處鄉,鄉師之事也。

工師:論百工,審時事,辨功苦,尚完利,便備用,使雕琢文采不敢專造於家,工師之事也。

傴巫、跛擊:相陰陽,占祲兆,鑽龜陳卦,主攘擇五卜,知其吉凶妖祥,傴巫、跛擊之事也。

治市:修採清,易道路,謹盜賊,平室律,以時順修,使賓旅安而貨財通,治市之事也。

司寇:扜急禁悍,防淫除邪,戮之以五刑,使暴悍以變,姦邪不作,司寇之事也。

冢宰:本政教,正法則,兼聽而時稽之,度其功勞,論其慶賞,以

〔註35〕 「素」原作「索」,依王引之說改。王先謙《荀子集解》,頁168。

時慎修，使百吏免盡而眾庶不偷，冢宰之事也。

辟公：論禮樂，正身行，廣教化，美風俗，兼覆而調一之，辟公之
　　　事也。

天王：全道德，致隆高，綦文理，一天下，振毫末，使天下莫不順
　　　比從服，天王之事也。

上述所列除了天王之外，大致皆屬前述「三材」中「卿相輔佐」的層級，其
中除了辟公為封建諸侯，自負守國治亂之責外，其餘則為由冢宰所領導，負
責輔佐天王的執政團隊。就其職掌而言，則已包括民生經濟、禮樂教化、內
政國防、治安司法、監察考核等各方面。

　　此外，在〈君道〉篇所提及的「國具」中，除了「卿相輔佐」之外，尚
有作為天子親信耳目的「便嬖左右」，與「使與四鄰諸侯」的外交人才；〈臣
道〉篇尚提及擔任天子貼身侍衛的「爪牙之士」，與戍守壇場的「邊境之臣」。
四者之中，若以「普天之下，莫非王土；率土之濱，莫非王臣」的角度而論，
則無需所謂「使與四鄰諸侯」的外交人才，而戍守壇場的「邊境之臣」可以
封建諸侯替代。至於勇武的「爪牙之士」，若未獲選天子侍衛，則可於軍隊中
發揮其才。最容易讓人產生不當聯想的「便嬖左右」，其實相當於現代總統府
的幕僚，提供正確資訊以供君主抉擇；然而由於其所搜集、彙整、分析的內
容足以左右君主的判斷，所以不僅因「其知惠足使規物，其端誠足使定物」
而將其列為三「國具」之一，而且在〈富國〉篇中也將所親信的便嬖左右是
否端愨，與所尊貴的朝臣是否賢明、所授職的官員是否能幹並列為評斷君主
明闇的指標。

（四）慎取相

　　在卿相輔佐的執政團隊中，身為百官之長的宰相尤其重要，而荀子亦不
殫其煩地再三強調為人君者必須努力而謹慎的選取，有無基於時代因素的現
實考量？〈王霸〉說：

故君人者立隆政本朝而當，所使要百事者誠仁人也，則身佚而國治，
功大而名美，上可以王，下可以霸。立隆正本朝而不當，所使要百
事者非仁人也，則身勞而國亂，功廢而名辱，社稷必危，是人君者
之樞機也。故能當一人而天下取，失當一人而社稷危。不能當一人
而能當千人百人者，說無之有也。既能當一人，則身有何勞而為，
垂衣裳而天下定。故湯用伊尹，文王用呂尚，武王用召公，成王用

> 周公旦。卑者五伯，齊桓公闆門之內，縣樂奢泰游抏之修，於天下
> 不見謂修，然九合諸侯，一匡天下，爲五伯長，是亦無他故焉，知
> 一政於管仲也，是君人者之要守也。知者易爲之興力而功名慕大，
> 舍是而孰足爲也？故古之人有大功名者，必道是者也；喪其國，危
> 其身者，必反是者也。故孔子曰：「知者之知，固以多矣，有以守少，
> 能無察乎！愚者之知，固以少矣，有以守多，能無狂乎！」此之謂
> 也。

在引文中，荀子除了說明任用相的適當與否，是取天下與危社稷的關鍵，並
以湯用伊尹，文王用呂尚，武王用召公，成王用周公旦等作爲「上可以王」
的例證，以齊桓公任用管仲而爲五伯作爲「下可以霸」的例證。

何以只要任相得當即可身佚國治而功大名美？〈王霸〉說：

> 故明主好要而闇主好詳。主好要則百事詳，主好詳則百事荒。君者，
> 論一相，陳一法，明一指，以兼覆之，兼炤之，以觀其盛者也。相
> 者，論列百官之長，要百事之聽，以飾朝廷臣下百吏之分，度其功
> 勞，論其慶賞，歲終奉其成功以效於君。當則可，不當則廢。故君
> 人勞於索之，而休於使之。

明主之所以能執簡御繁，不被至多至煩的政務拖累，關鍵在於能任用賢相以
分勞。只要相能發揮其才能，勇於任事，君主自然可以不必勞神費心，只要
恭己南面，即可垂衣裳而天下治。

然而賢相何德何能，能如前引「序官」冢宰處所說，使百吏盡勤勉而眾
庶不偷懶？〈君道〉說：

> 故人主欲彊固安樂，則莫若反之民；欲附下一民，則莫若反之政；
> 欲修政美俗，則莫若求其人。彼或蓄積而得之者不世絕，彼其人者，
> 生乎今之世而志乎古之道。以天下之王公莫好之也，然而是子獨好
> 之；以天下之民莫爲之也，然而是子獨爲之。好之者貧，爲之者窮，
> 然而是子猶將爲之也，不爲少頃輟焉。曉然獨明於先王之所以得之、
> 所以失之，知國之安危臧否若別白黑。是其人也，[註36] 大用之則
> 天下爲一，諸侯爲臣，小用之則威行鄰敵，縱不能用，使無去其疆
> 域，則國終身無故。故君人者愛民而安，好士而榮，兩者無一焉而

〔註36〕以上引文「是子」原作「于是」，「猶將爲之」原作「獨猶將爲之」，「是其人
　　　也」原作「是其人者也」，皆依王念孫說改刪。王先謙《荀子集解》，頁236。

亡。《詩》曰：「介人維藩，大師維垣。」此之謂也。

　　爲人主者，莫不欲彊而惡弱，欲安而惡危，欲榮而惡辱，是禹、桀
　　之所同也。要此三欲，辟此三惡，果何道而便？曰：在愼取相，道
　　莫徑是矣。故知而不仁不可，仁而不知不可；既知且仁，是人主之
　　寶也，而王霸之佐也。不急得，不知；得而不用，不仁。無其人而
　　幸有其功，愚莫大焉。

正由於既知且仁的賢相，生今志古，好學不倦，對於國家安危治亂的原因瞭
若指掌，能如前引「材人」卿相輔佐處所說，面對各種實際狀況權物稱用而
無所滯礙，所以一人即可扛起修政美俗的重責大任。因此，將政務完全託付
賢相則可以王天下，未能充分授權也足以稱霸而威行鄰敵，即使未畀予重任
只是不離開國境，亦可以因好士之名而不致滅亡。

　　既然任用賢相有如此好處，道德純備且智慧甚明的聖王豈有不用之理？
可見荀子之所以絮絮叨叨再三強調任用賢相，是著眼於戰國末季聖王不再的
現況，欲以賢相取而代之。〈王霸〉說：

　　故治國有道，人主有職。若夫貫日而治詳，一日而曲列之，是所使
　　夫百吏官人爲也，不足以是傷游玩安燕之樂。若夫論一相以兼率之，
　　使臣下百吏莫不宿道鄉方而務，是夫人主之職也。若是，則一天下，
　　名配堯、禹。之主者，守至約而詳，事至佚而功，垂衣裳，不下簟
　　席之上，而海內之人莫不願得以爲帝王。夫是之謂至約，樂莫大焉。

《荀子》一書雖然常有「共己」、「南面」、「垂衣裳」、「事至佚而功」、「身佚
而國治」、「埶至重而形至佚」等鼓勵人君尚賢使能的用語，由於可通於儒家
無爲而治的理想，所以很難遽下斷語，認定其對話的對象只是中君，而將聖
君排除在外。然而此處，以不「傷游玩安燕之樂」利誘的對象，顯然是「急
逐樂而緩治國」的闇君，而非「先治其國，然後百樂得其中」的明君。

　　荀子不僅將其形諸文字，亦曾將其化爲行動，以之遊說齊相，〈彊國〉說：

　　處勝人之埶，行勝人之道，天下莫忿，湯、武是也；處勝人之埶，
　　不以勝人之道，厚於有天下之埶，索爲匹夫不可得也，桀、紂是也。
　　然則得勝人之埶者，其不如勝人之道遠矣。夫主相者，勝人以埶也；
　　是爲是，非爲非，能爲能，不能爲不能，併己之私欲，必以道夫公
　　道通義之可以相兼容者，是勝人之道也。今相國上則得專主，下則
　　得專國，相國之於勝人之埶，亶有之矣。然則胡不敺此勝人之埶赴

> 勝人之道，求仁厚明通之君子而託王焉，與之參國政，正是非？如
> 是，則國孰敢不爲義矣？君臣上下，貴賤長少，至於庶人，莫不爲
> 義，則天下孰不欲合義矣？賢士願相國之朝，能士願相國之官，好
> 利之民莫不願以齊爲歸，是一天下也。

荀子試圖說服齊相，薦舉能行勝人之道的仁厚明通君子，使之參與國政輔佐
齊君，以求齊國得以稱王天下。〈王霸〉所說「故人主欲得善射，射遠中微，
則莫若羿、蠭門矣；欲得善馭，及速致遠，則莫若王良、造父矣；欲得調壹
天下，制秦、楚，則莫若聰明君子矣」，雖無法確定是針對齊君或齊相而說，
但其欲以聖臣補救中君闇主之用心則非常明確。

類此企圖說服對方，尋求賢佐，使與聞國政以求稱王的話語，雖未直接
出現在荀子游秦時與昭王、應侯的對答中，但已間接隱含在儒者「無益於人
之國」的反駁與秦國「無儒」的感歎中。〈彊國〉說：

> 力術止，義術行。曷謂也？曰：秦之謂也。威彊乎湯、武，廣大乎
> 舜、禹，然而憂患不可勝校也，諰諰然常恐天下之一合而軋己也……
> 然則奈何？曰：節威反文，案用夫端誠信全之君子治天下焉，因與
> 之參國政，正是非，治曲直，聽咸陽，順者錯之，不順者而後誅之，
> 若是，則兵不復出於塞外而令行於天下矣；若是，則雖爲之築明堂
> 於塞外而朝諸侯，殆可矣。假今之世，益地不如益信之務也。

「用夫端誠信全之君子治天下焉」等語與前引說齊相之「求仁厚明通之君子
而託王焉」說法一致。雖然，依照楊注此處是荀子答覆李斯之言，但是，比
對答覆秦昭王時所說的儒者「埶在人上則王公之材也，在人下則社稷之臣，
國君之寶也」（〈儒效〉），與答覆應侯范雎的「則其殆無儒邪！故曰：粹而王，
駁而霸，無一焉而亡。此亦秦之所短也」（〈彊國〉）看來，即使荀子不曾當面
直接告知秦王、秦相，也已間接從強調儒者的重要性中，建議只求威強地廣
卻不知增加信任重於增加土地的秦國，唯有重用才德兼備的君子，亦即讓大
儒與聞國政輔佐君王，才能以「義術」使天下順服，改善只行「力術」的缺
失。

當我們瞭解荀子所面對而欲說服者，是貪圖一己享樂，而疏於治國的中
君或闇主，與一面講求國富兵強，一面侵奪吞併而不行仁義的殘暴國君時。
將更能清楚明白，當荀子於〈君道〉篇首揭示「有治人，無治法」時，何以
先加上一句「有亂君，無亂國」；而在說明賢能君子才是禮法所從出的根源後，

再三勉勵爲人君主者必須「勞於索之」，才能成爲「急得其人」的明主，意即唯有在既仁且知而能守常應變的大儒君子輔佐下，才有可能身佚國治、功大名美，甚至稱王天下。而在荀子心目中，能擔此重責大任的君子、大儒，其實就是他自己。

或許也可以如此說，當居君上之位的是聖人時，「有治人，無治法」與「無道法則人不至，無君子則道不舉」（〈致士〉）中的治人、君子，當然指的是聖王；若居上位者並非聖人，則治人、君子指的是賢相。然而，在君王世襲的傳位方式沒有改變之前，聖王在位畢竟多屬理論層面的理想狀態，但生活世界的現實情況往往並非如此。那麼，每每感歎「今聖王沒」、「明王已沒」的荀子，便寧可希望這些非聖王的君王「守至約」而「事至佚」，將任免督導考核臣下百吏的權責，完全交付給賢相。如此說來，君與相的關係，便類似現代民主政治內閣制中總統與行政院長的關係，姜尚賢即認爲，「荀子這種主張我們用現代語來詮釋，實在有點像在採取虛君主制與責任內閣制」〔註37〕。由〈王制〉所說「政事亂則冢宰之罪也」不難發現，在荀子所勾勒的政治組織藍圖中，「相在行政上所負的責任，實際上遠較君主爲大」〔註38〕。

二、臣道與革命

荀子關於爲臣之道的論述大致集中於〈臣道〉篇，茲依該篇先後次第分爲三部分，說明如下：

（一）忠順而不懈

爲君之道不外乎政愛民與尚賢使能，而爲臣之道如何？〈臣道〉說：

> 人臣之論：有態臣者，有篡臣者，有功臣者，有聖臣者。內不足使一民，外不足使距難，百姓不親，諸侯不信，然而巧敏佞說，善取寵乎上，是態臣者也。上不忠乎君，下善取譽乎民，不卹公道通義，朋黨比周，以環主圖私爲務，是篡臣者也。內足使以一民，外足使以距難，民親之，士信之，上忠乎君，下愛百姓而不倦，是功臣者也。上則能尊君，下則能愛民，政令教化，刑下如影，應卒遇變，齊給如響，推類接譽，以待無方，曲成制象，是聖臣者也。故用聖臣者王，用功臣者彊，用篡臣者危，用態臣者亡。態臣用則必死，

〔註37〕姜尚賢《荀子思想體系》，頁227。
〔註38〕鮑國順《荀子學說析論》（臺北：華正書局，1993年10月），頁117。

篡臣用則必危，功臣用則必榮，聖臣用則必尊。故齊之蘇秦，楚之
州侯，秦之張儀，可謂態臣者也。韓之張去疾，趙之奉陽，齊之孟
嘗，可謂篡臣也。齊之管仲，晉之咎犯，楚之孫叔敖，可謂功臣矣。
殷之伊尹，周之太公，可謂聖臣矣。是人臣之論也，吉凶賢不肖之
極也，必謹志之而慎自爲擇取焉，足以稽矣。

荀子區分人臣爲聖臣、功臣、篡臣、態臣的關鍵不外愛民與忠君二端。與〈王
霸〉所說「與積禮義之君子爲之則王，與端誠信全之士爲之則霸，與權謀傾
覆之人爲之則亡」、〈彊國〉所說「人君者隆禮尊賢而王，重法愛民而霸，好
利多詐而危，權謀、傾覆、幽險而亡」比列參看，聖臣與功臣的差別是，前
者是能積禮義而知通統類的大儒，後者只是尊禮敬分卻不敢損益的小儒；態
臣與篡臣的差別是，前者利用權謀取信國君，卻使得國君失去人民愛戴與諸
侯信任，後者沽名釣譽以圖謀私利，但暫時可以獲得人民稱譽與諸侯信任。

　　儘管儒家與法家同樣重視尊君、忠君，但是有別於法家鞏固君權只爲圖謀
君主一人一姓的私利，儒家爲的是全體社會國家的公義，所以尊君、忠君必然
與尚賢、愛民聯結在一起。即使純就忠君一事而言，也不是要求絕對的服從。
荀子在〈君道〉所提人臣當「以禮待君，忠順而不懈」，雖然有將臣道與忠順劃
上等號的嫌疑，然而，一旦對荀子思想有通盤了解，即能明白只有在聖人爲王，
亦即君王本身就是道的化身時，忠與順才可以視爲同義詞。〈臣道〉說：

從命而利君謂之順，從命而不利君謂之諂；逆命而利君謂之忠，逆
命而不利君謂之篡；不卹君之榮辱，不卹國之臧否，偷合苟容，以
持祿養交而已耳，謂之國賊。君有過謀過事，將危國家、殞社稷之
懼也，大臣父兄有能進言於君，用則可，不用則去，謂之諫；有能
進言於君，用則可，不用則死，謂之爭；有能比知同力，率群臣百
吏而相與彊君撟君，君雖不安，不能不聽，遂以解國之大患，除國
之大害，成於尊君安國，謂之輔；有能抗君之命，竊君之重，反君
之事，以安國之危，除君之辱，功伐足以成國之大利，謂之拂。故
諫、爭、輔、拂之人，社稷之臣也，國君之寶也，明君所尊厚也，
而闇主惑君以爲己賊也。故明君之所賞，闇君之所罰也；闇君之所
賞，明君之所殺也。伊尹、箕子，可謂諫矣；比干、子胥，可謂爭
矣；平原君之於趙，可謂輔矣；信陵君之於魏，可謂拂矣。《傳》曰：
「從道不從君。」此之謂也。

忠與順的共同點在於「利君」，不同點在於「從命」與否。亦即是說，當國君的決策正確，服從命令而達成任務謂之「順」；當國君的決策錯誤，試圖違抗君命以避免禍患，轉危為安才是「忠」。忠是以「從道不從君」為原則的前提下，荀子將人臣違抗君命分為諫、爭、輔、拂等四種情況。諫與爭是以言語勸說，差別在於「諫」而未獲採納，則如伊尹、箕子為保全有用之身而離開；「爭」則如比干、子胥，不惜以身相殉。輔與拂則是直接訴諸行動，差別在於「輔」因挾群臣之眾，迫使國君改變，過程中曾造成不安；「拂」則只是欺瞞國君，假借其令，達成目的，國君未曾受到脅迫。由於諫、爭、輔、拂雖違逆君命，但是卻能矯君之過而安國利民，比起諂、篡而不利於君的國賊，當然是值得肯定的社稷之臣、國君之寶。而由〈子道〉篇引孔子所說「昔萬乘之國有爭臣四人，則封疆不削；千乘之國有爭臣三人，則社稷不危；百乘之家有爭臣二人，則宗廟不毀。父有爭子，不行無禮；士有爭友，不為不義。故子從父，奚子孝？臣從君，奚臣貞？審其所以從之之謂孝，之謂貞也」看來，則「順」即是審其可從而從之「貞」，「忠」是審其不可從而不從之「貞」；而「諫、爭、輔、拂之人」則是由「爭臣」擴充而來。

　　至於順從與諫爭、輔拂各適用於何種國君，荀子於〈臣道〉篇中有進一步的說明：

> 事聖君者，有聽從，無諫爭；事中君者，有諫爭，無諂諛；事暴君者，有補削，無撟拂。迫脅於亂時，窮居於暴國，而無所避之，則崇其美，揚其善，違其惡，隱其敗，言其所長，不稱其所短，以為成俗。《詩》曰：「國有大命，不可以告人，妨其躬身。」此之謂也。恭敬而遜，聽從而敏，不敢有以私決擇也，不敢有以私取與也，以順上為志，是事聖君之義也。忠信而不諛，諫爭而不諂，撟然剛折，端志而無傾側之心，是案曰是，非案曰非，是事中君之義也。調而不流，柔而不屈，寬容而不亂，曉然以至道而無不調和也，而能化易，時關內之，是事暴君之義也。若馭樸馬，若養赤子，若食餒人，故因其懼也，而改其過；因其憂也，而辨其故；因其喜也，而入其道；因其怒也，而除其怨，曲得所謂焉。《書》曰：「從命而不拂，微諫而不倦，為上則明，為下則遜。」此之謂也。

對於忠貞的臣下而言，輔佐聖君遠比輔佐中君來得容易，因為大儒聖君已是道的化身，以其智慧修為所作的決策，臣下只需恭敬服從與全力以赴即可，無需

像輔佐小儒中君般，時時得爲了如何諫、爭、輔、拂而絞盡腦汁、殫精竭慮。
輔佐中君又比輔佐暴君來得輕鬆，因爲輔佐次賢中君尚可是非分明而忠言直
諫，但是輔佐闇主暴君則既不可諫爭輔拂以招惹殺身之禍，又不可諂媚阿諛與
指鹿爲馬而導致君死國亡，只能明哲保身，以委曲求全。即一方面試圖發掘、
讚美其優點而鼓勵之，一方面順其質樸本性以因勢利導而改善其缺失。

（二）持寵與讓賢

在態臣、篡臣等阿諛諂媚的國賊環伺包圍下，聖臣、功臣一旦有機會獲
得君主青睞而登上高位，一定得設法保住此勝人之勢，否則就無法推行勝人
之道。荀子基於現實政治的深刻體會，在〈仲尼〉篇中提出「持寵處位終身
不厭之術」：

> 主尊貴之，則恭敬而僔；主信愛之，則謹慎而嗛；主專任之，則拘
> 守而詳；主安近之，則愼比而不邪；主疏遠之，則全一而不倍；主
> 損絀之，則恐懼而不怨。貴而不爲夸；信而不處謙；任重而不敢專；
> 財利至則善而不及也，必將盡辭讓之義然後受；福事至則和而理，
> 禍事至則靜而理，富則施廣，貧則用節，可貴可賤也，可富可貧也，
> 可殺而不可使爲姦也，是持寵處位終身不厭之術也。雖在貧窮徒處
> 之埶，亦取象於是矣，夫是之謂吉人。

荀子所說的「持寵處位終身不厭之術」，絕非指運用權謀機心，巧言取寵於上，
與結黨固位於下的手段。將「可殺而不可使爲姦」、「雖在貧窮徒處之埶，亦
取象於是」與〈非十二子〉的「所謂士仕者，汙漫者也，賊亂者也，恣睢者
也，貪利者也，觸抵者也，無禮義而唯權埶之嗜者也」對照，其義尤顯。

引文所述其實是「以禮待君，忠順而不懈」的引申。因爲是「以禮待君」，
所以謹守臣下本分，恭敬謙遜而不恃才傲物；因爲是「忠順而不懈」，所以受
賞識固然要盡忠職守，努力不懈，未獲青睞亦當善盡本分，無怨無悔。亦即
〈仲尼〉所說，「恭敬以先之，忠信以統之，愼謹以行之，端愨以守之，頓窮
則從之疾力以申重之。君雖不知，無怨疾之心；功雖甚大，無伐德之色；省
求，多功，愛敬不勌；如是，則常無不順矣」。

除了「忠順而不懈」外，爲人臣的本分尚有「推賢讓能」。倘若己爲卿相
輔佐之材中最優秀的聖臣，爲了行「勝人之道」，當然得「持寵處位」以保「勝
人之埶」；如果並非如此，一旦發現比自己更賢能的人，則應退而讓之。〈仲
尼〉說：

求善處大重，理任大事，擅寵於萬乘之國，必無後患之術：莫若好
同之，援賢博施，除怨而無妨害人。能耐任之，則愼行此道也；能
而不耐任，且恐失寵，則莫若早同之，推賢讓能而安隨其後。如是，
有寵則必榮，失寵則必無罪。是事君者之寶而必無後患之術也。故
知者之舉事也，滿則慮嗛，平則慮險，安則慮危，曲重其豫，猶恐
及其禍，是以百舉而不陷也。孔子曰：「巧而好度必節，勇而好同必
勝，知而好謙必賢。」此之謂也。愚者反是：處重擅權，則好專事
而妬賢能；抑有功而擠有罪，志驕盈而輕舊怨，以吝嗇而不行施道
乎上，爲重招權於下以妨害人，雖欲無危，得乎哉！是以位尊則必
危，任重則必廢，擅寵則必辱，可立而待也，可炊而竢也。是何也？
則墮之者眾而持之者寡矣。

儘管忠貞之臣在受命就職前已經過審愼思考，「誠能然後敢受職」；然而，面
對治理萬乘之國的重責大任，即使可以勝任，也應該援引賢能以爲己助；反
之，己未能勝任，則應儘快尋覓才德優於己者而推舉退讓之。〈解蔽〉所說「鮑
叔、寧戚、隰朋仁知且不蔽，故能持管仲而名利福祿與管仲齊；召公、呂望
仁知且不蔽，故能持周公而名利福祿與周公齊」，便是「推賢讓能而安隨其後」
的典範。處重擅權之臣若不僅不願推賢讓能，甚至妬賢忌能，在言行才德不
足以服眾且招怨的情況下，必將導致支持者少而扯後腿者眾，非但無法保有
其位，還可能招來立即的禍害。

由於「少事長，賤事貴，不肖事賢，是天下之通義也」（〈仲尼〉），而「幼
而不肯事長，賤而不肯事貴，不肖而不肯事賢，是人之三不祥也」（〈非相〉）。
所以，荀子一方面以「有寵則必榮，失寵則必無罪」誘人推賢讓能，一方面
以「位尊則必危，任重則必廢，擅寵則必辱」勸人不可不推賢讓能。既然推
賢讓能是人臣應盡的本分與應行的正道，則以利害關係加以勸誘似乎有傷王
道德教本懷。所以應非如楊倞爲荀子辯護所說的「荀卿門人多仕於大國，故
戒以保身推賢之術」〔註39〕，而是面對聖臣、功臣以外的逐利之士才有的權
宜之說。若能同情荀子面對的是禮壞樂崩、驅欲逐利的混亂時代，並同意面
對現實，有時反而有助理想的實現，不需對偶而踰越王道理想的說法加以苛
責。

〔註39〕王先謙《荀子集解》，頁 111～112。

（三）從道不從君

輔佐聖君「順」即是「忠」，因為此時所順從的君主其實是道德的化身。〈臣道〉說：

> 事人而不順者，不疾者也；疾而不順者，不敬者也；敬而不順者，不忠者也；忠而不順者，無功者也；有功而不順者，無德者也。故無德之為道也，傷疾、墮功、滅苦，故君子不為也。

引文中，荀子一方面由不順的缺失，反證了順的重要性；一方面由疾、敬、忠、功、德的層層遞進中，不僅提醒臣下本身必須先有德，才能進而求有功、忠、敬、疾，否則將淪為篡臣、態臣之類的國賊，也隱涵了聖臣、功臣的從命乃是因君上之德而順服。

輔佐中君不能純然以順為忠，因為中君不但不是道德的化身，往往還需要聖臣來轉化彌補。〈臣道〉說：

> 有大忠者，有次忠者，有下忠者，有國賊者：以德復君而化之，大忠也；以德調君而補之，次忠也；以是諫非而怒之，下忠也；不卹君之榮辱，不卹國之臧否，偷合苟容，以之持祿養交而已耳，國賊也。若周公之於成王也，可謂大忠矣；若管仲之於桓公，可謂次忠矣；若子胥之於夫差，可謂下忠矣；若曹觸龍之於紂者，可謂國賊矣。

聖人為王固然是荀子的政治理想，可是聖王千百年難得一見，現實生活中最常見的是可上可下的中君。由於中君需要臣下以賢德才知來輔佐，所以荀子即以德之高低來區分忠的等級。為臣能使君主在自己道德涵覆下逐漸轉為聖君是「大忠」；雖能以臣德調整補救君主過失，卻未使君主有所改變，是「次忠」；只知表現正直而以是諫非，因此惱怒君主，卻未見成效，是「下忠」；一味圖謀己利，完全不在乎君主榮辱與國家安危，則是「國賊」。

就臣道而言，荀子最易為人詬病的在於有服事暴君的部分，而「崇其美，揚其善，違其惡，隱其敗，言其所長，不稱其所短」等，更易讓不加深究者誤認為同於法家無條件尊君的說法。事實上，荀子之所以願意忍耐暴君，並企圖感化之，實是出於為人民著想，並非著眼於君主個人利益，此可由〈正論〉篇論述聖王後子或三公繼位的影響略見端倪。上述二者不管何人繼位，因為具有聖德，所以皆可使天下依然保有安和樂利而不變，其差別在於前者不易姓，故「朝不易位，國不更制」，後者無論易不易姓，都將面臨「徙朝改

制爲難」的困擾。對徙朝改制爲人民帶來不便，尚且有所焦慮，對當時動輒坑殺數萬至數十萬人的兵禍，帶給百姓的危害，豈不更令荀子惶恐？所以，除了一方面大力提倡仁人之兵，以降低其禍，減少對百姓的危害；另一方面在暴君之害尚不及於兵禍之前，寧可選擇因勢利導，使之改過遷善。但是，一旦暴君爲害甚於戰爭，在兩害相權取其輕的考量下，只有義無反顧的走上革命之途。〈臣道〉篇末說：

> 通忠之順，權險之平，禍亂之從聲，三者，非明主莫之能知也。爭然後善，戾然後功，出死無私，致忠而公，夫是之謂通忠之順，信陵君似之矣。奪然後義，殺然後仁，上下易位然後貞，功參天地，澤被生民，夫是之謂權險之平，湯、武是也。

基於愛民的考量，在「從道不從君」的原則下，荀子不僅肯定諫爭輔拂等「通忠之順」的舉動，看似不順從君命，卻有助安國利民而成就君主功名，才是聖臣、功臣應有的作爲；而且盛讚湯、武革命爲「功參天地，澤被生民」的作爲，而於〈正論〉篇反駁「桀、紂有天下，湯、武篡而奪之」的世俗之說時，所指出的「湯、武非取天下也，修其道，行其義，興天下之同利，除天下之同害，而天下歸之也。桀、紂非去天下也，反禹、湯之德，亂禮義之分，禽獸之行，積其凶，全其惡，而天下去之也」、「湯、武者，民之父母也；桀、紂者，民之怨賊也」；與〈富國〉所說「百姓曉然皆知其汙漫暴亂而將大危亡也。是以臣或弒其君，下或殺其上，粥其城，倍其節，而不死其事者，無它故焉，人主自取之」，既說明了桀、紂的咎由自取，也爲「權險之平」作了最佳的詮釋。

第三節　富國強兵

　　由民本思想所衍生而來的民生經濟、軍事國防主張，必因注重養民而不排斥富國，強調保民而不排斥強兵。所以，當子貢詢問爲政之道時，孔子答以「足食、足兵，民信之矣」（《論語・顏淵》）。雖然未明言富國強兵，但於衣食無虞與軍備充足中實已隱含其意。孟子雖然以「王何必曰利」回應梁惠王「亦將有以利吾國」之問，但並非即排斥富國強兵，只是希望梁惠王能以仁義爲本而達於「仁者無敵」（《孟子・梁惠王上》）。因此，孟子亦明白指出，「明君制民之產，必使仰足以事父母，俯足以畜妻子，樂歲終身飽，凶年免

於死亡……老者衣帛食肉，黎民不飢不寒，然而不王者，未之有也」（《孟子·梁惠王上》）。現實感強烈的荀子，相對於孔孟的只強調仁義而未暢言富強，則直接以「富國」名篇並公然與臨武君議兵於趙孝成王面前，來回應此一時代課題，但卻因此招致功利主義近於法家的抨擊。唯其內涵究竟是否真如批抨者所說，可以細加討論。

一、裕民與節用

荀子關於民生經濟的主張與孔孟先富後教的觀點，精神理念是一致的；所不同者是，荀子將養民、教民的理論建構於欲望情性的基礎上，所以以明分使群的禮義為其核心，一方面由養人之欲而注重開源，一方面由兼足天下而提倡節流。

（一）以政裕民

藏富於民是儒家財經政策的大原則、大方向，荀子亦不例外，〈富國〉說：

> 足國之道，節用裕民而善臧其餘。節用以禮，裕民以政。彼裕民，故多餘。裕民則民富，民富則田肥以易，田肥以易則出實百倍。上以法取焉，而下以禮節用之，餘若丘山，不時焚燒，無所臧之，夫君子奚患乎無餘？故知節用裕民，則必有仁義聖良之名，而且有富厚丘山之積矣。此無它故焉，生於節用裕民也。不知節用裕民則民貧，民貧則田瘠以穢，田瘠以穢則出實不半，上雖好取侵奪，猶將寡獲也，而或以無禮節用之，則必有貪利糾譑之名，而且有空虛窮乏之實矣。此無它故焉，不知節用裕民也。〈康誥〉曰：「弘覆乎天，若德裕乃身。」此之謂也。
>
> 禮者，貴賤有等，長幼有差，貧富輕重皆有稱者也。故天子袾裷衣冕，諸侯玄裷衣冕，大夫裨冕，士皮弁服。德必稱位，位必稱祿，祿必稱用。由士以上則必以禮樂節之，眾庶百姓則必以法數制之。量地而立國，計利而畜民，度人力而授事，使民必勝事，事必出利，利足以生民，皆使衣食百用出入相揜，必時臧餘，謂之稱數。故自天子通於庶人，事無大小多少，由是推之。故曰：朝無幸位，民無幸生。此之謂也。輕田野之稅，平關市之征，省商賈之數，罕興力役，無奪農時，如是，則國富矣。夫是之謂以政裕民。

由視「以禮節用」與「以政裕民」為富國之兩大方針，以及〈王制〉所說

「王者富民」，可見荀子繼承孔孟藏富於民的主張。而〈富國〉所說「下貧則上貧，下富則上富」，與有若所說的「百姓足，君孰與不足？百姓不足，君孰與足」（《論語‧顏淵》）正相呼應。茲分以下三點論述「以政裕民」的具體措施。

1. 增加生產，裕民富國

荀子民生思想之所以超越先秦諸子，甚至有現代經濟學者認為「可稱得上是中國經濟學鼻祖」〔註40〕，關鍵在於：充分認識情欲的正反兩面意義，重視且積極面對之。由於要使人的基本欲望盡可能得到滿足，以避免因物資短缺而導致的爭亂，荀子並不認為絕欲、寡欲是理想的解決方式，而是主張增加生產，以合理適度地養人之欲。所以不僅於〈富國〉篇明白指出「歲雖凶敗水旱，使百姓無凍餒之患，則是聖君賢相之事也」，且說：

> 墨子之言，昭昭然為天下憂不足。夫不足，非天下之公患也，特墨子之私憂過計也。今是土之生五穀也，人善治之則畝數盆，一歲而再獲之，然後瓜桃棗李一本數以盆鼓，然後葷菜百疏以澤量，然後六畜禽獸一而剸車，黿鼉、魚鱉、鰍鱣以時別，一而成群，然後飛鳥鳧雁若烟海，然後昆蟲萬物生其間，可以相食養者不可勝數也。夫天地之生萬物也，固有餘足以食人矣；麻葛、繭絲、鳥獸之羽毛齒革也，固有餘足以衣人矣。夫〔註41〕不足，非天下之公患也，特墨子之私憂過計也。

有別於墨子視野侷限於現有之已然數量，而憂慮物資將因僧多粥少而匱乏，荀子則放眼未來可能之開發，樂觀地認為物資將因人類的努力生產與以時禁發而產量增加，不虞匱乏。其樂觀的理由來自積極的人文觀，即在「物畜而裁〔註42〕之」、「制天命而用之」、「應時而使之」、「騁能而化之」、「理物而勿失之」的人為努力下，可以改變天賦現況，而達於〈天論〉所說「彊本而節用，則天不能貧」，即經由「善治」的積極努力，不僅可使五穀果蔬在「田肥以易」的情況下「出實百倍」、「畝數盆」，亦可使禽獸昆蟲在繁衍茂盛的情況下「可以相食養者不可勝數」，所以不至出現墨子所憂慮的衣食不足。

〔註40〕干學平、黃春興〈荀子正義理論〉，戴華、鄭曉時主編《正義及其相關問題》（臺北：中央研究院中山人文社會科學研究所，1991 年 10 月），頁 125 注 17。
〔註41〕「夫」下本有「有餘」二字，依王先謙說刪。王先謙《荀子集解》，頁 185。
〔註42〕「裁」原作「制」，依王念孫說改。王先謙《荀子集解》，頁 317。

2. 減輕稅賦，使民以時

荀子認為，減輕稅賦是王者長養人民的重要政策之一。〈王制〉說：

> 王者之法〔註43〕：等賦、政事，財萬物，所以養萬民也。田野什一，
> 關市幾而不征，山林澤梁以時禁發而不稅，相地而衰政，理道之遠
> 近而致貢，通流財物粟米，無有滯留，使相歸移也。四海之內若一
> 家，故近者不隱其能，遠者不疾其勞，無幽閒隱僻之國莫不趨使而
> 安樂之。夫是之謂人師，是王者之法也。

「田野什一，關市幾而不征」即前引「輕田野之稅，平關市之征」，重以「山
林澤梁以時禁發而不稅」，則農工商賈漁獵之民均已涵括其中，而普受減輕稅
賦之優惠。此外，由視土地美惡肥瘠而差別稅賦輕重的「相地而衰政」，與計
距離之遠近而差別歲貢的「理道之遠近而致貢」等主張，不難發現，荀子很
能通權達變，而且講求公平正義。

對於不能輕減稅賦，反而聚斂人民的君主，荀子則不假辭色，痛加撻伐，
〈王制〉說：

> 成侯、嗣公，聚斂計數之君也……故修禮者王，爲政者彊，取民者
> 安，聚斂者亡。故王者富民，霸者富士，僅存之國富大夫，亡國富
> 筐篋，實府庫。筐篋已富，府庫已實，而百姓貧，夫是之謂上溢而
> 下漏，入不可以守，出不可以戰，則傾覆滅亡可立而待也。故我聚
> 之以亡，敵得之以彊。聚斂者，召寇、肥敵、亡國、危身之道也，
> 故明君不蹈也。

荀子之所以對聚斂的作爲深惡痛絕，或許是有鑑於當時的闇主昏君爲了貪圖
享樂或籌措征戰軍需，完全忽略「百姓之財，待之而後聚」（〈富國〉）的職責。
而聚斂的作爲之所以將導致國亡身危，在於違反了「不利而利之，不如利而
後利之之利」、「利而後利之，不如利而不利之利也」。所謂「利而不利」即君
主只知爲人民謀求利益而不自百姓身上索取利益，如此當然可以獲得人民愛
戴而稱王天下；聚斂恰巧是與之截然相反的「不利而利之」，即不知爲人民謀
求利益以致「百姓貧」，卻一味需索無度地從人民身上榨取利益以便「實府
庫」，如此當然爲百姓所唾棄，以致「傾覆滅亡可立而待」。

如此「上溢而下漏」、本末倒置的結果，〈富國〉說：

> 下貧則上貧，下富則上富。故田野縣鄙者，財之本也；垣窌倉廩者，

〔註43〕「之」下本無「法」字，依王念孫說補。王先謙《荀子集解》，頁160。

財之末也。百姓時和、事業得敘者，貨之源也；等賦府庫者，貨之
流也。故明主必謹養其和，節其流，開其源，而時斟酌焉，潢然使
夫〔註44〕下必有餘而上不憂不足。如是則上下俱富，交無所藏之，
是知國計之極也。故禹十年水，湯七年旱，而天下無菜色者，十年
之後，年穀復孰而陳積有餘。是無它故焉，知本末源流之謂也。故
田野荒而倉廩實，百姓虛而府庫滿，夫是之謂國蹶。伐其本，竭其
源，而并之其末，然而主相不知惡也，則其傾覆滅亡可立而待也。
以國持之而不足以容其身，夫是之謂至貧〔註45〕，是愚主之極也。
將以求富而喪其國，將以求利而危其身。古有萬國，今有十數焉。
是無它故焉，其所以失之一也。君人者亦可以覺矣。百里之國足以
獨立矣。

有別於不知本末源流，一味橫徵暴斂，以圖求府庫滿盈，無視百姓不堪負荷，
致荒廢事業，飢餓寒凍，以導致喪國危身的愚主。禹、湯等聖君清楚明白，
倉廩府庫的財貨來自百姓田野的收成。所以不僅平日減稅，且督勉按時耕作，
使百姓能在負擔甚輕的情況下致力生產，增加財富；一旦遭遇水潦旱災，則
開倉廩，取府庫，以賑濟恤撫人民，使百姓在無凍餒之虞的情況下繼續努力
事業，如此只要天災一解除，倉廩府庫立刻會因人民豐收所繳的稅賦而滿盈
有餘。此才是上下俱富，充分明瞭本末源流，掌握國計民生的施政作為。

　　要避免伐本竭源而導致上下俱貧，除了「輕田野之稅，平關市之征」以
減輕穀物錢財的徵收外，尚需「罕興力役，無奪農時」以減少勞役的徵調，
使人民得以按時節從事農作。〈王制〉說：

　　　草本榮華滋碩之時則斧斤不入山林，不夭其生，不絕其長也；黿鼉、
　　　魚鱉、鰌鱣孕別之時，罔罟毒藥不入澤，不夭其生，不絕其長也；
　　　春耕、夏耘、秋收、冬藏四者不失時，故五穀不絕而百姓有餘食也；
　　　汙池、淵沼、川澤謹其時禁，故魚鱉優多而百姓有餘用也；斬伐養
　　　長不失其時，故山林不童而百姓有餘材也。

大自然萬物生長皆有其時序，順應時序而長養生殺，不但可以有豐碩的收成，
也可以讓萬物綿延不絕，繼續滿足人類生活需求。一旦君主屢興徭役，讓人
民喪失耕作時宜，則百姓必然長養生殺不時，而夭萬物之生，絕萬物之長。

〔註44〕　「夫」原作「天」，依王先謙說改。王先謙《荀子集解》，頁195。
〔註45〕　「貧」原作「貪」，依王先謙說改。王先謙《荀子集解》，頁195。

如此不但收成日漸萎縮，物品價格日趨昂貴，民不聊生。所以不僅應「山林澤梁以時禁發而不稅」，以為鼓勵；也應勸勉「百工將時斬伐」以期器用巧便而財物不匱；無奪農時，而使農夫「上不失天時，下不失地利，中得人和，而百事不廢」（〈王霸〉）。因為「罕興力役、無奪農時」是使人民豐衣足食的基礎，所以荀子不僅於〈大略〉篇呼籲：「家五畝宅，百畝田，務其業而勿奪其時。」且於〈富國〉、〈王霸〉、〈議兵〉等篇，再三以「時其事、輕其任以調齊之」作為聖王長養人民的重要職責。

3. 眾農寡商，互通有無

乍看〈富國〉的「省商賈之數」、「工商眾則國貧」與〈君道〉的「省工賈，眾農夫」，很容易讓人誤解荀子重農而抑工商。其實，荀子所重視的是職有專精而分工一體。在肯定職有專精方面，我們可由〈儒效〉篇中荀子區別君子與凡民所說的「相高下，視墝肥，序五種，君子不如農人；通財貨，相美惡，辯貴賤，君子不如賈人；設規矩，陳繩墨，便備用，君子不如工人」略窺一斑。此外，〈榮辱〉也說：

> 故仁人在上，則農以力盡田，賈以察盡財，百工以巧盡械器，士大夫以上至於公侯，莫不以仁厚知能盡官職，夫是之謂至平。故或祿天下而不自以為多，或監門、御旅、抱關、擊柝而不自以為寡。故曰：「斬而齊，枉而順，不同而一。」夫是之謂人倫。

除了藉「以力盡田」、「以察盡財」、「以巧盡械器」分別肯定了農夫、商賈、百工的術業有專攻；也藉「不同而一」表達了士農工商雖各以其能而分工，但實為一互通有無的人倫社會整體。

關於「自天子通於庶人，事無大小多少」，各有專司而共為一體，〈王霸〉篇中曾兩度提及「農分田而耕，賈分貨而販，百工分事而勸，士大夫分職而聽，建國諸侯之君分土而守，三公總方而議，則天子共己而已」，並論述了如何使位居王公之朝的士大夫與身在百姓之家的農工商，發揮上下一體，各有分工的具體建言，它說：

> 儒者為之不然，必將曲辨：朝廷必將隆禮義而審貴賤，若是，則士大夫莫不敬節死制者矣。百官則將齊其制度，重其官秩，若是，則百吏莫不畏法而遵繩矣。關市幾而不征，質律禁止而不偏，如是，則商賈莫不敦愨而無詐矣。百工將時斬伐，佻其期日而利其巧任，如是，則百工莫不忠信而不楛矣。縣鄙將輕田野之稅，省刀布之斂，

> 罕舉力役，無奪農時，如是，則農莫不朴力而寡能矣。士大夫務節
> 死制，然而兵勁。百吏畏法循繩，然後國常不亂。商賈敦愨無詐則
> 商旅安，貨財通，而國求給矣。百工忠信而不楛，則器用巧便而財
> 不匱矣。農夫朴力而寡能，則上不失天時，下不失地利，中得人和，
> 而百事不廢。是之謂政令行，風俗美，以守則固，以征則彊，居則
> 有名，動則有功。此儒之所謂曲辨也。

儘管比起只求食飽衣煖而縱情任性的眾庶百姓，荀子對於能積學正行，以德
能取得官職的士大夫較爲尊重。故〈富國〉說：「由士以上則必以禮樂節之，
眾庶百姓則必以法數制之。」此處顯然對於士大夫百吏的要求較嚴苛，這只
是因爲權位高者責任重。至於對於商賈、百工、農夫，不但沒有太多要求，
還爲了使他們能因其純樸善良本性而克盡本分，設法減輕其負擔。不僅在賦
稅方面爲之創造有利的條件，即使在設官班治上，同樣以此爲考量，此可由
上節所引〈王制〉篇「序官」段各官職掌獲得證明，特別是司空、治田、虞
師、工師、治市等。

　　由此看來，荀子雖然認爲農工商與士大夫所處理的事務有層次範圍的差
異；但是，單就農工商三者而言，並無貴賤高下的分別。荀子之所以提倡「省
商賈之數」，並非出自主觀的價值判斷，而是純粹以客觀的民生經濟爲考量。
在以農業爲主體的經濟結構中，農林漁牧等生產者既是民生物資的供應來
源，也是累積人民國家財富的根本。既然「田野縣鄙者財之本」，則在就整體
經濟做全盤考量而「度人力而授事」時，農工商士的比例，自然以農夫佔多
數。至於百工、商賈、士大夫在民生經濟上所扮演的是消費者，一旦人數比
例大於農夫，物資供應自然不足，基於消費大於生產則國庫易趨貧乏的考量，
人數理所當然應該較少。所以減少工賈，增加農夫，非但「不是一種偏頗，
反而是一種適當的平衡」〔註46〕。在增加生產以提昇財富的訴求下，荀子自
然而然將「省工賈，眾農夫」列爲君王生養人民的主要項目。

　　由荀子既以工商與士大夫眾將導致國貧可見，荀子並不是就主觀精神層
面貶抑工商價值。從「百工以巧盡械器」，「器用巧便而財不匱」，與「賈以察
盡財」，「貨財通而國求給」等說法看來，荀子更就客觀物質層面肯定工商的
重要性。所以儘管一方面呼籲降低商賈人數，一方面贊許通有運無在民生經

〔註46〕蘇新鋈〈荀子的經濟思想〉，《先秦儒學論集》（臺北：文津出版社，1992 年
　　　　12 月），頁 277。

濟上的貢獻。〈王制〉說：

> 北海則有走馬吠犬焉，然而中國得而畜使之；南海則有羽翮、齒革、
> 曾青、丹干焉，然而中國得而財之；東海則有紫、紶、魚、鹽焉，
> 然而中國得而衣食之；西海則有皮革、文旄焉，然而中國得而用之。
> 故澤人足乎木，山人足乎魚，農夫不斷削、不陶冶而足械用，工賈
> 不耕田而足菽粟。故虎豹為猛矣，然君子剝而用之。故天之所覆，
> 地之所載，莫不盡其美，致其用，上以飾賢良，下以養百姓而安樂
> 之。夫是之謂大神。《詩》曰：「天作高山，大王荒之。彼作矣，文
> 王康之。」此之謂也。

荀子從三方面肯定商業活動的價值：一是由區域或國家之間的貿易往來，肯
定中國之所以得以享用北、南、東、西等四海所產的物品，使四海之內若一
家，完全歸功國際貿易的商業行為。二是由人與人之間的交易活動，肯定農
林漁牧工商各行各業的人民，不需要從事本業以外的工作，即可獲得日常生
活所需的各種物資，亦得歸功商人積極流通貨物所帶來的方便。三是由天生
人成的角度來肯定交易行為與商業活動對正理平治的貢獻。雖然商人以其敏
銳的觀察力通有運無，為的是求取一己利益；然而，貨暢其流的結果，卻使
得天地間的各項物資，都能展現優點而發揮功能，不僅北、南、東、西海所
產的奇珍異寶可以作為藩飾，而產生「上以飾賢良」的效用；而且流通貨物
帶來市集商品多元化與供應的迅速化，使生活物資的取得更方便，生活更安
樂。民生經濟的商業活動既促成正理平治，也使天地萬物皆能「盡其美，致
其用」，所以藉《詩經・周頌・天作》之詩讚美之。由此可見，荀子雖然仍以
農業為民生經濟的命脈，但是對於當時日漸興盛的商業活動仍然肯定。

（二）以禮節用

　　將〈大略〉所說「不富無以養民情，不教無以理民性」，與〈富國〉所說
「節用以禮，裕民以政」作一對照，則「裕民以政」是開源求富以「養民情」，
「節用以禮」是先富後教的「理民性」。荀子認為與生俱來的情性欲求是維持
人類生存所必需，也是歷代聖王賞善罰惡與進賢退不肖的依據，所以肯定欲
望對於正理平治的意義，不僅反對去欲、寡欲，而且提醒君主施政治國在民
生經濟方面首先應「以政裕民」以「養民情」。不過，荀子並非因此鼓勵人毫
無節制地放縱情欲，對衣食財貨進行不合理的追求；相反地，毫無節制地追
求物質欲望的滿足，正是荀子「性惡」說的理論根據，所以必須藉由禮義師

法的導化，使欲望需求合理化，避免放縱情欲而導致爭亂窮乏。關於荀子「以禮節用」以「理民性」的訴求，可分以下三點說明之。

1. 上以法取，下以禮節

君主徵收人民賦稅應合乎法度，即使不能完全理想化地「利而不利」，起碼也應做到輕稅薄賦的「利而後利之」，否則一味「不利而利之」，則將「田疇以穢則出實不半，上雖好取侵奪，猶將寡獲也」。而由前引〈富國〉文「而或以無禮節用之，則必有貪利糾譑之名，而且有空虛窮乏之實矣」看來，君上同下民一樣要以禮節用；又由引文「由士以上則必以禮樂節之，眾庶百姓則必以法數制之」看來，下民之「取」恐怕亦只能「以法」吧！

人君以禮節用，就個人的藩飾而言，是〈君道〉所說「天子諸侯無靡費之用」，〈富國〉所說「爲之雕琢、刻鏤、黼黻、文章，使足以辨貴賤而已，不求其觀；爲之鐘鼓、管磬、琴瑟、竽笙，使足以辨吉凶，合歡定和而已，不求其餘；爲之宮室臺榭，使足以避燥溼，養德辨輕重而已，不求其外」。即使百姓樂意因君王爲天下國家的貢獻，而在食衣住行各方面給予優渥的享受，君王亦當拿捏分寸，不可過於奢侈浪費。〈富國〉說：「上好功」、「上好利」、「士大夫眾」、「工商眾」、「無制數度量」會導致「國貧」。其中上好功、好利所引生的屢興力役、增加稅收，與工商眾所引生的生產力減少，解決之道已於上一小節「裕民以政」中陳述；至於「士大夫眾」的解決之道，則爲精簡人力，裁汰冗員，「無制數度量」的解決之道則爲精打細算，減少政府不必要的開銷，正是「節用以禮」。

下民的「以禮節用」所指爲何？無非希望百姓量入爲出，節省開支而儲蓄之，即如〈榮辱〉所說，「非不欲也，幾不長慮顧後而恐無以繼之故也。於是又節用御欲，收斂蓄藏以繼之也」。希望百姓追求物質享受時能謹守本分自我約束，即先如〈正名〉所說，「欲雖不可去，所求不得，慮者欲節求也」，若能化導踰越分位而不該得或不可得的欲求，則將如〈榮辱〉所說，「或監門、御旅、抱關、擊柝而不自以爲寡」。

2. 唯齊非齊，照顧弱勢

荀子既然自己也講求「節用」，爲何卻將墨子的節用主張批評爲導致天下貧困的亂源？〈富國〉說：

> 天下之公患，亂傷之也。胡不嘗試相與求亂之者誰也？我以墨子之「非樂」也則使天下亂，墨子之「節用」也則使天下貧，非將墮之

也，說不免焉。墨子大有天下，小有一國，將蹙然衣𥽌食惡，憂戚而非樂，若是則瘠，瘠則不足欲，不足欲則賞不行。墨子大有天下，小有一國，將少人徒，省官職，上功勞苦，與百姓均事業，齊功勞，若是則不威，不威則罰不行。賞不行，則賢者不可得而進也；罰不行，則不肖者不可得而退也。賢者不可得而進也，不肖者不可得而退也，則能不能不可得而官也。若是，則萬物失宜，事變失應，上失天時，下失地利，中失人和，天下敖然，若燒若焦。墨子雖爲之衣褐帶索，嚽菽飲水，惡能足之乎？既以伐其本，竭其原，而焦天下矣。

故先王聖人爲之不然。知夫爲人主上者不美不飾之不足以一民也，不富不厚之不足以管下也，不威不強之不足以禁暴勝悍也。故必將撞大鐘、擊鳴鼓、吹笙竽、彈琴瑟以塞其耳，必將錭琢、刻鏤、黼黻、文章以塞其目，必將芻豢稻粱、五味芬芳以塞其口，然後眾人徒、備官職、漸慶賞、嚴刑罰以戒其心。使天下生民之屬皆知己之所願欲之舉在是于也，故其賞行；皆知己所畏恐之舉在是于也，故其罰威。賞行罰威，則賢者可得而進也，不肖者可得而退也，能不能可得而官也。若是，則萬物得宜，事變得應，上得天時，下得地利，中得人和，則財貨渾渾如泉源，汸汸如河海，暴暴如丘山，不時焚燒，無所臧之，夫天下何患乎不足也。

墨子與荀子同樣提倡節用，其結果竟然南轅北轍，根源在於隆禮與否。〔註47〕荀子的節用以禮義爲核心，一方面以養爲目的，合理而適度地滿足需求；一方面以別爲手段，區分等位而導化民性。既顧及節用於民生經濟的功效，又兼顧節用於政治教化的意義。所以儘管指出「士大夫眾則國貧」，卻反對太過「少人徒，省官職」，導致人手不足，身兼數職，不能各盡所能的「均事業，齊功勞」；儘管強調「使足以辨貴賤而已，不求其觀」、「使足以辨吉凶，合歡定和而已，不求其餘」，卻反對太過刻苦的「衣粗食惡，憂戚而非樂」。〈禮論〉說：「出費制用之所以養財」、「禮義文理之所以養情」，即指以禮節用可以使人於情性欲求與禮義教化兩得之。墨子的節用純粹由百姓生活日用而立論，只考慮物質層面的實用性，而忽略精神層面的教化意義，所以因反對禮樂文

〔註47〕姜尚賢以爲：荀墨兩家的節用理論，最基本的觀念便是在於隆禮與限禮的分別。《荀子思想體系》，頁299。

飾而主張「非樂」、「薄葬」以節用。〈禮論〉說：「苟利之爲見，若者必害」、「苟情說之爲樂，若者必滅」，在於強調「上功用」而「大儉約」，不但無助精神理想，反而有害物質實務。

凡是由去欲、寡欲的方式來促成節用的效果，在荀子看來，都既不能滿足情欲而違反人性，有害於正理平治。又爲物質現有供應量所囿限，只知消極降低需求以符合供給，而不知增加生產，擴大供給，以滿足需求，將只能導致均貧而非均富。所以荀子一方面以禮養人之欲與給人之求，使大家耳目口鼻的欲求都可以得到適當滿足，進而以欲求滿足的增減昇降，作爲賞善罰惡與進賢退不肖的憑藉。既不致讓人民粗衣惡食，也不致使賢不肖無所進退。另一方面以禮區分德智才能與分位等差，使政府各部門都能獲得足夠人才，在「德必稱位，位必稱祿，祿必稱用」情況下，皆樂於其位而努力奉獻心力。既不致因人力過於精簡，而使在上位者心力憔悴；也不致因賞罰不行，而使能不能皆不得其宜。

設若人人皆因墨子之節用而清心寡欲，則就施政方面而言，將導致上下不分、貴賤無別。君主百姓「均事業，齊功勞」的結果，具有仁德才智的聖君賢相無法有效領導人民，政府內部亦因官職省且人徒少而無法發揮分層負責、群策群力的效能。就經濟而言，將導致需求降低、消費減少，天然資源的開發不增反減，民生物資的生產停頓，甚而衰退，百業蕭條，財貨匱乏，整個社會國家暮氣沈沈，而缺乏生機，荀子因此將尚儉節用與聚斂求富同樣視爲伐本竭源的作爲，故曰：「墨術誠行，則天下尚儉而彌貧，非鬥而日爭，勞苦頓萃而愈無功，愀然憂戚非樂而日不和」。荀子的以禮節用，不僅可在「維齊非齊」原則下，「使有貧富貴賤之等，足以相兼臨」（〈王制〉），賢者在位，且能者當官，國家正理平治，社會群居和一。在重視藩飾與合理欲望應予滿足的情況下，增加生產，並刺激消費，於是民生物資源源不絕，多到無倉廩可以收藏，有時還必須以焚燒方式銷毀。荀子因此說，「故儒術誠行，則天下大而富，使而功，撞鐘擊鼓而和」。

荀子一方面以「分均則不偏，埶齊則不壹，衆齊則不使」（〈王制〉），破除墨子「儳差等」的齊頭式假平等；一方面以德與能作爲制禮義而分之的依據，來發揚《尚書‧呂刑》「維齊非齊」的眞平等，以建立「無德不貴，無能不官」（〈王制〉），「穀〔註48〕祿多少厚薄之稱」（〈榮辱〉）的分配正義。〔註49〕

〔註48〕「穀」原作「愨」，依俞樾說改。王先謙《荀子集解》，頁70。

至於爭取分配正義能力較缺乏者，君王則當彌補救濟之。荀子說：

> 五疾，上收而養之，材而事之，官施而衣食之，兼覆無遺。（〈王制〉）
>
> 選賢良，舉篤敬，興孝弟，收孤寡，補貧窮，如是，則庶人安政矣。
> （〈王制〉）
>
> 八十者一子不事，九十者舉家不事，廢疾非人不養者一人不事。父
> 母之喪，三年不事，齊衰大功，三月不事。從諸侯來〔註50〕與新有
> 昏，朞不事。（〈大略〉）

對殘疾者實施福利措施救濟時，以設法使其能自力更生為主。對孤寡、貧窮的救濟、補助尤其重要。家有老弱殘疾或遇婚喪喜慶都應減免勞役。此外，荀子於〈富國〉篇並指出，君主不可以濫施小惠，藉非長久之道的小手段「垂事養譽」，以免破壞正義和諧與產生排擠效應。

3. 禁盜除姦，維護正義

〈王制〉、〈富國〉說「朝無幸位，民無幸生」，〈王制〉論述「治市」職掌的「平室律」，〈王霸〉面對商賈的「質律禁止而不偏」，〈君道〉也說：「公道達而私門塞矣，公義明而私事息矣」，可見荀子十分重視公平正義。為了強調公平正義的重要性，〈君道〉甚至為將「禁盜賊，除姦邪」與「省工賈，眾農夫」並列於「四統」之首，為「生養人」的綱要。並於〈王制〉序官中，明列「司寇」的職掌為「抃急禁悍，防淫除邪，戮之以五刑，使暴悍以變，姦邪不作。」

禁盜除姦最直接有效的方式莫過於刑罰，荀子不僅於〈性惡〉篇中，將「重刑罰以禁之」與「明禮義以化之」等同列為聖王為治之道；且在〈王制〉篇首，將「元惡不待教而誅」與「賢能不待次而舉」等同列為為政之道。甚至於〈修身〉篇中亦表示，對待既「偷儒憚事，無廉恥而嗜乎飲食」又「惕悍而不順，險賊而不弟」的不祥少年，「雖陷刑戮可也」；〈非十二子篇〉說，對待不服聖賢的「訞怪狡猾之人」，「刑及之而宜」。因此，不免讓人覺得荀子近於法家，過於強調嚴刑峻罰，並舉〈正論〉篇中反對象刑贊成肉刑的主張與「治則刑重，亂則刑輕」的說法為例證明之。然而，參考楊倞注「犯治之罪固重，犯亂之罪固輕也」所說，「治世家給人足，犯法者少，有犯則眾惡之，罪固當重也。亂世人迫於飢寒，犯法者多，不可盡用重典，當經也」，與郝懿

〔註49〕干學平、黃春興〈荀子的正義理論〉，頁103。

〔註50〕「來」原作「不」，依楊倞說改。王先謙《荀子集解》，頁500。

行所說，「治期無刑，故重；亂用哀矜，故輕」，〔註 51〕可知荀子贊成肉刑並非主張治亂世用重典，而是認為「罰不當罪，不祥莫大焉」、「刑稱罪則治，不稱罪則亂」，所以反對象刑是反對其違反公平正義而已。

〈議兵〉篇批評商紂「為炮烙刑，殺戮無時，臣下懍然莫必其命，然而周師至而令不行乎下，不能用其民」，〈彊國〉篇以「賞不用而民勸，罰不用而威行」為「道德之威」，可知道德教化與慶賞刑罰二者本末主從的關係涇渭分明。〈王制〉篇說，即使面對「姦言、姦說、姦事、姦能」的遁逃反側之民，仍主張「職而教之，須而待之，勉之以慶賞，懲之以刑罰」。〈富國〉說：「不教而誅，則刑繁而邪不勝」，明白指出禮義教化才是禁盜賊與防姦邪的根本，又說：「教而不誅，則姦民不懲；誅而不賞，則勤厲〔註 52〕之民不勸」，則說明慶賞刑罰則是輔助禮義教化以勸善懲惡而已。

荀子的理想社會見諸〈正論〉，〈正論〉說：「聖王之生民也，皆當使富厚優猶知足，而不得以有餘過度。故盜不竊，賊不刺，狗豕吐菽粟，而農賈皆能以貨財讓，風俗之美，男女自不取於涂而百姓羞拾遺」，如此富而好禮的社會，當然是聖王推行禮義教化的結果。盜竊、賊害不可以獲得富與壽，所彰顯的正是公平正義的理念，而盜不竊，賊不刺，與謙讓守禮的美善風俗，則為眾庶百姓提供了致力生產的有利環境條件。

二、壹民與用兵

儒家雖然不贊成為侵略兼併與爭奪霸權而發動戰爭，但是並不反對為保國衛民與禁暴除害而整軍經武。所以儘管孔子曾以「軍旅之事，未之學也」（《論語・衛靈公》）來回答衛靈公軍隊行列之問，卻也告知子貢，為政的要領在於「足食，足兵，民信之矣」（《論語・顏淵》）又說：「善人教民七年，亦可以即戎矣」（《論語・子路》）。儘管孟子有鑑於「爭地以戰，殺人盈野」而謂「善戰者服上刑」（《孟子・離婁上》），然而，卻不只稱頌商湯伐桀、武王伐紂，而且贊同齊宣王伐燕，許之為「民以為將拯己於水火之中也，簞食壺漿以迎王師」（《孟子・梁惠王下》）。荀子則一方面繼承了以仁義為臧否戰爭根據的傳統，強調「用兵攻戰之本在乎壹民」，堯、舜、禹、湯、文王、武王等「四帝兩王，皆以仁義之兵行於天下」（〈議兵〉）；一方面積極面對富國強兵的時

〔註 51〕楊、郝二說見王先謙《荀子集解》，頁 328。
〔註 52〕「厲」原作「屬」，依楊注或說改。王先謙《荀子集解》，頁 191。

代需求，在抽象的用兵之道外具體地提出用兵之術。

（一）強兵之道

有別於臨武君回答趙孝成王將用兵之要術的重心放的客觀的時勢環境而說：「上得天時，下得地利，觀敵之變動，後之發，先之至」，荀子於〈議兵〉篇的回答則明白將強兵之道的焦點由「天時」、「地利」轉移到「人和」：

> 臣所聞古之道，凡用兵攻戰之本在乎壹民。弓矢不調，則羿不能以中微；六馬不和，則造父不能以致遠；士民不親附，則湯、武不能以必勝也。故善附民者，是乃善用兵者也。故兵要在乎善附民而已。

唯有人民團結一致並親附君王，上下一心，才是攻戰致勝的關鍵。〈君道〉說：「人主欲彊固安樂，則莫若反之民；欲附下一民，則莫若反之政」，唯有修明內政，獲得百姓愛戴親附，才能戰無不克，強固安樂。〈富國〉以「利而不利，愛而不用」、「利而後利之，愛而後用之」、「不利而利之，不愛而用之」三等，說明「取天下」、「保社稷」、「危國家」的差別所在。〈君道〉以「不能愛民、利民」、「民不親不愛」、「不為己用、己死」、「兵不勁，城不固」、「敵之至」、「危削、滅亡」六層，漸次指出導致社稷危亡的原因。凡此在在顯示，國家欲求兵勁城固，關鍵在於君主獲得百姓親愛擁戴；而欲獲得百姓親愛擁戴，關鍵在於君主能愛民利民；而愛民利民的根本在於修明內政。顯然在荀子看來，軍事國防是內政的延伸，強兵之道在於修政壹民。而此重視人和的論述與孟子「天時不如地利，地利不如人和」（〈公孫丑下〉）的用兵主張一致。〔註53〕

臨武君不認同附民之必要，提出「兵之所貴者埶利也，所行者變詐也。善用兵者，感忽悠闇，莫知其所從出」，將戰爭的勝利歸功於權謀詐術的神祕莫測，荀子反駁說：

> 臣之所道，仁人之兵，王者之志也。君之所貴，權謀埶利也；所行，攻奪變詐也，諸侯之事也。仁人之兵，不可詐也；彼可詐者，怠慢者也，路亶者也，君臣上下之間渙〔註54〕然有離德者也。故以桀詐桀，猶巧拙有幸焉。以桀詐堯，譬之若以卵投石，以指撓沸，若赴水火，入焉焦沒耳！故仁人上下，百將一心，三軍同力；臣之於君也，下之於上也，若子之事父，弟之事兄，若手臂之扞頭目而覆胸

〔註53〕姜尚賢《荀子思想體系》，頁88。周紹賢《荀子要義》（臺北：臺灣中華書局，1977年3月），頁140。

〔註54〕「渙」原作「滑」，依王引之說改。王先謙《荀子集解》，頁267。

腹也。詐而襲之，與先驚而後擊之，一也。且仁人之用十里之國，
則將有百里之聽；用百里之國，則將有千里之聽；用千里之國，則
將有四海之聽；必將聰明警戒，和傳而一。故仁人之兵聚則成卒，
散則成列；延則若莫邪之長刃，嬰之者斷；兌則若莫邪之利鋒，當
之者潰；圜居而方止，則若盤石然，觸之者角摧，案〔註55〕鹿埵、
隴種、東籠而退耳。且夫暴國之君，將誰與至哉？彼其所與至者，
必其民也，而其民之親我歡若父母，其好我芬若椒蘭，彼反顧其上
則若灼黥，若仇讎。人之情，雖桀、跖，豈又肯為其所惡賊其所好
者哉！是猶使人之子孫自賊其父母也，彼必將來告之，夫又何可詐
也？故仁人用，國日明，諸侯先順者安，後順者危，慮敵之者削，
反之者亡。《詩》曰：「武王載發，有虔秉鉞；如火烈烈，則莫我敢
遏。」此之謂也。

「以桀詐桀，猶巧拙有幸焉」說明了權謀詐術適用的對象只限於君臣上下渙
散不一、離心離德的國家，其成敗還得視其權謀作術的巧拙而定；同時暗指
使用權謀詐術的君主所領導的國家，本身必然也是君臣上下離心離德，所以，
一旦碰到同心同德的國家，將如「以卵投石，以指撓沸」，不堪一擊？原因有
三：其一，仁人聖君領導下之國家，上下如父子一心，三軍如兄弟同力，精
誠團結，相互支援保護，即使一開始可能被「詐而襲之」的兵術驚嚇，卻並
不致因此而潰散，反而同仇敵愾，更加凝聚穩固。其二，仁人聖君領導下的
國家，將因得道者多助，遠方他國之人自動為其耳目而提供情報消息，使其
早有準備警戒，加上軍容壯盛如莫邪寶劍，兵力勁固堅若磐石，因此無堅不
摧，所向披靡。其三，只知講求權謀詐術的人主，往往是不得人民擁護愛戴
的暴君，所以假如他所要侵襲的對象，是人民嚮往的仁人聖君之國，必將主
動前往通風報信，使詐術無法得逞。

　　關於王者之兵以仁義為本的說法，荀子弟子陳囂以為戰爭的本質在於爭
奪，若以仁義為本，則當愛人而不殺害人，循理而不使用武力。荀子則以戰
爭的本質為禁暴除惡加以反駁：

　　非女所知也。彼仁者愛人，愛人，故惡人之害之也；義者循理，循
　　理，故惡人之亂之也。彼兵者，所以禁暴除害也，非爭奪也。故仁
　　人之兵，所存者神，所過者化，若時雨之降，莫不說喜。是以堯伐

〔註55〕「案」下本有「角」字，依劉台拱說刪。王先謙《荀子集解》，頁269。

－235－

> 驩兜，舜伐有苗，禹伐共工，湯伐有夏，文王伐崇，武王伐紂，此
> 兩帝四王，皆以仁義之兵行於天下也。故近者親其善，遠方慕其義，
> 兵不血刃，遠邇來服，德盛於此，施及四極。《詩》曰：「淑人君子，
> 其儀不忒，其儀不忒，正是四國〔註56〕。」此之謂也。

仁義與戰爭之間的矛盾，在「兵者，所以禁暴除惡也，非爭奪也」的觀點下之所以能被消解，在於發動仁人之兵的目的，並非爲了爭奪土地滿足野心，而是袪除民惡平定動亂。因此，所到之處都得以撥亂反正、去惡存善，像及時雨潤澤草木般解民倒懸，故百姓莫不喜悅。而「兵不血刃，遠邇來服」正是有鑑於戰國末年兵禍連結、殺人盈野的現況，所指出的理想願景。換句話說，以仁義爲本而禁暴除惡的仁人之兵才是真正能解決動盪禍亂的良方妙藥。

可惜荀子的用心弟子李斯未能體會，所以提出「秦四世有勝，兵強海內，威行諸侯，非以仁義爲之也，以便從事而已」的質疑。由於李斯只見秦國逐漸強大的表面事實，而未察覺「以力兼人」背後的無窮禍患，所以荀子以其只知用兵之「末」而不求強兵之「本」來回應，並斥責此短淺之見爲導致世局動亂的原因，其言說：

> 非女所知也。女所謂便者，不便之便也；吾所謂仁義者，大便之便
> 也。彼仁義者，所以修政者也，政修則民親其上，樂其君，而輕爲
> 之死。故曰：「凡在於軍，將率，末事也。」秦四世有勝，諰諰然常
> 恐天下之一合而軋己也，此所謂末世之兵，未有本統也。故湯之放
> 桀也，非其逐之鳴條之時也；武王之誅紂也，非以甲子之朝而後勝
> 之也；皆前行素修也，此所謂仁義之兵也。今女不求之於本而索之
> 於末，此世之所以亂也。

李斯和臨武君以及所有只強調用兵之術的人一樣，只見到擴充武力、重視權謀可以「兵強海內，威行諸侯」的表面好處，而忽略以武力權謀取勝，不能使他人心悅誠服，以致「諰諰然常恐天下之一合而軋己」。如果加上因窮兵黷武而未以仁義修明內政，不能使「民親其上，樂其君，而輕爲之死」，則內無效死擁護之民，外有合力攻己之敵，亡無日矣，明是大不便。今日所謂「便」乃明日「不便」之因，所以稱之爲「不便之便」。至於秦軍，荀子的評價是只圖戰術末事而不致力仁義本統的「末世之兵」。

如何才能成爲「王者之兵」？荀子於〈議兵〉篇中回答說：

〔註56〕「其儀不忒，正是四國」依陳奐說補。王先謙《荀子集解》，頁280。

> 凡在大王，將率末事也。臣請遂道王者諸侯彊弱存亡之效，安危之
> 埶：君賢者其國治，君不能者其國亂；隆禮貴義者其國治，簡禮賤
> 義者其國亂。治者強，亂者弱，是強弱之本也。上足卬，則下可用
> 也；上不卬，則下下不可用也。下可用則強，下不可用則弱，是強
> 弱之常也。隆禮效功，上也；重祿貴節，次也；上功賤節，下也：
> 是強弱之凡也。好士者強，不好士者弱；愛民者強，不愛民者弱；
> 政令信者強，政令不信者弱；民齊者強，民不齊者弱；賞重者強，
> 賞輕者弱；刑威者強，刑侮者弱；械用兵革攻完便利者強，械用兵
> 革窳楛不便利者弱；重用兵者強，輕用兵者弱；權出一者強，權出
> 二者弱；是強弱之常也。

「將率末事也」，指出政治清明才是國固兵強的根本。而國家治亂與否，則視
國君是否賢能，是否能隆禮貴義而定。換句話說，施行禮義教化以修明內政
是壹民強兵的基礎。〈富國〉說：「如是，則近者競親，遠方致願，上下一心，
三軍同力，名聲足以暴炙之，威強足以捶笞之，拱揖指揮，而強暴之國莫不
趨使」、〈王霸〉說：「是之謂政令行，風俗美，以守則固，以征則彊，居則有
名，動則有功」、〈君道〉說：「故賞不用而民勸，罰不用而民服，有司不勞而
事治，政令不煩而俗美，百姓莫敢不順上之法，象上之志，而勸上之事，而
安樂之矣。故藉斂忘費，事業忘勞，寇難忘死，城郭不待飾而固，兵刃不待
陵而勁，敵國不待服而詘，四海之民不待令而一」，在在說明了禮義教化是治
亂強弱的根本。至於〈彊國〉說：「彼國者，亦彊國之剖刑已。然而不教誨，
不調一，則入不可以守，出不可以戰；教誨之，調一之，則兵勁城固，敵國
不敢嬰也」，即將強國比喻為剛剖開模型而取出的寶劍，必須再經過一番磨刀
石的淬煉，才能展現其鋒利；要使強國蛻變為具有道德之威的仁義之兵，亦
需以禮義教化作為砥礪，加以磨練。

　　「隆禮貴義」是修政壹民的總綱，其條目則可細分為「好士、愛民、政
令信、民齊、賞重、刑威、械用兵革攻完便利、重用兵、權出一」等九項。
與〈富國〉重出的有：好士、愛民、政令信、賞重、刑威，並非重出的則有
〈富國〉的「將率不能則兵弱」，與〈議兵〉的「械用兵革窳楛不便利者弱」、
「輕用兵者弱」、「權出二者弱」。其不重出的都是臨陣對敵的用兵之術，重出
者皆屬平日施政的政策措施，亦可見荀子雖然未忽略用兵之術的重要性，但
所關注的仍是強兵之道的修政壹民。

〈議兵〉篇中有一段文字很能彰顯禮義爲強兵之道與王霸之辨的根本，其言說：

> 故齊之技擊不可以遇魏氏之武卒，魏氏之武卒不可以遇秦之銳士，秦之銳士不可以當桓、文之節制，桓、文之節制不可以敵湯、武之仁義。有遇之者，若以焦熬投石焉。兼是數國者，皆干賞蹈利之兵也，傭徒鬻賣之道也，未有貴上、安制、綦節之理也；諸侯有能微妙之以節，則作而兼殆之耳。故招延〔註57〕募選，隆埶詐，尚功利，是漸之也；禮義教化，是齊之也。故以詐遇詐，猶有巧拙焉；以詐遇齊，辟之猶以錐刀墮太山也，非天下之愚人莫敢試。故王者之兵不試。湯、武之誅桀、紂也，拱挹指麾而彊暴之國莫不趨使，誅桀、紂若誅獨夫。故《泰誓》曰「獨夫紂」，此之謂也。故兵大齊則制天下，小齊則治鄰敵，若夫招延募選，隆埶詐，尚功利之兵，則勝不勝無常，代翕代張，代存代亡，相爲雌雄耳矣，夫是之謂盜兵，君子不由也。故齊之田單，楚之莊蹻，秦之衛鞅，燕之繆蟣，是皆世俗之所謂善用兵者也，是其巧拙強弱則未有以相君也，若其道一也，未及和齊也，掎契司詐，權謀傾覆，未免盜兵也。齊桓、晉文、楚莊、吳闔閭、越句踐，是皆和齊之兵也，可謂入其域矣，然而未有本統也，故可以霸而不可以王。是強弱之效也。

依荀子的分判，齊兵是以錢財招募的烏合之眾，爲「亡國之兵」，因此「齊之技擊不可以遇魏氏之武卒」。魏兵是待遇優渥而致財政貧乏的「危國之兵」，因此「魏氏之武卒不可以遇秦之銳士」。至於秦兵，雖然荀子只以「四世有勝，非幸也，數也」帶過，未分判其屬何種兵，若以〈彊國〉篇「道德之威」、「暴察之威」、「狂妄之威」的內容與篇中荀子評論秦國的「威彊乎湯、武，廣大乎舜、禹，然而憂患不可勝校也，諰諰然常恐天下之一合而軋己也」，與「縣之以王者之功名，則倜倜然其不及遠矣。……粹而王，駮而霸，無一焉而亡。此亦秦之所短也」看來，秦的威強在荀子的心目中即使不是終將導致滅亡的「狂妄之威」，至少也是終將導致危弱的「暴察之威」，絕非可以永保安強的「道德之威」。取〈王制〉篇「王、霸、安存、危殆、滅亡」之分以觀之，是介於霸與危殆之間的安存之兵。然而，秦之強盛是建立在「王奪之人，霸奪之與，彊奪之地」（〈王制〉）的下焉者奪地兼併之上，故「諸侯莫不懷交接怨

〔註57〕「延」原作「近」，依楊倞注改。王先謙《荀子集解》，頁275。

而不忘其敵」，表面臣服，虛與委蛇，卻無時無刻不等待機會加以反擊，這是荀子不願以安存之兵稱之的原因，由於是尚不足以立信和齊的「末世之兵」，因此說「秦之銳士不可以當桓、文之節制」。齊桓公、晉文公的軍隊雖然已是信立而霸的「和齊之兵」，可惜仍未有本統，尚未能真正以禮義教化齊壹人民，所以儘管「入其域矣」，卻始終「不可以敵湯、武之仁義」。

　　荀子為何除了對「義立而王」的商湯、周武王絕對推崇外，對「信立而霸」的齊桓公、晉文公等亦多所肯定？原因是，戰國末年僭號稱王的諸侯，所領導的若非「干賞蹈利」、「權謀傾覆」，即「隆埶詐，尚功利」的強盜之兵，絕非湯武所領導的，以仁義為本，以禮義教化齊壹人民，以禁暴除害為目標的王者之兵，甚至連霸者所領導的，具有「貴上、安制、綦節之理」的和齊之兵都談不上。既然如此，與其過於理想化地希望危、亡之兵一躍而成為王者之兵，不如務實地讓他們先效法霸者成為和齊之兵，然後再追求成為仁人之兵。荀子之所以沒有像孟子直接訴諸理想而尊王黜霸，正是欲以尊王而不賤霸的主張，循序漸進地，既切合實際又不失理想，以達成目標。郝懿行「因時無王，降而思霸」〔註58〕的說法，或許該如此了解，而非欲以霸代王之意。

　　荀子對於王、霸的主張是尊王而不黜罷，並非王、霸同尊，甚至以霸代王，此可由其王霸之分的論述與對齊桓公的看法兩方面得到充分證明。在王霸之分的論述上，不論是〈王制〉說：「修禮者王，為政者強，取民者安，聚斂者亡。故王者富民，霸者富士，僅存之國富大夫，亡國富筐篋，實府庫」；〈王霸〉說：「與積禮義之君子為之則王，與端誠信全之士為之則霸，與權謀傾覆之人為之則亡」與「粹而王，駁而霸，無一焉而亡」；〈彊國〉說：「隆禮尊賢而王，重法愛民而霸，好利多詐而危，權謀、傾覆、幽險而亡」〔註59〕，要皆高低上下層次分明。抑或是〈王制〉以「以不敵之威，輔服人之道，故不戰而勝，不攻而得，甲兵不勞而天下服」為「知王道者」；以「明其不并之行，信其友敵之道，天下無王主，則常勝」為「知霸道者」；〈王霸〉以「天下為一，諸侯為臣，通達之屬莫不從服，無它故焉，以濟義也」說明「義立而王」；用「德雖未至也，義雖未濟也」及「非本政教也，非致隆高也，非綦文理也，非服人心也」形容「信立而霸」，其優劣清晰可辨。

　　在對齊桓公的評價方面，荀子於〈仲尼〉篇先指出其若干作為「險汙淫

〔註58〕郝懿行〈與王引之伯申侍郎論孫卿書〉，王先謙《荀子集解》〈考證上〉，頁15。
〔註59〕亦見〈天論〉，〈大略〉只有王、霸、危三部分。

決」，不足以「稱乎大君子之門」；又說他不但沒有滅亡，反而成為霸主的原因，在於具有「見管仲之能足以託國」的「大知」，「忘其奴，忘其讎，遂立以為仲父」的「大決」，使貴戚朝臣「莫不從桓公而貴敬之」的「大節」；又指出仲尼之門人所以羞稱五伯，在於彼等始終是「詐心以勝」而非「服人之心」，畢竟只是「以讓飾爭，依乎仁而蹈利者」的「小人之傑」。因此，儘管在現實面肯定齊桓公「九合諸侯，一匡天下，為五伯長」（〈王霸〉）的事功；在理想面仍以其未能「致隆高」、「綦文理」，不足以成為王者而為儒家所推崇。荀子此種既兼顧現實又不忘理想的態度，與《論語》中孔子既斥責管仲「器小」、「焉得儉」、「不知禮」（〈八佾〉），又肯定其輔佐桓公九合諸侯為「仁」（〈憲問〉），在精神意趣上有相同之處。〔註60〕較之孟子的「仲尼之徒，無道桓、文之事者」（〈梁惠王上〉），與「五霸者，三王之罪人」，荀子的尊王而不賤霸比孟子的尊王黜霸，更能上契孔子用心。〔註61〕

（二）用兵之術

國固兵強雖然不是荀子學說的重點，然而有鑑於當世爭戰之激烈與兼併之嚴重，荀子在強調修明內政以為根本外，還注意實際臨陣攻戰時足以克敵致勝的用兵之術。荀子的用兵之術可細分為為將之道與率兵之方兩部分。

在為將之道方面：儘管為了凸顯強兵之道在於修明內政，而有「將率末事」的說法；然而不論固守城池或禁暴除悍，實際在前線指揮領導士卒奮勇殺敵的是將帥，因此有「將率不能則兵弱」的說法。可見荀子並未輕忽將帥於軍事國防上的重要性。〔註62〕因此，當被趙孝成王問及為將之道時，他還鄭重地提出了所謂的「六術」、「五權」、「三至」與「五無曠」；〈議兵〉說：

> 知莫大乎棄疑，行莫大乎無過，事莫大乎無悔。事至無悔而止矣，
> 成不可必也。故制號政令欲嚴以威；慶賞刑罰欲必以信；處舍收藏
> 欲周以固；徙舉進退欲安以重，欲疾以速；窺敵觀變欲潛以深，欲
> 伍以參；遇敵決戰必道吾所明，無道吾所疑：夫是之謂六術。無欲
> 將而惡廢，無急勝而忘敗，無威內而輕外，無見其利而不顧其害，
> 凡慮事欲孰而用財欲泰：夫是之謂五權。所以不受命於主有三：可

〔註60〕周群振《荀子思想研究》（臺北：文津出版社，1987年4月），頁188～190。
〔註61〕鮑國順《荀子學說析論》（臺北：華正書局，1993年10月），頁123。
〔註62〕施銘燦〈荀子之強國強兵思想〉，《高雄師大學報》第三期，1992年3月，頁111。

> 殺而不可使處不完，可殺而不可使擊不勝，可殺而不可使欺百姓，
> 夫是之謂三至。凡受命於主而行三軍，三軍既定，百官得序，群物
> 皆正，則主不能喜，敵不能怒，夫是之謂至臣。慮必先事而申之以
> 敬，慎終如始，終始如一，夫是之謂大吉。凡百事之成也必在敬之，
> 其敗也必在慢之，故敬勝怠則吉，怠勝敬則滅；計勝欲則從，欲勝
> 計則凶。戰如守，行如戰，有功如幸。敬謀無壙，敬事無壙，敬吏
> 無壙，敬眾無壙，敬敵無壙：夫是之謂五無壙。慎行此六術、五權、
> 三至，而處之以恭敬無壙，夫是之謂天下之將，則通於神明矣。

「棄疑」、「無過」、「無悔」可以說是荀子為為將之道所提出的大原則、大方向。亦即是說，不要因貪求成效而採用沒有把握的方案，採取不見得可以致勝的行動，以致造成不應有的失敗而懊悔。必須先以謹慎的態度去做好周密的規劃，進而採取行動，如此雖然無法收到立竿見影的效果，至少不至失敗。

所謂「六術」，即身為將帥必須謹記的六項戰術原則。制號政令「嚴以威」，才能齊一士卒行動，匯聚整體戰力；慶賞刑罰「必以信」，是為了鼓勵奮勇、遏止懈怠，以提振軍隊士氣；「處舍收藏欲周以固」，才不致因為人員物資的損傷，影響戰力；「徙舉進退欲安以重，欲疾以速」，是不輕舉妄動，動則講求迅速，以免被敵軍察覺而中途攔截；「窺敵觀變欲潛以深，欲伍以參」，是偵察敵情變化不但要隱密深入，而且要多方查驗核實，以免判斷錯誤；「遇敵決戰必道吾所明，無道吾所疑」，是與敵軍決戰時，只依了解清楚的情況行動，有疑點部分寧可按兵不動，以免誤蹈敵陣而身陷重圍。

所謂「五權」，是身為將帥必須審慎權衡考量的注意事項。「無欲將而惡廢」，指不可為保有將帥之位而患得患失，以求全力盡忠職守；「無急勝而忘敗」，指勿因急於求勝而忽略隱藏的危機，以免因躁進而失敗；「無威內而輕外」，指不要只對內威嚴而對外輕忽，以免因輕敵而失敗；「無見其利而不顧其害」，指不可只注意有利的一面而忘了考慮有害的部分，以免未蒙其利，先受其害；「凡慮事欲孰而用財欲泰」，指相對於計謀策略要深思孰慮，財物的運用則不可斤斤計較，以慷慨賞賜鼓舞士氣。

所謂「三至」，是身為將帥基於軍事專業考量所必須堅持的三項原則。「可殺而不可使處不完」，是寧可違抗君命被殺，也不可使守備的地方不完固，避免使軍隊暴露於不安全的環境；「可殺而不可使擊不勝」，是寧可違抗君命被殺，也不可讓軍隊去打不能獲勝的仗，以免士卒白白犧牲；「可殺而不可使欺百姓」，

是寧可違抗君命被殺，也不可以欺騙百姓，否則將喪失民心，反受其害。

所謂「五無壙」，是指身爲將帥必須具備的敬愼態度。「敬謀無壙，敬事無壙，敬吏無壙，敬眾無壙，敬敵無壙」，指不論戰爭前的謀慮、戰爭中的行動，或對待下屬軍官、士卒，甚至敵人，都要始終保持認眞謹愼的態度。爲將若能具有冷靜客觀的修養，不因君主賞識而沾沾自喜，得意忘形；不因敵軍權謀詭詐而輕易動怒，意氣用事；如此「主不能喜，敵不能怒」則可以「計勝欲則從」。加上凡事戒懼敬愼，預先審愼思慮，如此「恭敬無壙」且「終始如一」，則必然「敬勝怠則吉」。既爲「至臣」，又處「大吉」，加上愼行六術、五權、三至則可以成爲「通於神明」的「天下之將」。

在治軍之術方面，〈議兵〉篇中承臨武君王者軍制之問，荀子提出了如下主張：

> 將死鼓，御死轡，百吏死職，士大夫死行列。聞鼓聲而進，聞金聲而退，順命爲上，有功次之；令不進而進，猶令不退而退也，其罪惟均。不殺老弱，不獵禾稼，服者不禽，格者不舍，犇命者不獲。凡誅，非誅其百姓也，誅其亂百姓者也；百姓有扞其賊，則是亦賊也。以故順刃者生，蘇刃者死，犇命者貢。微子開封於宋；曹觸龍斷於軍；殷之服民，所以養生之者也，無異周人。故近者歌謳而樂之，遠者竭蹶而趨之，無幽閒辟陋之國莫不趨使而安樂之，四海之內若一家，通達之屬莫不從服，夫是之謂人師。《詩》曰：「自西自東，自南自北，無思不服。」此之謂也。王者有誅而無戰，城守不攻，兵格不擊。上下相喜則慶之。不屠城，不潛軍，不留眾，師不越時。故亂者樂其政，不安其上，欲其至也。

荀子指出，若要貫徹軍中紀律，首先，須全軍上下堅守崗位，誓死效忠；其次，要聽從號令，以齊一行動。爲求集中力量，一切以服從軍令爲優先，有無戰功反居其次。蓋爲貪求戰功而違反命令，擅自前進，將分散力量，而予敵人可乘之機，其害與違反命令擅自撤退並無差別，所以荀子主張二者其罪相同。荀子雖說「其罪惟均」、「慶賞刑罰欲必以信」、「賞重者強，賞輕者弱；刑威者強，刑侮者弱」。其實在荀子看來，刑賞只是禮義的輔助而已，所以即使在〈議兵〉篇中，也再三申明「嚴令繁刑不足以爲威」、「賞慶、刑罰、埶詐不足以盡人之力，致人之死」、「賞慶、刑罰、埶詐之爲道者，傭徒粥賣之道也」，一味重視賞罰而捨本逐末，終究只會導致敗亡。要想成爲成就王道的

仁人之兵，應當先「明道而分鈞之，時使而誠愛之」、「厚德音以先之，明禮義以道之，致忠信以愛之」，有不服從者，才「俟之以刑」，以求「刑罰省而威流」，終極目標是「賞不用而民勸，罰不用而威行」（〈彊國〉）。不過臨陣作戰，講求速效，不得不重申「慶賞刑罰欲必以信」。

再者，王者之兵征戰的目的在禁暴誅悍，解民倒懸，其討伐的對象是致亂的暴君，非深受其害的百姓，所以敵陣接戰時，不可殺害老弱，不可踐踏損毀農作。其百姓除非有爲捍衛暴君與我格鬥，才誅而不赦，紂之佞臣曹觸龍遭斬首於軍即是其例；對願意歸順者則不加擒俘，所以微子啓被封於宋，其他殷之服民亦得與周之百姓同等看待。由於能視歸順者如己民，所以近悅遠來，「四海之內若一家，通達之屬莫不從服」。由此可見，荀子始終將王者之兵重心放在「以德兼人」之上，亦即以愛人循理，使敵國百姓「貴我名聲，美我德行，欲爲我民，故辟門除涂以迎吾入」，如此即使只是戈矛弓矢而無堅甲利兵，敵國「不待試而詘」。具有堅甲利兵的暴察之威，固然能暫時「以力兼人」，終將內則因「戎甲俞衆，奉養必費」、「財政負擔加重」，外則因不能凝聚兼併之地百姓之向心力，終必既得之而又失之。何以既得之又失之？一來憑藉武力強攻硬奪的結果，傷敵之民必衆，只會招來敵國人民的憎恨，時時伺機與我交戰，即〈王制〉所說，「用彊者，人之城守，人之士〔註63〕戰，而我以力勝之也，則傷人之民必甚矣。傷人之民甚，則人之民惡我必甚矣；人之民惡我甚，則日欲與我鬭」；二來與堅守之敵戰，己方之傷亦必不輕，則將導致自己人民的怨懟，日漸不願爲我征戰，即〈王制〉所說，「人之城守，人之士戰，而我以力勝之，則傷吾民必甚矣，傷吾民甚，則吾之民惡我必甚矣；吾民之惡我甚，則日不欲爲我鬭」。敵國人民時時打算與我交戰，己方人民日漸不願爲我征戰，即使原本是強國，也無可避免日趨削弱危亡。

此外，王者之兵既是爲除惡而征伐，則不可濫啓戰端。倘若對方堅守城池則不應強攻，因爲這代表對方仍能團結抗敵，其君即使不善，尚未至分崩離析的程度。倘若對方頑強抵抗亦不宜硬戰，否則雙方損傷慘重，必然殃及百姓。倘若對方君民上下相處和悅，則不僅不應是攻打的對象，反而要向他們表示慶賀才對。至於一旦必須發動戰爭，則須恪遵「不屠城」，以免濫傷無辜，有損仁德；「不潛軍」，以免徒留話柄，有失風範；「不留衆」，以免既增加對方反感，又削弱自己兵力；「師不越時」，以免士卒過於辛勞，且影響生計。

〔註63〕「士」原作「出」，依俞樾說改。王先謙《荀子集解》，頁154。

　　雖然荀子基於時代需求而不能不重視富國強兵，不能不在固國強兵之道上有比孔孟更詳細具體的論述；但是，由於他始終將目標鎖定在「不戰而勝，不攻而得，甲兵不勞而天下服」的王道上，所以並沒有在爾虞我詐的用兵之計上多所著墨，這正是儒家與兵家不同之處。儘管荀子的軍事思想在戰術謀略上沒有兵家的廣泛而詳盡，然而其對強兵之道的深刻認識，實足以矯正兵家的弊害。荀子既重視現實，又兼顧理想的務實態度，亦於此可見一斑。

　　總上所述，儘管荀子的化性起偽與孟子的存心養性在道德實踐的途徑上有由外而內與由內而外的差別；然而落實為外王事功時，即使見解作為有詳略之別，但內涵主旨並無二致。在民智未開時代，以聖王在位為政治典範，可說是古聖先哲的共識，荀子亦不例外。因為是以民為本，所以責任重於權利；因為禮義法度的推行，需要能通權達變的君子來因時制宜，所以治人重於治法；因為君德對百姓的影響力遠大於君術，所以修身重於治國；因為以上三點，所以君德重於君位。在禪讓與否的問題上，荀子基於「勢位至尊」背後所代表的是愛民養民的重責大任，所以認為不應也不可隨意禪讓；如此，也意味反對王位的傳承出自天子一人主觀意志，而需回歸客觀民意與禮義法度。在尚賢使能的君道方面，除了論德量能的基本訴求外，舉賢罷不能應該突破出身限制的主張，可能來自對世襲制度深刻反省；至於重用賢相的主張，應是為了彌補現實生活的君主大多不是聖王的缺憾。在以禮待君的臣道方面，不論是諫、爭、輔、拂的逆命而利君謂之忠，或是從道不從君的權險之平而革命，在在顯示荀子的尊君並非絕對的服從，不是著眼君主個人利益，而是出於為人民國家著想。在民生經濟方面，除了減輕稅賦、使民以時而藏富於民外，增加生產以滿足需求的主張與現代經濟學合轍；視土地肥瘠、距離遠近而差別稅賦、歲貢，不僅顯示荀子很能通權達變，而且追求公平正義；雖然不贊成增加商賈人數，但是肯定通有運無的商業活動，也反映出守常應變的精神；既以「維齊非齊」破除齊頭式的假平等，又為弱勢者爭取分配正義，亦是體常盡變的發揮。在國防軍事方面，亦本諸上述精神，既強調修政壹民為強兵之道，又提出六術、五權、三至、五無壙的用兵之術；既推崇隆禮尊賢、義立而王的王者，也不排斥重法愛民、信立而霸的霸者。凡此皆可見荀子既重理想又兼顧現實的務實態度，而貫穿整個以愛民養民為主之外王思想的，正是知類明統、體常應變的禮義之道。

第七章　結　論

　　爲了重建禮樂制度，改善周文疲蔽的失序現象，荀子建構以知通統類爲思想基礎的人性論，試圖將戰國末年儒學發展偏重一己內在的心性涵養的取向，轉回原始儒學而兼顧生活世界的倫理實踐。即由明分使群，使整體性的人類社會得以正理平治；由既法後王亦法先王，使連續性的歷史文化得以返本開新；由知類明統而守經通權，使恆常的道體得以落實在人倫日用而盡其變。

　　既爲了彰顯禮義於人倫教化的意義，也爲了凸顯心性涵養工夫之不易，荀子不得不將可善可惡的自然本性與惡的傾向聯結爲「性惡」，將善歸功努力不懈的後天人爲而言「善僞」。在天生人成的理論架構下，具有「知」、「能」作用而爲化性起僞主體依據的「心」，必須經由「虛壹而靜」的工夫涵養才能恢復其清明本性，解除由情欲與成見造成的蒙蔽，發揮其爲天君而自作主宰的功能。

　　在道德實踐方面，荀子一方面由理想性而說「塗之人皆可爲禹」，一方面清楚明白「可以而不能」的現實情況，所以將化性起僞分爲兩個層次。第一層次中，無論聖賢不肖皆需經由師法禮義的引導，而合理守分地調節情欲，以促使社會和諧。對於不知自覺反省的平民百姓，荀子認爲養成良好的道德習慣即已足夠。至於能夠反省自覺的聖人，荀子認爲更應進入第二層次，以致誠慎獨涵養心性，於澈底把握禮義的眞正精神後，稱情立文，重新檢討改善不合時宜的制度。

　　在君王施政方面，荀子既因社會安定而強調尊君，但在注重君德的背後實賦予其愛民安民的責任；也試圖說服並非聖王的中君，充分授權聖臣賢相，以求國家長治久安。在民生經濟方面，荀子既主張增加生產，以滿足人民生

活需求；又主張善守本分，以防止流於爭奪。在國防軍事方面，既主張君王之修政壹民是國固兵強的根本，也兼談用兵之術以符合實際需求。

孟子與荀子立論的基礎雖然不同，成就王道的目標卻同歸。因此，對荀子學說的充分了解，並給予適當的定位，不僅有助認識其思想理論於戰國末季的時代意義，而且可以充實儒家思想內涵，成為現代新儒家追求民主政道的輔翼，成為會通中西文化的重要憑藉之一。以下即由繼承與發展、理想與現實兩方面將荀子人性論的意義與價值整理如下。

第一節　繼承與發展

如果不能以繼往必須開來的態度看待學術思想的演變，則先秦以後的任何一位儒者都可以歸入雜家；如果不能以理想必須落實在現實的角度看待重視事功的理論，則內聖之學恐怕無由開展出外王。所以，當肯定孟子以仁義內在的性善論發展儒家思想深度時，實在不必貶抑以禮義之化的善偽論擴充儒家思想廣度的荀子。否則，容易將儒學侷限在以體悟形上根源為主的主體精神層面，窄化了儒家思想的功能，而且還可能因為客觀精神的失落，使得道德理想無法在經驗世界實現。

子貢說：「夫子之言性與天道，不可得而聞也。」（《論語·公冶長》）《論語》一書中孔子論性的文句只有〈陽貨〉篇的「性相近也，習相遠也」一語。由於沒有其他資料可供對照，所以王應麟可以將其理解為「義理之性」，擴增為「人之初，性本善。性相近，習相遠」而置於《三字經》篇首；程頤則認為此指「氣質之性」，因為若是「義理之性」則「性即是理，理無不善，孟子之言性善是也。何相近之有哉」〔註1〕；朱熹雖以「兼氣質之性」迴護其說，實則依違於氣質、義理兩者之間。如此說來，孟子由「善端」說「性」與荀子由「情欲」說「性」，若孔子所認同的是「性善」或「性可善可惡」時，則其中有一人承繼了孔子內心的看法，而另一人作了創造性的詮釋；若孔子所認同的是「性無善無惡」或「有性善，有性惡」時，或許二人都沒有契合孔子原本的想法，都作了創造性的詮釋。

若就「生之所以然」、「本始材朴」等定義看來「性」，則荀子所謂的「性」應屬中性，既可以藉禮義師法而化為「善」，亦可能因無所節制而流於「惡」。

〔註1〕朱熹《四書章句集注》（北京：中華書局，2001年11月），頁176。

若就《孟子・告子》中公都子所提及的「性無善無惡」、「性可以爲善，可以爲惡」、「有性善，有性惡」而言，荀子之「性」當屬第二種形態。既然如此，爲何荀子偏偏刻意凸顯後者而謂「人之性惡」？荀子之所以如此做，有學者認爲是目睹戰國末季偏險悖亂的混亂時局，著眼於現實情況所致。筆者卻以爲，無所節制而產生的「偏險而不正，悖亂而不治」，確實讓荀子更加肯定教化人民除須以「聖王之治」，「禮義之化」爲主導外，尚需以「法正之治，刑罰之禁」爲輔助。至於眞正讓荀子決定將「性」與「惡」縮結在一起的原因，則是爲了扭轉「性善」論的流弊，以重振儒學。

要重振儒學，除了需向外對諸子百家的責難進行辯駁外，更須向內檢視儒家本身的弊端，而清理整頓之。在對儒家進行反省批判方面，〈非十二子〉篇中除了將子思、孟軻與它囂、魏牟等十人並列而加以批判外，更於該篇末對被孟子稱讚爲「皆有聖人之一體」(《孟子・公孫丑》)的子張、子夏、子游的後學，毫不客氣地評斷爲「賤儒」。〔註 2〕荀子的批判是否客觀公允，我們可由《論語・子張》中孔子門人的言談略探究竟。由子張所說的「士見危致命，見得思義，祭思敬，喪思哀，其可已矣」與「執德不弘，信道不篤，焉能爲有，焉能爲亡」看來，子張似能兼顧禮的本質與儀文；但由子游所說的「吾友張也爲難能也，然而未仁」、曾子所說的「堂堂乎張也，難與並爲仁矣」看來，子張似有爲了樹立高尚威儀而遺落本質的傾向，〔註 3〕這或許正是導致其後學流於浮誇不實，被荀子評爲「弟佗其冠，神禫其辭，禹行而舜趨」的由來。由子游批評的「子夏之門人小子，當洒掃應對進退，則可矣，抑末也。本之則無，如之何」，與子夏反駁子游的「君子之道，孰先傳焉？孰後倦焉？譬如草木，區以別矣。君子之道，焉可誣也。有始有卒者，其惟聖人乎」看來，子夏頗重視禮節儀文，而且認爲其中即寓含禮的本質，這正是導致其後學只圖敦樸力行，不足以發揚其理，被荀子評爲「正其衣冠，齊其顏色，嘛然而終日不言」的原因。由子游所說的「喪致乎哀而止」，與批判子夏的「抑末也，本之則無。如之何」看來，子游重視本質甚於儀文，正是由於過度講

〔註 2〕陸建華以爲荀子批駁儒家各派，是爲了「樹立自己所屬學派以及自己的思想在儒家内部的正統地位」。〈荀子禮以解「弊」的諸子批判論〉，《鵝湖月刊》第 28 卷第 4 期。

〔註 3〕楊伯峻以爲：以上兩段話可能都是朋友間勸勉之詞，希望子張不必過講究外貌，移其工夫用於内心道德修養。《論語譯注》(臺北：華正書局，1988 年 8 月)，頁 209。

求本質而輕視儀文，導致其後學不僅捨棄禮節儀文，也喪失道德情操，所以被荀子評爲「偷儒憚事，無廉恥而耆飲食，必曰君子固不用力」。

或許因爲思孟後學是戰國後期儒家各派中影響力最大者，所以荀子即以之爲振興儒學的主要抨擊對象，不僅於〈非十二子〉批評其「案往舊造說，謂之五行。甚僻違而無類，幽隱而無說，閉約而無解」，而且於〈性惡〉篇將其認爲的本始材樸之自然性，與順任情欲而流於爭亂之惡，聯結爲「性惡」，並將「善」歸爲人爲的努力，以力抗孟子的「性善」。然而其「性惡善僞」的主張並不在否定自然本性中可以趨向於善的本質，而是企圖將注意力由道德心性的反省智悟扭轉至社會秩序的正理平治。荀子之所以由社會秩序的偏險悖亂來定義惡，正是爲了凸顯聖王之治與禮義之化的意義與價值。所以當荀子用「今誠以人之性固正理平治邪？則有惡用聖王，惡用禮義矣哉」（〈性惡〉）來反駁孟子的性善論時，並非不知二者的差別，而是不希望因過度重視內聖，便以之取代外王，不希望直接以主觀精神境界的心性涵養取代客觀現象世界的禮義教化。否則，必然予人「儒無益於人之國」（〈儒效〉）的印象﹝註4﹞。因此，荀子之所以標榜「性惡」，實意圖擺脫世人因性善論而認爲儒者無助於正理平治與富國強兵的印象，好讓世人由重新審視儒家外王思想，進而肯定儒學。只是沒想到，此一良苦用心竟然成爲後儒非難荀子的主要原因。

荀子性僞二分的思維模式與天人二分的觀念互爲表裏、相輔相成。在天人二分的理論架構中，聖人所求知的天，只是自然現象的客觀規律，不再是主宰人間而福善禍淫的至上神，墨子天志所蘊含的宗教意味的人格神因此被消解，這或許與當時迷信思想的盛行有關，所以荀子亦有〈非相〉之作，而司馬遷於《史記‧孟荀列傳》所謂「不遂大道而營於巫祝，信讖祥」亦當是據此而言。至於聖人所不求知的天，則是現象規律背後的形成原理，當荀子擱置此自然現象所以然之理時，道家本體義的自然天與儒家道德義的義理天同時遭到擱置。﹝註5﹞此即牟宗三所謂「由自然律而窺天道，則於禮義之統之爲道外，復有自

﹝註4﹞ 鮑國順以爲：荀子對孟子的譏評，基本上可以從秦昭王「儒無益於人之國」一語說起。〈荀卿非孟評述〉，《儒學研究集》（高雄：復文圖書出版社，2002年9月），頁160。

﹝註5﹞《荀子》一書中的「天」雖然以客觀經驗的現象規律爲主，但是由「人有此三行，雖有大過，天其不遂乎」（〈修身〉）、「君子大心則敬天而道，小心則畏義而節」（〈不苟〉）看來，荀子心目中的天未必全然是無意識的。參見梁啓雄《荀子約注》（臺北：世界書局，1982年12月），頁22；顧毓民〈荀子天人關係學說——另一種詮釋方式的嘗試〉，《共同學科期刊》第三期（1994年6

然之天道也。荀子可以吸納自然律，而不可于此言天道」。〔註6〕

　　荀子之所以不主張對「不爲而成，不求而得」的「天職」背後所蘊涵的形上原理進一步深慮精察，在於天、人應當各有職司，所以人只需在人道方面盡力即可，無需越俎代庖而「與天爭職」。人只要能「知其所爲，知其所不爲」而不紊亂天人分際，則自可「天地官而萬物役」（〈天論〉）。亦即人既不可以天道代替人道，亦不可代天行其職或行其道〔註7〕。人只需在人道方面盡力，使天地間所覆載的萬物都能「盡其美，致其用」（〈王制〉）。由此可見，荀子的「天人分職」是在「順天」、「不失其時」的原則下致力於人事，所以是儒家「天人合一」觀念的另一種形態。而此一「明於天人之分」的新形態，一方面以「天行有常」的自然規律，破除天人感應的迷信，一方面重新整合天人，以「天生人成」來肯定人在參贊天地化育中的主動積極地位。〔註8〕如此則不僅以「君子敬其在己者，而不慕其在天者」的主張抗衡了墨子「天志」的理論，而且以「從天而頌之，孰與制天命而用之」的主張抗衡了莊子因任自然的理論。〔註9〕

　　孟子的性善論以既超越且內在的心性本體爲價値根源，或許在荀子看來，實是內在的心性以超越的天道作爲保證，則人道本身依然缺乏主體性。〔註10〕所以必須將天道與人道加以切割，而強調君子所道的人之道，與天之道、地之道已有所區別，但這並不是要以人道取代天道，只是藉由挺立人道來肯定人文化成的意義，使人能主動積極參贊化育而與天地參合。荀子批判孟子性善論「不察乎人之性、僞之分」（〈性惡〉），即是就其以天道爲人道根源的結果，往往導致只有主觀反省工夫以求天人合德，而忽略以天人分職完成客觀制度的建構。

　　在天生人成的架構下，「心」作爲化性起僞的主觀憑藉，亦必須經由一番

月），頁220。

〔註6〕牟宗三《名家與荀子》（臺北：臺灣學生書局，1985年3月），頁221。

〔註7〕唐君毅《中國哲學原論‧原道篇（卷一）》（臺北：臺灣學生書局，1992年3月），頁469。

〔註8〕曾春海以前者爲天人之分的消極意義，後者爲其積極意義。〈《荀子》的社會思想研究〉，《國立政治大學學報》第65期（1992年9月），頁109。

〔註9〕吳季霏〈荀子對道家人物的批判〉，《建國學報》第19期（2000年6月），頁103。

〔註10〕王祥齡〈荀子的超越性思維〉，《孔孟學報》第86期（2008年9月），頁80注3。

「虛壹而靜」的人爲努力，才能使其由「可以知仁義法正之質」與「可以仁義法正之具」（〈性惡〉）的「天官」，昇華爲「知有所合」與「能有所合」（〈正名〉）的「天君」。亦即當藉由「至誠」、「愼獨」的養心工夫，使大清明之心不致淪爲滿足口腹之欲的工具，能由認可正道而實踐正道。因此，荀子的「心」，不只具有認知功能，而且具有實踐動能。只不過在「行」發動前，必須先經一番「知」的工夫，即必須先經歷「全之盡之」的學習過程，由眞積力久的慮積能習而積善成德，如此方能使「心慮而能爲之動」（〈正名〉）的行爲不致於「不可道而可非道」，能因知道、可道而能「守道以禁非道」（〈解蔽〉）。

　　如果孟子的性善論，選擇的是「自誠明」的進路，試圖由「極高明」的內聖開出「道中庸」的外王。則荀子的善僞論，選擇的是「自明誠」的進路，試圖由「致廣大」的外王返回「盡精微」的內聖。純就理論而言，兩者似乎都可各自建構圓滿的內聖外王，可是一旦付諸行動，強調內聖道德者，往往輕忽外王事功；注重外王事功者，往往因制度僵化而缺乏仁的感通。因此，唯有二者雙管齊下，並行不悖，才能互相提攜，眞正完成孔子「導之以德，齊之以禮」的王道理想。

第二節　現實與理想

　　身處戰國中晚期的荀子，在學術思想方面，面對蠭起並作、各騁其說的諸子百家，既要反省儒家本身的流弊，批判性地繼承，又要汲取各家優點，創造性地發展；在政治秩序方面，面對禮壞樂崩、戰禍頻仍的社會現況，既要正視民生經濟與國防軍事的現實需求，又要堅持聖王之治與禮樂之化的理想原則。

　　爲了重建禮樂制度以撥亂反正，爲了成就外王事功的群居和一、正理平治，荀子以人文的禮義之統取代超越的天道，成爲化性起僞的客觀依據，成爲慮積能習的學習對象。按理說，禮義法度既然是由能守仁行義的聖人「積思慮，習僞故」而制定，則其普遍性、客觀性應無庸置疑。然而荀子仍然爲了避免因智者千慮必有一失而流於主觀的偶發狀況，乃以「百王之無變，足以爲道貫」（〈天論〉）規範之，意即後代聖王在制定禮義法度時，須先於歷代聖王不變之處體察統貫的常道，再依實際現況需要而因革損益，如此方不致於盡用之變時背離守常之體。於是不僅其用可以符合時代需求，其體亦不致流於主觀而具永恆不變性。如此說來，先王後王一致遵循的禮義之統，雖不是共時性的群體集思廣益

討論出來的結果，但卻是歷時性的凡百先王共同認可者，同樣可以避免主觀獨斷而具客觀普遍性。而且由於參與者都是既仁且知而講求公道正義的聖王，所以沒有現代民主議會殿堂討論法案時各懷私心的亂象。

為了兼顧現實與理想，荀子不僅自創新說，倡言「法後王」，欲以粲然周備的禮樂制度重整東周政治社會；但是也大談「法先王」，以堅守仁義道統而避免流於功利主義。將永恆不變的道理原則劃歸先王，與時俱進的文物制度劃歸後王，既可以避免只知固守經常之體而不知盡變之用，又可以避免眩於粲然周備的文物制度，捨人情事理之本而就鐘鼓玉帛之末。就學術風氣而言，既以法先王繼承儒家道統，並由「古今一也」的不變道體，反駁法家「古今異情，其以治亂者異道」（〈非相〉），荀子的「法後王」並非法家之「尊時君」，前者專指周代聖王文武而言，後者泛指任何在位的國君；又以法後王繼承孔子「從周」之義，藉「道過三代謂之蕩」批判託古以自重的戰國諸子，藉「法二後王謂之不雅」（〈儒效〉、〈王制〉二見）批判同樣喜稱引三代聖王，但宗夏政、尚儉約的墨家，與略法先王而近墨的俗儒。〔註11〕

如同荀子提倡法後王的目的在於成就法先王，荀子重建禮樂的目的在於成就仁義。只不過，在性偽二分以強調後天人為努力的理論架構中，孟子性善論所凸顯的善端，在荀子眼中，只是天所賦予的自然本性而已，即禽獸「有知而無義」，人「有知，亦且有義」（〈王制〉）中，人與其他動物共有的感官知覺本能而已。例如〈榮辱〉篇中，荀子以「乳彘觸虎，乳狗不遠遊」，說明禽獸亦有「不忘其親」的本性，假若人類因格鬥殺人，不僅違法傷及己身，甚至波及親人，則簡直「狗彘之不若」；又如〈禮論〉篇中，荀子以鳥獸如果失亡其群匹，即使時間已超過一個月甚至一季，仍將徘徊、鳴號以表達心中哀痛，說明「有血氣之屬必有知，有知之屬莫不愛其類」，而貴為萬物之靈的人類，如果親人「朝死而夕忘之」，則簡直「鳥獸之不若」。在荀子看來，愛親之心是人與動物共有的知覺本能，一旦缺乏，則連禽獸都不如，但是光有愛親的知覺本能不足以使人成為萬物之靈，必須加上以禮義為憑藉的人為努力，才能使善端成為仁德。

當荀子提出性惡善偽的主張時，並不是要用人為努力「取代」或「消滅」自然本性，而是用「文理隆盛」的師法禮義來引導「本始材朴」而可善可惡的

〔註11〕本段之詳細論述請參看拙著〈荀子「法後王」說究辨〉，《國文學報》第37期（2005年6月），頁33～47。

情欲，所以才說：「無性則僞之無所加，無僞則性不能自美。性僞合，然後聖人之名一，天下之功於是就也。」（〈禮論〉）而仁出於性，禮出於僞，所以我們也可以說：「無仁則禮之無所加，無禮則仁不能自美。」亦即禮不是用來消滅仁，而是當我們「有性質美而心辯知」時，能透過賢師益友以禮義化導，使我們「所聞者堯、舜、禹、湯之道」、「所見者忠信敬讓之行」，浸潤其中而潛移默化，於是「身日進於仁義而不自知」（〈性惡〉）。因此，禮義只是將善端培養磨練爲仁德的憑藉，〈勸學〉所說：「將原先王，本仁義，則禮正其經緯蹊徑也。」〈儒效〉所說：「先王之道，仁之隆也，比中而行之。曷謂中？曰：禮義是也。」在在說明禮義法度是促成仁德實現的方法途徑。所以依循禮義而積善成德、守仁行義者，或稱爲「聖人」，或稱爲「仁人」，但卻不稱爲「禮人」。

何況聖人之化性起僞而生禮義制法度，並非在性之外憑空捏造，而是依據人的情欲本性「稱情而立文」，同時亦考慮社會秩序與民生經濟，而「斷長續短，損有餘，益不足，達愛敬之文，而滋成行義之美者」，「斷之繼之，博之淺之，益之損之，類之盡之，盛之美之，使本末終始莫不順比，足以爲萬世則」。所以先王聖人在爲禮義立中制節時，以能否能成文理爲標準，以求「情文俱盡」。儘管「文理、情用相爲內外表裏，並行而襍，是禮之中流也」（以上皆〈禮論〉），然而「禮以順人心爲本，故亡於禮經而順人心者，皆禮也」（〈大略〉）。由此可見，禮的創制並非只考慮文而不在乎情，因爲禮原本即是以情爲根據而來成就情，所以孔子除了希望情文兼備而謂「文質彬彬，然後君子」（《論語・雍也》）外，亦表示「先進於禮樂，野人也；後進於禮樂，君子也。如用之，則吾從先進」（《論語・先進》），於情與文不能兼備時，寧可捨文而取情。

由於禮文是以情性爲根據，禮是用來成就仁，所以孔子明白指出：「人而不仁，如禮何？人而不仁，如樂何？」（《論語・八佾》），「禮云，禮云，玉帛云乎哉？樂云，樂云，鐘鼓云乎哉？」（《論語・陽貨》）然而在人際互動中，仁德的實踐，往往需以禮義作爲客觀的標準、規範，所以孔子也指出：「克己復禮爲仁。」（《論語・顏淵》）「知及之，仁能守之，莊以涖之，動之不以禮，未善也。」（《論語・衛靈公》）至於荀子，從「君子養心莫善於誠，致誠則無它事矣，唯仁之爲守，唯義之爲行」（〈不苟〉）可知，仁心是根本，禮義則是行爲規範。從「仁厚兼覆天下而不閔，明達周 〔註12〕 天地、理萬變而不疑，

〔註12〕 「周」本作「用」，依王念孫説改。王先謙《荀子集解》（北京：中華書局，1977 年 10 月），頁 234。

血氣和平，志意廣大，行義塞於天地之間」，可說是「仁知之極的聖人」卻歸功於「審之禮」（〈君道〉）看來，禮似乎是高於仁；但是，由「人主仁人心設焉，知其役也，禮其盡也」、「王者先仁而後禮，天施然也」（〈大略〉）可知，禮只是擴充、表現仁心的依據，所以必須先有仁心爲端、爲本，才能藉由禮義來表現擴充。因此面對「君子處仁以義，然後仁也；行義以禮，然後義也；制禮反本成末，然後禮也」（〈大略〉）的說法，固然可就禮義爲成就仁德的憑藉，而謂「禮以主仁、仁依於禮」〔註13〕；但是換個角度，就仁心善端爲制訂禮義法度的根本，何嘗不可說「仁以生禮，禮本於仁」。

　　只要不過度強調內聖、外王任何一方，仁與禮不僅不會產生緊張的對立關係，而且可以各安其位、和平相處，甚至互助合作、相輔相成。注重內聖者，可以善端仁德爲基礎，向外在經驗擴充，建立一套客觀公正的禮義法度，作爲成就內聖的規範；而不是將內聖道德閉鎖在理論的世界，以主觀的冥想代替具體的實踐，以致如荀子批評孟子的「無辨合符驗，坐而言之，起而不可設，張而不可施行，豈不過甚矣哉」（〈性惡〉）。講究外王者，在制訂禮義法度時，務必斟酌內在道德，使人在奉行禮義法度時，身心內外同時得到涵養；而不是將外王事功侷限在經驗世界，以功利的觀點取消理想的堅持，以致如荀子對李斯批評所說的「不求之於本而索之於末，此世之所以亂也」（〈議兵〉）。

　　在荀子由禮而仁，由外王而內聖的道德實踐過程，「知」與「行」的互動模式顯得特別重要。先是心的認知作用了解禮義制度而身體力行，然後在力行的過程中，心又發揮清明的理性，對所作所爲加以思辨反省，以充分掌握禮義制度背後所涵藏的人性本質，如此，即由「行而不知」、「不知而行」進昇爲「行而知之」、「知之而行」，此即〈儒效〉「彼學者，行之，曰士；敦慕焉，君子也；知之，聖人也」所欲彰顯的內聖學習過程。在由力行中體悟禮義制度涵藏的善端仁德後，除了對禮義更加肯定，且樂於實踐外，同時修正其不合時宜者，以方便社會大眾之力行。如此，即有別於「知之而不行」，而爲「既知且能行」，此即〈儒效〉「知之不若行之，學至於行之而止矣。行之，明也。明之爲聖人」所欲彰顯的外王實踐過程。

　　覺察善端仁德的目的當然不只是流連於一己道德涵養的自立、自達而已，而是要推己及人，以求利人、達人。荀子所強調的禮義當然不是只求「知明而行無過」（〈勸學〉）的內聖之德而已，更要求「群居和一」、「正理平治」的外王

〔註13〕周群振《荀子思想研究》（臺北：文津出版社，1987年4月），頁120。

之功。禮義一旦落實在社會政治的現實層面，便不能不將人性的焦點由可以成德的善端轉移至可能為惡的情欲。因此，荀子一方面從情欲應該得到適當的滿足，而視「養」為禮的目的；另一方面由避免追求情欲的不知節制，而視「別」為禮的手段。在「貴賤有等，長幼有差」的分別中，每個人依其在德能上的努力而取得應有的分位等級，並依此分位等級在欲望方面獲得適當的滿足。如此，在積極方面既可鼓勵大家力爭上游，又可使人民各安其分，努力生產，欲求得到適當的滿足。在消極方面可以避免因無差等而導致爭亂，反而使大家的欲求得不到滿足。這正是荀子認為儒者使人「一之於禮義，則兩得之矣」，而墨者使人「一之於情性，則兩喪之矣」（〈禮論〉）的理由。

要使儒家思想繼續成為中華文化主流，繼續在現代生活發揮影響力，首先必須清楚認識現代社會的特質，以便找出能夠與之對應的論述而充實之、調適之。如果現代社會的特質可以歸納為以下三項：一、整體性和個體性相互決定，以及個體性的突出，二、理性和智性的強勢發展，以及理性客觀認知世界能力的中心化，三、社會和生活方式開放性、多元性的發展。〔註14〕荀子強調明分使群並重視個人情欲的適度滿足，正可與第一項展開對話。荀子以認知為心的基礎而重視客觀精神的表現，尤其與第二項有一致性，荀子不以已藏害所將受的態度與以法後王來肯定文物制度的進步性，也與第三項在精神上具有共通性。加上荀子性偽二分、天人分職的思想較無主觀目的預設，其禮義制度中又包含不少公道正義的觀念，比起孟子思想來，荀子思想似乎比較能為儒家奠定現代民主政道基礎。〔註15〕如此說來，只要能正視荀子學說的意義與價值，肯定其與孟子為「相反相成之綜合」〔註16〕，而非儒學之歧出，則自可由此開出民主政道，不需大費周章地由「良知的自我坎陷」而「曲通」之。在知性活動的積極建構與主體心性的道德涵養並行不悖的情況下，或許西方的民主政道可以在孔孟荀的王道理想下，開出更燦爛的花朵。

〔註14〕成中英〈現代新儒學建立的基礎：「仁學」與「人學」合一之道〉，《當代新儒學論文集·內聖篇》（臺北：文津出版社，1991 年 5 月），頁 124～125。
〔註15〕蔣年豐《海洋儒學與法政主體》（臺北：桂冠圖書公司，2005 年 3 月），頁 210 ～214。
〔註16〕牟宗三《名家與荀子》，頁 267。

參考書目

一、古籍校注（以時代相次）

1. 漢・司馬遷撰，宋・裴駰集解，唐・司馬貞索隱，唐・張守節正義，《史記》，北京：中華書局，2002 年 3 月。

2. 漢・許慎撰，清・段玉裁注，《說文解字注》，臺北：洪葉文化事業公司，2000 年 9 月。

3. 宋・朱熹撰，中華書局點校，《四書章句集注》，北京：中華書局，2001 年 11 月。

4. 清・王先謙撰，《荀子集解》，臺北：藝文印書館，1994 年 1 月。

5. 清・王先謙撰，沈嘯寰、王星賢點校，《荀子集解》，北京：中華書局，1997 年 10 月。

6. 清・朱駿聲撰，《說文通訓定聲》，臺北：藝文印書館，1975 年 8 月。

7. 清・阮元重刊，《十三經注疏》，臺北：藝文印書館，1981 年 1 月，據清嘉慶二十年江西南昌府學開雕本影印。

8. 清・郭慶藩撰，王孝魚點校，《莊子集釋》，北京：中華書局，2004 年 1 月。

二、近人專著（依作者姓名筆劃為序）

1. 山東大學儒學研究中心，《儒林》第四輯，山東：山東大學出版社，2008 年 12 月。

2. 王忠林，《荀子讀本》，臺北：三民書局，2006 年 2 月。

3. 王孺松，《荀子修身研究》，新竹：臺灣省立新竹師範專科學校，1978 年 1 月。

4. 北京大學哲學系，《荀子新注》，臺北，里仁書局，1983 年 11 月。

5. 任繼愈編,《中國哲學發展史（先秦)》,北京:北京人民出版社,1998 年5月。

6. 宇野精一主編、洪順隆譯,《中國思想（一）儒家》,臺北:幼獅文化事 業公司,1994年7月。

7. 成中英,《合內外之道》,臺北:康德出版社,2005年11月。

8. 成中英,《知識與價值──和諧、真理與正義之探索》臺北:聯經出版事 業公司,1989年10月。

9. 朱謙之,《老子校釋》,北京:中華書局,2000年2月。

10. 江心力,《20世紀前期的荀子研究》,北京:中國社會科學出版社,2005 年2月。

11. 牟宗三,《名家與荀子》,臺北:臺灣學生書局,1985年3月。

12. 牟宗三,《政道與治道》,臺北:臺灣學生書局,1996年4月。

13. 牟宗三,《圓善論》,臺北:臺灣學生書局,1985年7月。

14. 何淑靜,《孟荀道德實踐理論之研究》,臺北:文津出版社,1988年1月。

15. 吳文璋,《荀子的音樂哲學》,臺北:文津出版社,1994年5月。

16. 吳復生,《荀子思想新探》,臺北,文史哲出版社,1998年9月。

17. 吳樹勤,《禮學視野中的荀子人學》,濟南:齊魯書社,2007年9月。

18. 呂理政,《天、人、社會:試論中國傳統的宇宙認知模型》,臺北:中央 研究院民族學研究所,1998年6月。

19. 李存山,《中國古代氣論的起源與發展》,北京:中國社會科學出版社, 1990年12月。

20. 李明輝,《儒家視野下的政治思想》,臺北:國立臺灣大學出版中心,2005 年12月。

21. 李明輝編,《儒家經典詮釋方法:先秦儒家與經典詮釋》,臺北:臺灣大 學出版中心,2004年6月。

22. 李哲賢,《荀子之核心思想:「禮義之統」及其現代意義》,臺北:文津出 版社,1994年8月。

23. 李瑞全,《當代新儒學之哲學開拓》,臺北:文津出版社,1993年3月。

24. 李瑞全,《儒家生命倫理學》,臺北:鵝湖出版社,1999年2月。

25. 李滌生,《荀子集釋》,臺北:臺灣學生書局,1986年10月。

26. 李澤厚,《中國古代思想史論》,臺北:三民書局,1996年9月。

27. 李澤厚,《波齋新說》,臺北:允晨文化公司,2000年11月。

28. 杜維明,《儒家思想──以創造轉化為自我認同》,臺北:東大圖書公司, 1997年11月。

29. 沈清松主編，《詮釋與創造——傳統中華文化及其未來發展》，臺北：聯合報系文化基金會，1995 年 1 月。

30. 周紹賢，《荀子要義》，臺北：臺灣中華書局，1977 年 3 月。

31. 周博裕主編，《傳統儒學的現代詮釋》，臺北：文津出版社，1994 年 12 月。

32. 周群振，《荀子思想研究》，臺北：文津出版社，1987 年 4 月。

33. 周群振等，《當代新儒學論文集・內聖篇》，臺北：文津出版社，1991 年 5 月。

34. 林啓屏，《從古典到正典：中國古代儒學意識之形成》，臺北：國立臺灣大學出版中心，2007 年 7 月。

35. 林毓生，《思想與人物》，臺北：聯經出版事業公司，2001 年 7 月。

36. 林麗真，《中國歷代思想家——荀子》，臺北：臺灣商務印書館，1999 年 2 月。

37. 金耀基，《中國民本思想史》，臺北：臺灣商務印書館，1993 年 8 月。

38. 侯外廬編，《中國思想通史（一）》，北京：北京人民出版社，1957 年 12 月。

39. 俞仁寰，《從類字透視荀子政治思想之體系》，臺北，國立臺灣大學法學院，1962 年 4 月。

40. 姜尚賢，《荀子思想體系》，高雄：復文圖書出版社，1990 年 10 月。

41. 姜國柱，《中國歷代思想史（壹）先秦卷》臺北：文津出版社，1993 年 12 月。

42. 柯雄文，《倫理論辯：荀子道德認識論之研究》，臺北：黎明文化事業公司，1990 年 12 月。

43. 胡適，《中國古代哲學史》，臺北：遠流出版社，1986 年 5 月。

44. 韋日春，《荀子學述》，臺北：蘭臺書局，1973 年 2 月。

45. 韋政通，《中國思想史方法論文選集》，臺北：水牛出版社，1987 年 12 月。

46. 韋政通，《荀子與古代哲學》，臺北：臺灣商務印書館，1985 年 10 月。

47. 唐君毅，《中國哲學原論・原性篇》，臺北：臺灣學生書局，1991 年 6 月。

48. 唐君毅，《中國哲學原論・原道篇（卷一）》，臺北：臺灣學生書局，1992 年 3 月。

49. 唐君毅，《中國哲學原論・導論篇》，臺北：臺灣學生書局，1993 年。

50. 唐端正，《先秦諸子論叢》，臺北：東大圖書公司，1981 年 5 月。

51. 徐復觀，《中國人性論史・先秦篇》，臺北：臺灣商務印書館，1987 年 3 月。

52. 徐復觀,《中國思想史論集》,臺北:臺灣學生書局,1993 年 9 月。

53. 徐復觀,《學術與政治之間》,臺北:臺灣學生書局,1985 年 4 月。

54. 袁保新,《從海德格、老子、孟子到當代新儒學》,臺北:臺灣學生書局,2008 年 10 月。

55. 馬國瑤,《荀子政治理論與實踐》,臺北:文史哲出版社,1996 年 10 月。

56. 國立政治大學文學院編輯,《「孔學與二十一世紀」國際學術研討會論文集》,臺北:國立政治大學,2001 年 10 月。

57. 張亨,《思文之際論集──儒道思想的現代詮釋》,臺北:允晨文化公司,1997 年 11 月。

58. 張豈之,《精編中國思想史(上)》,臺北:水牛出版社,1997 年 10 月。

59. 張德勝,《儒家倫理與秩序情結:中國思想的社會學詮釋》,臺北:巨流圖書公司,1998 年 10 月。

60. 張灝,《幽暗意識與民主傳統》,臺北:聯經出版事業公司,1992 年 10 月。

61. 梁啓超,《先秦政治思想史》,臺北:東大圖書公司,1993 年 10 月。

62. 梁啓雄,《荀子約注》,臺北,世界書局,1982 年 12 月。

63. 郭沫若,《十批判書》,北京:東方出版社,1996 年 3 月。

64. 郭齊勇,《儒學與儒學史新論》,臺北:臺灣學生書局,2002 年 10 月。

65. 陳大齊,《荀子學說》,臺北:文化大學出版部,1989 年 6 月。

66. 陳飛龍,《孔孟荀禮學研究》,臺北,文史哲出版社,1982 年 3 月。

67. 陳修武,《荀子》,臺北:時報文化出版公司,1987 年 1 月。

68. 陳師麗桂,《戰國時期的黃老思想》,臺北:聯經出版事業公司,1991 年 4 月。

69. 陳弱水,《公共意識與中國文化》,臺北:聯經出版事業公司,2005 年 9 月。

70. 陳問梅,《墨學之省察》,臺北:臺灣學生書局,1988 年 5 月。

71. 陳登元,《荀子哲學》,上海:上海書店,1992 年。

72. 陸建華,《荀子禮學研究》,合肥:安徽大學出版社,2004 年 12 月。

73. 傅偉勳,《從創造的詮釋學到大乘佛學》,臺北:東大圖書公司,1999 年 5 月。

74. 傅偉勳,《學問的生命與生命的學問》,臺北:正中書局,1998 年 11 月。

75. 傅斯年,《性命古訓辨證》,臺北:新文豐出版社,1985 年 7 月。

76. 勞思光,《新編中國哲學史(一)》,臺北:三民書局,1996 年 8 月。

77. 惠吉星,《荀子與中國文化》,貴州:貴州人民出版社,2001 年 10 月。

78. 曾春海，《儒家哲學論集》，臺北：文津出版社，1989 年 5 月。

79. 曾昭旭，《王船山哲學》，臺北：遠景出版公司，1996 年 5 月。

80. 程兆熊，《荀子講義》，香港：鵝湖書社，1963 年 12 月。

81. 程發軔主編，《六十年來的國學》，臺北：中正書局，1972 年 11 月。

82. 項退結，《中國人的路》，臺北：東大圖書公司，1988 年 1 月。

83. 項退結，《中國哲學之路》，臺北：東大圖書公司，1991 年 4 月。

84. 馮友蘭，《中國哲學史新編（二）》，臺北：藍燈文化事業公司，1991 年 12 月。

85. 馮耀明，《中國哲學的方法論問題》，臺北：允晨文化事業公司，1989 年 9 月。

86. 黃俊傑，《中國經典詮釋傳統》，臺北：臺灣學生書局，2002 年 2 月。

87. 黃俊傑，《孟學思想史論（卷一）》，臺北：東大圖書公司，1991 年 10 月。

88. 黃俊傑主編，《天道與人道》，臺北：聯經出版事業公司，1996 年 12 月。

89. 黃俊傑主編，《理想與現實》，臺北：聯經出版事業公司，2005 年 4 月。

90. 楊大膺，《荀子學說研究》，上海：中華書局，1936 年 5 月。

91. 楊伯峻，《論語譯注》，臺北：華正書局，1988 年 8 月。

92. 楊秀宮，《孔孟荀禮法思想的演變與發展》，臺北：文史哲出版社，2000 年 8 月。

93. 楊承彬，《孔、孟、荀的道德思想》，臺北：臺灣商務印書館，1978 年 6 月。

94. 楊長鎮，《荀子類的存有論研究》，臺北：文津出版社，1996 年 1 月。

95. 楊筠如，《荀子研究》，臺北：臺灣商務印書館，1961 年 。

96. 楊儒賓，《儒家身體觀》，臺北：中央研究院中國文哲研究所籌備處，1996 年 11 月。

97. 楊儒賓主編，《中國古代思想中的氣論及身體觀》，臺北：巨流圖書公司，1993 年 3 月。

98. 楊儒賓等編，《中國古代思維方式探索》，臺北：正中書局，1996 年 11 月。

99. 葉紹鈞，《荀子（選注）》，上海：商務印書館，1931 年。

100. 董承文，《荀子人性論研究》，臺南：大新印書局，1971 年 7 月。

101. 廖吉郎，《新編荀子》，臺北：國立編譯館，2002 年 7 月。

102. 廖名春，《荀子新探》，臺北：文津出版社，1994 年 2 月。

103. 熊公哲，《荀子今註今譯》，臺北：臺灣商務印書館，1990 年 10 月。

104. 熊公哲，《荀卿學案》，臺北：臺灣商務印書館，1986 年 2 月。

105. 熊賜履，《學統（卷四三）》，山東：友誼書社，孔子文化大全 v.36～37，1990 年 9 月。

106. 臺大哲學系主編，《中國人性論》，臺北：東大圖書公司，1990 年 3 月。

107. 蒙培元，《中國心性論》，臺北：臺灣學生書局，1996 年 3 月。

108. 趙士林，《荀子》，臺北：東大圖書公司，1999 年 6 月。

109. 劉子靜，《荀子哲學綱要》，臺北：臺灣商務印書館，1969 年 6 月。

110. 劉文起，《荀子成聖成治思想研究》，高雄：復文圖書出版社，1983 年 4 月。

111. 劉正浩教授七十壽慶榮退紀念文集編委會，《劉正浩教授七十壽慶榮退紀念文集》，臺北：文史哲出版社，1999 年 8 月。

112. 劉述先等，《當代新儒學論文集·外王篇》，臺北：文津出版社，1991 年 5 月。

113. 劉殿爵，《荀子逐字索引》，香港：商務印書館，1996 年 6 月。

114. 蔣年豐，《文本與實踐（一）：儒家思想的當代詮釋》，臺北：桂冠圖書公司，2000 年 8 月。

115. 蔣年豐，《海洋儒學與法政主體》，臺北：桂冠圖書公司，2005 年 3 月。

116. 蔡仁厚，《孔孟荀哲學》，臺北：臺灣學生書局，1988 年 2 月。

117. 蔡仁厚，《儒家心性之學論要》，臺北：文津出版社，1990 年 7 月。

118. 蔡錦昌，《拿捏分寸的思考：荀子與古代思想新論》，臺北：唐山出版社，1996 年 9 月。

119. 鄭力爲，《儒學方向與人的尊嚴》，臺北：文津出版社，1987 年 8 月。

120. 盧瑞容，《中國古代「相對關係」思維探討》，臺北：商鼎文化出版社，2004 年 6 月。

121. 蕭公權，《中國政治思想史》，臺北：聯經出版事業公司，1982 年 3 月。

122. 錢穆，《國史大綱》，臺北：臺灣商務印書館，1994 年 1 月。

123. 錢穆，《國史新論》，臺北：東大圖書公司，1989 年 3 月。

124. 鮑國順，《荀子學說析論》，臺北：華正書局，1993 年 10 月。

125. 鮑國順，《儒學研究集》，高雄：復文圖書出版社，2002 年 9 月。

126. 龍宇純，《荀子論集》，臺北：臺灣學生書局，1987 年 4 月。

127. 戴華、鄭曉時主編，《正義及其相關問題》，臺北：中央研究院中山人文社會科學研究所，1991 年 10 月。

128. 韓德民，《荀子與儒家的社會理想》，濟南：齊魯書社，2001 年 8 月。

129. 薩孟武，《中國政治思想史》，臺北：三民書局，1994 年 10 月。

130. 魏元珪，《荀子哲學思想》，臺北，谷風出版社，1987 年 12 月。

131. 羅根澤編,《古史辨》第四冊,臺北:藍燈文化事業公司,1993 年 8 月。

132. 譚宇權,《荀子學說評論》,臺北:文津出版社,1994 年 1 月。

133. 譚嗣同,《仁學》,臺北:臺灣學生書局,1998 年 10 月。

134. 蘇新鋈,《先秦儒學論集》,臺北:文津出版社,1992 年 12 月。

三、學位論文 (依作者姓名筆劃爲序)

1. 王靈康,《荀子哲學的反思:以人觀爲核心的探討》,國立政治大學哲學研究所 96 博士論文,何信全教授指導。

2. 田富美,《清代荀子學研究》,國立政治大學中國文學研究所 94 博士論文,董金裕教授指導。

3. 伍振勳,《荀子「天生人成」思想的意義新探》,國立清華大學中國文學系 93 博士論文,林聰舜教授指導。

4. 柳熙星,《荀子哲學的秩序性建構及其困境》,東海大學哲學系 87 博士論文,蔡仁厚教授指導。

5. 張勻翔,《攝王於禮、攝禮於德──荀子之智德及倫理社會建構之意涵》,輔仁大學哲學研究所 96 博士論文,潘小慧教授指導。

6. 蕭振聲,《荀子的性向善論》,國立臺灣大學哲學研究所 95 碩士論文,傅佩榮教授指導。

四、期刊論文 (依作者姓名筆劃爲序)

1. 孔德成,〈荀子的禮學〉,《孔孟月刊》第 24 卷第 12 期,1986 年 8 月,頁 25~27。

2. 方東旭,〈可以而不能──荀子論爲善過程中的意志自由問題〉,《哲學與文化》第 34 卷第 12 期,2007 年 12 月,頁 55~68。

3. 王子正,〈荀子認識論哲學之探究〉,《國立體育學院論叢》第 13 卷第 2 期,2003 年 4 月,頁 21~33。

4. 王邦雄,〈由老莊道家析論荀子的思想性格〉,《鵝湖學誌》第 27 期,2001 年 12 月,頁 1~31。

5. 王邦雄,〈論荀子的心性關係及其價值根源〉,《鵝湖》第 8 卷第 10 期,1983 年 4 月,頁 25~31。

6. 王長華,〈在道義原則與歷史需要之間──論荀子的價值立場〉,《孔孟月刊》第 34 卷第 10 期,1996 年 6 月,頁 13~22。

7. 王祥齡,〈釋論荀子人定勝天「勝」義思想的開展〉,《孔孟學報》第 83 期,2005 年 9 月,頁 111~139。

8. 王楷,〈從「知者利仁」到「仁者安仁」──荀子道德論證的兩層結構〉,

《哲學與文化》第 35 卷第 10 期，2008 年 10 月，頁 163～176。

9. 王慶光，〈荀子之駁正「黃老之學」並倡導「文化生命」〉，《興大人文學報》第 34 期，2004 年 6 月，頁 45～72。

10. 王慶光，〈晚周天道心性說及荀子之回應〉，《國立中興大學人文社會學報》第 5 期，1996 年 3 月，頁 71～91。

11. 王慶光，〈晚周氣論應變說及荀子之回應〉，《國立中興大學人文社會學報》第 6 期，1996 年 6 月，頁 63～83。

12. 王慶光，〈論晚周「因性法治」說的興起及荀子「化性為善」說的回應〉，《興大中文學報》第 13 期，1996 年 12 月，頁 105～123。

13. 王璟，〈荀子的軍事思想及所透顯之理想政治〉，《中國語文》第 102 卷 1 期，2008 年 1 月，頁 46～50。

14. 王靈康，〈英語世界的荀子研究〉，《國立政治大學哲學學報》第 11 期，2003 年 12 月，頁 1～38。

15. 田富美，〈清儒心性論中潛藏的荀學理路〉，《孔孟學報》第 85 期，2007 年 9 月，頁 289～316。

16. 伍振勳，〈兩種「通明意識」——莊子、荀子的比較〉，《漢學研究》第 21 卷第 2 期，2003 年 12 月，頁 1～30。

17. 伍振勳，〈荀子的「身、禮一體」觀——從「自然的身體」到「禮義的身體」〉，《中國文哲研究集刊》第 19 期，2001 年 9 月，頁 317～344。

18. 伍振勳，〈從語言、社會面向解讀荀子的「化性起偽」說〉，《漢學研究》第 26 卷第 1 期，2008 年 3 月，頁 35～66。

19. 何淑靜，〈孟、告、荀與亞里斯多德對「人性與道德」一關係之看法比較〉，《鵝湖學誌》第 23 期，1999 年 12 月，頁 161～176。

20. 佐藤將之，〈二十世紀日本荀子研究之回顧〉，《國立政治大學哲學學報》第 11 期，2003 年 12 月，頁 39～83。

21. 佐藤將之，〈荀子哲學研究之解構與建構：以中日學者之嘗試與「誠」概念之探討為線索〉，《國立臺灣大學哲學論評》第 34 期，2007 年 10 月，頁 87～128。

22. 吳元鴻，〈荀子「禮義之統」之理論架構與困結〉，《東師語文學刊》第 3 期，1990 年 5 月，頁 17～35。

23. 吳元鴻，〈荀子性惡說之勝義——「人可善可惡論」〉，《臺東師院學報》第 4 期，1992 年 6 月，頁 81～102。

24. 吳元鴻，〈荀子善偽論之理論根據〉，《東師語文學刊》第 2 期，1999 年 6 月，頁 155～187。

25. 吳元鴻，〈荀子聖王思想之歷史意義〉，《東師語文學刊》第 8 期，1996 年 6 月，頁 111～134。

26. 吳文璋,〈荀子論心和韓非子所蘊涵的心論之比較研究〉,《成大宗教與文化學報》第 8 期,2005 年 8 月,頁 1～16。

27. 吳文璋,〈論荀子的宗教精神與價值根源〉,《成大中文學報》第 2 期,1994 年 2 月,頁 185～195。

28. 吳汝鈞,〈荀子的知性旨趣與經驗主義的人性論〉,《能仁學報》第 3 期,1994 年 8 月,頁 467～481。

29. 吳來蘇,〈荀子思想的人文特色評述〉,《中國文化月刊》第 210 期,1997 年 9 月,頁 15～22。

30. 吳季霏,〈荀子批判諸子的立場〉,《建國學報》第 16 期,1997 年 6 月,頁 29～46。

31. 吳清淋,〈荀子與書經〉,《孔孟月刊》第 13 卷第 9 期,1975 年 5 月,頁 17～20。

32. 吳清淋,〈荀子禮分思想之研究〉,《國立臺灣師範大學國文研究所集刊》第 21 號,1977 年 6 月,頁 355～457。

33. 吳進安,〈荀子「明分使群」觀念解析及其社會意義〉,《漢學研究集刊》第 3 期,2006 年 2 月,頁 221～239。

34. 岑溢成,〈荀子性惡論析辯〉,《鵝湖學誌》第 3 期,1989 年 9 月,頁 37～58。

35. 李佩玲,〈勞思光「中國哲學史」中孟荀心性論之於現代的意義〉,《中山中文學刊》第 4 期,1998 年 6 月,頁 46～53。

36. 李居取,〈論孟子法先王與荀子法後王〉,《孔孟月刊》第 11 卷第 1 期,1972 年 9 月,頁 10～12。

37. 李美燕,〈孔、孟、荀三子對於「欲」的省察與對治之道〉,《中正大學中文學術年刊》第 3 期,2000 年 9 月,頁 59～82。

38. 李麗雲,〈荀子的政治哲學論〉,《嘉南學報》第 26 期,2000 年 11 月,頁 276～287。

39. 赤塚忠,《荀子研究的若干問題》,《國立政治大學學報》第 11 期（2003 年 12 月）,頁 85～110。

40. 周天令,〈「荀子是儒學的歧出」之商榷〉,《孔孟月刊》第 42 卷第 10 期,2004 年 6 月,頁 31～38。

41. 周天令,〈荀子「隆禮義而殺詩書」義疏〉,《孔孟月刊》第 26 卷 1 期,1987 年 9 月,頁 8～14。

42. 周天令,〈荀子之善偽論〉,《孔孟月刊》第 22 卷 3 期,1983 年 11 月,頁 34～40。

43. 周天令,〈荀子由智成德理論的重建與檢討〉,《孔孟學報》第 84 期,2006 年 9 月,頁 113～148。

44. 周天令，〈荀子性惡論之我見〉，《孔孟月刊》第 21 卷第 11 期，1983 年 7 月，頁 45～48。

45. 周天令，〈荀子價值觀之研究〉，《中國文化月刊》第 303 期，2006 年 3 月，頁 28～69。

46. 周德良，〈荀子心偽論之詮釋與重建〉，《臺北大學中文學報》第 4 期，2008 年 3 月，頁 135～164。

47. 林孟玲，〈由荀子的立論來看人格形成與環境的關係〉，《孔孟學報》第 59 期，1990 年 3 月，頁 203～239。

48. 林俊宏，〈荀子禮治思想的三大基柱——從「化性起偽」、「維齊非齊」與「善假於物」談起〉，《政治科學論叢》第 9 期，1998 年 6 月，頁 195～224。

49. 林啟屏，〈《荀子・正論》及其相關問題〉，《漢學研究集刊》第 3 期，2006 年 2 月，頁 15～31。

50. 林啟屏，〈荀子思想中的「身體觀」與「知行觀」〉，國科會專題計畫 NSC95～2411-H～004～0475，頁 1～20。

51. 侯家駒，〈荀子的欲望論暨經濟思想 -下-〉，《中華文化復興月刊》第 14 卷第 3 期， 1981 年 3 月，頁 15～24。

52. 侯家駒，〈荀子的欲望論暨經濟思想 -上-〉，《中華文化復興月刊》第 14 卷第 2 期，1981 年 2 月，頁 8～21。

53. 侯婉如，〈荀子之認識論〉，《孔孟月刊》第 34 卷第 11 期，1996 年 7 月，頁 24～30。

54. 姜志翰，〈試探荀子身體觀的另一面〉，《成大宗教與文化學報》第 9 期，2007 年 12 月，頁 29～44。

55. 施銘燦，〈荀子之強國強兵思想〉，《高雄師大學報》第 3 期，1992 年 3 月，頁 97～116。

56. 施銘燦，〈荀子使用「類」字的深義〉，《孔孟月刊》第 20 卷第 9 期，1982 年 5 月，頁 12～15。

57. 施銘燦，〈荀子的尚賢使能思想〉，《高雄師大學報》第 2 期，1991 年 3 月，頁 49～69。

58. 施銘燦，〈荀子的師友觀〉，《孔孟月刊》第 27 卷第 7 期，1989 年 3 月，頁 22～26。

59. 施銘燦，〈荀子的財經思想〉，《孔孟月刊》第 22 卷第 9 期，1984 年 5 月，頁 28～32。

60. 施銘燦，〈荀子的欲望論〉，《哲學與文化》第 17 卷第 1 期，1990 年 1 月，頁 33～39。

61. 施銘燦，〈荀子思想中之聖人〉，《孔孟月刊》第 21 卷第 10 期，1983 年 6

月，頁 36～47。

62. 施銘燦，〈荀子對儒者的評價〉，《孔孟月刊》第 27 卷第 9 期，1989 年 5 月，頁 33～38。

63. 施銘燦，〈淺談荀子的積善成聖〉，《中華文化復興月刊》第 22 卷第 12 期，1989 年 12 月，頁 39～42。

64. 柯金木，〈「荀子」書中孔子形象析論——兼論孟、荀對孔子認知之同異〉，《孔孟學報》第 76 期，1998 年 9 月，頁 123～156。

65. 柳熙星，〈試論荀子「禮」的價值根源問題〉，《鵝湖》第 22 卷第 9 期，1997 年 3 月，頁 9～19。

66. 洪巳軒，〈荀學要義——以「三辨之學」爲主軸〉，《孔孟月刊》第 42 卷第 10 期，2004 年 6 月，頁 39～47。

67. 洪燕梅，〈荀子群論略探 -下-〉，《孔孟月刊》第 29 卷第 4 期，1990 年 12 月，頁 14～17。

68. 洪燕梅，〈荀子群論略探 -上-〉，《孔孟月刊》第 29 卷第 3 期，1990 年 11 月，頁 11～17。

69. 洪櫻芬，〈儒家的價值教育——由孔子、荀子的學說思想談起〉，《鵝湖》第 29 卷第 6 期，2003 年 12 月，頁 45～54。

70. 唐亦男，〈荀子思想之一省察——會通儒道〉，《成功大學學報》第 25 期，1991 年 3 月，1～26。

71. 唐端正，〈荀子言「心可以知道」釋疑〉，《新亞學報》第 22 期，2003 年 1 月，頁 11～19。

72. 唐端正，〈荀子善僞論所展示的知識問題〉，《中國學人》第 6 期，1977 年 9 月，頁 11～24。

73. 唐端正，〈荀學價值根源問題的探討〉，《哲學年刊》第 3 期，1985 年 6 月，頁 525～535。

74. 夏長樸，〈子爲政焉用殺——論孔子誅少正卯〉，《臺大中文學報》第 10 期，1998 年 5 月，頁 55～80。

75. 袁長瑞，〈荀子性惡論的時代意義〉，《鵝湖》第 30 卷第 9 期，2005 年 3 月，頁 52～61。

76. 袁長瑞，〈對荀子「知天」與「不求知天」之辨的看法〉，《孔孟月刊》第 42 卷 12 期，2004 年 8 月，頁 23～26。

77. 袁信愛，〈自然人與文化人的迷思——老子與荀子之「聖人」觀的比較研究〉，《輔仁學誌：文學院之部》第 25 期，1996 年 7 月，頁左 90～76。

78. 袁信愛，〈荀子的社會思想之哲學基礎〉，《哲學論集》第 23 期，1989 年 7 月，頁 116～147。

79. 郝明朝，〈論荀子的"知能"之性〉，《文史哲》2000 年第 6 期（總第 261 期），頁 29～33。

80. 張亨，〈荀子的禮法思想試論〉，《臺大中文學報》第 2 期，1988 年 11 月，頁 69～102。

81. 張亨，〈荀子對人的認知及其問題〉，《國立臺灣大學文史哲學報》第 20 期，1971 年 6 月，頁 175～127。

82. 張炳陽，〈告子、孟子和荀子的人性論證平議〉，《臺北師院學報》第 11 期，1998 年 6 月，頁 177～197。

83. 梁濤，〈先秦儒家天人觀辨證——從郭店竹簡談起〉，《哲學與文化》第 33 卷第 1 期，2006 年 1 月，頁 123～141。

84. 許建良，〈「曲成」——荀子道德教化的活性術〉，《孔孟學報》第 84 期，2006 年 9 月，頁 93～112。

85. 陳平坤，〈人性善惡與天人分合——孟、荀心性論說之型態及其意義〉，《清華學報》第 36 卷第 2 期，2006 年 12 月，頁 363～397。

86. 陳平坤，〈荀子的「類」觀念及其通類之道〉，《國立臺灣大學哲學論評》第 31 期，2006 年 3 月，頁 77～135。

87. 陳昭瑛，〈「情」概念從孔孟到荀子的轉化〉，《法鼓人文學報》第 2 期，2005 年 12 月，頁 25～39。

88. 陳昭瑛，〈「通」與「儒」:荀子的通變觀與經典詮釋問題〉，《臺大歷史學報》第 28 期，2001 年 12 月，頁 207～223。

89. 陳師麗桂，〈先秦儒道的氣論與黃老之學〉，《哲學與文化》第 33 卷第 8 期，2006 年 8 月，頁 5～18。

90. 陳曼娜，〈清末今古文論爭中的孟荀之爭〉，《孔孟月刊》第 38 卷第 9 期，2000 年 5 月，頁 17～26。

91. 陳紹慈，〈荀子的用人哲學〉，《博學》第 5 期，2007 年 1 月，頁 5～18。

92. 陳福濱，〈荀子的禮論思想及其價值〉，《哲學與文化》第 35 卷第 10 期，2008 年 1 月，頁 25～44。

93. 陳德和，〈孟荀性情說的共法與不共法〉，《當代中國哲學學報》第 4 期，2006 年 6 月，頁 1～32。

94. 陳德和，〈荀子性惡論之意義及其價值〉，《鵝湖》第 20 卷 3 期，1994 年 9 月，頁 19～27。

95. 陳錫勇，〈荀子性惡說的「性」與「偽」〉，《中國文化大學中文學報》第 3 期，1995 年 7 月，頁 153～170。

96. 陳禮彰，〈荀子「法後王」說究辨〉，《國文學報》第 37 期，2005 年 6 月，頁 21～48。

97. 陸建華，〈荀子禮以解「弊」的諸子批判論〉，《鵝湖》第 28 卷第 4 期，2002 年 1 月，頁 39～45。

98. 陸建華，〈荀子禮法關係論〉，《孔孟月刊》第 41 卷第 10 期，2003 年 6 月，頁 33～39。

99. 曾春海，〈「荀子」的社會思想研究〉，《國立政治大學學報》第 65 期，1992 年 9 月，頁 99～132。

100. 曾春海，〈項退結教授的孔、孟、荀人學研究〉，《哲學與文化》第 32 卷第 9 期，2005 年 9 月，頁 49～60。

101. 菅本大二，〈荀子對法家思想的接納：由「體」的結構來考察〉，《國立政治大學哲學學報》第 11 期，2003 年 12 月，頁 111～135。

102. 項退結，〈基於孟荀人性論之實際可行的道德觀〉，《哲學與文化》第 17 卷第 5 期，1990 年 5 月，頁 386～395。

103. 馮耀明，〈荀子人性論新詮：附〈榮辱〉篇 23 字衍之糾謬〉，《國立政治大學哲學學報》第 14 期（2005 年 7 月），頁 169～230。

104. 黃俊傑，〈荀子的天道觀及其在中國古代天道思想中的地位〉，《國立編譯館館刊》第 1 卷第 4 期，1972 年 12 月，頁 69～82。

105. 黃勇，〈道德先驗主義與道德自然主義的抵悟與契合——孟子人性論與荀子人性論之比較〉，《孔孟月刊》29 卷第 10 期，1991 年 6 月，頁 28～32。

106. 黃聖旻，〈秩序情結與荀韓關係〉，《雲漢學刊》第 2 期，1995 年 6 月，頁 43～52。

107. 楊日然，〈荀子禮法思想的特色及其歷史意義〉，《社會科學論叢》第 23 期，1975 年 4 月，頁 261～306。

108. 楊秀宮，〈孔孟荀思想中蘊含的兩式正義論〉，《樹德科技大學學報》第 6 卷第 2 期，2004 年 6 月，頁 19～32。

109. 楊祖漢，〈論荀子的「知天」與「不求知天」之辨〉，《鵝湖》第 6 卷第 5 期，1980 年 11 月，頁 17～18。

110. 楊國榮，〈儒學的衍化與轉向——荀子思想新論〉，《孔孟學報》第 66 期，1993 年 9 月，頁 133～160。

111. 楊連生，〈荀子禮論之研究〉，《國立臺灣師範大學國文研究所集刊》第 17 號，1973 年 6 月，頁 315～386。

112. 楊雅婷，〈荀子道德哲學思想在道德教育上的啟示〉，《公民訓育學報》第 16 期，2005 年 6 月，頁 173～184。

113. 楊雅婷，〈荀子道德哲學思想在道德教育上的啟示〉，《公民訓育學報》第 16 期，2005 年 6 月，頁 173～184。

114. 楊瑩，〈荀子的社會思想〉，《社會導進》第 2 卷第 4 期，1972 年 6 月，頁 3～10。

115. 廖名春，〈20 世紀後期大陸荀子文獻整理研究〉，《漢學研究集刊》第 3 期，2006 年 12 月，頁 79～151。

116. 劉又銘，〈荀子的哲學典範及其在後代的變遷轉移〉，《漢學研究集刊》第 3 期，2006 年 2 月，頁 33～54。

117. 劉昭志，〈荀子教育思想及其時代意義〉，《孔學與人生》第 27 期，2004 年 2 月，頁 28～39。

118. 劉振維，〈荀子「性惡」說芻議〉，《東華人文學報》第 6 期，2004 年 7 月，頁 57～92。

119. 劉振維，〈荀子終乎讀禮的化性起偽說〉，《哲學雜誌》第 33 期，2000 年 8 月，頁 168～183。

120. 潘小慧，〈「荀子」中的「智德」思想〉，《哲學與文化》第 30 卷第 8 期，2003 年 8 月，頁 95～114。

121. 潘小慧，〈荀子的「解蔽心」——荀學作為道德實踐論的人之哲學理解〉，《哲學與文化》第 25 卷第 6 期，1998 年 6 月，頁 516～536+589～590。

122. 潘小慧，〈禮義、禮情及禮文——荀子禮論哲學的特點〉，《哲學與文化》第 35 卷第 10 期，2008 年 1 月，頁 45～63。

123. 蔡忠道，〈孟子「法先王」與荀子「法後王」思想試析〉，《高雄師大學報》第 13 期，2002 年 4 月，頁 257～270。

124. 蔡錦昌，〈細柔的「一」與粗硬的「一」——評德國漢學界的兩種荀子研究〉，《漢學研究》第 25 卷第 2 期，2007 年 12 月，頁 347～364。

125. 鄭文泉，〈荀子「法後王」對後世歷史論述「聖王觀」的影響〉，《孔孟月刊》第 33 卷第 10 期，1995 年 6 月，頁 34～45。

126. 鄭炯堅，〈荀子「性偽觀」之最新分析、比較及評論〉，《能仁學報》第 4 期，1995 年 12 月，頁 221～261。

127. 舘野正美，〈荀子和莊子對「時空」與「存在」的反思：中國古代哲學思想的形上學層面〉，《清華學報》第 35 卷第 1 期，2005 年 6 月，頁 131～146。

128. 鄧小虎，〈《荀子》中「性」與「偽」的多重結構〉，《國立臺灣大學哲學論評》，第 36 期，2008 年 10 月，頁 1～28。

129. 蕭楚珊，〈荀子的知識論初探 -下-〉，《鵝湖》第 18 卷第 8 期，1993 年 2 月，頁 47～54。

130. 蕭楚珊，〈荀子的知識論初探 -上-〉，《鵝湖》第 18 卷第 7 期，1993 年 1 月，頁 52～57。

131. 龍冠海，〈荀子的社會思想〉，《恆毅》第 25 卷第 10 期，1976 年 5 月，頁 25～32。

132. 韓德民，〈荀子天人觀的哲學透視〉，《哲學與文化》第 27 卷第 2 期，2000

年 2 月，頁 173～184+198。

133. 韓德民，〈荀子性惡論的哲學透視〉，《孔孟學報》第 76 期，1998 年 9 月，頁 157～168。

134. 韓德民，〈荀子的理想人格論〉，《孔孟學報》第 78 期，2000 年 9 月，頁 219～242。

135. 韓學宏，〈荀子「法後王」思想研究〉，《中華學苑》第 40 期，1990 年 8 月，頁 89～106。

136. 譚敦仁，〈荀子的歷史觀〉，《史苑》第 35 期，1982 年 6 月，頁 47～55。

137. 顧毓民，〈荀子天人關係學說──另一種詮釋方式的嘗試〉，《國立中興大學共同學科期刊》第 3 期，1994 年 6 月，頁 203～239。

138. 顧毓民，〈荀子哲學的系統建成芻議〉，《國立中興大學人文社會學報》第 7 期，1998 年 6 月，頁 163～182。